应用型本科院校"十三五"规划教材/经济管理类

Securities Investment

证券投资学

（第3版）

主　编　何　崴　于长福
副主编　朱大方　黄　巍
参　编　张新建　宋雪冰

哈尔滨工业大学出版社
HARBIN INSTITUTE OF TECHNOLOGY PRESS

内 容 简 介

本书以证券投资工具、证券投资市场、证券投资分析、证券投资技巧以及证券监管制度为主要内容,形成了完整的理论体系和知识结构。全书共分十三章,各章配有案例导读、本章小结、思考题和案例分析等内容。本书力求按照证券投资学的内在逻辑关系和各部分的特点编排框架结构,内容相互衔接,易于理解和掌握;教材案例博采众长,反映证券投资领域的新变化;理论与实务各有侧重,理论部分着重介绍基本观点、主要原理,实务部分突出了操作性和知识性,注重学以致用。

本教材适合于金融学、会计学、管理学、国际经济与贸易等经济管理类专业本科学生以及证券从业人员在职培训和广大证券投资爱好者阅读和学习。

图书在版编目(CIP)数据

证券投资学/何嵬,于长福主编. —3版. —哈尔滨:哈尔滨工业大学出版社,2017.7
应用型本科院校"十三五"规划教材
ISBN 978-7-5603-6706-4

Ⅰ.①证… Ⅱ.①何…②于… Ⅲ.①证券投资 Ⅳ.①F830.91

中国版本图书馆 CIP 数据核字(2017)第 129978 号

策划编辑 杜 燕
责任编辑 李广鑫
出版发行 哈尔滨工业大学出版社
社　　址 哈尔滨市南岗区复华四道街 10 号　邮编 150006
传　　真 0451-86414749
网　　址 http://hitpress.hit.edu.cn
印　　刷 哈尔滨市工大节能印刷厂
开　　本 787mm×960mm　1/16　印张 21.25　字数 470 千字
版　　次 2011 年 7 月第 1 版　2017 年 6 月第 3 版
　　　　　2017 年 6 月第 1 次印刷
书　　号 ISBN 978-7-5603-6706-4
定　　价 39.80 元

(如因印装质量问题影响阅读,我社负责调换)

《应用型本科院校"十三五"规划教材》编委会

主　任　　修朋月　　竺培国

副主任　　王玉文　　吕其诚　　线恒录　　李敬来

委　员　　（按姓氏笔画排序）

　　　　　　丁福庆　　于长福　　马志民　　王庄严　　王建华

　　　　　　王德章　　刘金祺　　刘宝华　　刘通学　　刘福荣

　　　　　　关晓冬　　李云波　　杨玉顺　　吴知丰　　张幸刚

　　　　　　陈江波　　林　艳　　林文华　　周方圆　　姜思政

　　　　　　庹　莉　　韩毓洁　　蔡柏岩　　臧玉英　　霍　琳

序

  哈尔滨工业大学出版社策划的《应用型本科院校"十三五"规划教材》即将付梓,诚可贺也。

  该系列教材卷帙浩繁,凡百余种,涉及众多学科门类,定位准确,内容新颖,体系完整,实用性强,突出实践能力培养。不仅便于教师教学和学生学习,而且满足就业市场对应用型人才的迫切需求。

  应用型本科院校的人才培养目标是面对现代社会生产、建设、管理、服务等一线岗位,培养能直接从事实际工作、解决具体问题、维持工作有效运行的高等应用型人才。应用型本科与研究型本科和高职高专院校在人才培养上有着明显的区别,其培养的人才特征是:①就业导向与社会需求高度吻合;②扎实的理论基础和过硬的实践能力紧密结合;③具备良好的人文素质和科学技术素质;④富于面对职业应用的创新精神。因此,应用型本科院校只有着力培养"进入角色快、业务水平高、动手能力强、综合素质好"的人才,才能在激烈的就业市场竞争中站稳脚跟。

  目前国内应用型本科院校所采用的教材往往只是对理论性较强的本科院校教材的简单删减,针对性、应用性不够突出,因材施教的目的难以达到。因此亟须既有一定的理论深度又注重实践能力培养的系列教材,以满足应用型本科院校教学目标、培养方向和办学特色的需要。

  哈尔滨工业大学出版社出版的《应用型本科院校"十三五"规划教材》,在选题设计思路上认真贯彻教育部关于培养适应地方、区域经济和社会发展需要的"本科应用型高级专门人才"精神,根据前黑龙江省委书记吉炳轩同志提出的关于加强应用型本科院校建设的意见,在应用型本科试点院校成功经验总结的基础上,特邀请黑龙江省9所知名的应用型本科院校的专家、学者联合编写。

  本系列教材突出与办学定位、教学目标的一致性和适应性,既严格遵照学科体系的知识构成和教材编写的一般规律，又针对应用型本科人才培养目标及与之相适应的教学特点，精心设计写作体例，科学安排知识内容，围绕应用讲授理论，做到"基础知识够用、实践技能实用、专业理论管用"。同时注意适当融入新理论、新技术、新工艺、新成果，并且制作了与本书配套的PPT多媒体教学课件，形成立体化教材，供教师参考使用。

《应用型本科院校"十三五"规划教材》的编辑出版，是适应"科教兴国"战略对复合型、应用型人才的需求，是推动相对滞后的应用型本科院校教材建设的一种有益尝试，在应用型创新人才培养方面是一件具有开创意义的工作，为应用型人才的培养提供了及时、可靠、坚实的保证。

希望本系列教材在使用过程中，通过编者、作者和读者的共同努力，厚积薄发、推陈出新、细上加细、精益求精，不断丰富、不断完善、不断创新，力争成为同类教材中的精品。

第3版前言

自1990年12月19日上海证券交易所正式营业以来,中国证券市场仅用21年时间就跨越了全球主要资本市场花几百年才走过的路。中国证券市场的发展处于一个特殊的环境之中,既不能像欧美从前的证券市场发展一样,可以在一个漫长的年代里自由地发展,也不具备欧美今天证券市场雄厚的基础条件。我们必须在尽可能短的时间内,能够像欧美市场一样规范有序。时至2016年,中国这个新市场已经从21年前的十几家上市公司,几十万开户投资者,不足百亿的市值,变为沪深两市有近3 000家上市公司,总市值超过38万亿,投资者队伍更是数以亿计。随着中国证券业的逐步发展,新品种越来越多,涉及的领域越来越宽,必然带来新知识的挑战。这就要求有更多的证券类人才加入,满足市场需求,提高服务质量,应对日益激烈的市场竞争。证券人才队伍不仅要求具有理论基础、业务水平、专业技能,而且要求具有良好的道德素养、团队精神和法律观念。作为高等学校,有责任为社会提供最好的教育,至少是最适合社会的教育,培养一大批有创新意识的证券投资运作的专业人才。

证券投资学是金融学专业的核心课程之一,是经济学、管理学类专业的主干课程。它是一门广泛吸收多学科知识、理论体系复杂且具有较强实践性和应用性的课程。传统证券投资学教材注重理论知识的讲述,通常以证券投资的收益与风险、投资组合的选择、证券定价理论和证券市场理论等为主线。虽然引用了大量的历史资料,但多较为注重事件本身发展过程的描述,缺乏对证券投资过程的专业性的审视和洞察,因此不适合应用型本科院校的学生的知识需求。换言之,相对于迅速发展、内容丰富的中国证券市场而言,证券理论需要更新,尤其是应用型本科院校的教学内容与教材,更应迎头赶上。我们在借鉴其他学者研究成果的基础上,结合多年来教学成果,组织多位教师经过数次研究探索、切磋讨论和大胆尝试,编写了这本适用于应用型本科院校的教材,期望有所创新。

与以往的相关教材相比,本教材强调课程的实用性和创新性,既有传统证券类教材的理论性,又具有自身的新颖性。

一、实用性。本教材强调应用型本科院校教育的定位,以应用为主线来构建结构和内容,做到理论适度,实际应用性突出。同时,把经济类、管理类学生应当学习和掌握的基本技能贯穿于教材中,将理论与实践有机结合起来。

二、创新性。根据证券市场制度、政策变化较快的特点,本教材及时地把新观点、新技术融入教材,保证学生接收到前沿实用的知识和技能。此外,本教材还配以实例、实训,使学生能结合证券市场实际形势,灵活运用证券分析知识,增强分析问题和解决问题的能力。

本书由何嵬、于长福担任主编,并对全书进行了总纂和定稿。本书第一、二、三章由哈尔滨学院张新建完成,第四、八、十一章由黑龙江财经学院黄巍完成,第五、十章由黑龙江财经学院于长福完成,第六章由东北农业大学朱大方完成,第十三章由哈尔滨远东理工学院宋雪冰完成,第七、九、十二章由黑龙江财经学院何嵬完成。

在编写过程中,我们参考并引用了大量文献资料,在此向这些文献资料的作者深表谢意。限于编写人员的水平,书中难免有疏漏和不足之处,恳请各位专家和读者批评指正,以便我们做进一步的修改和完善。

编 者
2017 年 5 月

目　　录

第一章　证券和证券市场 ··· 1
 第一节　证券概述 ··· 1
 第二节　证券市场概述 ··· 4
 本章小结 ·· 12
 思考题 ·· 12
 【案例分析】 ··· 13

第二章　股　　票 ··· 15
 第一节　股份有限公司 ··· 16
 第二节　股票的特征与类型 ·· 23
 第三节　我国现行股票类型 ·· 29
 第四节　股票价格的衡量指标 ··· 30
 本章小结 ·· 34
 思考题 ·· 34
 【案例分析】 ··· 34

第三章　债　　券 ··· 35
 第一节　债券的特征与类型 ·· 36
 第二节　政府债券 ··· 43
 第三节　金融债券与公司债券 ··· 49
 第四节　国际债券 ··· 54
 本章小结 ·· 58
 思考题 ·· 58
 【案例分析】 ··· 58

第四章　证券投资基金 ·· 60
 第一节　证券投资基金概述 ·· 61

第二节　证券投资基金的类型 …………………………………… 65
　　第三节　证券投资基金当事人 …………………………………… 72
　　第四节　证券投资基金投资技巧 ………………………………… 77
　本章小结 …………………………………………………………… 81
　思考题 ……………………………………………………………… 82
　【案例分析】 ……………………………………………………… 82

第五章　金融衍生投资工具 …………………………………………… 83
　　第一节　金融衍生工具概述 ……………………………………… 84
　　第二节　金融期货交易 …………………………………………… 85
　　第三节　金融期权交易 …………………………………………… 92
　　第四节　可转换证券 ……………………………………………… 99
　　第五节　存托凭证与备兑凭证 …………………………………… 104
　本章小结 …………………………………………………………… 107
　思考题 ……………………………………………………………… 107
　【案例分析】 ……………………………………………………… 107

第六章　证券发行市场 ………………………………………………… 110
　　第一节　证券发行市场概述 ……………………………………… 111
　　第二节　股票发行市场 …………………………………………… 112
　　第三节　债券发行市场 …………………………………………… 118
　　第四节　证券投资基金的发行市场 ……………………………… 123
　　第五节　证券的承销 ……………………………………………… 125
　本章小结 …………………………………………………………… 135
　思考题 ……………………………………………………………… 135
　【案例分析】 ……………………………………………………… 135

第七章　证券交易实务 ………………………………………………… 137
　　第一节　证券交易方式 …………………………………………… 138
　　第二节　证券交易程序 …………………………………………… 142
　　第三节　其他交易事项 …………………………………………… 159
　本章小结 …………………………………………………………… 165
　思考题 ……………………………………………………………… 165
　【案例分析】 ……………………………………………………… 166

第八章 证券投资的基本分析 ... 167

第一节 证券投资的宏观经济分析 ... 167
第二节 证券投资的行业分析 ... 177
第三节 证券投资的公司分析 ... 183
本章小结 ... 192
思考题 ... 193
【案例分析】 ... 193

第九章 证券投资技术分析 ... 196

第一节 技术分析概述 ... 197
第二节 技术分析理论 ... 200
第三节 技术分析指标 ... 223
本章小结 ... 230
思考题 ... 230
【案例分析】 ... 231

第十章 证券投资价值分析 ... 232

第一节 股票投资价值分析 ... 233
第二节 债券投资价值分析 ... 238
第三节 证券基金投资价值分析 ... 246
第四节 衍生金融工具投资价值分析 ... 249
本章小结 ... 253
思考题 ... 253
【案例分析】 ... 254

第十一章 证券投资的风险控制 ... 255

第一节 证券投资收益的衡量 ... 256
第二节 证券投资风险的衡量 ... 261
第三节 证券投资风险的控制方法 ... 266
本章小结 ... 282
思考题 ... 282
【案例分析】 ... 282

第十二章 软件使用与网上证券交易 ·· 284
    第一节 软件下载与使用 ··· 285
    第二节 网上证券交易 ·· 293
    本章小结 ··· 303
    思考题 ·· 303
    【案例分析】 ··· 303

第十三章 证券市场监管 ·· 305
    第一节 证券市场监管概述 ·· 306
    第二节 证券市场的法律、法规 ·· 311
    第三节 证券市场的行政监管 ··· 316
    第四节 证券市场的自律管理 ··· 321
    本章小结 ··· 326
    思考题 ·· 326
    【案例分析】 ··· 326

参考文献 ·· 328

第一章 Chapter 1

证券和证券市场

【本章学习要求】

本章内容主要包括证券概述和证券市场概述。学习要求如下：
- 掌握证券的定义，掌握有价证券的定义、特征和基本类型。
- 掌握证券市场的定义，掌握不同分类标准下的市场类型，掌握证券市场的功能，掌握证券市场的主要参与者；了解证券市场具有的特点；熟悉证券市场产生的背景、历史和现状，熟悉新中国证券市场历史发展阶段，以及为推进资本市场的改革开放和稳定发展所采取的措施。

【本章主要概念】

证券　有价证券　资本证券　证券市场

【案例导读】

1986年11月，在北京举行了一次中美金融研讨会。当时，邓小平同志会见了出席会议的纽约证券交易所董事长范尔霖。范尔霖带来了两件特殊的礼物：纽约证交所证章和证券样本。让范尔霖大感意外的是，邓小平同志回赠了一件更为特殊的礼物：刚刚上市的中国首张股票——上海飞乐音响公司股票。一时间，外电纷纷报道："中国与股市握手！"

20多年后的今天，股票、债券、基金成为很多中国人理财的重要工具，每天有数以亿计的人注视着股市的起起伏伏，每天有上万亿元的资金在股市流动。

第一节　证券概述

一、证券

（一）证券的定义

证券是指各类记载并代表一定权利的法律凭证。从一般意义上说，证券是指用以证明或

设定权利所做成的书面凭证,它表明证券持有人或第三者有权取得该证券拥有的特定权益,或证明其曾经发生的行为;从法律意义上讲,是指各类记载并代表一定权利的法律凭证,用以证明持有人有权依其所持证券记载的内容而取得相应的权益。

(二)证券的分类

按证券的性质不同可将证券分为凭证证券和有价证券。证券的本质是一种交易契约或合同,该契约或合同赋予合同持有人根据该合同的规定,对合同的标的采取相应的行为,并获得相应的权利。凭证证券又称无价证券,指本身不能使持有人或第三者取得一定收入的证券。凭证证券不是本书所研究的对象。

二、有价证券

(一)有价证券的定义

有价证券是指标有票面金额,证明持有人有权以其取得一定收入并可自由转让和买卖的所有权或债权凭证。这类证券本身没有价值,但由于其代表着一定量的财产权利,能为持有人带来一定的利息或股息收入,因而可以在证券市场上买卖和流通,客观上也就有了价格。影响证券价格的因素是预期收入和市场利率。

有价证券是虚拟资本的一种形式,它和实际资本不仅有质的差别,而且在量上也不同,一般情况下虚拟资本的价格总额总是大于实际资本额。

(二)有价证券的特征

1. 产权性

证券的产权性是指有价证券记载着权利人的财产权内容,代表着一定的财产所有权,拥有证券就意味着享有财产的占有、收益和处分的权利。在现代经济社会里,财产权利和证券已密不可分,财产权利与证券两者融合为一体,权利证券化。虽然证券持有人并不实际占有财产,但可以通过持有证券,在法律上拥有相关财产的所有权或债权。

2. 收益性

收益性是指持有证券本身可以获得一定数额的收益,这是投资者转让资本使用权的回报。证券代表的是对一定数额的某种特定资产的所有权或债权,而资产是一种特殊的价值,它要在社会经济运行中不断运动,不断增值,最终形成高于原始投入价值的价值。由于这种资产的所有权或债权属于证券投资者,投资者持有证券也就同时拥有取得这部分资产增值收益的权利,因而证券本身具有收益性。有价证券的收益表现为利息收入、红利收入和买卖证券的差价。收益的多少通常取决于该资产增值数额的多少和证券市场的供求状况。

3. 流通性

证券的流通性又称变现性,是指证券持有人可按自己的需要灵活地转让证券以换取现金。流通性是证券的生命力所在。证券的期限性约束了投资者的灵活偏好,但其流通性以变通的方式满足了投资者对资金的随机需求。证券的流通是通过承兑、贴现、交易实现的。证券流通性的强弱,受证券期限、利率水平及计息方式、信用度、知名度、市场便利程度等多种因素的制约。

4. 风险性

证券的风险性是指证券持有者面临着预期投资收益不能实现,甚至本金也受到损失的可能。这是由证券的期限性和未来经济状况的不确定性所致。在现有的社会生产条件下,未来经济的发展变化有些是投资者可以预测的,而有些则无法预测,因此,投资者难以确定他所持有的证券将来能否取得收益和能获得多少收益,从而就使持有证券具有风险。

5. 期限性

在主要证券中,债券一般有明确的还本付息期限,以满足不同投资者和筹资者对融资期限以及与此相关的收益率需求。债券的期限具有法律的约束力,是对双方的融资权益的保护。股票没有期限,可视为无期证券。

(三)有价证券的类型

1. 按所体现的内容不同,有价证券可分为货币证券、资本证券和货物证券

货币证券是指本身能使持有人或第三者取得货币索取权的有价证券。包括两类:一类是商业证券,主要包括商业汇票和商业本票;另一类是银行证券,主要包括银行汇票、银行本票和支票。

资本证券是指由金融投资或与金融投资有直接联系的活动而产生的证券。持有人有一定的收入请求权,它包括股票、债券、证券及其他衍生品种,如金融期货、金融期权、可转换证券等。资本证券是有价证券的主要形式,狭义的有价证券即指资本证券。在日常生活中,人们通常把它直接称为有价证券乃至证券。就是说,我们通常意义上的证券、有价证券指的就是资本证券,资本证券也是我们这门课程所研究的对象,本书即是在此种意义上使用这一概念。

货物证券是证明持有人有商品所有权或使用权的凭证,取得这种证券就等于取得相关商品的所有权,这种证券所代表的商品所有权受法律保护。属于商品证券的有提货单、运货单、仓库栈单等。

2. 按发行主体的不同,有价证券可分为政府证券、金融证券、公司证券

政府证券通常是指政府债券。它是指政府为筹措财政资金或建设资金,凭其信誉,采用信用方式,按照一定程序向投资者出具的一种债权债务凭证。政府债券又分为中央政府债券和地方政府债券。

金融证券是指商业银行及非银行金融机构为筹措资金而发行的股票、金融债券等,尤以金融债券为主。

公司证券是公司为筹措资金而发行的有价证券。公司证券包括的范围比较广泛,内容也比较复杂,主要有股票、公司债券及商业票据等。

3. 按是否在证券交易所挂牌交易，有价证券可分为上市证券和非上市证券

上市证券又称挂牌证券，是指经证券主管机关核准并在证券交易所注册登记，获得在交易所内公开买卖资格的证券。为了保护投资者利益，证券交易所对申请上市的证券有一定的要求。公司发行的股票或债券要想在证券交易所上市，必须符合交易所规定的上市条件并遵守交易所的其他规章制度。当上市公司发行的股票或债券不能满足证券交易所关于证券上市的条件时，交易所有权取消该公司证券挂牌上市的资格。证券上市可以扩大发行公司的社会影响，提高公司的名望和声誉，使其能以较为有利的条件筹集资本，扩大经济实力。对投资者来说，购买证券是一种投资行为。

非上市证券也称非挂牌证券，指未申请上市或不符合证券交易所挂牌交易条件的证券。非上市证券不允许在证券交易所内交易，但可以在其他证券交易市场交易。一般说来，非上市证券的种类比上市公司证券的种类要多。

4. 按收益是否固定，有价证券可分为固定收益证券和变动收益证券

固定收益证券是指持券人可以在特定的时间内取得固定的收益并预先知道取得收益的数量和时间，如固定利率债券、优先股股票等。

变动收益证券是指因客观条件的变化其收益也随之变化的证券，如普通股股票、浮动利率债券等。

5. 按募集方式的不同，有价证券可分为公募证券和私募证券

公募证券是指发行人通过中介机构向不特定的社会公众投资者公开发行的证券，其审核较严格并采取公示制度。

私募证券是指向少数特定的投资者发行的证券，其审查条件相对宽松，投资者也较少，不采取公示制度。私募证券的投资者多为与发行者有特定关系的机构投资者，也有发行公司的内部职工。

第二节 证券市场概述

一、证券市场的定义

证券市场是股票、债券、投资基金等有价证券发行和交易的场所。证券市场是市场经济发展到一定阶段的产物，是为解决资本供求矛盾和流动性而产生的市场。从广义上讲，证券市场是指一切以证券为对象的交易关系的总和。

二、证券市场的产生与发展

（一）证券市场产生的原因

1. 证券市场的形成得益于社会化大生产和商品经济的发展

在市场经济条件下，资本的供求矛盾是社会再生产的重要矛盾。一方面，社会上存在大量的闲置资本需要寻找投资机会以实现资本的保值增值,另一方面,社会经济的发展又需要向社会筹集更多的新增资本投入,从而形成资本的供给和需求。证券市场就是为了解决资本的供求矛盾,是市场经济发展到一定程度的产物。

2. 证券市场的形成得益于股份制的发展

随着商品经济的发展,生产规模日益扩大,传统的独资经营方式和家族型企业已经不能胜任对巨额资本的需求,于是产生了合伙经营的组织,随后又逐步演变成股份公司。股份公司通过发行股票、债券向社会公众募集资金,实现资本集中,用于扩大再生产。股份公司的建立、公司股票和债券的发行,为证券市场的产生提供了现实的基础和客观的要求。

3. 证券市场的形成得益于信用制度的发展

只有当货币资本与产业资本相分离,公司股票和债券等信用工具才会被充分运用。随着信用制度的发展,商业信用、银行信用和国家信用等新的融资方式不断涌现。信用工具一般有流通变现的要求,要求有流通市场。而证券市场为有价证券的流通和转让创造了条件。因此,信用制度的发展就成为证券市场产生的一个必然因素。

(二)世界证券市场的发展过程

证券市场的发展经历了四个阶段:

1. 第一阶段:15~19世纪中期

在资本主义发展初期的原始积累阶段,西欧就已有了证券的发行与交易。15世纪的意大利商业城市中的证券交易主要是商业票据的买卖。16世纪里昂、安特卫普已经有了证券交易所,当时进行交易的是国家债券。16世纪中叶,随着资本主义经济的发展,所有权和经营权相分离的生产经营方式——股份公司出现,使股票、公司债券及不动产抵押债券依次进入有价证券交易的行列。1602年在荷兰的阿姆斯特丹成立了世界上第一个股票交易所。1698年,在英国已有大量的证券经纪人,伦敦的"乔纳森咖啡馆"就是因有众多的经纪人在此交易而出名;1773年,英国的第一家证券交易所在该咖啡馆成立;1802年获得英国政府的正式批准。这家证券交易所即为现在伦敦证券交易所的前身。该交易所最初主要交易政府债券,以后公司债券和矿山、运河股票逐渐上市交易。到19世纪中叶,一些地方性证券市场也在英国兴起,铁路股票盛行。而美国证券市场是从买卖政府债券开始的。1817年,参与华尔街汤迪咖啡馆证券交易的经纪人通过正式章程,并成立组织,起名为"纽约证券交易会",1863年改名为"纽约证券交易所"。

2. 第二阶段:19世纪末20世纪初

在资本主义由自由竞争阶段向垄断阶段过渡的过程中,为适应资本主义发展的需要,证券市场以独特的形式有效地促进了资本积累和集中,同时,其自身也获得了高速的发展。首先,股份公司数量剧增。1901~1910年英国建立的股份公司有50 000家,1911~1920年建立了64 000家,1921~1930年建立了86 000家。与此同时,金融公司、信托投资公司、证券公司等证券经营机构也随之形成并获得了极大的发展。其次,在这一时期里有价证券发行总额剧增。

1921～1930年全世界的有价证券共计发行6 000亿法国法郎,比1890～1900年增加近5倍。第三,有价证券的结构也发生了变化,在有价证券中占主要地位的已不是政府债券,而是公司股票和企业债券。据统计,1900～1913年全世界发行的有价证券中,政府公债占发行总额的40%,而公司股票和企业债券则占60%。

3. 第三阶段:1929～1933年

资本主义国家爆发了严重的经济危机,危机的前兆表现为股市的暴跌,随之而来的经济大萧条更使证券市场受到严重打击。到1932年7月8日,道·琼斯工业股票价格平均数只有41点,仅为1929年最高水平的11%,证券市场一蹶不振。第二次世界大战爆发后,虽然各交战国由于战争需要发行了大量公债,但整个证券市场仍处于不景气之中。第二次世界大战结束后,欧美和日本经济的恢复和发展以及各国的经济增长大大地促进了证券市场的恢复和发展,企业证券发行增加,证券交易所开始复苏,证券市场规模不断扩大,买卖越来越活跃。

4. 第四阶段:从20世纪70年代开始

证券市场出现了高度繁荣的局面,不仅证券市场的规模更加扩大,证券交易日趋活跃,而且逐渐形成了金融证券化、证券投资者法人化、证券交易多样化、证券市场自由化、证券市场国际化和证券市场电脑化等全新特征。

(三)中国证券市场的发展过程

1. 旧中国的证券市场

证券在我国属于"舶来品",最早出现的股票是外商股票,最早出现的证券交易机构也是由外商开办的"上海股份公所"和"上海众业公所"。在此交易的证券主要是外国公司的股票和债券。从19世纪70年代开始,清政府洋务派在我国兴办工业,随着这些股份制企业的兴起,中国自己的股票、公司债券和证券市场便应运而生了。1872年设立的轮船招商局是我国第一家股份制企业。1914年北洋政府颁布的《证券交易所法》推动了证券交易所的建立。1917年北洋政府批准上海证券交易所开设证券经营业务。1918年夏天成立的北平证券交易所是中国人自己创办的第一家证券交易所。1920年7月,上海证券物品交易所得到批准成立,是当时规模最大的证券交易所。此后,在全国各地相继出现了上海华商证券交易所、青岛市物品证券交易所、天津市企业交易所等,逐渐形成了旧中国的证券市场。

【案例1.1】
旧中国证券形式的发展

晚清政府统治时期,中国股票债券筹资的形式已经出现。1872年,由洋务派官员李鸿章策划,并以股份公司形式建立的轮船招商局发行的股票是中国最早的股票。自此,官督商办、官商合办以及甲午战争后兴起的民营企业、金融企业都以股票形式筹集资金。企业以债券筹资则少见。清中期以前,无公债制度。国内债券的发行则始于1894年,清政府为应付甲午战争军费的需要,由户部建议向富商巨贾借款,称"息借商款"。这是晚清政府发行的第一次债券。

中国早期证券的发行制度尚不规范,如清政府发行的债券和官办企业的股票,主要都以摊派形式发行。

民国时期,股票成了企业的重要筹资手段。一战时期,西方列强忙于欧战,中国民族资本企业蓬勃发展,它们多以股票形式筹资。中国居民的股票投资热情异常活跃。1941 年,因交易所和经营股票买卖的信托公司的无序膨胀,导致信托公司、交易所热潮崩溃,破产之风波及各业,股票交易萎缩。其后直至 1949 年,股票交易虽有起有落,但股票发行一直是企业筹资的重要形式。在公债方面,无论北洋政府抑或蒋介石政权,都将其视为财力的支撑之一。它们既发行内债又发行外债,而且在 1922~1937 年,证券市场是以债券市场为主。抗战爆发后,国民党军队节节败退,公债信誉下降,公债交易日渐萎缩。

2. 新中国的证券市场

新中国的证券市场的发展又大致可分为两个阶段:

(1)建国初期的证券市场。经济体制改革前的证券市场主要围绕两条线索来展开:一是新中国成立初期鉴于证券市场仍有一定的存在基础,先后在接收官僚资本的基础上,于 1949 年 6 月 1 日成立了天津证券交易所,1950 年 2 月 1 日成立了北京证券交易所。其中,天津交易所的经纪人有 39 家,总计资本 845 万元;北京证券交易所经审查合格的法人经纪人有 5 家,个人经纪人有 17 家。这为我们今天证券市场的发展提供了宝贵的经验:要发展我国的证券市场必须首先发展商品经济、股份制和信用制度。二是鉴于经济建设的需要,利用国债市场筹措了一定数量的财政资金。

(2)改革开放后的证券市场。

①探索起步时期(1978~1990 年)。1978 年 12 月党的十一届三中全会确立了改革开放的基本国策。随着经济体制改革的推进,企业对资金需求的日益多样化,新中国资本市场开始萌生。

1981 年 7 月恢复发行债券。1983 年 7 月深宝安企业股份公司成立并发行股票。1984 年 11 月 14 日上海飞乐音响股票首次公开发行,这被认为是新中国成立后中国境内第一家真正的股份公司。1986 年 9 月 26 日,新中国第一个股票交易柜台——静安股票交易所成立。1990 年 7 月中旬,国务院正式批准成立上海证券交易所,12 月 19 日正式开业,标志着中国柜台交易阶段的结束。

②初创时期(1991~1996 年)。这一时期,在证券市场取得快速发展的同时,也存在一些问题,主要有上市公司改制不彻底、上市后行为不规范;证券二级市场投机性强、股价波动大;证券市场管理体制没有完全理顺,存在多头管理现象;证券市场法规建设跟不上市场发展等。这一期间,还出现了国债期货"327 事件"和对国债回购市场违规现象的清理整顿。

③规范调整时期(1997~1998 年)。1997~1998 年,由于国际国内经济环境的变化,特别是由于亚洲金融危机的冲击和证券市场投机气氛过浓,为防范和化解金融风险,保证我国证券市场稳健发展,监管机关将整顿和规范摆在首要位置。在此期间,我国颁布、实施了规范证券

市场的一系列法律法规,特别是1998年《中华人民共和国证券法》(简称《证券法》)的颁布,是我国证券市场发展史上的重要里程碑,它对规范证券市场发行和交易行为,保护投资者的合法权益,维护社会经济秩序和社会公共利益,促进市场经济的发展,具有重要而深远的历史意义。

④规范发展时期(1999年至今)。这一时期,我国逐步完善上市公司治理结构,大力培育机构投资者,规范扶持证券经营机构。2004年1月31日,国务院发布《关于推进资本市场改革开放和稳定发展的若干意见》,俗称"国九条"。首次就发展资本市场的作用、指导思想和任务进行全面明确的阐述,将发展中国资本市场提升到国家战略任务高度,提出了九个方面的纲领性意见,对中国资本市场的改革与发展具有重要的现实意义和深远的历史影响。主要内容提纲如图1.1所示。

图1.1 "国九条"的主要内容

截至2016年年底,我国上市公司总数超过3 000家,沪深两市股票市场总市值达52.65万亿元,已进入二级市场流通的市值为40.64万亿元,上市证券数量达到13 989只,A股总市值居全球第二位。证券市场建设在我国已取得了显著成就。

三、证券市场的分类

（一）按市场职能分类

按市场职能不同,证券市场可分为发行市场和交易市场。证券发行市场又称"一级市场"或"初级市场",是发行人以筹集资金为目的,按照一定的法律规定和发行程序,向投资者出售证券所形成的市场。证券发行市场作为一个抽象的市场,其买卖成交活动并不局限于一个固定的场所。

证券交易市场又称"二级市场"或"次级市场",是已发行的证券通过买卖交易实行流通转让的场所。

(二)按证券性质分类

按证券性质不同,证券市场可分为股票市场、债券市场、基金市场等。股票市场是股票发行和买卖交易的场所。股票市场的发行人为股份有限公司。股份公司在股票市场上筹集的资金是长期稳定的、属于公司自有的资本。股票市场交易的对象是股票,股票的市场价格除了与股份公司的经营状况和盈利水平有关外,还受到其他诸如政治、经济、社会、心理等多方面因素的综合影响。因此,股票价格经常处于波动之中。

债券市场是债券发行和买卖交易的场所。债券的发行人有中央政府、地方政府、政府机构、金融机构、公司和企业。债券市场交易的对象是债券。债券因有固定的票面利率和期限,其市场价格相对股票价格而言比较稳定。

基金市场是基金证券发行和流通的市场。封闭式基金在证券交易所挂牌交易;开放式基金通过投资者向基金管理公司申购和赎回,实现流通转让。

此外,按交易组织形式不同,可分为交易所市场和柜台交易市场。按发行区域不同,可以分为国内证券市场和国际证券市场。

四、证券市场的参与者

(一)证券发行人

证券发行人即资金筹集者,是指为筹措资金而发行债券、股票等证券的政府及其机构、金融机构、公司和企业。

(二)证券投资人

证券投资者是证券市场的资金供给者,也是金融工具的购买者。投资者的种类很多,既有个人投资者,也有机构投资者。各投资者的目的也各不相同,有些意在长期投资以获取高于银行利息的收益或意在参与股份公司的经营管理;有些则企图投机,通过买卖证券时机的选择赚取市场价差。

1. 个人投资者

个人投资者是指从事证券投资的居民,他们是证券市场最广泛的投资者。个人投资者的主要投资目的是追求盈利,谋求资本的保值和增值,所以会充分重视本金的安全和资产的流动性。

2. 机构投资者

机构投资者是指相对于中小投资者而言,拥有资金、信息、人力等优势,能影响某个证券价格波动的投资者,包括企业、商业银行、非银行金融机构(如养老基金、保险基金、证券投资基金)等。各类机构投资者资金来源、投资目的、投资方向虽各不相同,但一般都具有投资的资金量大、搜集和分析信息的能力强、注重投资的安全性、可通过有效的资产组合以分散投资风险、对市场影响大等特点。

(三) 中介机构

证券市场的中介机构是指为证券市场的参与者如发行人、投资者等提供各种服务的专职机构,包括证券公司和其他证券服务机构。中介机构是连接证券投资者与筹资者的桥梁,证券市场功能的发挥,很大程度上取决于证券市场中介机构的活动。

1. 证券公司

证券公司是指依法设立的可经营证券业务、具有法人资格的金融机构。证券公司的主要业务有承销、经纪、自营、投资咨询、购并、受托资产管理、基金管理等。证券公司一般分为综合类证券公司和经纪类证券公司。

2. 证券服务机构

证券服务机构是指依法设立的从事证券服务业务的法人机构,主要包括证券登记结算公司、证券投资咨询公司、会计师事务所、资产评估机构、律师事务所、证券信用评级机构等。

(四) 自律性组织

自律性组织包括证券交易所和证券业协会。

1. 证券交易所

根据我国《证券法》的规定,证券交易所是提供证券集中竞价交易场所的不以盈利为目的的事业法人。其主要职责有:提供交易场所与设施;制定交易规则;监管在该交易所上市的证券以及会员交易行为的合规性、合法性,确保市场的公开、公平和公正。

2. 证券业协会

证券业协会是证券行业的自律性组织,是社会团体法人。证券业协会的权力机构为由全体会员组成的会员大会。根据我国《证券法》规定,证券公司应当加入证券业协会,证券业协会应当履行协助证券监督管理机构组织会员执行有关法律,维护会员的合法权益,为会员提供信息服务、制定规则、组织培训和开展业务交流、调解纠纷,就证券业的发展开展研究,监督检查会员行为以及证券监督管理机构赋予的其他职责。

(五) 证券监管机构

我国证券监管机构是指中国证券监督管理委员会及其派出机构,它是国务院直属的证券管理监督机构,依法对证券市场进行集中统一监管。它的主要职责是:负责行业性法规的起草,负责监督有关法律法规的执行,负责保护投资者的合法权益,对全国的证券发行、证券交易、中介机构的行为等依法实施全面监管,维持公平而有序的证券市场。

五、证券市场的特点与功能

(一) 证券市场的特征

1. 证券市场是价值直接交换的场所

有价证券本质上是价值的一种直接表现形式。虽然证券交易的对象是各种各样的有价证券，但由于它们是价值的直接表现形式，所以证券市场本质上是价值的直接交换场所。

2. 证券市场是财产权利直接交换的场所

证券市场上的交易对象是作为经济权益凭证的股票、债券、投资基金份额等有价证券，它们本身是一定量财产权利的代表，所以，代表着对一定数额财产的所有权或债权以及相关的收益权。证券市场实际上是财产权利的直接交换场所。

3. 证券市场是风险直接交换的场所

有价证券既是一定收益权力的代表，同时也是一定风险的代表。有价证券的交换在转让出一定收益权的同时，也把该有价证券所特有的风险转让出去。所以，从风险的角度分析，证券市场也是风险直接交换场所。

（二）证券市场的功能

证券市场的产生与发展是市场经济发展的必然结果。在市场经济中，这种可以集聚大量资金并可以续短为长的投资方式具有非常重要的作用。它主要有以下几个功能。

1. 资本的集聚功能

一般情况下，居民会有大量的闲置资金，而企业部门和政府部门经常处于资金需求状况。通过证券投资活动，可以将居民的大量资金进行集聚，以提供给需要资金的企业部门和政府部门。这样，一方面居民部门作为资金供给方，可以充分利用证券投资一般都能获得高于储蓄存款利息收益的优点；另一方面，企业部门和政府部门作为资金的需求方，可以通过发行有价证券筹集到一笔可观的资金来弥补自有资金的不足。例如政府部门可以通过这种积少成多、续短为长的方式弥补财政赤字，平衡财政收支，以此来调节社会总供给和总需求；企业部门则可以通过这种方式开发新产品、上新项目，增强企业自身实力，特别是一些高风险的新兴科技产业更是证券投资活动较短时间内迅速筹集到巨额资金优越性的受益者。

2. 资本的优化配置功能

证券投资的配置功能是指通过证券价格的影响，引导资金的流动，实现资源合理配置。证券可在市场流通转让，投资人追逐效益好的股票投资，他们就会把资金投向经济效益高的证券，从而加速了市场资金流向高效益与有潜力、经营业绩好的企业。证券投资使高效益的企业获得大量资金，使它们有能力在市场上兼并、收购、重组效益差的企业，调整产业结构，追求高科技发展。同时得到发展的产业结构又成为证券市场的组织结构、交易结构及规模结构的经济载体，促进证券投资的发展。从融资难的低效益企业的角度看，在融资难的压力下，企业就会加强自身经营管理，减少生产运营成本，生产出满足社会需要的商品，这样既提升了企业的自身形象，又降低了资源的消耗。所以，从整个社会来说，证券投资使社会资源的配置得到了优化。

3. 统一合理定价功能

证券价格的确定，实际上是证券所代表的资产的价格的确定。在证券投资活动中，证券买卖双方进行相互竞争，可以获得能相对真实反映证券所代表的资产价值的证券均衡价格，这个价格可以被认为是公平合理的。而由于整个国家或地区的证券投资活动是紧密联系的，所以整个证券投资活动的证券价格又都是统一的。

4. 转制功能

证券投资是一种直接金融投资方式。在证券投资活动中，企业通过发行股票和债券，可以在短时间内直接从社会各方筹集到大量的资金。企业按照投资股份重新分配产权，实现产权的多元化和人格化。在企业经营机制股份化的情况下，企业自主经营，自负盈亏，进一步促进了企业的"三权"分离，有利于现代企业制度的建立。一些社会效益好的企业，可以通过组建股份制企业和向证券市场投资的方式，向其他企业控股或参股，支配比自身资产更大的资产，获得资金运用上的放大效应和整体效应。促进企业可以利用先进的科学技术，扩大生产规模，实现规模效益，并可以提高自身的国际竞争性，实现更大的经济效益。

5. 宏观调控功能

这里主要是针对一国的中央银行而言的。各国中央银行可以通过证券投资来实现其对整个社会货币流通量的宏观调节，实现货币政策目标。当社会投资规模过大，经济过热，货币供给量大大超过市场实际需要的货币量时，中央银行可以通过在证券市场上卖出有价证券（主要是政府债券），来减少市场货币流通量，紧缩投资，使经济降温；而当经济衰退，投资不足，货币供给量远远低于市场实际需要的货币量时，中央银行则可以通过买进有价证券，以增加货币投放，扩大投资，刺激经济增长。

本章小结

证券是指各类记载并代表一定权利的法律凭证。可以分为凭证证券和有价证券，有价证券又可以分为商品证券、货币证券和资本证券，资本证券是本书的研究对象。证券市场自产生以来主要经历了四个发展阶段。中国的证券市场的起步较晚，主要分为旧中国的证券市场、新中国成立初期的证券市场、改革开放后的中国证券市场三个时期。证券市场的参与者分为五部分，即证券发行人、证券投资人、中介机构、自律性组织和证券监管机构。证券市场具有资本的集聚、资本的优化配置、统一合理定价、转制和宏观调控等功能。

思考题

1. 有价证券具有哪些特点？
2. 按体现内容不同的标准，可将有价证券分为哪些类型？
3. 简述世界证券市场产生发展的过程。
4. 证券市场的主要参与者有哪些？
5. 证券市场的功能是什么？

【案例分析】

2015年中国证券市场大事件

2015年将在中国资本市场的历史中留下不可磨灭的印记。这一年,股票、期货、债券、基金等市场各项制度建设取得进展,市场主体不断扩容,规模迅速壮大,在服务实体经济发展,助力产业转型、结构调整中发挥了重要作用。

(一)股票市场

股票发行注册制改革更进一步,助力提升资本市场服务实体经济效率。这标志着推进股票发行注册制改革具有了明确的法律依据。

2015年6月股市暴跌,沪指重挫6.42%,下破4 500点整数关口。两市近千股跌停,题材股掀跌停潮,沪指周跌幅达13%,创7年来最大单周跌幅。

A股市场引入指数熔断机制,其实质就是在涨跌停板制度启用前设置的一道过渡性闸门,提前向投资者警示风险。熔断机制从2015年9月开始酝酿,到2016年1月1日起正式实施,在经历了1月4日和7日的4次熔断后,1月8日起暂停实施。

新三板在2015年成功地跃升为场内证券交易市场,而且作为多层次资本市场底部的最基础性证券市场,新三板的门槛相对于A股或是海外上市要宽松得多,由此吸引了大批企业投身其中。2015年年底,新三板挂牌企业达到4 313家,总市值20 726.25亿元,较2014年增长351.24%,而且还有600多家企业处于候审过程之中。

"沪港通"运行一整年,累计交易金额2.13万亿元人民币。实践证明,这一制度安排不仅切实可行,而且既方便了内地投资者直接使用人民币投资香港市场,也增加了境外人民币的投资渠道,在推进人民币国际化进程中发挥了积极作用。

(二)期货市场

2015年,我国期货市场成交规模与2014年相比有大幅增长。至2015年11月底,国内期货市场累计成交量为32.41亿手,同比增长48.06%;累计成交额为539.13万亿元,同比增长130.13%。

在金融期货市场上,2015年上半年,由于A股市场接连走高,股指期货市场交投较为活跃。6月中旬以后,股票期货和现货市场均出现剧烈波动,中金所随后接连实施了一系列股指期货严格管控措施,包括调高交易保证金、提高手续费、调低日内开仓量限制标准等,以抑制市场过度投机。一系列措施实施后,股指期货市场成交量大幅下降,流动性低迷。但国债期货在2015年第四季度迎来了一波暴涨行情。

在新品种上市方面,2015年国内期货市场实现重大突破。商品期货方面,上期所今年3月份获批开展镍、锡期货挂牌交易;12月12日,中国证监会正式批准上期所在其国际能源交易中心开展原油期货交易。金融期货方面,2015年证监会批准中金所开展上证50和中证500股指期货交易,此外,证监会还批准上交所开展股票期权交易试点,试点产品为上证50ETF期权。

(三)债券市场

2015年,债券市场正在成为企业直接融资的主要渠道。2015年11月底,中国债券市场总托管规模达6.7万亿美元,同比增长近30%,成为全球第三大债券市场。企业的债券融资规模已经大幅超过其股票融资规模。境外机构对人民币需求愈发强烈,有278家境外机构进入银行间市场投资人民币债券。

(四)公募基金市场

2015年,我国境内共有基金管理公司100家,比2015年1月份的95家增加5家,其中中外合资公司45家,内资公司55家;取得公募基金管理资格的证券公司9家,保险资管公司1家。以上机构管理的公募基金资产合计7.2万亿元,比2015年1月份的4.5万亿元增加2万多亿元。

从新发基金看,无论是数量还是发行速度,都远超往年。上海证券基金研究中心统计显示,2015年前三季度新基金发行规模已达1.4万亿份,新发行基金数量达600余只,平均每天都有2只新基金发行,其中,新成立基金中最大规模已达300亿份。

2015年12月份,中国证监会宣布,内地与香港首批互认基金获批。这意味着在"沪港通"之后,内地与香港资本市场双向开放的又一个重要通道正式开启。在准入门槛有所降低以及市场参与各方不断创新和探索之下,公募基金市场也在2015年迎来了前所未有的发展机遇。

(资料来源:经济日报,2015.12.31)

问题:
1. 试总结2015年中国证券市场波动的原因。
2. 2015年中国股市的跌宕起伏给你带来哪些启示?

第二章 Chapter 2

股　　票

【本章学习要求】

本章主要介绍了股份制度与股份有限公司、股票的定义与特征、股票的类型(包括我国现行的股票类型)以及衡量股票价格的相关指标。学习要求如下：
- 了解股份制度的形成过程；掌握股份有限公司的相关规定。
- 掌握股票的定义、特征和分类。
- 掌握我国现行的股票类型；了解我国的股权分置改革。
- 掌握股票价格衡量指标的计算；了解世界主要的股票价格指数；了解我国主要的股票价格指数。

【本章主要概念】

股票　普通股票　国有股　法人股　社会公众股　股权分置　股价指数

【案例导读】

华尔街有个说法："你如果能在股市熬十年，你应能不断赚到钱；你如果熬二十年，你的经验将极有借鉴的价值；你如果熬了三十年，那么你定然是极其富有的人。"《福布斯》杂志2008年3月5日发布了最新的全球富豪榜，巴菲特由于所持股票价格大涨，身家猛增100亿美元至620亿美元。这是巴菲特在40多年的投资生涯中第二次荣登全球首富。中国著名的"杨百万"，从一名普通的国企职工成为美国《时代杂志》称赞的"散户"富翁。股票到底有怎样的魔力，能让他们获得如此的成就呢？

第一节　股份有限公司

一、股份制度

股份制度亦称"股份经济",是指以入股方式把分散的、属于不同人所有的生产要素集中起来,统一使用,合伙经营,自负盈亏,按股分红的一种经济组织形式。股份制的基本特征是生产要素的所有权与使用权分离,在保持所有权不变的前提下,把分散的使用权转化为集中的使用权。股份制是与商品经济相联系的经济范畴,是商品经济发展到一定程度的产物。它在自身发展过程中,经历了几个不同的社会历史阶段并采取了不同的具体形式。在奴隶社会末期和封建社会初期,随着经济的发展,出现了自由民众之间或手工业者之间以人、财、物各项要素的一项或几项为联合内容的合伙经营的经济形式。这种经济形式,在合伙内容、经营方式、分配办法等方面,都没有明确的规范,更没有形成严格的股份分配制度,这是股份制的一种原始的形式。到17世纪初期,由于商品经济有了进一步较高程度的发展,资本主义经济萌芽已经出现并有所发展,因而出现了以股份公司为特点的股份经济。19世纪后半期,商品经济与资本主义生产方式相结合,成为资本主义商品经济,社会生产力已达到相当高的社会化程度,致使单个的私人资本已经容纳不了社会化的生产力,于是几个乃至几十个私人资本,以资本入股或发行和认购股票的形式组成的股份公司便迅速发展起来。以股份公司为主要形式的股份经济,成为资本主义股份经济的典型形态。

二、股份有限公司

(一)股份有限公司的性质

股份制企业性质的争议由来已久。在西方,早就有人把股份制称为"人民资本主义"。马克思曾对股份制企业性质做出界定。他认为,虽然股份制是对个人资本的一种扬弃,直接取得社会资本形式,但是社会资本并非属于公有制;它"是资本在它的最适当的形式中的最终确立","是直接联合起来的私人资本"。从严格意义上说,股份制作为一种资本组织形式,不属于所有制范畴,因而谈论股份制姓公姓私是不合逻辑的。然而人们之前总是就其到底是姓"资"还是姓"社"争论不休。由于所有制基本形式只有私有和公有两种,所以,人们在研究股份制企业性质时,也都是或将其归为公有,或归为私有。但是事情并非如此简单,股份制企业产权结构通常有三种情况。其中有两种极端的情况:第一种极端是私人资本占有率为100%,公有资本占有率为0%,另一种极端与第一种极端正好相反。对这两种极端的性质人们很容易达成共识。然而在这两个极端之间,存在无数种情况,它涉及产权主体成员人数、所有制结构比重以及控股权等许多复杂问题,所以人们很难就其姓"资"或姓"社"达成一致结论。事实上,与其过分偏重于"姓资"、"姓社"的争论,倒不如消除把所有制经济形式贴上社会制度标签的做法,根据解放生产力和发展生产力的要求,着眼于如何坚持和完善社会主义基本经济制度,怎样使各种所有制经济在市场竞争中发挥各自的优势、相互促进、共同发展。总之,我们应把研究注意力更多地放在如何提高公有制经济和企业的效率上,而不是属性上,对股份制经济和股份制企业尤应如此。

实际上,股份有限公司从本质上讲只是一种特殊的有限责任公司而已。它具有以下特征:

(1)股份有限公司是独立的经济法人。

(2)股份有限公司的股东人数不得少于法律规定的数目,如法国规定,股东人数最少为7人。

(3)股份有限公司的股东对公司债务负有限责任,其限度是股东应交付的股金额。

(4)股份有限公司的全部资本划分为等额的股份,通过向社会公开发行的办法筹集资金,任何人在缴纳了股款之后,都可以成为公司股东,没有资格限制。

(5)公司股份可以自由转让,但不能退股。

(6)公司账目须向社会公开,以便于投资人了解公司情况,进行选择。

(7)公司设立和解散有严格的法律程序,手续复杂。

由此可以看出,股份有限公司是典型的"资合公司"。一个人能否成为公司股东决定于他是否缴纳了股款,购买了股票,而不取决于他与其他股东的人身关系,因此,股份有限公司能够迅速、广泛、大量地集中资金。同时,我们还可以看到,虽然无限责任公司、有限责任公司、两合公司的资本也都划分为股份,但是这些公司并不公开发行股票,股份也不能自由转让,证券市场上发行和流通的股票都是由股份有限公司发行的,因此,狭义地讲,股份公司指的就是股份有限公司。

(二)股份有限公司的设立

1. 股份有限公司的设立条件

(1)发起人符合法定人数。根据《公司法》第七十七条的规定,设立股份有限公司,应当有2人以上200人以下为发起人,其中,必须有半数以上的发起人在中国境内有住所。

(2)发起人认购和募集的股本达到法定资本最低限额。股份有限公司注册资本的最低限额为人民币500万元;法律、行政法规对股份有限公司注册资本的最低限额有较高规定的,从其规定。股份有限公司采取发起设立方式设立的,注册资本为在公司登记机关登记的全体发起人认购的股本总额。公司全体发起人的首次出资额不得低于注册资本的20%,其余部分由发起人自公司成立之日起两年内缴足;其中,投资公司可以在5年内缴足。在缴足前,不得向他人募集股份。股份有限公司采取募集方式设立的,注册资本为在公司登记机关登记的实收股本总额。以募集方式设立的,发起人认购的股份不得少于公司股份总数的35%;但是,法律、行政法规另有规定的,从其规定。发起人、认股人缴纳股款或者交付抵作股款的出资后,除未按期募足股份、发起人未按期召开创立大会或者创立大会决议不设立公司的情形外,不得抽回资本。

(3) 股份发行、筹办事项符合法律规定。发起人必须依照规定申报文件,承担公司筹办事务。

(4) 发起人制定公司章程,采用募集方式设立的经创立大会通过。公司章程是公司最重要的法律文件,发起人应当根据《公司法》、《上市公司章程指引》或《到境外上市公司章程必备条款》及相关规定的要求,起草、制定章程草案。采用募集方式设立的股份公司,章程草案须提交创立大会表决通过。发起人向社会公开募集股份的,须向中国证监会报送公司章程草案。

(5) 有公司名称,建立符合股份有限公司要求的组织机构。拟设立的股份有限公司应当依照工商登记管理规定的要求确定公司名称。公司名称应当由行政区划、字号、行业、组织形式依次组成,法律、法规另有规定的除外。公司只能使用一个名称。经公司登记机关核准登记的公司名称受法律保护。股份有限公司应当建立股东大会、董事会、经理和监事会等公司的组织机构。

(6) 有公司住所。公司以其主要办事机构所在地为住所。公司住所是确定公司登记注册级别管辖、诉讼文书送达、债务履行地点、法院管辖及法律适用等法律事项的依据。经公司登记机关登记的公司住所只能有一个,公司的住所应当在其公司登记机关辖区内。公司住所的变更,须到公司登记机关办理变更登记。

2. 股份有限公司的设立程序

(1) 确定发起人,签订发起人协议。发起人应当签订发起人协议,明确各自在公司设立过程中的权利和义务。

(2) 制定公司章程。

(3) 向设区的市级以上工商行政管理部门申请名称预先核准。设立公司应当申请名称预先核准。法律、行政法规或者国务院决定规定设立公司必须报经批准,或者公司经营范围中属于法律、行政法规或者国务院决定规定在登记前须经批准的项目的,应当在报送批准前办理公司名称预先核准,并以公司登记机关核准的公司名称报送批准。预先核准的公司名称保留期为6个月。预先核准的公司名称在保留期内,不得用于从事经营活动,不得转让。

(4) 申请与核准。向社会公开募集股份设立股份公司的,应取得中国证监会的核准。

(5) 股份发行、认购和缴纳股款。

①股份发行。股份的发行,实行公平、公正的原则,同种类的每一股份应当具有同等权利。同次发行的同种类股票,每股的发行条件和价格应当相同;任何单位或者个人所认购的股份,每股应当支付相同价额。公司发行的股票,可以为记名股票,也可以为无记名股票。公司向发起人、法人发行的股票,应当为记名股票,并应当记载该发起人、法人的名称或者姓名,不得另立户名或者以代表人姓名记名。发起人的股票,应当标明"发起人股票"字样。公司发行记名股票的,应当置备股东名册,记载下列事项:股东的姓名或者名称及住所;各股东所持股份数;各股东所持股票的编号;各股东取得股份的日期。

发行无记名股票的,公司应当记载其股票数量、编号及发行日期。

②发起人的出资方式。发起人可以用货币出资,也可以用实物、知识产权、土地使用权等可以用货币估价并可以依法转让的非货币财产作价出资;但是,法律、行政法规规定不得作为出资的财产除外。发起人以货币、实物、知识产权、土地使用权以外的其他财产出资的,其登记办法由国家工商行政管理总局会同国务院有关部门规定。发起人不得以劳务、信用、自然人姓名、商誉、特许经营权或者设定担保的财产等作价出资。对作为出资的非货币财产应当评估作价,核实财产,不得高估或低估作价。土地使用权的评估作价,依照法律、行政法规的规定办理。

全体发起人的货币出资金额不得低于公司注册资本的30%。

③以发起设立方式设立公司的股份认购。以发起设立方式设立股份有限公司的,发起人应当书面认定公司章程规定其认购的股份;一次缴纳的,应即缴纳全部出资;分期缴纳的,应即缴纳首期出资。首次出资是非货币财产的,应当在公司设立登记时提交已办理其财产权转移手续的证明文件。发起人不依照规定缴纳出资的,应当按照发起人协议承担违约责任。发起人首次缴纳出资后,应当选举董事会和监事会,由董事会向公司登记机关报送公司章程、由依法设定的验资机构出具的验资证明以及法律、行政法规规定的其他文件,申请设立登记。

④以募集设立方式设立公司的股份认购。第一步:发起人认购股份,并缴纳股款;第二步:发起人向特定对象或社会公开募集股份,认股人缴纳股款。发起人向社会公开募集股份,必须公告招股说明书,并制作认股书。认股书应当载明下列事项:发起人认购的股份数;每股的票面金额和发行价格;无记名股票的发行总数;募集资金的用途;认股人的权利、义务;本次募股的起止期限及逾期未募足时认股人可以撤回所认购股份的说明。认股人在认股书上填写认购股数、金额、住所,并签名、盖章。认股人按照所认购股数缴纳股款。发起人向社会公开募集股份,应当由依法设立的证券公司承销,签订承销协议。发起人向社会公开募集股份,应当同银行签订代收股款协议。代收股款的银行应当按照协议代收和保存股款,向缴纳股款的认股人出具收款单据,并负有向有关部门出具收款证明的义务。

⑤发行股份的股款缴足后,必须经依法设立的验资机构验资并出具证明。

(6)召开创立大会,并建立公司组织机构。采用发起设立方式的,发起人缴付全部股款后,应当召开全体发起人大会,选举董事会和监事会(指股东代表监事)成员,并通过公司章程草案。采用募集设立方式的,发起人应当自股款缴足之日起30日内主持召开公司创立大会。创立大会由发起人、认股人组成。发行的股份超过招股说明书规定的截止期限尚未募足的,或者发行股份的股款缴足后,发起人在30日内未召开创立大会的,认股人可以按照所缴股款并加算银行同期存款利息,要求发起人返还。发起人应当在创立大会召开15日前将会议日期通知各认股人或者予以公告。创立大会应有代表股份总数过半数的发起人、认股人出席,方可举行。

创立大会行使的职权有:①审议发起人关于公司筹办情况的报告;②通过公司章程;③选举董事会成员;④选举监事会成员;⑤对公司的设立费用进行审核;⑥对发起人用于抵作股款的财产的作价进行审核;⑦发生不可抗力或者经营条件发生重大变化直接影响公司设立的,可以作出不设立公司的决议。

创立大会对上述事项作出决议,必须经出席会议的认股人所持表决权过半数通过。

(7)设立登记并公告。设立股份有限公司,应当由董事会向公司登记机关申请设立登记。以募集方式设立股份有限公司的,应当于创立大会结束后 30 日内向公司登记机关申请设立登记。董事会向公司登记机关报送下列文件:公司登记申请书;创立大会的会议记录;公司章程;验资证明;法定代表人、董事、监事的任职文件及其身份证明;发起人的法人资格证明或者自然人身份证明;公司住所证明。公司住所证明是指能够证明公司对其住所享有使用权的文件。以募集方式设立股份有限公司公开发行股票的,还应当提交国务院证券监督管理机构的核准文件。公司申请登记的经营范围中属于法律、行政法规或者国务院决定规定在登记前须经批准的项目的,应当在申请登记前报经国家有关部门批准,并向公司登记机关提交有关批准文件。根据我国现有的法规规定,股份有限公司的登记机关为设区的市(地区)工商行政管理局以上的工商行政管理部门。依法设立的公司,由公司登记机关发给《企业法人营业执照》。公司营业执照签发日期为公司成立日期。公司凭公司登记机关核发的《企业法人营业执照》刻制印章,开立银行账户,申请纳税登记。

设立股份有限公司的同时设立分公司的,应当就设立分公司向公司登记机关申请登记,领取营业执照。公司成立后,应当进行公告。

(8)发放股票。公司的股份采取股票的形式。股票是公司签发的证明股东所持股份的凭证。股票采用纸面形式或者国务院证券监督管理机构规定的其他形式。股份有限公司成立后,即向股东正式交付股票。公司成立前不得向股东交付股票。

(三)股份有限公司的组织机构

1. 股东大会

股份有限公司的股东大会由股东组成。股东大会是公司的权力机构,公司的一切重大事项均由股东大会做出决议。股东大会依法行使下列职权:决定公司的经营方针和投资计划;选举和更换董事,决定有关董事的报酬事项;选举和更换由股东代表出任的监事,决定有关监事的报酬事项;审议批准董事会的报告;审议批准监事会的报告;审议批准公司的年度财务预算方案、决算方案;审议批准公司的利润分配方案和弥补亏损方案;对公司增加或减少注册资本作出决议;对发行公司债券作出决议;对公司合并、分立、解散和结算等事项作出决议;修改公司章程。

有下列情形之一的,应当在两个月内召开临时股东大会:①董事会人数不足法定人数或公司章程所定人数的 2/3 时;②公司未弥补的亏损达股本总额 1/3 时;③持有公司股份 10% 以上的股东请求时;④董事会认为必要时;⑤监事会提议召开时。

2. 董事会

董事会即由两个以上的董事组成的集体机构。它是公司对内执行业务、对外代表公司的常设理事机构,向股东大会负责。除股东大会决议的事项外,公司日常业务活动中的具体事项,均由董事会决定,行使下列职权:负责召集股东大会,并向股东大会报告工作;执行股东大会的决议;决定公司的经营计划和投资方案;制定公司的年度财务预算方案、决算方案;制定公司的利润分配方案或者弥补亏损方案;制定公司增加或者减少注册资本的方案以及发行公司债券的方案;拟定公司合并、分立、解散的方案;决定公司内部管理机构的设置;聘任或者解聘公司经理,根据经理的提名,聘任或者解聘公司副经理、财务主管人员等高级管理人员,决定其报酬事项;制定公司的基本规章制度。

董事会成员为5~19人。董事由股东会选举产生。董事会设董事长1人,可以设副董事长1~2人。董事长、副董事长由董事会以全体董事的过半数选举产生。

3. 经理

股份有限公司设经理,由董事会聘任或者解聘,对董事会负责。经理行使下列职权:主持公司的日常经营管理工作,组织实施董事会决议;组织实施公司年度经营计划和投资方案;拟定公司内部管理机构设置方案;制定公司的规章制度;提请任免公司副经理、财务负责人;经理列席董事会会议;公司章程和董事会授予的其他职权。

4. 监事会

股份有限公司设立监事会,即对董事会执行的业务活动实行监督的机构。它是公司的常设机构,由股东大会从股东中选任,不得由董事或经理兼任。监事会的职权主要有:列席董事会会议,监督董事会的活动,定期和随时听取董事会的报告,阻止董事会违反法律和章程的行为;随时调查公司业务和财务情况,查阅账簿和其他文件;审核公司的结算表册和清算时的清算表册;召集股东大会;代表公司与董事交涉或对董事起诉。监事会由股东代表和适当比例的公司职工代表组成,具体比例由公司章程规定。监事会的成员不得少于3人。监事会应在其组成人员中推选一名召集人。董事、经理及财务主管人员等高级管理人员不得兼任监事。监事的任期每届为3年,任期届满连选可以连任。

(四)股份有限公司的合并、分立、破产、解散和清算

1. 股份有限公司的合并和分立

(1)合并。我国《公司法》规定公司合并的形式有两种:吸收合并($a+b=a$)和新设合并($a+b=c$)。

(2)分立。股份有限公司的分立可以分为新设分立和派生分立。新设分立是指股份有限公司将其全部财产分割为两个部分以上,另外设立两个公司,原公司的法人地位消失。派生分立是指原公司将其财产或业务的一部分分离出去设立一个或数个公司,原公司继续存在。公司分立前的债务按照所达成的协议,由分立后的公司承担。

2. 股份有限公司的破产

(1)破产的概念。一般认为,股份有限公司的破产标准是"现金流量标准",即只要公司不能支付到期的债务,即使其资产超过负债,也达到破产界限,因为没有理由要求债权人等待公司出售资产变为现金。一旦公司的债权人向公司提出要求,而公司无法清偿无争议的债务,就是公司不能清偿的充分证据。

(2)破产申请的提出。股份有限公司的债权人和股份有限公司都可以提出破产申请。

(3)破产宣告。破产宣告是指人民法院在对破产案件审理后认为债务人具备了法定的破产条件,从而作出裁定,宣告其破产的法律行为。破产宣告后,债权人或者债务人对破产宣告有异议的,可以在人民法院宣告企业破产之日起10日内,向上一级人民法院申诉。上一级人民法院应当组成合议庭进行审理,并在30日内作出裁定。

3. 股份有限公司的解散和清算

(1)解散的概念。解散是指法人因其目的事业完成、法人成员会议作出解散决议、法人章程所规定的存续期限届满或解散事由发生等而自动终止。

(2)解散的原因。公司章程规定的营业期限届满或者公司章程规定的其他解散事由出现;股东会或者股东大会决议解散;因公司合并或者分立需要解散;依法被吊销营业执照,责令关闭或者被撤销。

公司经营管理发生严重困难,继续存续会使股东利益受到重大损失,通过其他途径不能解决的,持有公司全部股东表决权10%以上的股东,可以请求人民法院解散公司。

(3)解散的清算。公司应当在解散事由出现之日起15日内成立清算组,开始清算。有限责任公司的清算组由股东组成,股份有限公司的清算组由董事或者股东大会确定的人员组成。逾期不成立清算组进行清算的,债权人可以申请人民法院指定有关人员组成清算组进行清算。人民法院应当受理该申请,并及时组织清算组进行清算。

【案例2.1】

贵州茅台2016年第一次临时股东大会决议公告

证券代码:600519 证券简称:贵州茅台

本公司董事会及全体董事保证本公告内容不存在任何虚假记载、误导性陈述或者重大遗漏,并对其内容的真实性、准确性和完整性承担个别及连带责任。

一、会议召开和出席情况

(一)股东大会召开的时间:2016年9月20日

(二)股东大会召开的地点:贵州省仁怀市茅台镇公司多功能会议中心

(三)出席会议的普通股股东和恢复表决权的优先股股东及其持有股份情况:

1. 出席会议的股东和代理人人数:342人;

2. 出席会议的股东所持有表决权的股份总数(股):984,388,414股;

3. 出席会议的股东所持有表决权股份数占公司有表决权股:78.3625份。

(四)表决方式是否符合《公司法》及《公司章程》的规定,大会主持情况等。会议由公司董事会召集,以现场投票与网络投票相结合的方式召开,董事长袁仁国先生主持,会议的召开符合《中华人民共和国公司法》等有关法律、法规、规章和公司《章程》的相关规定。

(五)公司董事、监事和董事会秘书的出席情况:

1. 公司在任董事8人,出席6人,独立董事林涛先生、李伯潭先生均因工作原因未能出席本次会议;

2. 公司在任监事3人,出席3人;

3. 公司董事会秘书出席了本次会议;公司部分高级管理人员列席了本次会议。

二、议案审议情况

(一)贵州茅台集团财务有限公司关于2015年度日常关联交易执行情况及2016—2018年度日常关联交易预计情况的议案 审议结果:通过。

(二)关于议案表决的有关情况说明 第1项议案《贵州茅台集团财务有限公司关于2015年度日常关联交易执行情况及2016—2018年度日常关联交易预计情况的议案》涉及关联交易,出席会议的关联股东中国贵州茅台酒厂(集团)有限责任公司和贵州茅台酒厂集团技术开发公司回避了表决。

三、律师见证情况

1. 本次股东大会鉴证的律师事务所:北京市金杜律师事务所。律师:龚牧龙律师、任利光律师;

2. 律师鉴证结论意见:公司本次股东大会会议的召集、召开等相关事宜符合《公司法》、《股东大会规则》、《上海证券交易所上市公司股东大会网络投票实施细则》等相关法律、行政法规和《公司章程》的规定;出席会议人员的资格、召集人资格合法有效;会议的表决程序、表决结果合法有效;本次股东大会决议合法有效。

四、备查文件目录

1.《贵州茅台酒股份有限公司2016年第一次临时股东大会决议》;

2.《北京市金杜律师事务所关于贵州茅台酒股份有限公司2016年第一次临时股东大会的法律意见书》。

贵州茅台酒股份有限公司
2016年9月21日

第二节 股票的特征与类型

一、股票的定义及性质

(一)股票的定义

股票是一种有价证券,它是股份有限公司发行的、用以证明投资者的股东身份和权益并据以获取股息和红利的凭证。股票作为一种所有权凭证,有一定的格式。从股票的发展历史来看,最初的股票票面格式既不统一,也不规范,由各发行公司自行决定。随着股份制度的发展和完善,许多国家对股票票面格式做了规定,提出票面应载明的事项和具体要求。我国《公司法》规定,股票采用纸面形式或国务院证券监督管理机构规定的其他形式。股票应载明的事项主要有:公司名称、公司成立的日期、股票种类、票面金额及代表的股份数、股票的编号。股票由法定代表人签名,公司盖章。发起人的股票,应当标明"发起人股票"字样。

（二）股票的性质

(1)股票是有价证券。有价证券是财产价值权利的统一表现形式。持有有价证券,一方面表示拥有一定价值量的财产,另一方面也表明有价证券持有人可以行使该证券所代表的权利。股票具有有价证券的特征:第一,虽然股票本身没有价值,但股票是一种代表财产权的有价证券;第二,股票与它代表的财产权有不可分离的关系。

(2)股票是要式证券。股票应具备《公司法》规定的有关内容,如果缺少规定的要件,股票就无法律效力。

(3)股票是证权证券。证券可分为设权证券和证权证券。设权证券是指证券所代表的权利本来不存在,而是随着证券的制作而产生,即权利的发生是以证券的制作和存在为条件的。证权证券是指证券是权利的一种物化的外在形式,它是权利的载体,权利是已经存在的。

(4)股票是资本证券。股份公司发行股票是一种吸引认购者投资以筹措公司自有资本的手段,对于认购股份的人来说,购买股票就是一种投资行为。因此,股票是投入股份公司资本份额的证券化,属于资本证券。股票独立于真实资本之外,在股票市场进行着独立的价值运动,是一种虚拟资本。

(5)股票是综合权利证券。股票不属于物权证券,也不属于债权证券,而是一种综合权利证券。股东权是一种综合权利,股东依法享有资产收益、重大决策、选择管理者等权利。

二、股票的特征

（一）收益性

收益性是股票最基本的特征。股票的收益来源可分成两类:一是来自于股份公司。认证股票后,持有者即对发行公司拥有经济权益,实现形式是从公司领取股息和分享公司的红利。二是来自于股票流通。股票持有者可以在对股票交易时获得差价收益。

（二）风险性

股票风险的内涵即股票投资收益的不确定性,或者说实际收益与预期收益之间的偏离程度。风险不等于损失,高风险的股票可能给投资者带来巨大损失,也可能带来预期的巨大收益。

（三）流动性

流动性是指股票具有可以依法转让而变现的特征。判断流动性强弱的三个方面:首先是市场深度,以每个价位上保单的数量来衡量;其次是报价紧密度,指买卖盘各价位之间的价差,价差小,股票流动性就比较强;最后是价格弹性(恢复能力),指交易价格受大额交易冲击而变化后,迅速恢复原先水平的能力。价格恢复能力越强,股票的流动性越高。

(四)永久性

永久性是指股票所载有权利的有效性是始终不变的,因为它是一种无期限的法律凭证。

(五)参与性

这是指股票持有人有权参与公司重大决策的特性。股东参与公司经营决策的主要方式是出席股东大会,通过对重大经营事项进行投票表决和选举公司董事来实现其参与权。

三、股票的类型

(一)按享有权利不同分类

按享有权利的不同,股票可以分为普通股票和优先股票。

1. 普通股票

普通股票是最基本、最常见的一种股票,其持有者享有股东的基本权利和义务。普通的股票的权利完全随公司盈利的高低而变化。在公司盈利较多时,普通股票股东可获得较高的股利收益,但在公司盈利和剩余财产的分配顺序上列在债权人和优先股票股东之后,故其承担的风险也比较高。

(1)普通股票股东的权利。

①公司重大决策参与权。股东基于股票的持有而享有股东权,这是一种综合权利,其中首要的是可以股东身份参与股份公司的重大事项决策。

股东大会应当每年召开一次年会,当出现董事会认为必要或监事会议提议召开等情形时,也可召开临时股东大会。股东出席股东大会,所持每一股份有一票表决权。股东大会作出决议必须经出席会议的股东所持表决权过半数通过。股东大会作出修改公司章程、增加或减少注册资本的决议,以及公司合并、分立、解散或者变更公司形式的决议,必须经出席会议的股东所持表决权的 2/3 以上通过。股东大会选举董事、监事,可以依照公司章程的规定或者股东大会的决议,实行累积投票制。累积投票制是指股东大会选举董事或者监事时,每一股份拥有与应选董事或者监事人数相同的表决权,股东拥有的表决权可以集中使用。股东可以亲自出席股东大会,也可以委托代理人出席。

对于规定的上市公司重大事项,必须经全体股东大会表决通过,并经参加表决的社会公众股股东所持表决权的半数以上通过,方可实施或提出申请。规定的上市公司重大事项分为五类:增发新股、发行可转债、配股;重大资产重组,购买的资产总价较所购买资产经审计的账面净值溢价达到或超过 20% 的;股东以其持有的上市公司股权偿还其所欠该公司的债务;对上市公司有重大影响的附属企业到境外上市;在上市公司发展中对社会公众股股东利益有重大影响的相关事项。

②公司资产收益权和剩余资产分配权。普通股票股东拥有公司盈余和剩余资产分配权，这一权利直接体现了其在经济利益上的要求，这一要求表现在两方面：一是普通股股东有权要求从股份公司的税后净利中分配股息和红利，但全体股东约定不按照出资比例分取红利的除外；二是普通股股东在股份公司解散清算时，有权要求取得公司的剩余资产。

我国有关法律规定，公司缴纳所得税后的利润，在支付普通股票的红利之前，应按如下顺序分配：弥补亏损，提取法定公积金，提取任意公积金。

按我国《公司法》规定，公司财产在分别支付清算费用、职工的工资、社会保险费用和法定补偿金，缴纳所欠税款，清偿公司债务后的剩余财产，按照股东持有的股份比例分配。公司财产在未按照规定清偿前，不得分配给股东。

③其他权利。除了上面两种基本权利外，普通股票股东还可以享有以下《公司法》规定的主要权利：第一，股东有权查阅公司章程、股东名册等资料；第二，股东持有的股份可依法转让；第三，公司为增加注册资本发行新股时，股东有权按照实缴的出资比例认购新股，即优先认股权。

优先认股权是指当股份公司为增加公司资本而决定增加发行新的股票时，原普通股股东享有的按其持股比例，以低于市价的某一特定价格优先认购一定数量新发行股票的权利。赋予股东这种权利有两个主要目的：一是能保证普通股股东在股份公司中保持原有的持股比例；二是能保护原普通股股东的利益和持股价值。

享有优先认股权的股东可以有三种选择：一是行使权利来认购新发行的普通股票；二是如果法律允许，可以将该权利转让给他人，从中获得一定的报酬；三是不行使此权利而任其过期失效。

（2）普通股票股东的义务。我国《公司法》规定，公司股东应当遵守法律、行政法规和公司章程，依法行使股东权利，不得滥用股东权利损害公司或其他股东的利益；不得滥用公司法人独立地位和股东有限责任损害公司债权人的利益。公司股东滥用股东权利给公司或者其他股东造成损失的，应当依法承担赔偿责任。公司股东滥用公司法人独立地位和股东有限责任逃避责任，严重损害公司债权人利益的，应当对公司债务承担连带责任。公司的控股股东、实际控制人、董事、监事、高级管理人员不得利用其关联关系损害公司利益。如违反有关规定，给公司造成损失者，应当承担赔偿责任。

2. 优先股票

优先股票与普通股票相对应，是指股东享有某些优先权利的股票。它的存在对股份公司和投资者来说有一定意义。首先，对股份公司而言，发行优先股票的作用在于可以筹集长期稳定的公司股本，又因其股息率固定，可以减轻股息的分派负担。另外，优先股票股东无表决权，这样可以避免公司经营决策权的改变和分散。其次，对投资者而言，由于优先股票的股息收益稳定可靠，而且在财产清偿时也先于普通股票股东，因而风险相对较小，不失为一种较安全的投资对象。

(1) 优先股票的特征。

①股息率固定。普通股票的股息是不固定的,它取决于股份公司的经营状况和盈利水平。而优先股是无论公司经营状况和盈利水平如何变化,股息率均不变。

②股息分派优先。在股份公司盈利分配顺序上,优先股股东排在普通股股东之前。

③剩余资产分配优先。当股份公司因解散或破产进行清算时,在对公司剩余资产的分配上,优先股票股东排在债权人之后、普通股东之前。一般无表决权。优先股票股东权利是受限制的,最主要的是表决权限制。

(2) 优先股票的种类。

①累积优先股票和非累积优先股票。这种分类的依据是优先股股息在当年未能足额分派时,能否在以后年度补发。所谓累积优先股票是指历年股息累积发放的优先股票。

非累积优先股票是指股息当年结清、不能累积发放的优先股票。非累积优先股票的特点是股息分派以每个营业年度为界,当年结清。

②参与优先股票和非参与优先股票。这种分类的依据是优先股票在公司盈利较多的年份里,除了获得固定的股息以外,能否全部参与或部分参与本期剩余盈利的分配。参与优先股票是指优先股票股东除了按规定分得本期固定股息外,还有权与普通股股东一起参与本期剩余盈利分配的优先股票。非参与优先股票,是指除了按规定分得本期固定股息外,无权再参与对本期剩余盈利分配的优先股票。非参与优先股票是一般意义上的优先股票,其优先权不是体现在股息多少上,而是在分配顺序上。

【案例2.2】

大卫公司的优先股

大卫公司有优先股100万股,每股面额100欧元,固定的股息率为8%,最终收益率的上限为10%;普通股400万股,每股面额100欧元。该公司在按固定股息率分派了优先股股息和不少于优先股收益率的普通股股利后,尚余1 500万欧元供再次分配。

如果该优先股为全部参与优先股时,该公司在按固定股息率分派了优先股股息和不少于优先股收益率的普通股股利后,尚余1 500万元供再次分配,那么优先股票和普通股票每股均可再获3欧元的额外股利。如果该优先股为部分参与优先股时,由于优先股每股面额为100欧元,固定的股息率为8%,最终收益率的上限为10%,则每一优先股在第一次获取8元的固定股息后,第二次参与对1 500万欧元剩余盈利分配时,只能再获2欧元的额外股利,而此时普通股每股还可再获取3.25欧元。

如果该优先股为非参与优先股时,则优先股东不能获得额外股利,而此时普通股每股还可再获取3.75欧元。

③可转换优先股票和不可转换优先股票。这种分类的依据是优先股票在一定的条件下能否转换成其他品种。可转换优先股票,是指发行后,在一定条件下允许持有者将它转换成其他

种类股票的优先股票。在大多数情况下,股份公司的转换股票是由优先股票转换成普通股票,或者由某种优先股票转换成另一种优先股票。不可转换优先股票,是指发行后不允许其持有者将它转换成其他种类股票的优先股票。不可转换优先股票与转换优先股票不同,它没有给投资者提供改变股票种类的机会。

④可赎回优先股票和不可赎回优先股票。这种分类的依据是在一定条件下,该优先股票能否由原发行的股份公司出价赎回。股份公司一旦赎回自己的股票,必须在短期内予以注销。

⑤股息率可调整优先股票和股息率固定优先股票。这种分类的依据是股息率是否允许变动。股息率可调整优先股票,股息率的变化一般又与公司经营状况无关,而主要是随市场上其他证券价格或者银行存款利率的变化作调整。股息率可调整优先股票的产生,主要是为了适应国际金融市场不稳定、各种有价证券价格和银行存款利率经常波动以及通货膨胀的情况。

(二)按有无票面额分类

按有无票面额的不同,股票可以分为有票面额股票和无票面额股票。

1. 有面额股票

所谓有面额股票,是指在股票票面上记载一定金额的股票。这一记载的金额也称为票面金额、票面价值或股票面值。我国《公司法》规定,股份有限公司的资本划分为股份,每一股的金额相等。有面额股票具有如下特点:一是可以明确表示每一股所代表的股权比例。二是为股票发行价格的确定提供依据。我国《公司法》规定股票发行价格可以按票面金额,也可以超过票面金额,但不得低于票面金额。有面额股票的票面金额就是股票发行价格的最低界限。

2. 无面额股票

无面额股票是指在股票票面上不记载股票面额,只注明它在公司总股本中所占比例的股票,也称为比例股票或份额股票。目前世界上很多国家(包括中国)的公司法规定不允许发行这种股票。无面额股票有如下特点:一是发行或转让价格较灵活;由于没有票面金额,因而发行价格不受票面金额的限制。在转让时,投资者也不易受股票票面金额影响,而更注重分析每股的实际价值。二是便于股票分割。如果股票有面额,分割时就需要办理面额变更手续。由于无面额股票不受票面金额的约束,发行该股票的公司能比较容易地进行股票分割。

(三)按是否记名分类

按是否记名的不同,可分为记名股票和不记名股票。

1. 记名股票

股份有限公司向发起人、法人发行的股票,应当为记名股票。记名股票有如下特点:一是股东权利归属于记名股东。二是可以一次或分次缴纳出资。我国《公司法》规定,设立股份有限公司的条件之一是发起人认购和募集的股本达到法定资本最低限额。采取发起设立方式设立股份有限公司的,注册资本为在公司登记机关登记的全体发起人认购的股本总额。一次缴纳的,应当缴纳全部出资;分期缴纳的,应当缴纳首期出资。全体发起人首次出资额不得低于注册资本的20%,其余部分由发起人自公司成立之日起两年内缴足。以募集方式设立股份有限公司的,发起人认购的股份不得少于公司股份总数的35%。三是转让相对复杂或受限制。记名股票的转让必须依据法律和公司章程规定的程序进行,而且要服从规定的转让条件。一般来说,记名股票的转让都必须由股份公司将受让人的姓名或名称、住所记载于公司的股东名册,办理股票过户登记手续,这样受让人才能取得股东的资格和权力。而且,为了维护股份公司和其他股东的资格和权力,法律对于记名股票转让有时会规定一定的限制条件,我国《公司法》规定,记名股票由股东以背书方式或者法律、行政法规规定的其他方式转让;转让后由公司将受让人的姓名或者名称及住所记载于股东名册。四是便于挂失,相对安全。记名股票与记名股东的关系是特定的,因此,如果股票遗失,记名股东的资格和权力并不消失,并可依据法定程序向股份公司挂失,要求公司补发新的股票。

2. 无记名股票

无记名股票是指在股票票面和股份公司股东名册上均不记载股东姓名的股票。我国《公司法》规定,发行无记名股票的,公司应当记载其股票数量、编号及发行日期。无记名股票有如下特点:一是股东权利归属股票的持有人;二是认购股票时要求一次缴纳出资;三是转让相对简便;四是安全性较差。

第三节 我国现行股票类型

按照我国现有的投资主体性质对股票进行分类,可以分为以下四种类型:

一、国家股

国家股是指有权代表国家投资的部门或机构以国有资产向公司投资形成的股份,包括公司现有国有资产投资形成的股份。国家股从资金来源上看,主要有三个方面:第一,现有国有企业改组为股份公司时所拥有的净资产;第二,现阶段有权代表国家投资的政府部门向新组建的股份公司的投资;第三,经授权代表国家投资的投资公司、资产经营公司、经济实体性总公司等机构向新组建股份公司的投资。国家股权可以转让,但转让应符合国家的有关规定。

二、法人股

法人股是指企业法人或具有法人资格的事业单位和社会团体以其依法可支配的资产投入公司形成的股份。如果是具有法人资格的国有企业、事业及其他单位以其依法占用的法人资产向独立于自己的股份公司出资形成或依法定程序取得的股份,可称为国有法人股。

三、社会公众股

社会公众股是指我国境内个人和机构,以其合法财产向公司可上市流通股权部分投资所形成的股份。我国《证券法》规定,社会募集公司申请股票上市的条件之一是向社会公开发行的股份达到公司股份总数的25%以上。公司股本总额超过人民币4亿元的,向社会公开发行股份的比例为10%以上。

四、外资股

(一)境内上市外资股

这类股票称为B股。B股采取记名股票形式,以人民币标明股票面值,以外币认购买卖,在境内证券交易所上市交易。境内居民个人可以用现汇存款和外币现钞存款以及从境外汇入的外汇资金从事B股交易,但不允许使用外币现钞。境内居民个人所购B股不得向境外转托管。公司向境内上市外资股股东支付股利及其他款项,以人民币标明面值,以外币支付。

(二)境外上市外资股

境外上市外资股是指股份有限公司向境外投资者募集并在境外上市的股份。它也采取记名股票形式,以人民币标明面值,以外币认购。在境外上市时,可以采取境外存股凭证形式或者股票的其他派生形式。境外上市外资股主要由H股、N股、S股等构成。H股是指注册地在我国内地、上市地在我国香港的外资股。

第四节 股票价格的衡量指标

一、股价平均数

股票价格平均数是用来衡量所有样本股经过调整后的价格水平平均值。通常有简单算术股价平均数、加权股价平均数和修正股价平均数三种表达形式。

(一)简单算术股价平均数

该方法是把列入计算范围的股票各抽取一股,将它们的收盘价或者开盘价、最高价、最低价、平均价加在一起(通常是按收市价计算),然后除以总股数,得出算术平均数。在市场上未发生不可比因素的情况下,如证券交易所开办之初尚未有除权因素时,以此种方法计算的股价平均数,实际上就是算术平均股价。其计算公式为

$$平均股价 = \sum 样本股票的当天收盘价 \Big/ \sum 股票样本数$$

此种方法有助于判断股票投资的获利情况,进而知道平均股价是偏高还是偏低。它的缺陷是:没有考虑股票分割、权数不一等因素的影响,所以,不能反映股价一般的、长期的和动态的变化,也容易被发行量或交易量较少的股票价格的涨落所左右,难以真实地反映股市动态。

(二)加权股价平均数

该方法是把各种样本股票的发行量或交易量作为权数计算出来的股价平均数。其方法是

把列入计算范围的各种股票的交易价格乘以各自的权重后相加,再除以总权重,得出加权平均数。权重的取法有两种情况:一是以计算期的成交量为权重,哪一种股票成交的股数越多,其权重就越大;二是以各种股票各自的发行量为权重,发行股数多的权重就大。以样本股成交量为权重的加权股价平均数计算公式为

$$加权平均股价 = 样本股票成交总额 / 同期样本成交总股数$$

其中
$$样本股票成交总额 = 每股价格 \times 成交股数$$

计算结果为平均成交价。

以样本股发行量为权重的加权股价平均数计算公式为

$$加权平均股价 = 样本股市价总额 / 同期样本股发行总量$$

其中
$$样本股市价总额 = 每股价格 \times 发行股数$$

计算结果为平均市场价格。

(三)修正股价平均数

修正股价平均数是在简单算术平均数的基础上,当发生增资配股或股份细拆时,通过变动除数,使股价平均数不受影响。其计算公式为

$$修正股价平均数 = 拆股后的总价格 / 新除数$$

其中
$$新除数 = 拆股后的总价格 / 拆股前的平均数$$

二、股价指数

(一)股价指数的定义

股票价格指数是由证券交易所或金融服务机构编制的,反映不同时点上股价变动情况的价格平均数。编制股票指数一般以某一时点为基期,以这个基期的股票价格作为100(或1 000),用以后各计算期的股票价格和基期价格比较,计算出升降的百分比,就是该计算期的股票指数。

(二)股价指数的编制与应用

1. 算术平均法

其编制的步骤为

(1)将组成指数的每种股票的收盘价进行简单平均,计算得出一个平均值。

$$简单算术股价平均数 = (P_1 + P_2 + P_3 + \cdots + P_n)/n$$

(2)用计算期平均股价除以基期平均股价,再乘以基期点数100点(或1 000点),即得出计算期股价指数。

算术平均法计算公式为

$$I = \frac{\sum_{i=1}^{n} \frac{P_m}{P_0}}{n} \times i_0$$

式中　　I——股票价格指数；
　　　　P_m——第 m 报告期股票价格；
　　　　P_0——基期股票价格；
　　　　i_0——基期股票价格指数；
　　　　n——组成股票指数的股票种类数。

2. 加权平均法

在计算股价平均值时，不仅考虑到每只股票的价格，还要根据每只股票对市场影响的大小，对平均值进行调整。实践中一般是以股票的发行数量或成交量作为市场影响参考因素并纳入指数计算，称为权数。加权平均法计算公式为：

$$I = \frac{\sum_{i=1}^{n} P_i \times W_i}{\sum_{i=1}^{n} P_0 \times W_i} \times i_0$$

式中　　I——股票价格指数；
　　　　P_i——组成股价指数的各种股票报告期价格；
　　　　P_0——组成股价指数的各种股票基期价格；
　　　　n——组成股价指数的各种股票种类数；
　　　　W_i——组成股价指数的各种股票的上市总量，即权数；
　　　　i_0——基期价格指数。

三、世界主要的股价指数

（一）道·琼斯股价指数

道·琼斯股价指数是世界上最早、最享盛誉和最有影响的股票价格指数，由美国道·琼斯公司计算并在《华尔街日报》上公布，是以 65 家公司股票（工业股 30 家，运输股 20 家，公用事业股 15 家）为编制对象的股价综合平均数。以 1928 年 10 月 1 日为基期，基期指数为 100 点。

（二）金融时报指数

金融时报指数是英国最具权威性的股价指数，由《金融时报》编制和公布。以 1962 年 4 月 10 日为基期，基期指数为 100 点，以伦敦股市上精选 700 多种股票为样本的综合股票指数。

（三）日经 225 股价指数

日经 225 股价指数是《日本经济新闻社》编制公布以反映日本股票市场价格变动的股价指数。以 1950 年平均股价 176.21 元为基数，以东京交易所上市的 225 种股票为样本股（150 家制造业，15 家金融业，14 家运输业，46 家其他行业）的股价平均数。

(四)恒生指数

恒生指数是香港恒生银行于 1969 年 11 月 24 日起编制公布,是系统反映香港股票市场行情变动最有代表性和影响最大的指数。它以 1984 年 1 月 13 日为基期,以 975.47 点为基数,挑选了 33 种有代表性的上市股票(金融业 4 家,公用事业 6 家,地产业 9 家,其他商业 14 家)为成分股,用加权平均法计算。

四、我国主要的股价指数

(一)上证综合指数

上证综合指数是上海证券交易所编制的,以上海证券交易所挂牌的全部股票为计算范围,以发行量为权数的加权综合股价指数。该指数以 1990 年 12 月 19 日为基准日,基准日指数定为 100 点,自 1991 年 7 月 15 日开始发布。上证综合指数以全部上市股票为样本,以股票发行量为权数,按加权平均法计算,其计算公式为

$$本日股价指数 = 本日股票市价总值 / 基期股票市价总值 \times 100$$

其中

$$本日股票市价总值 = \sum 本日收盘价 \times 发行股数$$

$$基期股票市价总值 = \sum 基期收盘价 \times 发行股数$$

遇新增(删除)上市股票或上市公司增资扩股时,须作相应修正,修正后计算公式为

$$新基期市价总值 = 修正前基期市价总值 \times (修正前市价总值 + 市价总值变动额) / 修正前市价总值$$

$$修正后本日股价指数 = 本日股票市价总值 / 新基期股票市价总值 \times 100$$

每当发行新股上市时,从第二个交易日开始记入指数(原新股上市满一个月开始记入指数)。

(二)深证成分股指数

成分指数以 1994 年 7 月 20 日为基日,1995 年 1 月 23 日开始发布。基准日指数定为 1 000。其设计思路和上证综指相似,在此不再赘述。

(三)沪深 300 指数

沪深 300 指数是沪深证券交易所于 2005 年 4 月 8 日联合发布的反映 A 股市场整体走势的指数。沪深 300 指数编制目标是反映中国证券市场股票价格变动的概貌和运行状况,并能够作为投资业绩的评价标准,为指数化投资和指数衍生产品创新提供基础条件。

沪深 300 指数的诞生,意味着中国证券市场建立以来第一次有了反映整个 A 股市场全貌的指数。不仅如此,沪深 300 指数诞生还为推出股指期货产品以结束过去股市单边市的制度缺陷打下了基础,维护和促进市场的健康发展。

本章小结

股份制度是股份有限公司出现的前提,股份有限公司则是股票的发行主体。股票是一种有价证券,它是股份有限公司发行的、用以证明投资者的股东身份和权益并据以获取股息和红利的凭证。收益性、风险性、流动性、永久性、参与性构成了股票的特征。股票有不同的划分方式,我国的股票按投资主体的不同可以划分为国有股、法人股、社会公众股、外资股四种类型。股票价格指数是由证券交易所或金融服务机构编制的,反应不同时点上股价变动情况的价格平均数。

思考题

1. 设立股份有限公司的条件有哪些?
2. 股票具有什么特点?
3. 普通股股东享有哪些权利?
4. 分别解释一下国有股、法人股、社会公众股、外资股的内涵。
5. 股价指数的编制方法有哪些?列举世界上著名的股票衡量指标。

【案例分析】

2016年快递企业先后上市

自2015年申通快递筹划上市以来,国内多家快递业巨头圆通、顺丰、韵达、中通等相继宣布上市,而优速、速尔等快递业纷纷获得融资,快递行业从价格战转为资本战。2016年是名符其实的快递上市年,排名前十的快递公司有5家成功登陆资本市场,除了中通快递在美股IPO之外,申通、圆通、韵达、顺丰都通过借壳上市的方式登陆A股。

2016年快递业上市公司情况对比分析表

企业	获批/融资时间	方式	资金	最新市值
申通快递	2016.10.24	借壳艾迪西	作价169亿元	421亿元
圆通速递	2016.7.28	借壳大杨创世	作价175亿元	736亿元
顺丰速运	2016.10.11	借壳鼎泰新材	作价433亿元	1702亿元
韵达速递	2016.11.8	借壳新海股份	作价180亿元	480亿元
中通快递	2016.10.27	美股IPO	14亿美元	97亿美元

问题:

1. 请分析快递公司积极谋求上市背后的原因。
2. 分别从短期和长期的角度,分析快递板块股票的投资策略。

第三章
Chapter 3

债 券

【本章学习要求】

本章主要介绍了债券的定义、特征与类型,债券的偿还方式,政府债券,金融债券与公司债券,国际债券等内容。学习要求如下:

- 掌握债券的定义、特征与类型;了解债券的偿还方式;掌握债券与股票的异同。
- 掌握政府债券的定义、特点;掌握我国国债的类型;了解我国国债的特点;了解地方政府债券的定义及分类。
- 了解金融债券的定义和类型;掌握公司债券的定义和类型;了解我国的企业债券和公司债券。
- 掌握国际债券的定义、特点;掌握国际债券的类型。

【本章主要概念】

债券 政府债券 金融债券 公司债券 国际债券

【案例导读】

2009年3月16日,2009年首期凭证式国债在哈尔滨面市。尽管本期国债利率较2008年最后一期有所降低,但哈尔滨市民对稳健的"金边债券"仍情有独钟。从清晨开始,各银行网点均出现排队抢购的场面,多数网点开门几小时就卖光了国债。在排队购买的人群中,中老年人占大多数。一位老者对记者说:"现在是金融危机,不把握的投资咱不敢碰,还是买点国债既稳当又划算。"低风险的国债投资历来是百姓的投资首选。两年前的大牛市里,一些市民受股市的吸引,纷纷转战股市,甚至有人提前支取手中国债购买股票。但最终多数人不但没能"跑赢"国债,反而遭遇股市"套牢"。

第一节　债券的特征与类型

一、债券的定义

债券是一种有价证券,是指国家政府、金融机构、企业机构等向投资者发行,并且承诺按规定利率支付利息并按约定条件偿还本金的债权债务凭证。债券本质是一种借款的证明书,具有法律效力,债券购买人与发行人之间是一种债权债务关系。债券所规定的借贷双方的权利义务关系包含四个方面的含义:第一,发行人是借入资金的经济主体;第二,投资者是出借资金的经济主体;第三,发行人需要在一定时期付息还本;第四,债券反映了发行者和投资者之间的债权、债务关系,而且是这一关系的法律凭证。

二、债券的票面要素

(一)债券的票面价值

债券的票面价值是债券票面标明的货币价值,是债券发行人承诺在债券到期日偿还给债券持有人的金额。债券的票面价值一般包括两方面的内容:币种和票面金额。确定币种主要考虑债券的发行对象。一般来说,在本国发行的债券通常以本国货币作为面值的计量单位;在国际金融市场筹资,则通常以债券发行地所在国家的货币或以国际通用货币为计量标准。票面金额大小不同,可以适应不同的投资对象,同时也会产生不同的发行成本。票面金额定得较小,有利于小额投资者,购买持有者分布面广,但债券本身的印刷及发行工作量大,费用可能较高;票面金额定得较大,有利于少数大额投资者认购,且印刷费用等也会相应减少,但使小额投资者无法参与。因此,债券票面金额的确定也要根据债券的发行对象、市场资金供给情况及债券发行费用等因素综合考虑。

(二)债券的到期期限

债券的到期期限是指债券从发行之日起至偿清本息之日止的时间,也是债券发行人承诺改造合同义务的全部时间。影响偿还期限的主要因素包括:发行人未来一定时期内可调配的资金规模、未来市场利率的发展趋势、证券交易市场的发达程度、投资人的投资方向、心理状态和行为偏好等。各种债券有着不同的偿还期限,从几个月到十几年不等。习惯上有短期债券、中期债券和长期债券之分。发行人在确定债券期限时,要考虑多种因素的影响,起决定性作用的因素主要有资金使用方向、市场利率变化、债券变现能力等。

(三)债券的票面利率

债券的票面利率也称名义利率,是债券年利息与债券票面价值的比率,通常年利率用百分数表示。利率是债券票面要素中不可缺少的内容,影响票面利率的因素有:

1. 借贷资金市场利率水平

市场利率较高时,债券的票面利率也相应较高,否则,投资者会选择其他金融资产投资而舍弃债券;反之,市场利率较低时,债券的票面利率也相应较低。

2. 筹资者的资信

如果债券发行人的资信状况好,债券信用等级高,投资者的风险小,债券票面利率可以定得比其他条件相同的债券低一些;如果债券发行人的资信状况差,债券信用等级低,投资者的风险大,债券票面利率就需要定得高一些。此时的利率差异反映了信用风险的大小,高利率是对高风险的补偿。

3. 债券期限长短

一般来说,期限较长的债券流动性差,风险相对较大,票面利率应该定得高一些;而期限较短的债券流动性强,风险相对较小,票面利率就可以定得低一些。但是,债券票面利率与期限的关系较复杂,它们还受其他因素的影响,所以有时也会出现短期债券票面利率高而长期债券票面利率低的现象。

(四)债券发行者名称

这一要素指明了该债券的债务主体,既明确了债券发行人应履行对债权人偿还本息的义务,也为债权人到期追索本金和利息提供了依据。通常,债券发行者资信状况好,债券信用等级高,投资者相对承受的风险小,利率就定得比其他条件相同的债券低一些,反之就高一些。

需要说明的是,以上四个要素虽然是债券票面的基本要素,但它们并非一定在债券票面上印制出来。在许多情况下,债券发行者是以公布条例或公告形式向社会公开宣布某债券的期限与利率。此外,债券票面上有时还包含一些其他要素,如分期偿还、附有赎回选择权、附有出售选择权、附有可转换条款、附有交换条款、附有新股认购条款等。

三、债券的特征

(一)安全性

安全性是指债券投资人的收益相对稳定,不会因发行人经营收益的变动而变化,而且可按期收回本金。与股票相比,债券的风险比较小。债券通常规定有固定的利率,与债券发行人利益无关,收益比较可靠。此外,在企业破产时,债券的持有人享有优先与股票持有人对企业剩余资产的索取。

债券投资不能收回的两种情况有:第一,债务人不履行债务,即债务人不能按时足额履行约定的利息支付或者偿还本金。第二,流通市场风险,即债券在市场上转让时因价格下跌而承受损失。

(二)收益性

收益性是指债券能为投资者带来一定的收入,即债权投资的报酬。在实际经济活动中,债券收益可以表现为两种形式：一种是利息收入，即债权人在持有债券期间按约定的条件分期、分次取得利息或者到期一次取得利息；另一种是资本损益，即债权人到期收回的本金与买入债券或中途卖出债券与买入债券之间的价差收入。

（三）偿还性

偿还性是指债务人必须按规定的时间向债权人支付利息和偿还本金。债券一般都有规定的到期日，发行人必须按约定条件偿还本金并支付利息，筹资人不能无限期地占用债券投资人的资金。当然，历史上也有少数的特例。曾有国家发行过无期公债或永久性公债。这种公债无固定偿还期。持券者不能要求政府清偿，只能按期取息。

（四）流动性

流动性是指债券持有人可按自己的需要和市场的实际情况，灵活地转让债券，提前收回本金。债券作为有价证券，大部分可在证券市场上作为投资品种自由买卖，债券持有人可在到期之前在流通市场上进行交易。很明显，债券的流动性要远远高于银行定期存款，定期存款提前变现要遭受利息损失。一般来说，债券的流动性越强安全性越高。

四、债券的类型

（一）按发行主体分类

按债券发行的主体不同，债券可以分为政府债券、金融债券和公司债券。

1. 政府债券

政府债券是指政府财政部门或其他代理机构为筹集资金，以政府名义发行的债券，它的发行主体是政府。中央政府发行的债券称为国家公债，地方政府发行的债券称为地方政府债券，也叫地方公债。中央政府债券是由国家承担偿还本息的责任，其可以全部在证券交易所上市，也可以在到期前用做抵押贷款的担保品，而且政府不征收债券收益的所得税。政府债券的发行量和交易量在证券市场一般都占有相当大的比重，不仅在金融市场上起着重要的融资作用，而且是各国中央银行进行公开市场业务的重要手段。地方公债是由市、县、镇等地方政府发行的债券。其发行这类债券的目的，是为了筹措一定数量的资金用于满足市政建设、文化进步、公共安全、自然资源保护等方面的资金需要。有些国家把政府担保的债券也划归为政府债券体系，称为政府保证债券。

2. 金融债券

金融债券是金融机构为了筹集资金而发行的债券，其发行主体是银行或非银行金融机构。一般来讲，银行等金融机构的资金来源除了发行债券外，还有吸收存款和向其他机构借款。存款资金的特点之一是在经济发生动荡的时候，易发生储户争相提款的现象，从而造成资金来源的不稳定；向其他商业银行或中央银行借款所得的资金主要是短期资金，而金融机构往往需要进行一些期限较长的投融资，这就出现了资金来源和资金运用在期限上的矛盾，发行金融债券就比较有效地解决了这个问题。债券在到期之前一般不能提前兑换,只能在市场上转让,其保证了所筹集资金的稳定性。同时,金融机构发行债券时可以灵活规定期限,比如为了一些长期项目投资,可以发行期限较长的债券。因此,发行金融债券可以使金融机构筹措到稳定且期限灵活的资金,从而有利于优化资产结构,扩大长期投资业务。金融机构一般有雄厚的资金实力,信用度较高,因此,金融债券往往也有良好的信誉。

3. 公司债券

公司债券是由股份有限公司或有限责任公司依照法定程序发行,约定在一定时期内还本付息的债券。其发行主体是股份有限公司或有限责任公司。公司债券是公司根据经营运作具体需要所发行的债券,它的主要用途是固定资产投资、技术更新改造、改善公司资金来源的结构、调整公司资产结构、降低公司财务成本、支持公司并购和资产重组等。

(二)按付息方式分类

根据债券付息方式上的差异,债券可分为单利债券、复利债券、贴现债券和累进利率债券等。

1. 单利债券

单利债券是指在计算债券利息时,不论期限长短,仅按本金计息,所产生利息不再加入本金计算下期利息的债券。

2. 复利债券

复利债券是指计算利息时,按一定期限将所生利息加入本金再计算利息,逐期滚算的债券。

3. 贴现债券

贴现债券是指在票面上不规定利率,发行时按规定的某一折扣率,以低于票面金额的价格发行,到期时按票面金额偿还本金的债券。

4. 累进利率债券

累进利率债券是指以利率逐年累进方法计息的债券,即债券的利率随着时间的推移,后期利率比前期利率来得高,成累进状态,期限越长,利率越高,这种债券的期限往往是浮动的,但一般会规定最短持有期和最长持有期。

(三)按债券形态分类

按债券的形态,债券可分为实物债券、凭证式债券和记账式债券。

1. 实物债券

实物债券是一种具有标准格式实物券面的债券。在标准格式的债券券面上,一般印有债券面额、债券利率、债券期限、债券发行人全称、还本付息方式等各种债券票面要素。有时债券利率、债券期限等要素也可以通过公告向社会公布,而不在债券券面上注明。实物债券不记名、不挂失、可上市流通。

2. 凭证式债券

凭证式债券主要通过银行承销,各金融机构向企事业单位和个人推销债券,同时向买方开出收款凭证。这种凭证式债券可记名,可挂失,但不可上市流通,持有人可以到原购买网点办理提前退付手续。

3. 记账式债券

记账式债券是指没有实物形态的债券,以记账方式记录债权,通过证券交易所的交易系统发行和交易。记账式债券可记名,可挂失,安全性较高。投资者利用已有的证券交易账户通过交易所网络,按其欲购买价格和数量购买,买入之后,债券数量自动计入客户的账户内。由于记账式国债发行和交易均无纸化,所以交易效率高,成本低,是债券发展的主要趋势。

(四)按偿还期限分类

按偿还期限的长短,债券可分为短期债券、中期债券和长期债券。

1. 短期债券

短期债券是指期限在 1 年以内的债券。企业发行短期债券大多是为了筹集临时性周转资金。在我国,此种短期债券的期限分为 3 个月、6 个月和 9 个月。政府发行短期债券多是为了平衡预算开支,我国政府发行的短期债券较少。短期债券属于货币市场工具。

2. 中期债券

中期债券是指期限在 1 年以上 5 年以下的债券。也有些国家将中期债券的期限规定在 1 年以上 10 年以下。中期债券的发行者主要是政府、金融机构和企业。我国政府发行的债券主要是中期债券。中期债券属于资本市场工具。

3. 长期债券

长期债券是指期限在 10 年以上的债券。发行长期债券的目的是为了获得长期稳定的资金。长期债券由于期限较长,利率风险较大,可能带来利率浮动或可赎回之类的条款,也可能采取分次支付利率的方式。一般情况下,期限越长的债券,其利率水平越高。长期债券也属于资本市场工具。

(五)按利率是否固定分类

按债券利率是否固定,债券可分为固定利率债券和浮动利率债券。

1. 固定利率债券

固定利率债券是指债券利率在偿还期内不会发生改变的债券。由于利率水平不能改变,在偿还期内,当出现较高通货膨胀时,会有市场利率上调的风险。

2. 浮动利率债券

浮动利率债券是指发行时规定债券利率随市场利率定期调整的债券。这种债券利率通常根据市场基准利率加上一定的利差来确定。采用浮动利率形式可减少持有人的利率风险,同时也有利于债券发行人按短期利率筹集中长期的资金,降低筹资成本。

（六）按有无担保分类

按有无抵押担保，债券可以分为信用债券和担保债券。

1. 信用债券

信用债券也称无担保债券，指不提供任何形式的担保，仅凭借筹资人信用发行的债券。政府债券属于此类债券。这种债券由于其发行人的绝对信用而具有坚实的可靠性。除此之外，一些公司也可发行这种债券，即信用公司债券。但为了保护投资者利益，发行这种债券的公司往往受到种种限制，只有那些信誉卓著的大公司才具有发行资质。

2. 担保债券

担保债券是指以抵押、质押或保证等形式作为担保而发行的债券。因担保形式不同，担保债券又可分为抵押债权、质押债券、保证债券等多种形式。抵押债权是指债券发行人在发行一笔债券时，通过法律上的适当手续将债券发行人的部分财产作为抵押，一旦债券发行人出现偿债困难，则卖出这部分财产以清偿债务。抵押债券具体来说又可分为优先抵押债券和一般抵押债券。质押债券也叫抵押信托债券，是指公司的其他有价证券作为担保所发行的公司债券。保证债券是指由第三者担保偿还本息的债券。保证人一般是政府、银行及资信高的大公司等。

【案例3.1】

2010年记账式附息（25期）国债的相关规定

一、本期国债通过全国银行间债券市场（含试点商业银行柜台）、证券交易所债券市场（以下简称各交易场所）面向社会各类投资者发行。试点商业银行包括中国工商银行股份有限公司、中国农业银行股份有限公司、中国银行股份有限公司、中国建设银行股份有限公司、招商银行股份有限公司、中国民生银行股份有限公司、北京银行股份有限公司和南京银行股份有限公司在全国已经开通国债柜台交易系统的分支机构。

二、本期国债计划发行280亿元，实际发行面值金额为280亿元。

三、本期国债期限3年，经招标确定的票面年利率为2.3%，2010年8月12日开始发行并计息，8月16日发行结束，8月18日起在各交易场所上市交易。本期国债在各交易场所交易方式为现券买卖和回购，其中试点银行柜台为现券买卖。通过试点银行柜台购买的本期国债，可以在债权托管银行质押贷款，具体办法由各试点银行制订。

四、本期国债为固定利率附息债，利息按年支付，利息支付日为每年的8月12日（节假日顺延，下同），2013年8月12日偿还本金并支付最后一次利息。

五、本期国债在2010年8月12日至8月16日的发行期内，采取场内挂牌、场外签订分销合同和试点银行柜台销售的方式分销，分销对象为在中国证券登记结算有限责任公司开立股票和基金账户，在中央国债登记结算有限责任公司、试点银行开立债券账户的各类投资者。承销机构根据市场情况自定价格分销。

五、债券的偿还

（一）到期偿还
到期偿还是指债券的本金是在偿还期满时进行偿还。这是绝大多数债券所采取的本金偿还方式。

（二）期中偿还
期中偿还指债券在偿还期满之前由债务人采取在交易市场上购回债券或者直接向债券持有人支付本金的方式进行本金的偿还。期中偿还债券还可以分为三种：

1. 定时偿还

定时偿还是指自债券发行之日起经过一定时间的冻结期后，定期定额地偿还债券的制度。定时偿还又可以分为抽选偿还和买入注销这两种方式。

2. 随时偿还

随时偿还是指债券发行日后经过一定的冻结期后由发债人任意选择部分或全部债券进行偿还的方式。一般来说，这种方式的采用有两个原因：一是发债人发行债券后，市场利率降低较大；二是发债人发债之后，产生剩余资金，具备偿债能力。

3. 买入偿还

买入偿还也叫买入注销，它是指发债人通过债券交易市场将其已发行的债券买进予以注销的做法。一般来说，发债人可以在债券发行后至期满前这段时间内的任何时候进行买入方式的偿还。

（三）展期偿还
展期偿还指发债人在发行债券时规定，投资人有权决定在债券到期后继续按原定利率持有债券到某一个指定偿还日期或几个指定日期中的一个日期要求偿还的做法。这种偿还方法的采用往往在市场利率看跌时，投资者才予以接受。

六、债券与股票的比较

（一）债券与股票的相同点
债券与股票同属于有价证券，是一种虚拟资本，本身无真实的价值，但都是真实资本的证书，都可以凭此获取一定量的收入，并能进行权利的发生、行使和转让活动。它们都具有安全性、流动性、偿还性的特点，都可以成为筹资手段和投资工具。

（二）债券与股票的不同点

1. 二者权利不同

债券是债权凭证，债券持有者与债券发行人之间的经济关系是债权、债务关系，债券持有者只可按期获取利息及到期收回本金,无权参与公司的经营决策。股票则不同,股票是所有权凭证,股票所有者是发行股票公司的股东,股东一般拥有表决权,可以通过参加股东大会选举董事,参与公司重大事项的审议和表决,行使对公司的经营决策权和监督权。

2. 二者目的不同

发行债券是公司追加资金的需要,它属于公司的负债,不是资本金。发行股票则是股份公司创立和增加资本的需要,筹措的资金列入公司资本。

3. 二者期限不同

债券一般都有偿还期,而只要公司不破产,股票是永久存续的。

4. 二者收益不同

债券通常有规定的票面利率,可获得固定的利息。股票的股息红利不固定。

5. 二者风险不同

股票风险较大,债券风险相对较小。这是因为:第一,债券利息是公司的固定支出,属于费用范围;股票的股息红利是公司利润的一部分,公司有盈利才能支付,而且支付顺序列在债券利息支付和纳税之后。第二,倘若公司破产,清理资产有余额偿还时,债券偿付在前,股票偿付在后。第三,在二级市场上,债券因其利率固定,期限固定,市场价格也较稳定;而股票无固定期限和利率,受各种宏观因素和微观因素的影响,市场价格波动频繁,涨跌幅度较大。

第二节 政府债券

一、政府债券的定义与特点

(一)政府债券的定义

政府债券是国家为了筹措资金而向投资者出具的、承诺在一定时期支付利息和到期还本的债务凭证。政府债券的举债主体是国家。从广义的角度看,政府债券属于公共部门的债务,与它相对应的是私人部门的债务。从狭义的角度看,政府是国家政权的代表,政府债券属于政府部门的债务,与它相对应的是非政府部门的债务。

政府债券的性质:第一,从形式上看,政府债券是一种有价证券,它具有债券的一般性质。第二,从功能上看,政府债券最初仅仅是政府弥补赤字的手段,但在现代商品经济条件下,政府债券已成为政府筹集资金、扩大公共事业开支的重要手段,并且随着金融市场的发展,逐渐具备了金融商品和信用工具的职能,成为国家实施宏观经济政策、进行宏观调控的工具。

(二)政府债券的特点

1. 安全性高

在各类债券中,政府债券的信用等级是最高的,通常被称为"金边债券"。由于国债是由中央政府发行的,中央政府是一国权力的象征,它以该国完全的征税能力作保证,因此具有最高的信用地位,风险也最小。当然,利率也较一般债券要低。

2. 流通性强

由于政府债券的信用好、竞争力强、市场属性好,所以,许多国家政府债券的二级市场十分发达,一般不仅允许在证券交易所上市交易,还允许在场外市场买卖。一般来说,国债市场,尤其是短期国债市场的流动性要高于其他同样期限的金融市场。

3. 收益稳定

政府债券的付息由政府保证,其信用度最高,风险最小,对于投资者来说,投资政府债券的收益是比较稳定的。此外,因政府债券的本息大多数固定且有保障,所以交易价格一般不会出现大的波动,二级市场的交易双方均能得到相对稳定的收益。

4. 免税待遇

政府债券是政府自己的债务,为了鼓励人们投资政府债券,大多数国家都规定,购买公债的投资者与购买其他有价证券的投资者相比,可以享受优惠的税收待遇,甚至免税。由于公债具有较高的安全性和流动性,深受投资者青睐。一般被广泛地用于各种抵押和保证行为中,并且是金融衍生工具的重要相关证券种类。此外,政府债券还是中央银行的主要交易品种,中央银行通过对公债的公开市场交易,实现对货币供应量的调节,进而实现对最终政策目标的调节。

二、国家债券

(一)国家债券的定义

国家债券,简称国债,是指中央政府为筹集财政资金而发行的一种债券,是中央政府向投资者出具的、承诺在一定时期支付利息和到期偿还本金的债权债务凭证。国债是整个社会债务的重要组成部分。国债是一个特殊的财政范畴。它首先是一种财政收入。国家发行债券或借款实际上是筹集资金,从而具有弥补财政赤字、筹集建设资金、调节经济三大功能。

(二)国债的特点

国债是债券的一种特殊形式,同一般债券相比具有以下特点:首先,安全性高。在各类债券中,国债的信用等级通常被认为是最高的。其次,流通性强。国债的二级市场十分发达,转让很方便。第三,收益稳定。国债的付息由政府保证,对于投资者来说,投资国债的收益是比较稳定的。第四,免税待遇。大多数国家规定对于购买国债所获得的收益,可以享受免税待遇。

(三)国债的种类

1. 按偿还期限分类

国债的偿还期限是国债的存续时间,以此为标准,习惯上分为短期国债、中期国债和长期国债。短期国债一般指偿还期限为1年或1年以内的国债,在国际上,短期国债的常见形式是国库券,它是由政府发行用于弥补临时收支差额的一种债券。中期国债是指偿还期限在1年以上10年以下的国债,政府发行中期国债筹集的资金或用于弥补赤字,或用于投资,不再用于临时周转。偿还期在10年或10年以上的称为长期国债。

2. 按发行地域分类

按发行地域不同,国债可分为国家内债和国家外债。国家内债是指在国内发行的国债,其债权人多为本国公民、法人或其他组织,还本付息均以本国货币支付。国家外债是指国家在国外举借的债,包括在国际市场上发行的国债和向外国政府、国际组织及其他非政府性组织的借款等。国家外债可经双方约定,以债权国、债务国或第三国货币筹集并还本付息。

3. 按使用用途分类

根据举借债务对筹集资金使用方向的规定,国债可以分为赤字国债、建设国债、战争国债和特种国债。赤字国债是指用于弥补政府预算赤字的国债。弥补赤字的手段有多种,除了举借国债外,还有增加税收、向中央银行借款、动用历年结余等。建设国债,是指用于增加国家对经济领域投资的国债。在实行复式预算制度的国家,纳入资本预算的国债属建设国债。战争国债,是指用于弥补战争经费的国债,是以政府信誉为担保,筹集战争所需的资金。特种国债,是指为实施某种特殊政策在特定范围内或为特定用途而发行的国债。

4. 按是否可以流通分类

按是否可以流通,国债可分为流通国债和非流通国债。流通国债,也称可出售国债,是指可在证券交易场所自由买卖的国债。非流通国债,也称不可出售国债,是指不能自由买卖的国债。这类国债一般期限较长,利率较高,多采取记名方式发行。

5. 按发行本位分类

依照不同的发行本位,国债可以分为实物国债和货币国债。实物债券是指具有实物票券的债券,它与无实物票券的债券(如记账式债券)相对应;而实物国债是指以某种商品实物为本位而发行的国债。

(四)我国的国债

20世纪50年代,我国发行过两种国债。一种是1950年发行的人民胜利折实公债。另一种是1954~1958年发行的国家经济建设公债。进入20世纪80年代以后,我国国债品种逐渐丰富起来,主要包括以下几种:

1. 普通国债

(1)记账式国债。记账式国债的发行分为证券交易所市场发行、银行间债券市场发行以及同时在银行间债券市场和交易所市场发行(又称为跨市场发行)三种情况。个人投资者可以购买交易所市场发行和跨市场发行的记账式国债,而银行间债券市场的发行主要面向银行和非银行金融机构等机构投资者。

记账式国债的特点是:可以记名、挂失,以无券形式发行可以防止证券的遗失、被窃与伪造,安全性好;可上市转让,流通性好;期限有长有短,但更适合短期国债的发行;通过交易所电脑网络发行,可以降低证券的发行成本;上市后价格随行就市,具有一定的风险。

(2)凭证式国债。是指由财政部发行的,有固定面值及票面利率,通过纸质媒介记录债权债务关系的国债。

(3)储蓄国债(电子式)。是指财政部面向境内中国公民储蓄类资金发行的,以电子方式记录债权的不可流通的人民币债券。储蓄国债试点期间,财政部将先行推出固定利率固定期限和固定利率变动期限两个品种。储蓄国债(电子式)是2006年推出的国债新品种,具有以下几个特点:针对个人投资者,不向机构投资者发行;采用实名制,不可流通转让;采用电子方式记录债权;收益安全稳定,由财政部负责还本付息,免缴利息税;鼓励持有到期;手续简化;付息方式较为多样。

凭证式国债和储蓄国债(电子式)都在商业银行柜台发行,不能上市流通,但都是信用级别最高的债券,以国家信用作保证,而且免缴利息税。不同之处在于:

①申请购买手续不同。投资者购买凭证式国债,可持现金直接购买;购买储蓄国债(电子式),须开立个人国债托管账户并指定对应的资金账户后购买。

②债权记录方式不同。凭证式国债债权采取填制"中华人民共和国凭证式国债收款凭证"的形式记录,由各承销银行和投资者进行管理;储蓄国债(电子式)以电子记账方式记录债权。

③付息方式不同。凭证式国债为到期一次还本付息;储蓄国债(电子式)付息方式比较多样。

④到期兑付方式不同。凭证式国债到期后,须由投资者前往承销机构网点办理兑付事宜,逾期不加计利息;储蓄国债(电子式)到期后,承办银行自动将投资者应收本金和利息转入其资金账户,转入资金账户的本息资金作为居民存款,按活期存款利率计付利息。

⑤发行对象不同。凭证式国债的发行对象主要是个人,部分机构也可认购;储蓄国债(电子式)的发行对象仅限于个人,机构不允许购买或者持有。

⑥承办机构不同。

储蓄国债(电子式)与记账式国债都以电子记账方式记录债权,但具有下列不同之处:

①发行对象不同。机构和个人都可以购买记账式国债,而储蓄国债(电子式)的发行对象仅限个人。

②发行利率确定机制不同。记账式国债的发行利率是由记账式国债承销团成员投标确定的;储蓄国债(电子式)的发行利率是财政部参照同期银行存款利率及市场供求关系等因素确定的。

③流通或变现方式不同。记账式国债可以上市流通,可以从二级市场上购买,需要资金时可以按照市场价格卖出;储蓄国债(电子式)只能在发行期认购,不可以上市流通,但可以按照有关规定提前兑取。

④到期前变现收益预知程度不同。记账式国债二级市场交易价格是由市场决定的,到期前市场价格(净价)有可能高于或低于发行面值。而储蓄国债(电子式)在发行时就对提前兑取条件作出规定,也就是说,投资者提前兑取所能获得的收益是可以预知的,而且本金不会低于购买面值(因提前兑付带来的手续费除外),不承担由于市场利率变动而带来的价格风险。

我国目前普通国债的发行总体情况大致为:一是规模越来越大。自 2002 年以来,我国平均每年发行 4 515.5 亿元,年均增长 28.56%。二是期限趋于多样化。1981~1984 年发行的国债主要为 10 年期,1985~1991 年发行的国债为 3~5 年期。从 1994 年开始,一方面发行 2 年、1 年、半年和 3 个月的中短期国债,另一方面开始发行 10 年期、15 年期、20 年期、30 年期的长期国债。三是发行方式趋于市场化。1991 年之前主要采用行政摊派的发行方式;从 1991 年开始引入承购包销的发行方式;从 1996 年开始引入招标发行方式。四是市场创新日新月异,如 2001 年 7 月 2 日开始在银行间债券市场实行净价交易的方式,并于 2002 年底,在沪、深证券交易所推广。

2. 其他类型国债

为适应国家经济发展和筹措财政资金的需要,1987 年以来,财政部曾发行多种其他类型的国债,主要有国家重点建设债券、国家建设债券、财政债券、特种债券、保值债券、基本建设债券等。近年来主要有以下几种:

(1)国家重点建设债券。国家重点建设债券只发行过一次。1987 年国家建设资金供求矛盾突出,预算内资金不足,而预算外资金大量增长。为了调整投资结构,保证国家重点建设项目的资金需要,财政部决定发行国家重点建设债券。

(2)国家建设债券。该债券性质类似于上述国家重点建设债券,于 1988 年发行过一次。国家建设债券的发行对象为城市居民、基金会组织以及金融机构,期限 2 年,利率为 9.5%,实际发行 30.54 亿元,筹集的资金用于国家重点建设项目。

(3)财政债券。财政债券是国家为筹集建设资金,弥补财政赤字所发行的一种债券,我国至今已发行过多次。

(4)特种债券。特种债券也称特种国债,是由国库券派生而来的,一共发行过三次,目的是解决政府资金的不平衡,促进经济协调发展。特种国债的发行对象为经济条件较好的全民所有制企业、集体所有制企业、私营企业、金融机构、企业主管部门、事业单位和社会团体以及全民所有制企业职工退休养老保险基金管理机构、待业保险基金管理机构、交通部车辆购置附加基金管理机构。

(5)保值债券。保值债券又称保值公债,它的出台是在 20 世纪 80 年代后期我国面临较严重的通货膨胀之时。当时为了吸引资金,稳定通货,增加财政资金,财政部于 1989 年发行了这种带有保值补贴的国债。

(6)基本建设债券。基本建设债券不是标准化的国债,因为不是由中央政府直接发行的,而是由政府所属机构发行的,因此是一种政府机构债。20 世纪 80 年代后期,我国进行基本建设投资管理体制的改革,对国家预算内的基本建设投资实行基金管理制,组建国家专业投资公司,公司所需投资资金一部分从国家预算内列支,不足部分可发行债券筹集,债券到期时由公司还本付息。

(7)长期建设国债。为执行积极的财政政策,经第九届全国人大常委会第四次会议通过,财政部于1998年9月向四大国有商业银行定向发行了1 000亿元、年利率为5.5%、期限为10年的附息国债,专项用于国民经济和社会发展急需的基础设施投入。在这以后,1999~2004年,为实施积极财政政策而发行的长期建设国债分别为1 100亿元、1 500亿元、1 500亿元、1 500亿元、1 400亿元和1 100亿元,加上1998年的1 100亿元,总计发行9 200亿元。截至2003年末,形成了约3.8万亿元的国债项目总投资规模,每年拉动经济增长1.5%~2%,为扩大国内需求、抑制通货紧缩、推动国民经济增长发挥了积极作用。

三、地方政府债券

(一)地方政府债券的发行主体

地方政府债券是由地方政府发行并负责偿还的债券,简称地方债券,也可以称为地方公债或地方债。地方政府债券是地方政府根据本地区经济发展和资金需求情况,以承担还本付息责任为前提,向社会筹集资金的债务凭证。地方政府债券一般用于交通、通信、住宅、教育、医院和污水处理系统等地方性公共设施的建设。地方政府债券一般也是以当地政府的税收能力作为还本付息的担保。

(二)地方政府债券的分类

地方政府债券的分类分为一般债券(普通债券)和专项债券(收益债券)。前者是指地方政府为缓解资金紧张或解决临时经费不足而发行的债券,后者是指为筹集资金建设某项具体工程而发行的债券。筹集的资金一般用于弥补地方财政资金的不足,或者用于地方兴建大型项目。

(三)我国的地方政府债券

所谓地方债券,是相对国债而言,以地方政府为发债主体。不过我国债券业内也往往把地方企业发行的债券列为地方债券范畴。20世纪80年代末至90年代初,许多地方政府为了筹集资金修路建桥,都曾经发行过地方债券。有的甚至是无息的,以支援国家建设的名义摊派给各单位,更有甚者就直接充当部分工资。但到了1993年,这一行为被国务院制止了,原因是对地方政府承付的兑现能力有所怀疑。此后颁布的《中华人民共和国预算法》第28条,明确规定"除法律和国务院另有规定外,地方政府不得发行地方政府债券"。

2007年9月,中国政府有意愿授权地方政府发行债券。2009年2月17日,经过全国人大常委会通过,确定财政部代理发行的2 000亿地方债券分配方案。

【案例 3.2】

2009 年首批地方债简述

2009 年,争论许久的地方债开始进入发行实施阶段。作为我国债券市场中一个全新的投资品种——地方债,以 2 000 亿元的规模出现在投资者的面前。

此次发行的 2 000 亿元地方债,其性质与国债相似,但利率会略高于国债。所以,市场也有人称其为"准国债"。这次地方债的突出特点是:①由财政部代办发行和代办偿还;②地方债若到期还本困难经批准可发新债归还,信用度堪比国债。另外,参考当前 3 年期债券利率,地方债利率可能会高于同期国债约 0.5%。

相比企业债,地方债在国外又名市政债,而市政债的利息收入在国外是不纳税的。而中国只有国债利息收入不纳税,地方债和企业债原则上都要缴纳 20% 的利息所得税。不过,此次 2 000 亿元地方债或许基于首次发行的原因,财政部特例规定了"个人可购买地方债券,利息所得特案免征所得税"。所以,此次地方债的利息收入应该是正常情况下的 1.2 倍。地方债的信用度则远高于企业债。

据专业人士分析,2 000 亿元 3 年期地方债的供给因素对债市影响不大,反而丰富了债市的可选品种。而且值得一提的是,不同地区的政府债券会存在利率差别的问题。东部和环渤海等发达地区的地方财政较中西部地区稳健,所以发达地区债券的安全性高于中西部地区,但利率可能会低于中西部。而若地方债的信用风险担保能够得以确定,则中西部地区的政府债券的优势就会凸显出来,这也正好符合 2 000 亿元地方债券分配上向中西部倾斜的政策意向。

第三节 金融债券与公司债券

一、金融债券

(一)金融债券的定义

金融债券是指银行及非银行金融机构依照法定程序发行并约定在一定期限内还本付息的有价证券。从广义上讲,金融债券还包括中央银行债券,只不过它是一种特殊的金融债券,其特殊性表现在:一是期限较短;二是为实现金融宏观调控而发行。

(二)我国的金融债券及其种类

近年来,我国金融债券市场发展较快,金融债券品种不断增加,主要有以下几种:

1. 中央银行票据

中央银行票据简称央票,是央行为调节基础货币而向金融机构发行的票据,是一种重要的货币政策日常操作工具,期限 3 个月~3 年。

2. 政策性金融债券

政策性金融债券是政策性银行在银行间债券市场发行的金融债券。我国政策性银行包括：国家开发银行、中国进出口银行、中国农业发展银行。金融债券的发行也进行了一些探索性改革：一是探索市场化发行方式；二是力求金融债券品种多样化。从1999年起，我国银行间债券市场以政策性银行为发行主体开始发行浮动利率债券。浮息债券以上海银行间同业拆放利率（Shibor）为基准利率。Shibor是中国货币市场的基准利率，是以16家报价银行的报价为基础，剔除一定比例的最高价和最低价后的算术平均值，自2007年1月4日正式运行。目前对外公布的Shibor共有8个品种，期限从隔夜到1年。

3. 其他金融债券

（1）商业银行次级债券。商业银行次级债券是指商业银行发行的、本金和利息的清偿顺序列于商业银行其他负债之后，先于商业银行股权资本的债券。

（2）混合资本债券。《巴塞尔协议》并未对混合资本工具进行严格定义，仅规定了混合资本工具的一些原则特征，而赋予各国监管部门更大的自由裁量权，以确定本国混合资本工具的认可标准。混合资本债券是一种混合资本工具，它比普通股票和债券更加复杂。我国的混合资本债券是指商业银行为补充附属资本发行的、清偿顺序位于股权资本之前但列在一般债务和次级债务之后、期限在15年以上、发行之日起10年内不可赎回的债券。

（3）证券公司债券。2004年10月，经中国证监会、中国银监会和中国人民银行制定并发布《证券公司短期融资券管理办法》。证券公司短期融资券是指证券公司以短期融资为目的，在银行间债券市场发行的约定在一定期限内还本付息的金融债券。

（4）保险公司次级债务。2004年9月29日，中国保监会发布了《保险公司次级定期债务管理暂行办法》。保险公司次级定期债务是指保险公司经批准定向募集的、期限在5年以上（含5年）、本金和利息的清偿顺序列于保单责任和其他负债之后、先于保险公司股权资本的保险公司债务。该办法所称保险公司，是指依照中国法律在中国境内设立的中资保险公司、中外合资保险公司和外资独资保险公司。中国保监会依法对保险公司次级定期债务的定向募集、转让、还本付息和信息披露行为进行监督管理。与商业银行次级债务不同的是，按照《保险公司次级定期债务管理暂行办法》，保险公司次级债务的偿还只有在确保偿还次级债务本息后偿付能力充足率不低于100%的前提下，募集人才能偿付本息，并且，募集人在无法按时支付利息或偿还本金时，债权人无权向法院申请对募集人实施破产清偿。

（5）财务公司债券。由银行间债券市场发行。2007年7月，中国银监会下发《企业集团财务公司发行金融债券有关问题的通知》，明确规定企业集团财务公司发行债券的条件和程序，并允许财务公司在银行间债券市场发行财务公司债券。

二、公司债券

(一)公司债券的定义

公司债券是指公司依照法定程序发行的、约定在一定期限还本付息的有价证券。公司债券属于债券体系中的一个品种,它反映发行债券的公司和债券投资者之间的债权债务关系。

(二)公司债券的常见种类

1. 信用公司债券

信用公司债券是一种不以公司任何资产作担保而发行的债券,属于无担保证券范畴。一般来说,政府债券无须提供担保,因为政府掌握国家资源,可以征税,所以政府债券安全性最高。金融债券大多数也可免除担保,因为金融机构作为信用机构,本身就具有较高的信用。公司债券不同,一般公司的信用状况要比政府和金融机构差,所以,大多数公司发行债券被要求提供某种形式的担保。但少数大公司经营良好,信誉卓著,也发行信用公司债券。信用公司债券的发行人实际上是将公司信誉作为担保。为了保护投资者的利益,可要求信用公司债券附有某些限制性条款,如公司债券不得随意增加、债券未清偿之前股东的分红要有限制等。

2. 不动产抵押公司债券

不动产抵押公司债券是以公司的不动产(如房屋、土地等)作抵押而发行的债券,是抵押证券的一种。公司以这种财产的房契或地契作抵押,如果发生了公司不能偿还债务的情况,抵押的财产将被出售,所得款项用来偿还债务。另外,用作抵押的财产价值不一定与发生的债务额相等,当某抵押品价值很大时,可以分作若干次抵押,这样就有第一抵押债券、第二抵押债券之分。在处理抵押品偿债时,要按顺序依次偿还优先一级的抵押债券。

3. 保证公司债券

保证公司债券是公司发行的由第三者作为还本付息担保人的债券,是担保证券的一种。担保人是发行人以外的其他人(或称第三者),如政府、信誉好的银行或举债公司的母公司等。一般来说,投资者比较愿意购买保证公司债券,因为一旦公司到期不能偿还债务,担保人将负清偿之责。实践中,保证行为常见于母、子公司之间,如由母公司对子公司发行的公司债券予以保证。

4. 收益公司债券

收益公司债券是一种具有特殊性质的债券,它与一般债券相似,有固定到期日,清偿时债权排列顺序先于股票。但另一方面,它又与一般债券不同,其利息只在公司有盈利时才支付,即发行公司的利润扣除各项固定支出后的余额用作债券利息的来源。如果余额不足支付,未付利息可以累加,待公司收益增加后再补发。所有应付利息付清后,公司才可对股东分红。

5. 可转换公司债券

可转换公司债券是指发行人依照法定程序发行、在一定期限内依据约定的条件可以转换成股份的公司债券。这种债券附加转换选择权,在转换前是公司债券形式,转换后相当于增发了股票。可转换公司债券兼有债权投资和股权投资的双重优势。可转换公司债券与一般的债券一样,在转换前投资者可以定期得到利息收入,但此时不具有股东的权利;当发行公司的经营业绩取得显著增长时,可转换公司债券的持有人可以在约定期限内,按预定的转换价格转换成公司的股份,以分享公司业绩增长带来的收益。可转换公司债券一般要经股东大会或董事会的决议通过才能发行,而且在发行时,应当在发行条款中规定转换期限和转换价格。

6. 附认股权证的公司债券

附认股权证的公司债券是公司发行的一种附有认购该公司股票权利的债券。这种债券的购买者可以按预先规定的条件在公司发行股票时享有优先购买权。

按照附新股认股权和债券本身能否分开来划分,这种债券有两种类型:一种是可分离型,即债券与认股权可以分开,可独立转让,即可分离交易的附认股权证公司债券;另一种是非分离型,即不能把认股权从债券上分离,认股权不能成为独立买卖的对象。按照行使认股权的方式,可以分为现金汇入型与抵缴型。现金汇入型指当持有人行使认股权时,必须再拿出现金来认购股票;抵缴型是指公司债券票面金额本身可按一定比例直接转股,如现行可转换公司债的方式。对于发行人来说,发行附认股权证的公司债券可以起到一次发行、二次融资的作用。

7. 可交换债券

可交换债券是指上市公司的股东依法发行、在一定期限内依据约定的条件可以交换成该股东所持有的上市公司股份的公司债券。可交换债券与可转换债券的相同之处是发行要素与可转换债券相似,也包括票面利率、期限、换股价格和换股比率、换股期限等;对投资者来说与持有标的上市公司的可转换债券相同,投资价值与上市公司价值相关,在约定期限内可以以约定的价格交换为标的股票。

(三) 我国的公司债券和企业债券

1. 我国的企业债券

我国的企业债券是指在中华人民共和国境内具有法人资格的企业在境内依照法定程序发行、约定在一定期限内还本付息的有价证券。但是,金融债券和外币债券除外。我国企业债券的发展大致经历了四个阶段:

(1) 萌芽期。1984~1986年是我国企业债券发行的萌芽期。我国企业债券出现于1984年,当时企业债券的发行并无全国统一的法规,主要是一些企业自发地向社会和企业内部集资,至1986年底,累计发行企业债券约100亿元。

(2) 发展期。1987~1992年是我国企业债券发行的第一个高潮期。这一阶段企业债券的发展表现为:一是规模迅速扩张,仅1992年一年企业债券的发行规模就达350亿元;二是品种多样,在此间发行的企业债券有国家投资债券、国家投资公司债券、中央企业债券、地方企业债券、地方投资公司债券、住宅建设债券和内部债券等7个品种。

(3) 整顿期。1993~1995年是我国企业债券发行的整顿期。为规范企业债券的发行,

1993年8月国务院颁布了《企业债券管理条例》,规定企业进行有偿筹集资金活动必须通过公开发行企业债券形式,企业发行债券必须符合一定的条件,而且要按规定进行审批,未经审批不得擅自发行和变相发行。

(4)再度发展期。从1996年起,我国企业债券的发行进入了再度发展期。在此期间,企业债券的发行也出现一些明显的变化:在发行主体上,突破了大型国有企业的限制;在发债募集资金的用途上,改变了以往仅用于基础设施建设或技改项目,开始用于替代发行主体的银团贷款;在债券发行方式上,将符合国际惯例的路演询价方式引入企业债券一级市场;在期限结构上,推出了我国超长期、固定利率企业债券;在投资者结构上,机构投资者逐渐成为企业债券的主要投资者;在利率确定上,弹性越来越大。(在这方面有三点创新:首先是附息债券的出现,使利息的计算走向复利化;其次是浮动利率的采用打破了传统的固定利率;最后是簿记建档确定发行利率的方式,使利率确定趋于市场化)我国企业债券的品种不断丰富。

中国人民银行于2008年4月13日发布《银行间债券市场非金融企业债务融资工具管理办法》(以下简称《管理办法》),于4月15日起施行。非金融企业债务融资工具(以下简称"债务融资工具")是指具有法人资格的非金融企业(以下简称"企业")在银行间债券市场发行的、约定在一定期限内还本付息的有价证券。《管理办法》规定,企业发行债务融资工具应在中国银行间市场交易商协会注册,由中国境内注册且具备债券评级资质的评级机构进行信用评级,由金融机构承销,在中央国债登记结算有限责任公司登记、托管、结算。全国银行间同业拆借中心为债务融资工具在银行间债券市场的交易提供服务。企业发行债务融资工具应在银行间债券市场披露信息。与《管理办法》配套的《银行间债券市场非金融企业中期票据业务指引》规定,企业发行中期票据应遵守国家相关法律法规,中期票据待偿还余额不得超过企业净资产的40%;企业发行中期票据所募集的资金应用于企业生产经营活动,并在发行文件中明确披露资金具体用途;企业在中期票据存续期内变更募集资金用途应提前披露。

2. 我国公司债券

自2006年以来,特别是应对金融危机的这两年,是中国公司债券市场得到快速发展的时期,主要体现在以下三点:

(1)公司债券市场规模快速扩大。2005年之前,我国公司债券市场总体规模很小,托管余额不足1300亿元,占市场总托管量的比例不足3%。2006年以来,公司债券的发行和托管规模迅速扩张。以银行间债券市场为例,2007年,公司债券发行量、托管量增速为30%和38%,到2008年,这两个量的增速均达到了66%。2009年1~10月,银行间市场的公司债券发行量已累计达到1.25万亿元,较2008年全年增长了48%,是2006年全年的3倍。银行间市场的公司债券托管余额已达到2.15万亿元,较上年末增长了61%,比2006年末翻了近两番,占到了债券市场总托管量的13%,这表明我国债券市场信用类债券比重严重偏低的局面正在快速改变。面对全球金融危机,我国采取了迅速有力的应对措施,通过国家发改委、中国人民银行、中国证监会等部门的共同努力,较好地利用了公司债券这个融资工具,与信贷投入相结合,形成了"双轮驱动",初步改变了过去单纯依靠信贷支持的企业融资模式,可以说,这是中国金融改革发展中的一个重要变化。

(2) 公司债券创新集中涌现。2005 年以前,公司债券的主要品种是企业债。2005 年以后,公司债券这个"大家族"中已经有了企业债券、上市公司债券、短期融资券和中期票据等多个品种。同时,公司债券也一改过去清一色由大型国企发行、采用单一固定利率的模式,推出了中小企业集合债、浮动利率债、含选择权债以及美元债等创新产品,并即将推出中小企业集合票据,满足不同规模企业的融资需求,使发行人能够更好地控制融资成本,也给了投资人更多的选择。这不仅对于扩大市场的广度和深度具有积极意义,还反映出企业通过运用债券市场实施其财务策略的积极变化。

此外,公司债券的信用增级方式也在创新。为了有力地支持中小企业发债融资,增加了土地使用权担保、应收账款担保等信用增级方式。通过市场自律组织和机构的共同努力,也已经建立了中小企业外部信用增级机构。

(3) 公司债券发行的市场化取向更加明显。2007 年之前,公司债券的信用等级几乎全部是 AAA 级,2007 年,有了 AA 级的公司债券,现在已经出现了 BBB 级的公司债券。虽然目前还没有 B 级公司债券,但公司债券信用等级的差异化已经出现,这是一个值得关注和肯定的趋势。同时,在管理体制方面,也有一些市场化的创新实践。在银行间债券市场,有关公司债券发行的强制担保规定已被取消,短期融资券和中期票据也告别了过去的发行审批制,在市场自律组织的牵头组织下,已经采用市场化程度更高的注册发行制度,实行了"一次注册核定额度,分次发行"的管理模式。

第四节 国际债券

一、国际债券的定义

国际债券是指一国借款人在国际证券市场上以外国货币为面值,向外国投资者发行的债券。国际债券的发行人主要是各国政府、政府所属机构、银行或其他金融机构、工商企业及一些国际组织等。国际债券的投资者主要是各国政府、政府所属机构、银行或其他金融机构、各种基金会、工商财团和自然人。国际债券的发行和交易,既可用来平衡发行国的国际收支,也可用来为发行国政府或企业引入资金从事开发和生产。

二、国际债券的特征

从某种意义上讲,国际债券可以理解为国内债券的延伸,是一种跨境的直接融资。同国内债券相比较,国际债券有着突出的特点:

（一）资金来源的广泛性

国际债券是在国际证券市场上筹资,发行对象为众多国家的投资者,因此,其资金来源比国内债券要广泛得多,通过发行国际债券,可以使发行人灵活和充分地为其建设项目和其他需要提供资金。

（二）发行规模的巨额性

发行国际债券,规模一般都较大,这是因为举借这种债务的目的之一就是要利用国际证券市场资金来源的广泛性和充足性。同时,由于发行人进入国际债券市场必须由国际性的资信评估机构进行债券信用级别评定,只有高信誉的发行人才能顺利地进行筹资,因此,在发行人债信状况得到充分肯定的情况下,巨额借债才有可能实现。

（三）汇率变化的风险性

发行国内债券,筹集和还本付息的资金都是本国货币,所以不存在汇率风险。发行国际债券,筹集到的资金是外国货币,汇率一旦发生波动,发行人和投资者都有可能蒙受意外损失或获取意外收益,因此,国际债券很重要的一部分风险是汇率风险。

（四）国家主权的保障性

在国际债券市场上筹集资金,有时可以得到一个主权国家政府最终付款的承诺保证,若得到这样的承诺保证,各个国际债券市场都愿意向该主权国家开放,这也使得国际债券市场具有较高的安全性。当然,代表国家主权的政府也要对本国发行人在国际债券市场上借债进行检查和控制。

（五）面值货币的多样性

国际债券在国际市场上发行,因此其计价货币往往是国际通用货币,一般以美元、英镑、欧元、日元、瑞士法郎为主。这样,发行人筹集到的资金是一种可以通用的自由外汇资金。

三、国际债券的种类

依发行债券所用货币与发行地点的不同,国际债券又可分为外国债券和欧洲债券。

（一）外国债券

外国债券是指一国政府、金融机构、工商企业或国际组织在另一国发行的以当地国货币计值的债券。对发行人来说,发行外国债券的关键就是筹资的成本问题,而对购买者来讲,它涉及发行者的资信程度、偿还期限和方式、付息方式以及和投资收益率相关的如票面利率、发行价格等问题。对于发行方式,现在有两种,即公募和私募。公募指向社会上不特别指定的广大投资者进行募集资金,而私募是发行债券者经过承购公司只向特定的投资者进行募集。

发行外国债券要受发行市场所在国政府金融法规的管制,需经市场所在国政府批准。目前世界上主要的外国债券市场在美国、日本、瑞士和德国。一般来说,外国债券偿还期限长,所筹资金可以自由运用。但是由于其发行会引起两国之间的资金流通，发行时一方面要受到本国外汇管理条例的制约，另一方面还要得到发行地所在国货币当局的批准，遵守当地有关债券的管理规定，因此，手续比较繁琐，限制也比较多。目前外国债券主要有如下两个品种：扬基债券和武士债券。

1. 扬基债券

扬基债券是在美国债券市场上发行的外国债券，即美国以外的政府、法人或国际机构在美国国内市场发行的、以美元为计值货币的债券。"扬基"一词英文为"Yankee"，意味"美国佬"，由于在美国发行和交易的外国债券都是同"美国佬"打交道，故名扬基债券。

扬基债券具有如下几个特点：第一，期限长。扬基债券的期限通常为5~7年，一些信誉好的大机构发行的扬基债券期限甚至可达20~25年。第二，数额大。近年来，扬基债券发行额平均每次都在7 500万到1.5亿美元之间，有些大额发行甚至高达几亿美元。第三，美国政府对其控制较严，申请手续远比一般债券繁琐。第四，发行者以外国政府和国际机构为主。第五，投资者以人寿保险公司、储蓄银行等机构为主。

扬基债券存在的时间已经很长，但在20世纪80年代以前，扬基债券的发行受到美国政府十分严格的控制，发行规模不大。20世纪80年代中期以来，美国国会顺应金融市场发展潮流，通过了证券交易修正案，简化了扬基债券发行手续。之后，扬基债券市场有了一定的发展。

2. 武士债券

武士债券是在日本债券市场上发行的外国债券，是日本以外的政府、法人或国际机构在日本国内市场发行的以日元为计值货币的债券。武士债券均为无担保发行，典型期限为3~10年，一般在东京证券交易所交易。

第一笔武士债券是亚洲开发银行在1970年12月发行的，早期武士债券的发行者主要是国际机构。1973~1975年由于受到世界石油价格暴涨的影响，日本国际收支恶化，武士债券的发行相应中断。20世纪80年代以后，日本贸易出现巨额顺差，国内资金充裕，日本放宽了对外国债券发行的限制，武士债券发行量大幅度增加。

我国金融机构进入国际债券市场发行外国国债就是从发行武士债券开始的。1982年1月，中国国际信托投资公司在日本东京发行了100亿日元的武士债券。1984年11月，中国银行又在日本东京发行了200亿日元的武士债券。

（二）欧洲债券

欧洲债券是一国政府、金融机构、工商企业或国际组织在国外债券市场上以第三国货币为面值发行的债券。欧洲债券不受任何国家资本市场的限制，免扣缴税，其面额可以发行者当地的通货或其他通货为计算单位。对多国公司集团及第三世界政府而言，欧洲债券是他们筹措资金的重要渠道。欧洲债券的发行人、发行地以及面值货币分别属于三个不同的国家。这种债券的发行比较严格，首先是待发行的债券要通过国际上权威的证券评级机构的级别评定，其次债券还需要由政府或大型银行或企业提供担保，另外还需有在国际市场上发行债券的经验，再者在时间间隔方面也有一些限制。这种债券的发行通常由国际性银团进行包销,一般由4~5家较大的跨国银行牵头,组成一个世界范围的包销银团。有时包销银团还要组织一个更大的松散型的认购集团,联合大批各国的银行、经纪人公司和证券交易公司,以便在更大范围内安排销售。欧洲债券的票面货币除了用单独货币发行外,还可以用综合性的货币单位发行,如特别提款权、欧洲货币体系记账单位等。欧洲债券每次的发行范围也可以同时在几个国家。

欧洲债券产生于20世纪60年代,当时由于美国资金不断外流,美国政府被迫采取一系列限制性措施。1963年7月,美国政府开始征收"利息平衡税",规定美国居民购买外国在美发行的政权,所得利息一律要付税。1965年,美国政府又颁布条例,要求银行和其他金融机构限制对国外借款人的贷款数额。这两项措施使外国借款者很难在美国发行美元债券或获得美元贷款。另一方面,在20世纪60年代,许多国家有大量盈余美元,需要投入借贷市场获取利息,于是,一些欧洲国家开始在美国境外发行美元债券,这就是欧洲债券的由来。欧洲债券最初主要以美元为计值货币,发行地以欧洲为主。20世纪70年代后,随着美元汇率波动幅度增大,以德国马克、瑞士法郎和日元为计值货币的欧洲债券的比重逐渐增加。同时,发行地开始突破欧洲地域限制,在亚太、北美以及拉丁美洲等地发行的欧洲债券日渐增多。欧洲债券自产生以来,发展十分迅速,在国际债券市场上,其所占比重远远超过了外国债券。欧洲债券之所以对投资者和发行者有如此巨大的魅力,主要有以下几方面原因:第一,欧洲债券市场是一个完全自由的市场,债券发行较为自由灵活,既不需要向任何监督机关登记注册,又无利率管制和发行数额限制,还可以选择多种计值货币;第二,发行欧洲债券筹集的资金数额大、期限长,而且对财务公开的要求不高,方便筹资者筹集资金;第三,欧洲债券通常由几家大的跨国金融机构办理发行,发行面广,手续简便,发行费用较低;第四,欧洲债券的利息收入通常免交所得税;第五,欧洲债券以不记名方式发行,并可以保存在国外,适合一些希望保密的投资者需要;第六,欧洲债券安全性和收益率高。欧洲债券发行者多为大公司、各国政府和国际组织,他们一般都有很高的信誉,对投资者来说是比较可靠的。同时,欧洲债券的收益率也较高。

按面值货币划分,欧洲债券可分为欧洲美元、欧洲日元、欧洲英镑等多种形式,其中欧洲美元债券市场比重最大。20世纪80年代以来,欧洲日元市场份额有所增加。欧洲债券按计息方式有固定利率债券、浮动利率债券、可转换债券、多种货币债券等。期限通常是15年,最长的可达30年,但更多的是较短期的,如6年、7年或8年。欧洲债券的偿还,有的是在期满时一次性偿还,更多的是在期满前分阶段偿还。

(三) 龙债券

龙债券是在除日本以外的亚洲地区发行的一种以非亚洲国家或地区货币标价发行的债券。龙债券是东亚经济迅速增长的产物。从1992年起,龙债券得到了迅速发展。龙债券在亚洲地区挂牌上市,其典型偿还期限为3~8年。龙债券一般是到期一次还本、每年付息一次的长期固定利率债券,或者是以美元计价,以伦敦银行同业拆放利率为基准、每一季或每半年重新定一次的浮动利率债券。龙债券的发行以非亚洲货币标定面额,尽管有一些债券是以加拿大元、澳元和日元标价,但多数是以美元标价。龙债券对发行人的资信要求较高,一般为政府及相关机构。龙债券的投资人包括官方机构、中央银行、投资基金及个人投资者。

【案例3.3】

熊猫债券

"熊猫债券"是指国际多边金融机构在华发行的人民币债券。根据国际惯例,国外金融机构在一国发行债券时,一般以该国最具特征的吉祥物命名。据此,我国将国际多边金融机构首次在华发行的人民币债券命名为"熊猫债券"。

2005年10月,国际金融公司(IFC)和亚洲开发银行(ADB)分别获准在我国银行间债券市场分别发行人民币债券11.3亿元和10亿元。按照央行的说法,这是中国债券市场首次引入外资机构发行主体,也是中国债券市场对外开放的重要举措和有益尝试。"熊猫债券"是一种外国债券。

本章小结

本章主要介绍关于债券的基础知识。债券是一种有价证券,是指国家政府、金融机构、企业等机构向投资者发行,并且承诺按规定利率支付利息并按约定条件偿还本金的债权债务凭证。债券具有安全性、收益性、偿还性、流动性的特征。债券有多种分类标准,诸如根据债券发行的主体不同,债券可以分为政府债券、金融债券和公司债券。债券的偿还方式有到期偿还、期中偿还、展期偿还。作为最重要的两种投资工具,股票与债券既有联系又有区别。此外,本章还分别介绍了政府债券、金融债券、公司债券、国际债券的定义和特点。

思考题

1. 一张债券应至少具备哪些票面要素?
2. 债券有哪些类型?
3. 比较股票与债券的异同点。
4. 什么是政府债券?作为一种投资工具,它有哪些优势?
5. 简述公司债券的常见种类。
6. 简述国际债券的定义与类型。

【案例分析】

三峡债券的来龙去脉

在中国谈企业债,不能不提中国长江三峡工程开发总公司,它是迄今为止在中国发债次数最多,而且每次发债都有产品创新的企业;4次发债共融得百亿元资金,相当于三峡工程2000年全年的资金需求总量。尽管业内人士普遍把三峡债看做类似国债的金边债券,但三峡债仍具有诸多企业债的典型特征,对类似的和不类似的企业融资都有一定的借鉴意义。

1994年国务院批准长江三峡工程总体筹资方案时,确定了三峡工程的静态投资总额为

900.9亿元。如果综合考虑工期内的物价上涨和利息等因素,动态投资总额为2 039亿元。工程的资金需求从1993年到2005年逐年上升,从2005年到2009年工程收尾阶段资金需求呈下降趋势,但是也仍旧保持在每年100亿元到200亿元的水平。巨大的资金需求形成了发行债券的动力。三峡总公司的领导层从上任第一天起就为三峡工程的总体筹资方案确定了三条原则,即国内融资与国际融资相结合,以国内融资为主;股权融资与债权融资相结合,以债权融资为主;长期资金与短期资金相结合,以长期资金为主。

从1996年开始,三峡总公司共发行了4期6种企业债券。论次数、金额、创新,三峡债券都是中国企业债券的龙头和样板。

问题:
1. 三峡债券是否属于公司债券? 为什么?
2. 分析一下中国长江三峡工程开发总公司的偿债能力。

第四章
Chapter 4

证券投资基金

【本章学习要求】

本章主要介绍了证券投资基金的定义、由来、特征及其与其他证券投资工具的区别;证券投资的类型;证券投资基金当事人的权利、义务和关系;证券投资基金的投资技巧。学习要求如下:

- 掌握证券投资基金的定义和特征;了解证券投资基金的产生发展过程;掌握证券投资基金与股票、债券的区别。
- 掌握证券投资的类型。
- 掌握证券投资基金当事人享有的权利;了解证券投资基金当事人承担的义务;掌握证券投资基金当事人之间的关系。
- 了解证券投资基金的投资技巧。

【本章主要概念】

证券投资基金　契约型基金　封闭式基金　开放式基金　ETF基金　LOF基金　基金管理人　基金托管人

【案例导读】

美国人如何理财？超四成美国家庭持有基金

2016年5月,美国投资公司发布了《2016年投资公司概况》,其汇总了2015年美国市场上种类繁多的基金发行、规模变化、投资人情况等数据,透彻展现了美国基金市场的全貌。作为全球主要的投资市场,2015年末,美国开放式基金规模已达到17.8万亿美元。这不仅得益于美国基金投资行业的发展,与美国家庭成熟的理财观念也密不可分。《2016年投资公司概况》显示,2015年全球开放式基金的总资产达到37.2万亿美元。其中,美国市场占比最高,为48%,其共同基金与ETF市场的资产管理规模为17.8万亿美元。其次,欧洲市场占比34%,非洲与亚太地区占比13%,美洲其他国家占比5%。

> 美国的共同基金市场以普通家庭为代表。其89%的基金持有者为散户,持有资产近16万亿美元。在期限1年以上的长期基金产品中,散户持有者的比例更高,达到了95%。货币基金的散户持有人占比则相对较低,仅为12%。此外,以非金融企业、金融公司和非营利组织为主的机构投资者,在美国共同基金市场中占比仅有11%。
> 根据2015年中调查统计,美国大约9 100万的个人投资者持有共同基金。若按家庭划分,即有43%的美国家庭,约5 360万户持有共同基金。

第一节　证券投资基金概述

一、证券投资基金的定义

正确全面地了解证券投资基金的基本含义,必须首先了解什么是基金,什么是投资基金,在此基础上才能对证券投资基金有一个比较全面的认识。

(一)基金

基金是为了兴办、维持或发展某种事业而集中的某种资金或拨款。这些基金是通过国民收入的分配和再分配形成的具有专门用途的资金,例如保险基金、发展基金、福利基金、奖励基金、债务偿还基金、社会养老基金、社会救济基金等。这些基金虽然可以通过银行存款或购买债券实现资产增值,但它的直接用途不完全是投资而是为了满足某种特殊用途的需要。作为基金一个最突出的特点就是它的专用性。

基金形成的来源主要有四个方面:一是社会捐赠,例如各种基金会接受社会捐赠而建立的各种奖励基金;二是财政拨款,例如由财政拨款形成的救灾基金、社会救济基金;三是募集,主要是通过市场方式从社会方面集中起来的基金,例如保险基金、信托投资基金、创业投资基金;四是核算单位提留,例如企业、单位核算提留的风险准备、坏账准备等。

(二)投资基金

投资基金是专门用于市场投资以实现资产增值或利益补偿为目的的商业化运作资金。投资基金是基金的一种表现形式,投资基金除了具有基金的专用性以外还具有投资性特点。前以叙及,基金具有各种各样的专门用途,基金的设立是为了满足各种专门用途的需要,基金存款或基金投资虽然也能实现基金资产的增值,但是基金设立的直接目的不完全是投资。而投资基金与基金的不同之处在于它的投资性,投资基金的专门用途是投资。任何一种投资基金都是以投资作为手段的,通过投资的运作,最终实现投资目的——资产的增值或利益的补偿。由此可见,投资基金是从基金当中分离出来的专门用于投资的那一部分基金。投资基金的投资性决定这种基金的市场运作目标是资产增值性或利益补偿。

(三)证券投资基金

证券投资基金是指通过公开发售基金份额募集资金,由基金托管人托管,由基金管理人管理和运用资金,为基金份额持有人的利益,以资产组合方式进行证券投资的一种利益共享、风险共担的集合投资方式。证券投资基金是一种有价证券。虽然它自身并没有价值,但由于它代表着证券持有人的资产所有权、收益分配权以及剩余财产分配权等诸多权益,因而也能在市场上进行交易,并在交易过程中形成自己的价格。

二、证券投资基金的起源与发展

作为一种大众化的信托投资工具,各国对证券投资基金的称谓不尽相同,如美国称"共同基金",英国和我国香港地区称"单位信托基金",日本和我国台湾地区则称"证券投资信托基金"等。一般认为,基金起源于英国,是在18世纪末、19世纪初产业革命的推动下出现的。当时产业革命的成功,使英国生产力水平迅速提高,工商业都取得较大的发展,其殖民地和海外贸易遍及全球,大量的资金为追逐高额利润而涌向其他国家。可是大多数投资者缺乏国际投资知识,又不了解外国的情况,难以直接参加海外投资。于是人们便萌发了众人集资、委托专人经营和管理的想法,这一想法得到了英国政府的支持。1868年由政府出面组建了海外和殖民地政府信托组织,公开向社会发售受益凭证。它是公认的最早的基金机构,以分散投资于国外殖民地的公司债为主,其投资地区遍及南北美洲、中东、东南亚和意大利、葡萄牙、西班牙等国,当时的投资总额共达48万英镑。该基金类似股票,不能退股,也不能兑现,认购者的权益仅限于分红和派息。

100多年来,随着社会经济的发展,世界基金产业从无到有,从小到大。尤其是20世纪70年代以来,随着世界投资规模的剧增,现代金融业的创新,品种繁多、名目各异的基金风起云涌,形成了一个庞大的产业。以美国为例,到2005年底美国共同基金的净资产总额已达8.9万亿美元,超过了商业银行的资产规模。基金业与银行业、证券业、保险业并驾齐驱,成为现代金融体系的四大支柱之一。

证券投资基金在中国属于新生事物,但在管理部门大力扶植下,依托高速成长的新兴市场环境,在短短十几年时间里获得了突飞猛进的发展。1997年11月,国务院颁布《证券投资基金管理暂行办法》。1998年3月,基金金泰、基金开元设立。2004年6月1日,《中华人民共和国证券投资基金法》正式实施,以法律形式确认了基金业在资本市场及社会主义市场经济中的地位和作用,成为中国基金业发展史上的一个重要里程碑。证券投资基金业从此进入崭新的发展阶段,其数量和规模迅速增长,市场地位日趋重要。开始试点的1998年,只有5只基金,净值107.4亿元;到2008年底,共有318只证券投资基金正式运作,净值总额合计为34 612.16亿元。在318只基金中,有60只封闭式基金,基金净值总额1 822.11亿元;有258只开放式基金,净值总额合计32 790亿元,占全部基金净值总额的94.48%。在基金规模快速增长的同时,基金品种创新也呈加速趋势。一方面,开放式基金后来居上,逐渐成为基金设立的主流形式;另一方面,基金产品差异化日益明显,基金的投资风格也趋于多样化,除传统的成长型、混合型外,债券基金、收益型基金、价值型基金、指数基金、行业基金、保本基金、货币市场基金等纷纷问世。截至2016年末,我国已有基金管理公司108家。

三、证券投资基金的特征

证券投资基金之所以发展迅速,在许多国家受到投资者的广泛欢迎,与证券投资基金本身的特点有关。作为一种成效卓著的现代化投资工具,证券投资基金所具备的特点是十分明显的。

(一)集合投资

基金的特点是将零散的资金汇集起来,交给专业机构投资于各种金融工具,以谋取资产的增值。基金对投资的最低限额要求不高,投资者可以根据自己的经济能力决定购买数量,有些基金甚至不限制投资额大小,因此基金可以最广泛地吸收社会闲散资金,汇成规模巨大的投资资金。在参与证券投资时,资本越雄厚,优势越明显,而且可以享有大额投资在降低成本上的相对优势,从而获得规模效益的好处。

(二)分散风险

以科学的投资组合降低风险、提高收益是基金的另一大特点。在投资活动中,风险和收益总是并存的,因此"不能将鸡蛋放在一个篮子里"。但是,要实现投资资产的多样化,需要一定的资金实力。对小额投资者而言,由于资金有限,很难做到这一点,而基金则可以帮助中小投资者解决这个困难,即可以凭借其集中的巨额资金,在法律规定的投资范围内进行科学的组合,分散投资于多种证券,实现资产组合多样化。通过多元化的投资组合,一方面借助于资金庞大和投资者众多的优势使每个投资者面临的投资风险变小,另一方面又利用不同投资对象之间收益率变化的相关性,达到分散投资风险的目的。

(三)专家理财

将分散的资金集中起来以信托方式交给专业机构进行投资运作,既是证券投资基金的一个重要特点,也是它的一个重要功能。基金实行专业理财制度,由受过专门训练、具有比较丰富的证券投资经验的专业人员运用各种技术手段收集、分析各种信息资料,预测金融市场上各个品种的价格变动趋势,制订投资策略和投资组合方案,从而最大限度地避免投资决策失误,提高投资收益。对于那些没有时间,或者对市场不太熟悉的中小投资者来说,投资于基金,可以获得基金管理人在市场信息、投资经验、金融知识和操作技术等方面所拥有的优势,从而尽可能地避免盲目投资带来的失误。

【案例 4.1】

懒人的理财工具——基金定投

基金定投有懒人理财之称,价值缘于华尔街流传的一句话:"要在市场中准确地踩点入市,比在空中接住一把飞刀更难。"如果采取分批买入法,就克服了只选择一个时点进行买进和沽出的缺陷,可以均衡成本,使自己在投资中立于不败之地,即定投法。基金定投是定期定额投资基金的简称,是指在固定的时间(如每月8日)以固定的金额(如500元)投资到指定的开放式基金中,类似于银行的零存整取方式。这样投资可以平均成本、分散风险,比较适合进行长期投资。

就一般流程而言,基金的投资方式有两种,即单笔投资和定期定额。由于基金"定额定投"起点低、方式简单,所以它也被称为"小额投资计划"或"懒人理财"。相对定投,一次性投资收益可能很高,但风险也很大。由于规避了投资者对进场时机主观判断的影响,定投方式与股票投资或基金单笔投资追高杀跌相比,风险明显降低。

基金定期定额投资具有类似长期储蓄的特点,能积少成多,平摊投资成本,降低整体风险。它有自动逢低加码,逢高减码的功能,无论市场价格如何变化总能获得一个比较低的平均成本,因此定期定额投资可抹平基金净值的高峰和低谷,消除市场的波动性。只要选择的基金有整体增长,投资人就会获得一个相对平均的收益,不必再为入市的择时问题而苦恼。

四、证券投资基金与股票、债券的区别

(一)权利关系不同

证券投资基金是由基金发起人发行的。如果基金是发起人按照契约形式发起的,则投资购买基金证券的持有人与发起人之间是一种契约关系;如果基金是按照公司形式发起的,则通常先要组成基金公司,并由发起人组成董事会,由董事会决定基金的发起、设立、中止以及选择管理人和托管人等事项。证券持有人虽然也是公司的股东之一,但都不参与基金的运用。发起人与管理人、托管人之间完全是一种信托契约关系;股票是由股份公司发行的,股票持有人是股份公司的股东,有权参与公司的经营管理决策,股东对公司是一种股权关系;债券则是由政府、银行及企业等诸家发行主体发行的,债券的投资者与发行者之间形成的是一种债权债务关系。

(二)投资者的经营管理权不同

通过发行股票筹集到的资金,完全可由发行股票的股份公司掌握和运用,股票持有人也有权参与公司的经营管理决策;通过发行债券筹集到的资金,也是由发行债券的公司自主支配。而证券投资基金的运作机制则有所不同。无论是哪种类型的基金,其发起人和投资人都不直接从事基金的运作,而是委托管理人营运。同时,投资基金信托又不同于个人信托。个人信托是单个投资者委托证券公司买卖证券,这种委托业务完全体现着投资者个人的意志,即完全按

照投资者的指令买进或卖出。而投资基金信托则是一种集中信托,受托的管理人本着"受人之托,代人理财,忠实服务,科学运用"的精神,按照基金章程规定的投资限制,对该基金自主地加以运用,并保证投资者获得丰厚的收益。投资者只分享基金的盈利和分红,不干预基金的管理和操作。

(三) 风险和收益不同

证券投资基金是委托专门的投资机构进行分散组合投资,因而可以分散和降低投资风险。从风险程度上看,投资基金证券的风险要小于投资股票风险,但大于债券投资的风险。投资于基金证券的收益是不固定的,这一点不同于债券而类似于股票。从收益水平上看,基金证券的投资收益一般小于股票投资,但大于债券投资。

(四) 存续时间不同

每一种类型的投资基金都规定一定的存续时间,期满即终止。这一点类似于债券投资。与债券投资所不同的是,投资基金经持有人大会或基金公司董事会决议,可以提前终止,也可以期满后再延续。封闭式基金在存续期间不得随意增减基金券,持有人只能通过交易市场买卖基金证券。从这一点看,投资于基金证券又类似于股票投资。与股票投资所不同的是,开放式基金可以随时增加或减少基金券,持有人可以按基金的资产净值向公司要求申购或赎回其所持有的单位或股份。

第二节 证券投资基金的类型

一、按组织形式不同划分

按基金的组织形式不同,可分为契约型基金和公司型基金。

(一) 契约型基金

契约型基金又称为单位信托基金,是指将投资者、管理人、托管人三者作为基金的当事人,通过签订基金契约的形式发行受益凭证而设立的一种基金。契约型基金起源于英国,后来在中国香港、新加坡、印度尼西亚等国家和地区十分流行。契约型基金是基于信托原理而组织起来的代理投资方式,没有基金章程,也没有公司董事会,而是通过基金契约来规范三方当事人的行为。基金管理人负责基金的管理操作;基金托管人作为基金资产的名义持有人,负责基金资产的保管和处置,对基金管理人的运作实行监督。

(二) 公司型基金

公司型基金是依据基金公司章程设立,在法律上具有独立法人地位的股份投资公司。公司型基金以发行股份的方式募集资金,投资者购买基金公司的股份后,以基金持有人的身份成为基金公司的股东,凭其持有的股份依法享有投资收益。公司型基金在组织形式上与股份有限公司类似,由股东选举董事会,由董事会选聘基金管理公司,基金管理公司负责管理基金的投资业务。

公司型基金的设立程序类似于一般股份公司,基金本身为独立法人机构。但不同于一般股份公司的是,它委托基金管理公司作为专业的财务顾问或管理公司来经营、管理基金资产。公司型基金的组织结构与一般股份公司类似,设有董事会和持有人大会。基金资产归基金所有。

(三)契约型基金与公司型基金的区别

1. 资金的性质不同

契约型基金的资金是通过发行基金份额筹集起来的信托财产;公司型基金的资金是通过发行普通股票筹集起来的,是公司法人的资本。

2. 投资者的地位不同

契约型基金的投资者购买基金份额后成为基金契约的当事人之一,投资者既是基金的委托人,即基于对基金管理人的信任,将自己的资金委托给基金管理人管理和营运,又是基金的受益人,即享有基金的受益权。公司型基金的投资者购买基金公司的股票后成为该公司的股东,因此,公司型基金的投资者对基金运作的影响比契约型基金的投资者大些。

3. 基金的营运依据不同

契约型基金依据基金契约营运基金,公司型基金依据基金公司章程营运基金。由此可见,契约型基金和公司型基金在法律依据、组织形式以及有关当事人的地位等方面是不同的,但它们的投资方式都是把投资者的资金集中起来,按照基金设立时所规定的投资目标和策略,将基金资产分散投资于众多的金融产品上,获取收益后再分配给投资者。

二、按价格决定方式不同划分

按基金价格决定方式不同,可分为封闭式基金和开放式基金。

(一)封闭式基金

封闭式基金是指经核准的基金份额总额在基金合同期限内固定不变,基金份额可以在依法设立的证券交易场所交易,但基金份额持有人不得申请赎回的基金。由于封闭式基金在封闭期内不能追加认购或赎回,投资者只能通过证券经纪商在二级市场上进行基金的买卖。封闭式基金的期限是指基金的存续期,即基金从成立起到终止之间的时间。决定基金期限长短的因素主要有两点:一是基金本身投资期限的长短。如果基金的目标是进行中长期投资,其存续期就可长一些;反之,如果基金的目标是进行短期投资(如货币市场基金),其存续期可短一些。二是宏观经济形势。如果经济稳定增长,基金存续期可长一些,否则应相对短一些。当然在现实中,存续期还应依据基金发起人和众多投资者的要求来确定。基金期限届满即为基金终止,管理人应组织清算小组对基金资产进行清产核资,并将清产核资后的基金净资产按照投资者的出资比例进行公正合理的分配。

(二) 开放式基金

开放式基金是指基金份额总额不固定,基金份额可以在基金合同约定的时间和场所申购或者赎回的基金。为了满足投资者赎回资金、实现变现的要求,开放式基金一般都从所筹资金中拨出一定比例,以现金形式保持这部分资产。这虽然会影响基金的盈利水平,但作为开放式基金来说是必需的。

(三) 封闭式基金与开放式基金的区别

1. 期限不同

封闭式基金有固定的封闭期,通常在5年以上,一般为10年或15年,经受益人大会通过并经主管机关同意可以适当延长期限。开放式基金没有固定期限,投资者可随时向基金管理人赎回基金份额,若大量赎回甚至会导致清盘。

2. 发行规模限制不同

封闭式基金的基金规模是固定的,在封闭期限内未经法定程序认可不能增加发行。开放式基金没有发行规模限制,投资者可随时提出申购或赎回申请,基金规模随之增加或减少。

3. 基金份额交易方式不同

封闭式基金的基金份额在封闭期限内不能赎回,持有人只能在证券交易场所出售给第三者,交易在基金投资者之间完成。开放式基金的投资者则可以在首次发行结束一段时间后,随时向基金管理人或中介机构提出申购或赎回申请,绝大多数开放式基金不上市交易,交易在投资者与基金管理人或其代理人之间进行。

4. 基金份额的交易价格计算标准不同

封闭式基金与开放式基金的基金份额除了首次发行价都是按面值加一定百分比的购买费计算外,以后的交易计价方式不同。封闭式基金的买卖价格受市场供求关系的影响,常出现溢价或折价现象,并不必然反映单位基金份额的净资产值。开放式基金的交易价格则取决于每一基金份额净资产值的大小,其申购价一般是基金份额净资产值加一定的购买费,赎回价是基金份额净资产值减去一定的赎回费,不直接受市场供求影响。

5. 基金份额资产净值公布的时间不同

封闭式基金一般每周或更长时间公布一次,开放式基金一般在每个交易日连续公布。

6. 交易费用不同

投资者在买卖封闭式基金时,在基金价格之外要支付手续费;投资者在买卖开放式基金时,则要支付申购费和赎回费。

7. 投资策略不同

封闭式基金在封闭期内基金规模不会减少,因此可进行长期投资,基金资产的投资组合能有效地在预定计划内进行。开放式基金因基金份额可随时赎回,为应付投资者随时赎回兑现,所以，所募集的资金不能全部用来投资，更不能把全部资金用于长期投资，必须保持基金资产的流动性，在投资组合上需保留一部分现金和高流动性的金融工具。

三、按投资对象不同划分

按投资对象不同，可分为国债基金、股票基金、货币市场基金等。

（一）国债基金

国债基金是一种以国债为主要投资对象的证券投资基金。由于国债的年利率固定，又有国家信用作为保证，因而这类基金的风险较低，适合于稳健型投资者。国债基金的收益会受市场利率的影响，当市场利率下调时，其收益会上升；反之，若市场利率上调，其收益将下降。除此以外，汇率也会影响基金的收益，管理人在购买国际债券时，往往还需要在外汇市场上做套期保值。

（二）股票基金

股票基金是指以上市股票为主要投资对象的证券投资基金。股票基金的投资目标侧重于追求资本利得和长期资本增值。基金管理人拟定投资组合，将资金投放到一个或几个国家甚至全球的股票市场，以达到分散投资、降低风险的目的。

股票基金是最重要的基金品种，它的优点是资本的成长潜力较大，投资者不仅可以获得资本利得，还可以通过股票基金将较少的资金投资于各类股票，从而实现在降低风险的同时保持较高收益的投资目标。按基金投资的分散化程度，可将股票基金划分为一般股票基金和专门化股票基金。前者分散投资于各种普通股票，风险较小；后者是专门投资于某一行业、某一地区的股票，风险相对较大。由于股票投资基金聚集了巨额资金，几只甚至一只大规模的基金就可以引发股市动荡，所以各国政府对股票基金的监管都十分严格，不同程度地规定了基金购买某一家上市公司的股票总额不得超过基金资产净值的一定比例，以防止基金过度投机和操纵股市。

（三）货币市场基金

货币市场基金是以货币市场工具为投资对象的一种基金，其投资对象期限在一年以内，包括银行短期存款、国库券、公司债券、银行承兑票据及商业票据等货币市场工具。货币市场基金的优点是资本安全性高、购买限额低、流动性强、收益较高、管理费用低，有些还不收取赎回费用。因此，货币市场基金通常被认为是低风险的投资工具。

按《货币市场基金管理暂行办法》的规定，目前我国货币市场基金能够进行投资的金融工具主要包括：现金；一年以内（含一年）的银行定期存款、大额存单；剩余期限在三百九十七天以内（含三百九十七天）的债券；期限在一年以内（含一年）的债券回购；期限在一年以内（含一年）的中央银行票据等。

(四)指数基金

指数基金是20世纪70年代以来出现的新的基金品种。特点是:投资组合模仿某一股价指数或债券指数,收益随着即期的价格指数上下波动。当价格指数上升时,基金收益增加;反之,收益减少。基金因始终保持即期的市场平均收益水平,因而收益不会太高,也不会太低。

指数基金具有诸多优势,比如费用低廉,风险较小,可以为股票投资者提供比较稳定的投资回报,可以作为避险套利的工具。

(五)衍生证券投资基金

衍生证券投资基金是一种以衍生证券为投资对象的基金,包括期货基金、期权基金、认股权证基金等。这种基金风险大,因为衍生证券一般是高风险的投资品种。

四、按投资目标不同划分

按投资目标不同,可分为成长型基金、收入型基金和平衡型基金。

(一)成长型基金

成长型基金追求的是基金资产的长期增值。为了达到这一目标,基金管理人通常将基金资产投资于信誉度较高、有长期成长前景或长期盈余的所谓成长公司的股票。成长型基金又可分为稳健成长型基金和积极成长型基金。

(二)收入型基金

收入型基金主要投资于可带来现金收入的有价证券以获取当期的最大收入。收入型基金资产的成长潜力较小,损失本金的风险相对也较低,一般可分为固定收入型基金和股票收入型基金。固定收入型基金的主要投资对象是债券和优先股,因而尽管收益率较高,但长期成长的潜力很小,而且当市场利率波动时,基金净值容易受到影响。股票收入型基金的成长潜力比较大,但易受股市波动的影响。

(三)平衡型基金

平衡型基金是将资产分别投资于两种不同特性的证券上,并在以取得收入为目的的债券及优先股和以资本增值为目的的普通股之间进行平衡。这种基金一般将25%~50%的资产投资于债券及优先股,其余的投资于普通股。平衡型基金的主要目的是从其投资组合的债券中得到适当的利息收益,与此同时又可以获得普通股的升值收益。投资者既可获得当期收入,又可得到资金的长期增值。平衡型基金的特点是风险比较低,缺点是成长的潜力不大。

五、特殊的基金类型

（一）ETF 基金和 LOF 基金

1. ETF 基金

ETF 是英文 Exchange Traded Funds 的简称，上海证券交易所则将其定名为"交易型开放式指数基金"。ETF 是一种在交易所上市交易的、基金份额可变的一种基金运作方式。ETF 结合了封闭式基金与开放式基金的运作特点，投资者一方面可以像封闭式基金一样在交易所二级市场进行 ETF 的买卖，另一方面又可以像开放式基金一样申购、赎回。不同的是，它的申购是用一揽子股票换取 ETF 份额，赎回时也是换回一揽子股票而不是现金。这种交易制度使该类基金存在一、二级市场之间的套利机制，可有效防止类似封闭式基金的大幅折价。

ETF 出现于 20 世纪 90 年代初期。多伦多证券交易所于 1991 年推出的指数参与份额（TIPS）是严格意义上最早出现的交易所交易基金，但于 2000 终止。现存最早的 ETF 是美国证券交易所（AMEX）于 1993 年推出的标准普尔存托凭证（SPDRs）。尽管出现的时间不长，但其发展非常迅速，尤其是 2003 年以来，由于全球资本市场的萧条，在其他共同基金遭到较大损失的背景下，交易所交易基金赢得了空前发展机遇。今天全球主要的证券交易所网站多半在首页醒目位置设立 ETF 专区，QQQ、SPEDR、DIAMONDS、WEB 这类过去人们十分陌生的名词已经成为投资专业人士津津乐道的对象，若干衍生品市场也及时推出了以交易所交易基金为基础的衍生工具。在亚洲地区，自 1999 年我国香港推出盈富基金以来，新加坡、日本、我国台湾地区等地的交易所也纷纷推出了交易所交易基金产品。2004 年 12 月 30 日，华夏基金管理公司以上证 50 指数为模板，募集设立了"上证 50 交易型开放式指数证券投资基金"（简称 50ETF），并于 2005 年 2 月 23 日在上海证券交易所上市交易，采用的是完全复制法。2006 年 2 月 21 日，易方达深证 100ETF 正式发行，这是深圳证券交易所推出的第一只 ETF。

ETF 的运行的运作原理如下：

（1）参与主体。ETF 主要涉及三个参与主体，即发起人、受托人和投资者。发起人即基金产品创始人，一般为证券交易所或大型基金管理公司、证券公司。受托人受发起人委托托管和控制股票信托组合的所有资产。由于指数型 ETF 采用指数化投资策略，除非指数有变，一般受托人不用时常调整股票组合，但管理型投资公司 ETF 的受托人有一定的投资决策自由处置权。受托人一般为银行、信托投资公司等金融机构；投资者即购买 ETF 的机构或个人。

（2）基础指数选择及模拟。指数型 ETF 能否发行成功与基础指数的选择有密切关系。基础指数应该是有大量的市场参与者广泛使用的指数，以体现它的代表性和流动性，同时基础指数的调整频率不宜过于频繁，以免影响指数股票组合与基础指数间的关联性。为实现模拟指数的目的，发起人将组合基础指数的成分股票，然后将构成指数的股票种类及权数交付受托机构托管形成信托资产。当指数编制机构对样本股票或权数进行调整时，受托机构必须对信托资产进行相应调整，同时在二级市场进行买进或卖出，使 ETF 的净值与指数始终保持联动关系。

(3) 构造单位的分割。指数型 ETF 的发起人将组成基础指数的股票依照组成指数的权数交付信托机构托管成为信托资产后,即以此为实物担保通过信托机构向投资者发行 ETF。ETF 的发行量取决于每构造单位净值的高低。通过这种股票组合资产分割程序,使 ETF 的单位净值与损益变化和股价指数的走势相联系。一个构造单位的价值应符合投资者的交易习惯,不能太高或太低,通常将一个构造单位的净值设计为标准指数的某一百分比。构造单位的分割使投资者买卖 ETF 的最低投资金额远远低于买入各指数成份股所需的最低投资金额,实现了以较低金额投资整个市场的目的,并为投资者进行价值评估和市场交易提供了便利。

(4) 构造单位的申购与赎回。ETF 的重要特征在于它独特的双重交易机制。ETF 的双重交易特点表现在它的申购和赎回与 ETF 本身的市场交易是分离的,分别在一级市场和二级市场进行。也就是说,ETF 同时为投资者提供了两种不同的交易方式:一方面投资者可以在一级市场交易 ETF,即进行申购与赎回;另一方面,投资者可以在二级市场交易 ETF,即在交易所挂牌交易。

2. LOF 基金

上市开放式基金(英文名称为 Listed Open-ended Funds,简称 LOF),是一种可以同时在场外市场进行基金份额申购、赎回,在交易所进行基金份额交易,并通过份额转托管机制将场外市场与场内市场有机地联系在一起的一种新的基金运作方式。

尽管同样是交易所交易的开放式基金,但就产品特性看,深圳证券交易所推出的 LOF 在世界范围内具有首创性。与 ETF 相区别,LOF 不一定采用指数基金模式,同时,申购和赎回均以现金进行。2004 年 10 月 14 日,南方基金管理公司募集设立了"南方积极配置证券投资基金",并于 2004 年 12 月 20 日在深圳证券交易所上市交易。截至 2006 年底,已经有"南方积极配置证券投资基金"、"博时主题行业股票基金"、"中银国际中国精选混合型基金"等 15 只 LOF 在深圳证券交易所上市交易。

(二) QFII 基金和 QDII 基金

1. QFII 基金

QFII 是 Qualified Foreign Institutional Investor(合格的境外机构投资者)的首字缩写。它是一国在货币没有实现完全可自由兑换、资本项目尚未开放的情况下,有限度地引进外资、开放资本市场的一项过渡性的制度。这种制度要求外国投资者若要进入一国证券市场,必须符合一定的条件,得到该国有关部门的审批通过后汇入一定额度的外汇资金,并转换为当地货币,通过严格监管的专门账户投资当地证券市场。

2. QDII 基金

QDII 是 Qualified Domestic Institutional Investor(合格的境内机构投资者)的首字缩写。它是在一国境内设立,经该国有关部门批准从事境外证券市场的股票、债券等有价证券业务的证券投资基金。与 QFII 一样,它也是在货币没有实现完全可自由兑换、资本项目尚未开放的情况下,有限度地允许境内投资者投资境外证券市场的一项过渡性的制度安排。

> **【案例 4.2】**
>
> **2003 年首批 QFII 亮相**
>
> 2003 年 05 月 26 日,瑞士银行有限公司、野村证券株式会社获得中国证券监督管理委员会批准,成为首批取得证券投资业务许可证的合格境外机构投资者(QFII)。在此之后,经中国证监会批准的 5 家 QFII 的投资额度全部获批,总额达到 7.75 亿美元。其中瑞士银行 3 亿美元、野村证券 0.5 亿美元、花旗环球 0.75 亿美元、摩根士丹利国际 3 亿美元、高盛 0.5 亿美元。另外,上述 5 家 QFII 中已先后有瑞银、花旗、摩根士丹利国际等 3 家获准在各自的托管银行开立一个 QFII 人民币特殊账户。公开信息显示,瑞银、花旗已先后入市操作,其中瑞银已买入中兴通讯、宝钢股份、上港集箱、外运发展及国电转债等,花旗已买入国电转债等。

第三节 证券投资基金当事人

一、基金管理人

(一)基金管理人的定义

基金管理人是负责基金发起设立与经营管理的专业性机构。《中华人民共和国证券投资基金法》规定,基金管理人由依法设立的基金管理公司担任。基金管理公司通常由证券公司、信托投资公司或其他机构等发起成立,具有独立法人地位。基金管理人作为受托人,必须履行"诚信义务"。基金管理人的目标函数是受益人利益的最大化,因而,不得在处理业务时考虑自己的利益或为第三者牟利。

(二)基金管理人的资格

基金管理人的主要业务是发起设立基金和管理基金,由于基金份额持有人通常是人数众多的中小投资者,为了保护这些投资者的利益,必须对基金管理人的资格作出严格规定,使基金管理人更好地负起管理基金的责任。对基金管理人需具备的条件,各个国家和地区有不同的规定。依照《中华人民共和国证券投资基金法》的规定,设立基金管理公司,应当具备下列条件,并经国务院证券监督管理机构批准:

(1)有符合本法和《中华人民共和国公司法》规定的章程;

(2)注册资本不低于 1 亿元人民币,且必须为实缴货币资本;

(3)主要股东具有从事证券经营、证券投资咨询、信托资产管理或者其他金融资产管理的较好的经营业绩和良好的社会信誉,最近三年没有违法记录,注册资本不低于 3 亿元人民币;

(4)取得基金从业资格的人员达到法定人数;

(5)有符合要求的营业场所、安全防范设施和与基金管理业务有关的其他设施;

(6)有完善的内部稽核监控制度和风险控制制度;
(7)法律、行政法规规定的和经国务院批准的国务院证券监督管理机构规定的其他条件。

(三)基金管理人的职责

《中华人民共和国证券投资基金法》规定,基金管理人应当履行下列职责:

(1)依法募集基金,办理或者委托经国务院证券监督管理机构认定的其他机构代为办理基金份额的发售、申购、赎回和登记事宜;
(2)办理基金备案手续;
(3)对所管理的不同基金财产分别管理、分别记账,进行证券投资;
(4)按照基金合同的约定确定基金收益分配方案,及时向基金份额持有人分配收益;
(5)进行基金会计核算并编制基金财务会计报告;
(6)编制中期和年度基金报告;
(7)计算并公告基金资产净值,确定基金份额申购、赎回价格;
(8)办理与基金财产管理业务活动有关的信息披露事项;
(9)召集基金份额持有人大会;
(10)保存基金财产管理业务活动的记录、账册、报表和其他相关资料;
(11)以基金管理人名义,代表基金份额持有人利益行使诉讼权利或者实施其他法律行为;
(12)国务院证券监督管理机构规定的其他职责。

《中华人民共和国证券投资基金法》规定,基金管理人不得有下列行为:

(1)将其固有财产或者他人财产混同于基金财产从事证券投资;
(2)不公平地对待其管理的不同基金财产;
(3)利用基金财产为基金份额持有人以外的第三人牟取利益;
(4)向基金份额持有人违规承诺收益或者承担损失;
(5)依照法律、行政法规有关规定,由国务院证券监督管理机构规定禁止的其他行为。

(四)基金管理人的更换条件

《中华人民共和国证券投资基金法》规定,有下列情形之一的,基金管理人职责终止:

(1)被依法取消基金管理资格;
(2)被基金份额持有人大会解任;
(3)依法解散、被依法撤销或者被依法宣告破产;
(4)基金合同约定的其他情形。

二、基金托管人

（一）基金托管人的定义

基金托管人，又称基金保管人，是依据基金运行中"管理与保管分开"的原则对基金管理人进行监督和保管基金资产的机构，是基金持有人权益的代表，通常由有实力的商业银行或信托投资公司担任。基金托管人与基金管理人签订托管协议，在托管协议规定的范围内履行自己的职责并收取一定的报酬。基金托管人在基金的运行过程中起着不可或缺的作用。

（二）基金托管人的资格

基金托管人的作用决定了它对所托管的基金承担着重要的法律及行政责任，因此，有必要对托管人的资格作出明确规定。概括地说，基金托管人应该是完全独立于基金管理机构、具有一定的经济实力、实收资本达到相当规模、具有行业信誉的金融机构。

《中华人民共和国证券投资基金法》规定，基金托管人由依法设立并取得基金托管资格的商业银行担任。申请取得基金托管资格，应当具备下列条件，并经国务院证券监督管理机构和国务院银行业监督管理机构核准：

（1）净资产和资本充足率符合有关规定；
（2）设有专门的基金托管部门；
（3）取得基金从业资格的专职人员达到法定人数；
（4）有安全保管基金财产的条件；
（5）有安全高效的清算、交割系统；
（6）有符合要求的营业场所、安全防范设施和与基金托管业务有关的其他设施；
（7）有完善的内部稽核监控制度和风险控制制度；
（8）法律、行政法规规定的和经国务院批准的国务院证券监督管理机构、国务院银行业监督管理机构规定的其他条件。

（三）基金托管人的职责

《中华人民共和国证券投资基金法》规定，基金托管人应当履行下列职责：

（1）安全保管基金财产；
（2）按照规定开设基金财产的资金账户和证券账户；
（3）对所托管的不同基金财产分别设置账户，确保基金财产的完整与独立；
（4）保存基金托管业务活动的记录、账册、报表和其他相关资料；
（5）按照基金合同的约定，根据基金管理人的投资指令，及时办理清算、交割事宜；
（6）办理与基金托管业务活动有关的信息披露事项；
（7）对基金财务会计报告、中期和年度基金报告出具意见；
（8）复核、审查基金管理人计算的基金资产净值和基金份额申购、赎回价格；

(9) 按照规定召集基金份额持有人大会;
(10) 按照规定监督基金管理人的投资运作;
(11) 国务院证券监督管理机构规定的其他职责。

（四）基金托管人的更换条件

《中华人民共和国证券投资基金法》规定,有下列情形之一的,基金托管人职责终止:
(1) 被依法取消基金托管资格;
(2) 被基金份额持有人大会解任;
(3) 依法解散、被依法撤销或者被依法宣告破产;
(4) 基金合同约定的其他情形。

【案例4.3】
2016 年基金总规模突破 9 万亿

2016 年,在委外资金大举涌入公募基金的情况下,新基金发行数量急剧上升,全年发行成立新基金 1 150 只,发行规模 10 823 亿元。混合型和债券型基金成为 2016 年首发规模最大的两类基金,首发规模均在 4 500 亿元左右,而这两类基金是委外资金的主要类别。

根据统计数据显示,截至 2016 年末,各类公募基金资产管理规模合计达到 91 367.46 亿元,首次跨过 9 万亿元大关,创下历史新高。与 2015 年末相比,2016 年公募基金规模全年增加 9 448.19 亿元,增幅高达 11.53%。此外,2016 年底,十大基金公司规模排名出现了较大规模的洗牌。公募基金行业整体规模得到较大发展。

三、基金持有人

基金份额持有人是指持有基金份额或基金股份的自然人和法人,也就是基金的投资人。他们是基金资产的实际所有者,享有基金信息的知情权、表决权和收益权。基金的一切投资活动都是为了增加投资者的收益,一切风险管理都是围绕保护投资者利益来考虑的。因此,基金份额持有人是基金一切活动的中心。

（一）基金份额持有人的权利

基金份额持有人的基本权利包括对基金收益的享有权、对基金份额的转让权和在一定程度上对基金经营决策的参与权。对于不同类型的基金,持有人对投资决策的影响方式是不同的。在公司型基金中,基金份额持有人通过股东大会选举产生基金公司的董事会来行使对基金公司重大事项的决策权,对基金运作的影响力大些。而在契约型基金中,基金份额持有人只能通过召开基金受益人大会对基金的重大事项作出决议,但对基金日常决策一般不能施加直接影响。《中华人民共和国证券投资基金法》规定,基金份额持有人享有下列权利:
(1) 分享基金财产收益;
(2) 参与分配清算后的剩余基金财产;

（3）依法转让或者申请赎回其持有的基金份额；

（4）按照规定要求召开基金份额持有人大会；

（5）对基金份额持有人大会审议事项行使表决权；

（6）查阅或者复制公开披露的基金信息资料；

（7）对基金管理人、基金托管人、基金份额发售机构损害其合法权益的行为依法提起诉讼；

（8）基金合同约定的其他权利。

其中，基金份额持有人大会由基金管理人召集；基金管理人未按规定召集或者不能召集时，由基金托管人召集。代表基金份额百分之十以上的基金份额持有人就同一事项要求召开基金份额持有人大会，而基金管理人、基金托管人都不召集的，代表基金份额百分之十以上的基金份额持有人有权自行召集，并报国务院证券监督管理机构备案。

（二）基金份额持有人的义务

基金份额持有人必须承担一定的义务，这些义务包括：

（1）遵守基金契约；

（2）缴纳基金认购款项及规定的费用；

（3）承担基金亏损或终止的有限责任；

（4）不从事任何有损基金及其他基金投资人合法权益的活动；

（5）在封闭式基金存续期间，不得要求赎回基金份额；

（6）在封闭式基金存续期间，交易行为和信息披露必须遵守法律、法规的有关规定；

（7）法律、法规及基金契约规定的其他义务。

四、基金当事人之间的关系

（一）持有人与管理人之间的关系

在基金的当事人中，基金份额持有人通过购买基金份额或基金股份，参加基金投资并将资金交给基金管理人管理，享有基金投资的收益权，是基金资产的终极所有者和基金投资收益的受益人。基金管理人则是接受基金份额持有人的委托，负责对所筹集的资金进行具体的投资决策和日常管理，并有权委托基金托管人保管基金资产的金融中介机构。因此，基金份额持有人与基金管理人之间的关系是委托人、受益人与受托人的关系，也是所有者和经营者之间的关系。

（二）管理人与托管人之间的关系

基金管理人与托管人的关系是相互制衡的关系。基金管理人由投资专业人员组成，负责基金资产的经营；托管人由主管机关认可的金融机构负责基金资产的保管，依据基金管理机构的指令处置基金资产并监督管理人的投资运作是否合法合规。对基金管理人而言，处理有关证券、现金收付的具体事务交由基金托管人办理，自己就可以专心从事资产的运用和投资决策。基金管理人和基金托管人均对基金份额持有人负责。他们的权利和义务在基金合同或基金公司章程中已预先界定清楚,任何一方有违规之处,对方都应当监督并及时制止,直至请求更换违规方。这种相互制衡的运行机制,有利于基金信托财产的安全和基金运用的绩效。但是这种机制的作用得以有效发挥的前提是基金托管人与基金管理人必须严格分开,由不具有任何关联关系的不同机构或公司担任,两者在财务上、人事上、法律地位上应该完全独立。

(三)持有人与托管人之间的关系

基金份额持有人与托管人的关系是委托与受托的关系,也就是说,基金份额持有人将基金资产委托给基金托管人保管。对持有人而言,将基金资产委托给专门的机构保管,可以确保基金资产的安全。对基金托管人而言,必须对基金份额持有人负责,监管基金管理人的行为,使其经营行为符合法律法规的要求,为基金份额持有人的利益而勤勉尽职,保证资产安全,提高资产的报酬。

第四节 证券投资基金投资技巧

一、证券投资基金投资分析方法

(一)对比法

对比基金时,必须对基金的绩效进行评估。基金的操作绩效,等于买这只基金的投资报酬率。报酬率分为两种:累积报酬率和平均报酬率。累积报酬率是指在一段时间内,基金单位净值累计成长的幅度。而平均年报酬率是指基金在一段时间内的累计报酬率换算为以复利计算后,每年的报酬率。平均年报酬率之所以重要,是因为基金过去的平均年报酬率可以当作基金未来报酬率的重要参考。一只基金如果过去 10 年来平均年报酬率是 15%,则通常可以预期其未来的报酬率也应当维持这样的水平。有了预期报酬率之后,一般财务计算或是规划就可以进行了。投资者往往以短线的报酬率决定基金的好坏,其实这样做是错误的。长期累积的报酬率才是评估基金好坏最客观的标准。如果只以基金短期的表现作为参考,则质地优良的基金会因为短期表现不佳而被忽略。

要看一只基金操作得好不好,光看绝对报酬率是不够的,还要和其业绩基准作比较。每只基金都有一个业绩基准,这是衡量基金表现的重要依据。作为一个经理人,首要工作就是要打败业绩基准。比如说,对一只指数基金而言,如果表现输给所复制的指数,那么投资人自己照着每家公司占指数的比重买股票就好了,何必还要经理人呢?所以,对比基金的表现时,首先要看这只基金的表现是不是比业绩标准好;其次才比较这只基金是不是比其他同类基金绩效优良或是表现更为稳定。对比基金的时候,不能将业绩作为投资决策的唯一依据。除了基金的过往业绩外,应该考虑的因素还有基金经理投资策略的合理性、投资者支付的费用、信息披露是否充分、基金管理人利益与投资人利益的一致性等。

1. 投资策略的合理性

基金的投资策略应符合长期投资的理念。投资人应避免持有那些注重短线投机以及投资范围狭窄的基金,如大量投资于互联网概念股的基金。另一方面,基金经理应该有丰富的投资经验,这关系到基金管理人的过往业绩的持续性,必须重点考察。在境外,机构挑选并推荐基金时,强调基金经理必须具有敏锐的投资见解以及五年以上投资经验。此外,基金应设有赎回费以减少投资者短期操作的意愿,并采取比较客观公正的估值方法以保证基金资产净值准确地反映其持有资产的当前价值。

2. 投资者支付的费用

投资人应该把营运费用过高的基金排除在选择范围之外。营运费用指基金年度运作费用,包括管理费、托管费、证券交易费、其他费用等。一般说来,规模较小的基金可能产生较高的营运费率,而规模相近的基金营运费率应大致在同一水平上。对于有申购费的基金而言,前端收费比后端收费长期来看对投资人有利。在境外几只基金进行合并时有发生,但合并不应导致营运费用的上升。

3. 信息披露的充分性

基金信息披露是否充分,一方面体现了对投资人的尊重和坦诚,另一方面则关系到投资人能否充分了解其投资策略、投资管理和费用等关键信息。除了通常情况下披露投资策略、基金经理的名字及其背景之外,当投资策略有重大调整、基金经理的职权甚至人员发生变更时,基金公司应当及时地、完整地公告。投资人还应注意,基金经理是否坦诚地陈述与评价其投资定位和业绩表现,具体可关注年度报告中基金经理工作报告。

境外基金在合并时还会说明基金经理、投资策略和费用水平是否发生变化;并披露基金经理合并时签订的合同期限,包括其中的离职条款。

4. 管理人与投资人利益一致性

如果有可能,投资人还应当了解基金经理及高层管理人员的报酬机制,尤其是与业绩挂钩的奖金的发放制度。因为基金公司的激励机制应建立在投资者利益最大化的基础上,而不是基金公司股东利益最大化。另一方面,还可以关注基金公司是否有一定的淘汰机制,更换业绩差的基金经理。

(二)影子法

影子定价就是指基金管理人于每一计价日,采用市场利率和交易价格,对基金持有的计价对象进行重新评估。当基金资产净值与影子定价的偏离达到或超过基金资产净值的0.5%时,或基金管理人认为发生了其他的重大偏离时,基金管理人可以与基金托管人商定后进行调整,使基金资产净值更能公允地反映基金资产价值,确保以摊余成本法计算的基金资产净值不会对基金持有人造成实质性的损害。影子定价的作用在于为了避免采用摊余成本法计算的基金资产净值与按市场利率和交易市价计算的基金资产净值发生重大偏离,从而对基金持有人的利益产生稀释和不公平的结果。

二、证券投资基金的折价与溢价

由于开放式基金没有固定的基金规模,这里阐述的折价与溢价是针对封闭式基金而言的。

(一)证券投资基金的折价

当封闭式基金在二级市场上的交易价格低于实际净值时,这种情况称为"折价"。

$$折价率=(单位份额净值-单位市价)/单位份额净值$$

根据此公式,折价率大于0(即净值大于市价)时为折价,折价率小于0(即净值小于市价)时为溢价。除了投资目标和管理水平外,折价率是评估封闭式基金的一个重要因素。国外解决封闭式基金大幅度折价的方法有:封闭转开放、基金提前清算、基金要约收购、基金单位回购、基金管理分配等。封闭式基金折价交易一直是困扰中国封闭式基金市场发展的重要因素,从封闭式基金产品特征看,产生折价的原因主要由流动性差、未来业绩不确定性、市场中类似产品替代效应等因素决定的。一般说来,折价率越高投资性越强。

1. 高折价率意味着较大幅度的套利空间

折价率是投资封闭式基金的主要参考因素,其中最直接的原因就是在"封转开"后,折价率将会自然消失。而折价率越高就意味着越大幅度的套利空间,投资者在选择封闭式基金的时候,不妨先算一下封闭式基金的隐含收益率。

$$隐含收益率=基金净值/市场价格-1$$

目前,我国的封闭式基金存在平均30%左右的折价率。如若某基金目前的折价率为30%,净值为1,市场价格为0.7元,则其隐含收益率(1/0.7-1)×100%=42.86%;投资者买入该基金,长期持有则可以获得42.86%的稳定收益。如果折价率高达50%,则投资者的隐含收益率可以达到100%。

从以上分析,我们得出封闭式基金的业绩表现应对其折价率缩小起到推动作用,特别是在牛市环境中,封闭式基金折价应呈缩小趋势。对单只基金来讲,业绩更加重要,业绩优异的封闭式基金应享受一定"溢价",其折价率应低于同类型封闭式基金。

2. 套利交易将消除封闭式基金折价

按照套利理论,当一种产品存在两个不同价格,再考虑交易成本,就可能带来套利机会。在一个有效的市场,套利机会必然带来大量的套利交易,并迅速抹平原来的价格差异,使原来的套利机会消失。当然套利理论成立有一个基本的前提,那就是:套利可以自由进行。如果尽管套利空间存在,但是套利交易不能够自由进行,那么,这样套利空间就有可能长期维持。过去我国封闭式基金长期呈现高折价交易,其中一个重要的原因是,市场缺乏像股指期货这样的套利工具,投资者无法利用封闭式基金的高折价率进行套利交易,所以封闭式基金的折价率得以长期维持甚至持续扩大。但股指期货的推出将一举扭转这个局面,大量的套利交易将消除封闭式基金的折价率,并将导致部分业绩优秀的封闭式基金出现溢价交易。

美国的股票型封闭式基金既有折价交易的,也有溢价交易的,折价交易的封闭式基金数量与溢价交易的封闭式基金数量大致相当,平均溢价率为0.6%,其中溢价率最高的为"CORNERSTONE TOTAL RETURN FUND",溢价率高达85.3%。专门投资于中国股票的封闭式基金有3只,其中"MORGAN STANLEY CHINA A FUND"溢价率为12.3%,"GREATER CHINA FUND"溢价率为10.5%,"CHINA FUND INC"溢价率为2.8%,全都是溢价交易。

3. 稀缺性可能推升封闭式基金溢价率

以美国的情况为参照,我国封闭式基金完全可以在不久的将来总体出现明显的溢价交易,而业绩特别优秀的封闭式基金出现超过50%大幅度溢价也并非天方夜谭。对冲工具的稀缺性有可能进一步推升我国封闭式基金的溢价率。股指期货推出以后,将有很多投资者出于套利、套期保值等目的从事对冲交易,而封闭式基金是最好的对冲工具。届时封闭式基金将成为一种稀缺资源受到对冲交易者的追捧。相对于股指期货巨大的交易量和持仓量,封闭式基金将供不应求,资源的稀缺性有可能进一步提升封闭式基金的溢价率。

(二)证券投资基金的溢价

溢价指基金发行时由于需求大于供给而使得基金发行价大于基金本身的价值,称为基金溢价。首先,坚定基金投资的信心。在单边上涨行情中,基金由于受仓位比例、风险控制等因素,常难跑赢市场。但在振荡市场中,基金专家理财的优势将更有用武之地。作为普通百姓理财的首选工具,基金应该是一个长期坚持的选择。其次,合理预期收益率。在大牛市中基金投资会带来丰厚的回报,但市场是不断变化的。适当降低收益预期将会使投资者更好地面对基金净值的波动,起到平衡心态的作用,不至于因收益预期不高而出现盲目赎回,令长期的投资规划难以坚持。第三,坚持组合分散投资的基本策略。牛市中涌现的大量新基金将面临市场的考验,业绩出现分化是必然的,因此投资者应该坚持分散投资的理念。选择经过市场长期考验的优秀公司的优秀基金,同时注意不同类别基金的组合搭配,降低市场风险。分散投资不仅是不同类别不同公司之间基金的选择,也可以指投资时间上的分散,即分批买入,如常见的定期定额方法。

三、投资组合与投资策略选择

(一)投资基金的投资组合

投资组合是指投资主体持有的多种金融产品的集合。在实际金融产品投资活动中,无论是普通小投资者还是大型的机构投资者,都会有意或无意地将资金投资在不同的金融产品种类上(如同时投资于股票和债券市场),或者将投资分散在同一类型的金融产品不同品种上(如同时投资于不同的股票上),构成自己的投资组合。但是,我们所指的投资基金的投资组合管理是指投资基金按照对不同证券品种的特性(主要指风险和收益率)的分析和自身的风险-收益偏好,有意识地将资金按不同比例分配在不同的证券上,构造符合预定投资目标的证券组合,并按照市场情况的变化对投资组合进行评估和修改的行为。它包含有两个层次的内容,第一个层次是构造的投资组合应当达到什么目标,即投资组合管理的基本策略;第二个层次是如何构造符合需要的投资组合。

目前,证券投资基金的投资范围包括证券市场上所有证券,包括股票、国债、企业债、金融债、可转债、货币市场工具、权证、资产证券化产品等。但具体到每一个基金,由于其投资目标的不同有所区别。股票型基金以股票投资为主,而不同风格类型的股票型基金其选择的股票组合也不相同,如价值型基金主要选择那些盈利水平和经营都很稳定的上市公司进行投资;成长型基金主要选择那些盈利增长水平高的上市公司进行投资;指数基金主要投资于证券指数的成分股;债券型基金主要投资各种债券;货币市场基金仅投资于货币市场工具组合。

(二)投资组合与投资策略

基金管理人在进行股票组合投资时,首先应当决定投资的基本策略,即如何选取构成组合的股票,而基本策略主要是建立在基金管理人对股票市场有效性的认识上。市场有效性就是股票的市场价格反映影响股票价格信息的充分程度。如果股票的价格反映了影响价格的全部信息,我们就称股票市场是有效的市场,否则称股票市场是无效市场。基金管理人按照自身对股票市场有效性的看法采取不同的股票投资策略:消极式管理和积极式管理。

1. 消极式管理是有效市场条件下的最佳选择

如果股票市场是一个有效的市场,股票的价格反映了影响它的所有信息,那么股票市场上不存在"价值低估"或"价值高估"的股票,因此投资者不可能通过寻找"错误定价"的股票获取超出市场平均的收益水平。在这种情况下,基金管理人不应当尝试获得超出市场的投资回报,而是努力获得与大盘同样的收益水平,减少交易成本,这就是通常所说的消极式投资管理策略。

2. 积极式管理的目标是超越大盘平均收益

如果股票市场并不是有效的市场,股票的价格不能完全反映影响价格的信息,那么市场中存在错误定价的股票。在无效的市场条件下,基金管理人有可能通过对股票的分析和良好的判断力,以及信息方面的优势,识别出错误定价的股票,通过买入"价值低估"的股票、卖出"价值高估"的股票,获取超出市场平均水平的收益率,或者在获得同等收益的情况下承担较低的风险水平。因此基金管理人应当采取积极式管理策略,通过挑选价值低估股票超越大盘。

本章小结

证券投资基金是指通过公开发售基金份额募集资金,由基金托管人托管,由基金管理人管理和运用资金,为基金份额持有人的利益,以资产组合方式进行证券投资的一种利益共享、风险共担的集合投资方式。证券投资基金具有集合投资、分散风险、专家理财的特征,明显区别于股票和债券。证券投资基金可以从不同角度进行分类。按基金的组织形式不同,可分为契约型基金和公司型基金,按基金价格决定方式不同,可分为封闭式基金和开放式基金,按投资对象不同,可分为国债基金、股票基金、货币市场基金等,按投资目标划分,可分为成长型基金、收入型基金和平衡型基金等。证券投资基金当事人包括基金管理人、基金托管人和基金持有人,注意三者之间的关系。投资于证券投资基金应采取适合的投资组合与投资策略。

思考题

1. 什么是证券投资基金?它有什么特点?
2. 股票、债券与基金有何区别?
3. 简述契约型基金与公司型基金的区别。
4. 简述封闭式基金与开放式基金的区别。
5. 分析基金当事人之间的关系。

【案例分析】

2016 基金业大盘点

2016年是中国资本市场经历了2015年股市大幅波动之后休养生息的一年,公募基金行业整体规模得到较大发展。在"资产荒"的背景下,银行、保险等机构的大量委外资金开始转投债券基金,使得债券基金搭上委外东风,因而该类产品无论从数量还是资产净值规模上都增长迅猛。统计显示,截至去年末,债基规模为19 140.58亿元,增长了11 361.52亿元,增幅高达146.05%。而保本基金、QDII基金过去一年规模也分别增加了1 693.77亿元、327.20亿元。

在基础市场持续震荡的背景下,股票基金和混合基金虽然数量上呈现稳步增长的态势,但受市场震荡影响,实际的资产净值规模不升反降。数据显示,截至2016年末,混合型基金规模减少3 396.43亿元,缩水最多;开放式股票型基金和封闭式股票型基金规模也分别下降527.30亿元和131.93亿元。与此同时,已连续5年实现规模大增的货币基金,由于受到2016年末流动性紧张因素的袭扰,年末规模反倒比一年前减少了28.01亿元。从业绩角度看,全年QDII基金整体表现抢眼。截至2016年12月31日,整个基金市场132只QDII基金年内算术平均净值增长率为6.54%,更有40只QDII基金净值增长率超过10%,在近几年里表现较好。

问题:

1. 分析2016年基金市场波动的原因。
2. 针对我国基金业发展现状提出你的建议。

第五章 Chapter 5

金融衍生投资工具

【本章学习要求】

本章主要介绍了金融期货、金融期权、认股权证、可转换债券等衍生金融工具,对这些衍生投资工具的种类、特性、优势进行分析,从而加深对这些金融产品的认识。学习要求如下:
- 了解金融衍生工具的含义;掌握金融衍生工具的分类及功能。
- 了解期货的相关概念;掌握期货的功能;掌握金融期货的类型及其交易规则。
- 了解期权的相关概念;掌握期权的类型;掌握期权的功能;掌握权证的理论与交易实务。
- 掌握可转换证券的定义、特点、功能和基本要素。
- 了解存托凭证与备兑凭证的相关内容。

【本章主要概念】

金融远期　金融期货　金融期权　金融互换　权证　可转换债券　股票指数期货　备兑凭证　存托凭证

【案例导读】

上证50ETF期权挂牌上市

经中国证监会批准,上海证券交易所于2015年2月9日上市交易上证50ETF期权合约品种。上证50交易型开放式指数证券投资基金的证券简称为"50ETF",证券代码为"510050",基金管理人为华夏基金管理有限公司。

上市交易的上证50ETF期权有认购、认沽两种类型,4个到期月份,5个行权价格,合计40个合约。作为我国首个场内期权产品,该产品的推出标志着我国资本市场期权时代的来临。上交所对上证50ETF期权设置了非线性的涨跌幅度,涨跌幅度并不是期权自身价格的百分比,而是一个绝对数值。最大涨幅根据期权虚值和实值程度的不同而不同,平值与实值期权的最大涨幅为50ETF前收盘价的10%，而虚值则最大涨幅较小，严重虚值的期权最大涨幅非常有限，最大跌幅均为50ETF前收盘价的10%。上交所将在每个交易日开盘前公布所有期权合约的涨跌停价格。

第一节 金融衍生工具概述

一、金融衍生工具的含义

美国经济学家费兰克·J·法伯齐等指出："一些合同给予合同持有者某种义务或对某一种金融资产进行买卖的选择权。这些合同的价值由其交易的金融资产的价格决定，相应的这些合约被称为衍生工具。"2004年，巴塞尔新资本协议中规定："金融衍生交易合约的价值取决于一种或多种基础资产的价值或相关指数，除了远期、期货、掉期（互换）和期权等基本合约形式之外，具有以上任一种或多种特征的结构化金融工具也称为衍生工具。"我国一些学者认为：金融衍生工具是给予交易对手的一方，在未来的某个时间点，对某种基础资产拥有一定债权和相应义务的合约。金融衍生工具按交易对象划分为金融远期、金融期货、金融期权与金融互换。

二、金融衍生工具的种类

（一）金融远期（financial forwards）

金融远期指合约双方同意在未来日期按照协定价格交换金融资产的合约。金融远期合约规定了将来交换的资产、交换的日期、交换的价格和数量，合约条款因合约双方的需要不同而不同。金融远期合约主要有远期利率协议、远期外汇合约、远期股票合约。

（二）金融期货（financial futures）

金融期货指买卖双方在有组织的交易所内以公开竞价的形式达成的，在将来某一特定时间交收标准数量特定金融工具的协议。主要包括货币期货、利率期货和股票指数期货等。

（三）金融期权（financial options）

金融期权指合约双方按约定价格，在约定日期内就是否买卖某种金融工具所达成契约。包括现货期权和期货期权两大类，每类又可分为很多种类。

（四）金融互换（financial swaps）

金融互换指两个或两个以上的当事人按共同商定的条件，在约定的时间内，交换一定支付款项的金融交易，主要有货币和利率互换两类。

三、金融衍生工具的主要功能

（一）风险规避功能

金融衍生工具能将市场经济中分散在社会经济每个角落的市场风险、信用风险、操作风险等，集中在期货、期权、互换、远期等衍生金融市场上，将风险进行集中、冲销或者重新分配，从而能更好地满足不同投资者的不同需求，使其能根据各种风险的大小和自己的偏好更有效地配置资金、控制风险。

（二）价格发现功能

金融衍生工具交易能够集中众多交易者，使寻找交易对象和决定价格的信息成本大大降低。交易者在信息收集和价格动向分析的基础上，通过公开竞价的方式达成买卖协议，协议价格能够充分反映交易者对市场价格的预期，也能在相当程度上体现出未来的价格走势。

（三）盈利创造功能

金融衍生工具交易的盈利包括交易本身的收入和提供经纪人服务的收入。一方面金融衍生工具交易的杠杆作用可使投机者能以较小的资金获得较大的利润；另一方面商业银行、投资银行等凭借其高素质的专业人才、先进的技术设备，为投资者提供咨询、经纪服务，从中赚取手续费与佣金收入。

（四）投融资管理功能

金融衍生工具使企业的筹资更为容易，各种针对具体客户实际情况设计的金融衍生工具，可以帮助其便捷地筹措资金，降低筹资成本。此外，由于金融衍生工具交易成本低，且其交易发生不计入资产负债，从而为企业的资产组合及其适时调整提供了较大的便利。

第二节 金融期货交易

一、期货的相关概念

（一）期货交易

期货交易，是指交易双方在集中性的市场以公开竞价的方式所进行的期货合约的交易。中国期货市场正在逐渐形成和发展，商业银行也逐渐成为期货交易所的结算会员。随着金融期货逐渐深入，商业银行代理客户从事金融期货交易，自身的外汇、利率期货交易终究会打开禁令，参与市场经营，实现金融产品的套期、投机、套利交易。

（二）期货合约

期货合约是指买卖双方之间签订的在将来一个确定时间按确定的价格购买或出售某项资

产的协议。

一张期货合约通常包括以下基本内容:期货品种,交易单位,质量标准,最小变动价位,每日价格波动限制,合约月份,交易时间,最后交易日,交割条款。

期货交易规则主要包括:间接清算制度,价格报告制度,保证金制度,每日结算制度,登记结算制度,交易限额制度,对冲制度,交割制度和风险处理制度等。

二、期货交易的功能

(一)风险转移功能

风险转移是期货交易最基本的经济功能。所谓风险转移,就是将市场上变化的风险从不愿承担风险的人身上转移到愿意承担风险的人身上。有了期货交易后,生产经营者就可利用套期保值交易把价格风险转移出去,以实现规避风险的目的。

套期保值是指在现货市场某一笔交易的基础上,在期货市场上做一笔价值相当期限相同但方向相反的交易,以期保值。期货的套期保值分为两种形式:多头(买进)套期保值和空头(卖出)套期保值。

1. 多头套期保值

多头套期保值是指在现货市场处于空头的情况下期货市场做一笔相应的多头交易,以避免现货价格变动的风险。

【案例5.1】

期货套期保值案例

美国某公司2009年5月1日借入10万英镑,偿还期限为2009年11月1日,公司在外汇现货市场按即期汇率1英镑=2美元把10万英镑兑成美元使用,他们希望6个月之后也是按此汇率把美元兑成英镑,偿还贷款,固定成本。公司为防止偿还时英镑升值的汇率风险,可以买进英镑期货合约,6个月后卖掉合约,以达到保值目的。

2. 空头套期保值

空头套期保值是指在现货市场处于多头的情况下期货市场做一笔相应的空头交易,以避免现货价格变动的风险。

(二)价格发现功能

价格发现是期货交易的另一重要功能。价格发现,也叫价格形成,是指大量的买者和卖者通过竞争性的叫价而后造成的市场货币价格,它反映了人们对利率、汇率和股指等变化和收益率曲线的预测及对目前供求状况和价格的综合看法。

(三)投机功能

期货交易之所以能够规避价格风险,并不是因为期货本身能从根本上消除各经济主体在生产经营和投资过程中所面临的种种风险,而是因为通过期货交易,套期保值者能够将其面临的价格风险转移给别人。这种风险的转移,必须是以有人愿意承担风险作为基本前提的。在期货市场上,愿意承担风险的交易者便是投机者。

投机,是指人们根据自己对金融期货市场的价格变动趋势预测,通过看涨时买进,看跌时卖出而获利的交易行为。

三、金融期货交易

根据标的物的性质不同,金融期货也可分为三大类:外汇期货、利率期货和股票指数期货。

(一)外汇期货

1. 外汇期货的定义

所谓外汇期货,是指交易双方约定在未来特定的时期进行外汇交割,并限定了标准币种、数量、交割月份及交割地点的标准化合约。外汇期货交易则是指在期货交易所中通过喊价成交的外汇合约买卖。外汇期货也被称为外币期货或货币期货。

2. 外汇期货的交易规则

外汇期货为标准化的合约,每个交易所对外汇期货合约的交易币种、数量、交割月份、地点等都作了统一规定。以 IMM 为例,外汇期货合约的具体规定见表5.1。

表5.1 国际上主要的外汇期货合约(IMM)

	欧元	日元	加元	英镑	澳元	瑞士法郎
通用代码	EUR	JPY	CAD	GBP	AUD	SFR
交易单位	12.5万欧元	1 250万日元	10万加元	6.25万英镑	10万澳元	12.5万瑞郎
报价	以1外币等于多少美元表示					
最小变动单位	0.000 1(1点)	0.000 001(1点)	0.000 1(1点)	0.000 2(2点)	0.000 1(1点)	0.000 1(1点)
最小变动值	U$12.5	U$12.5	U$10	U$12.5	U$10	U$12.5
涨跌限制每份合约限制	200点 U$2 500	150点 U$1 875	100点 U$1 000	400点 U$2 500	150点 U$1 500	150点 U$1 875
交易月份	3月、6月、9月、12月					
交易时间	芝加哥时间上午7:20~下午2:00					
最后交易日	交割日期前第二个营业日的上午9:16(通常为星期一)					
交割日	合约交割月份的第三个星期三					
交割地	结算所指定的各货币发行国银行					

(1)交易币种。目前,在期货交易所进行外汇期货交易的币种包括英镑、欧元、瑞士法郎、加拿大元、澳大利亚元、日元及 3 个月期的欧洲美元等货币。

(2)交易单位。外汇期货的交易单位都以各种化身的某一特定的数量来表示。这一特定的数量由交易所根据各种标的化身同结算化身之间的某一正常的汇率确定。

(3)标价方式。统一以每种外币折合多少美元标价,报价采取小数形式,小数点后一般是四位数(日元例外,虽然日元期货也是以四位数的形式报价,但实际上省略了两位数,如报价为 0.472 8,则实际价格为 0.004 728)。

(4)最小变动价位。外汇期货的最小变动价位通常以一定的"点"(Point)来表示。所谓点是指外汇市场所报出的外汇汇率中小数点之后最后一位的数字。但是由于各种货币对美元的汇率中小数点以后的位数不同,所以同为一个点,不同的货币有不同的含义。在 IMM,英镑、加拿大元和澳大利亚元这几种货币的 1 个点为 0.000 1,而日元是 0.000 001。

(5)每日价格波动限制。外汇期货的每日价格波动限制一般也以一定的点数来表示。

3. 外汇期货的交易实务

由于外汇汇率变动风险的存在,为避免因此造成的损失,许多跨国公司、进出口公司、商业银行以及外汇管理机构都以期货交易的方式进行套期保值,另外许多投机者也看好外汇期货市场。这里我们举一些例子来说明运用套期保值、投机等这些策略在外汇期货市场进行的交易操作。

(1)外汇期货套期保值策略应用。例如:某跨国公司有两个分支机构,一个在美国,另一个在英国。假定某年 7 月在英国的分支机构有一笔富余资金可以闲置 3 个月,而在美国的分支机构却缺少维持经营必需的现金。因此,该公司的管理部门希望能把这笔资金从英国调到美国,这就涉及利率风险的问题。为了避免风险,公司决定运用多头套期保值策略,以 1 英镑=2 美元的价格在现货市场卖掉 62 500 英镑的同时,在期货市场上以 1 英镑=2.05 美元的价格买入 10 月份交割、价值 62 500 英镑的期货合约。

到 9 月份,该公司需要把资金从美国调回英国的分支机构,于是在现货市场上以 1 英镑=2.05 美元买回 62 500 英镑,为了对冲期货合约,公司又在期货市场上卖出价值 62 500 英镑、10 月份交割的期货合约,比价为 1 英镑=2.10 美元。见表 5.2。

表 5.2　外汇期货套期保值策略应用

	现货市场	期货市场
7 月 1 日	以 1 英镑=2 美元的价格卖出 62 500 英镑	以 1 英镑=2.05 美元的价格买入 10 月份交割、价值 62 500 英镑的期货合约
9 月 1 日	以 1 英镑=2.05 美元的价格买回 62 500 英镑	以 1 英镑=2.10 美元的价格卖出 10 月份交割、价值 62 500 英镑的期货合约
	损失 3 125 美元	盈利 3 125 美元

因此,该公司在现货市场上损失 3 125 美元[62 500×(2.05-2.00)],在期货市场上获利 3 125美元[62 500×(2.10-2.05)]。盈亏相抵,该公司没有因为完成了其经营目的而在外汇市场上亏损。

(2)外汇期货投机策略应用。例如:假设近期由于日本国内政局混乱,大批期货持有者担心价格不断下跌,因此纷纷抛售所持有的期货。某公司推测,本周末日本国内大选将结束,影响期货行情巨变的近期因素都将明朗化。因此期货行情经过这一个平衡阶段后转向上升趋势。依据该预测结果,该公司决定运用跨期套利策略,买入日元期货,待行情上升时再抛出。10月25日,该公司以0.007 030的价格购买了10个单位交割月份为12月的日元期货。

大选结束后,政局走向平稳,期货商纷纷买回抛售出的期货,行情正如该公司所预测的那样,经过平稳阶段后呈上升趋势。因此该公司于11月1日以0.007 110的价格卖掉其在行情处于低谷时所购入的10个单位日元期货。投机收入为10 000美元。按现货市场上1∶141的汇率水平折合141万日元,见表5.3。

表5.3 外汇期货投机策略应用

10月20日	买入10单位12月日元期货合约 成交价:7 030点,即0.007 030美元/日元 价值:0.007 030×1 250×10=87.875万(美元)
11月1日	卖出10单位12月日元期货合约 成交价:7 110点,即0.007 110美元/日元 价值:0.007 110×1 250×10=88.875万(美元)
结果获利	88.875-87.875=1万(美元) 或(7 110-7 030)×1 250×10=1万(美元)

(二)利率期货

1.利率期货的概念

利率期货是继外汇期货之后产生的又一个金融期货类别,它是指标的资产价格依赖于利率水平的期货合约,如长期国债期货、短期国债期货的欧洲美元期货。1995年以前,我国开展了利率期货交易,但由于万国证券公司与中经开信托公司多头对决,出现了严重的道德风险,爆发了"327"事件,为了控制金融风险,最终管理层不得不痛下杀手,关闭期货。

2.短期利率期货的种类及交易规则

短期国库券期货是交易最活跃和利率期货之一。短期国库券以拍卖的方式折价发行,每周进行一次拍卖,其到期时间通常是91天。同时,短期国库券还是一个纯折现工具,其折现率通常以360天计算。

在美国,标准的短期国库券期货合约面值为100万美元,最低波幅为年利率一个百分点的1%,称为一个基本点,价值25美元(100万美元×0.01%×90/360)。不同的交易所规定的每日限价不完全相同,芝加哥期货交易所为 60 个基本点(1 500 美元),纽约期货交易所为 100 个基本点(2 500 美元)。3 月期国库券期货合约见表 5.4。

表 5.4　IMM 3 月期国库券期货合约

交易单位	1 000 000 美元面值的短期国库券
最小变动价位	0.01
最小变动值	25 美元
每日交易限价	0.60,即每张合约 1 500 美元
合约月份	3 月、6 月、9 月、12 月
交易时间	芝加哥时间 8:00～14:00
最后交易日	交割日前一天
交割日	交割月份中 1 年期国库券尚余 13 周期限的第一天
交割等级	还剩余 90,91 或 92 天期限,面值为 1 000 000 美元的短期国库券

短期国库券期货以指数的形式报价,具体报价方式为 100 减去短期国库券利率(贴现率),得出的指数便是短期国库券期货的价格。这一报价方式为 IMM 首创,故亦称 IMM 指数。例如,假设某一短期国库券期货合同贴水为 8.25,这一合同的 IMM 指数就是 100－8.28＝91.72。指数与利率期货合约的价值成正比,指数越高,合约价值相应就越大;反之,指数越低,合约价值越小。

3. 长期利率期货的种类及交易规则

长期利率期货是指期货合约的标的物的期限超过一年的各种利率期货,即以资本市场的各种债务凭证作为标的物的利率期货,在美国,主要的长期利率期货交易有四种:长期国库券期货、中期国库券期货、房屋抵押债券期货和市政债券期货。

长期国库券期货是以长期国库券作为交易对象的利率期货。长期国库券是美国财政部为筹集长期资金而向公众发行的,其本质与中期国库券一样,两者的区别仅在于期限的长短不同。长期国库券的期限从 10 年到 30 年不等。CBOT 长期国债期货合约见表 5.5。

长期国库券期货的报价方式与短期利率期货的报价方式不同,采取价格报价法,而不采取指数报价法。长期国库券期货以合约规定的标的债券为基础,报出其每 100 美元面值的价格,以 1/32 为最小报价单位。

(三)股票指数期货

1. 股票指数期货的概念和特点

股票指数期货是指期货交易所同期货买卖者签订的,约定在将来某个特定的时期,买卖者向交易所结算公司收付等于股价指数若干倍金额的合约。从发展趋势来看,我国沪深 300 股票指数期货交易,商业银行最终也会成为股指期货市场的重要参与者。

表 5.5　CBOT 长期国债期货合约

交易单位	1 000 00 美元面值的长期国债
最小变动价位	1/32
最小变动值	31.25 美元
每日交易限价	0.03,即每张合约 3 000 美元
合约月份	3 月、6 月、9 月、12 月
交易时间	芝加哥时间周一至周五 7:00～14:00
	晚场交易周一至周四 17:00～20:30
最后交易日	交割月份最后营业日前第 7 个营业日
交割等级	剩余期限或不可赎回至少为 15 年的长期国债
交割方式	联储电子过户簿记系统

2. 股票指数期货的种类和交易规则

股票指数期货合约的种类较多,都以合约的标的指数报价,合约的价格是由这个点数与一个固定的金额相乘而得。例如,对恒生指数及其分类指数期货而言,这个固定金额为港币 50 元,假如现时恒生股票指数期货的报价是 5 000 点,则一张恒生股票指数期货合约的价格就是 25 万港币(50 港元×5 000 点)。再例如,标准普尔 500 种股票指数期货合约的价格是当时指数的 250 倍,即如果标准普尔 500 种股票指数某日的报价为 210 点时,一份标准普尔 500 种股票指数期合约的价格为 52 500 美元(250 美元×210 点)。沪深指数为 3 000 点,则 300 股指期货合约的价格为 90 万元人民币(3 000 点×300 元)。

3. 股票指数期货的交易

(1)股票指数期货套期保值策略应用。例如,2009 年 5 月 3 日,某公司股票的市场价格为每股 25 美元。于是,该公司决定一周后以这一价格增发 20 万股股票,以筹措 500 万美元的资本,用于扩充生产规模。然而,若一周后股市下跌,则该公司发行同样多的股票,却只能筹得较少的资本。因此,该公司决定用同年 6 月份到期的 S&P500 指数期货合约做空头套期保值。其基本步骤及结果见表 5.6。

套期保值结果得到 1.5 万美元的净收入。

(2)股票指数期货投机策略应用。例如,2009 年 3 月 1 日,假定某交易者预测,不久将出现多头股票市场,而且主要市场指数的上涨势头会大于纽约证券交易所综合股票指数的涨势,于是,他运用跨市套利策略,在 382.75 点水平上买进 2 张主要市场指数期货合约,并在 102.00 点水平上卖出 1 张纽约证券交易所综合股票指数期货合约,当时的价差为 280.75 点。经过 3 个月,价差扩大为 284.25 点。交易者在 388.25 点水平上卖出 2 张主要市场指数期货合约,而在 104.00 点水平上买进 1 张纽约证券交易所综合指数期货合约,进行合约对冲,见表 5.7。

表 5.6 股票指数期货套期保值策略应用

	现货市场	期货市场
5月3日	S&P500 指数为 456,该公司计划于一周后发行股票 20 万股,每股 25 美元,计划收入 500 万美元	卖出 44 张 6 月份到期的 S&P500 指数期货合约,价格为 458,合约总值为 503.8 万美元
5月10日	S&P500 指数跌至 442,该公司发行股票 20 万股,每股 24.25 美元,实际筹得 485 资本万美元	买进 44 张 6 月份到期的 S&P500 指数期货合约,价格为 443,合约总值为 487.3 万美元
结果	亏损 15 万美元[(25-24.25)×20]	盈利 16.5 万美元[(458-443)×250×44]

表 5.7 股票指数期货投机策略应用

	主要市场指数期货	纽约证券交易所综合指数	价差
3月1日	买进 2 张 12 月份主要市场指数期货合约,点数水平 382.75	卖出 1 张 12 月份纽约证券交易所综合指数期货合约,点数水平 102.00	280.75
6月1日	卖出 2 张 12 月份主要市场指数期货合约,点数水平 388.25	买入 1 张 12 月份纽约证券交易所综合指数期货合约,点数水平 104.00	284.25
结果	获利 2 750 美元[(388.25-382.75)×250×2]	亏损 1 000 美元[(102.00-104.00)×500×1]	获利 1 750 美元(3.5×500)

结果是,由于主要指数期货合约在多头市场中上升 5.50 点,大于纽约证券交易所综合指数期货合约上升的 2.00 点,交易者因此获得利 1 750 美元。

第三节 金融期权交易

一、期权的相关概念

(一)期权的定义

期权又称选择权,实质上是一种权利的有偿使用,当期购买者支付给期权出售者一定的期权费后,购买者就拥有在规定期限内按双方约定的价格(简称协议价格、敲定价格或执行价格)购买或出售一定数量某种金融资产(称为潜含金融资产或标的资产)的权利的合约。目前,资本市场期权品种为股票权证,一些上市银行如深发展、招商银行相继推出了认沽权证与认购权证,说明商业银行参与期权市场的深度逐渐加强。

(二)期权交易的合约要素

1. 期权的买方

期权的买方即购买期权的一方,是支付期权费,获得权利的一方,称期权的多头方。

2. 期权的卖方

期权的卖方即出售期权的一方,获得期权费,因而承担着在规定的时间内履行该期权合约的义务。

3. 协定价格

协定价格也称敲定价格或执行价格,是指期权合约所规定的期权买方在行使权利时所实际执行的价格。在金融期权交易中,协定价格是指期权购买者买卖事先确定的标的资产(或期货合约)的交易价格。

4. 期权费

因为期权是一种权利的交易。期权费就是这一权利的价格。所谓期权费,又称为权利金、期权价格或保险费,是指期权买方为获取期权合约所赋予的权利而向期权卖方支付的费用。

5. 通知日

当期权买方要求履行标的物(或期货合约)的交货时,他必须在预先交货和提运日之前的某一天通知卖方,以便让卖方做好准备,这一天是通知日。

6. 到期日

也称履行日,在这一天,一个预先作了声明的期权合约必须履行交货。

例如,场内的标准期权合约报价行情如下:

    3   IBM   NOV   400   Call premium 15
  合约份数 标的物名 期权到期日 协定价格 买权 期权费

其含义是:3份IBM公司的协定价格为400的11月份到期的买权股票期权,期权费为15。

(三)期权的类型

1. 看涨期权和看跌期权

按期权买者的权利划分,期权可分为看涨期权和看跌期权。

(1)看涨期权。看涨期权是指赋予期权的购买者在预先规定的时间以执行价格从期权出售者手中买入一定数量的金融工具的权利的合约。为取得这种买的权利,期权购买者需要在购买期权时支付给期权出售者一定的期权费。因为它是人们预期某种标的资产的未来价格上涨时购买的期权,所以被称为看涨期权。

例如,某交易商对6月到期的瑞士法郎期货行情看涨,于是买进一份6月到期的瑞士法郎期货期权,面值为125 000瑞士法郎,协定价格为1美元=2.5瑞士法郎,期权费为5 000美元,有效期为一个月。一个月后,6月到期的瑞士法郎期货合约的价格果真上涨,市场价格为1美元=2.0瑞士法郎,期权持有人执行期权,以1美元=2.5瑞士法郎的协定价格买进这份瑞士法郎期货合约,付出50 000美元,同时将合约按市场价格卖出,收回62 500美元,除去期权费后,净获利7 500美元。

(2)看跌期权。看跌期权是指期权购买者拥有一种权利,在预先规定的时间以协定价格向期权出售者卖出规定的金融工具。为取得这种卖的权利,期权购买者需要在购买期权时支付给期权出售者一定的期权费。因为它是人们预期某种标的资产的未来价格下跌时购买的期权,所以被称为看跌期权。

例如,2009年1月初,某交易商认为瑞士法郎的汇率将下降,且下降的损失足以超过期权费,另一交易商则认为瑞士法郎的汇率将上升,且上升的程序足以使期权持有人放弃执行期权,于是双方达成一份125 000瑞士法郎3月到期的期货期权协议,其协定价格为1美元=2.3瑞士法郎,期权费为3 000美元,有效期为3个月;3个月后,期货市场价格全面下跌,3月到期的瑞士法郎期货合约的价格为1美元=2.5瑞士法郎。期权持有人执行期权,以1美元=2.3瑞士法郎的协定价格卖出一份3月到期的瑞士法郎期货合约,收进54 347.8美元,获利1 347.8美元。如果瑞士法郎的汇率不降反升,期权持有人放弃期权只不过损失3 000美元的期权费。期权卖出者可以得到3 000美元的净收入。

2. 欧式期权和美式期权

按期权买者执行期权的时限划分,期权可分为欧式期权和美式期权。

欧式期权是指期权的购买者只能在期权到期日才能执行期权(即行使买进或卖出标的资产的权利),既不能提前也不能推迟。而美式期权的购买者既可以在期权到期日这一天行使期权,也可以在期权到期日之前的任何一个营业日执行期权。

3. 实值期权、平值期权和虚值期权

按协定价格与标的物市场价格的关系不同划分,期权可以分为实值期权、平值期权和虚值期权。

实值期权是指如果期权立即执行,买方具有正的现金流;平值期权是指如果期权立即执行,买方的现金流为零;虚值期权是指如果期权立即执行,买方具有负的现金流。其与看涨期权、看跌期权的对应关系可参见表5.8。

表5.8 实值期权、平值期权、虚值期权与看涨期权、看跌期权的对应关系

	看涨期权	看跌期权
实值期权	市场价格>协定价格	市场价格<协定价格
平值期权	市场价格=协定价格	市场价格=协定价格
虚值期权	市场价格<协定价格	价格市场>协定价格

二、期权交易的功能

（一）期权交易的保值功能

我们知道,风险是由价格的不确定性变动所引起的。所谓价格的不确定性变动,是指在未来某一时间,价格既可能发生有利的变化,也可能发生不利的变化。如果价格发生有利的变化,人们将获得意外的收益,反之,将会遭受损失。因此所谓风险较大,是指人们获得意外收益的可能性与遭受意外损失的可能性都较大。这种风险我们称之为"对称性风险"。当标的物面临着风险时,可以在期权市场上支付一定的期权费购买一种期权进行套期保值。这实际上是将"对称性风险"转化为"不对称性风险"。也就是说,在利用期权来避免损失,如价格发生不利的变化时,套期保值者可以通过放弃期权来保护利益。因此人们通过期权交易,既可避免价格的不利变动所造成的损失,又可在相当的程序上保住价格的有利变化所带来的收益。这可以从以下的例子中看到。

例如,美国某公司从英国进口机器设备,需要在3个月后向英国出口商支付1.25万英镑。为了避免3个月后实际支付时汇率变动可能造成的损失,需要将进口成本固定下来。为此,美国公司提前购入一份英镑看涨期权,期权费为每英镑0.01美元,一份英镑买权需要支付125美元购得一项权利,允许该公司在今后3个月内,随时按协定汇率购买1.25万英镑。3个月后将会出现以下三种情况中的任意一种:其一为英镑升值,如1英镑=1.75美元;其二为英镑贬值,如1英镑=1.65美元;其三为汇率不变,仍为1英镑=1.7美元。

（1）英镑升值至1英镑=1.75美元,若不买进期权,该公司需支付21 875美元(1.25万×1.75)。该公司执行期权,按协定价格1英镑=1.7美元购买英镑,可比按市场汇率购进英镑少支付625美元(1.25万×1.75−1.25万×1.7),除去期权费125美元,还节省了500美元。

（2）英镑贬值至1英镑=1.65美元,该公司可放弃执行期权,而按市场汇率购进英镑,只需20 625美元(1.25万×1.65),加上期权费125美元,总共只需20 750美元,节省500美元(1.25万×1.75−20 750)。

（3）英镑汇率保持不变,美国公司可执行期权,也可不执行期权,直接按市场汇率购买英镑,其最大的损失就是期权费125美元,没有遭受任何汇率变动的损失。

（二）期权交易的投机功能

一般而言,交易客户只有在与其相关的期货价格仅出现小幅度波动或略有下降的情况下才会卖出看涨期权;只有在与其相关期货价格会保持平稳或略有上升的情况下才会卖出看跌期权。卖出看涨期权和看跌期权的目的都只有一个,就是赚取期权权利金。对于看涨期权的卖方来讲,他们最怕出现这样的情况:相关期货价格上涨至足以使期权买方履约的水平,或者说相关期货价格的上涨吞没掉所得到的权利金。对于看跌期权的卖方来讲,他们最怕出现这样的情况:相关期货价格下降,降至足以使期权合约买方行使履约权利的水平,或者说相关期货价格的下降足以吞没掉所得到的期权费。

例如,某商人预期两个月后瑞士法郎对美元的汇率将上升,于是按协定汇率 1 美元 = 1.7 瑞士法郎购买两份瑞士法郎买权(金额总共 12.5 万瑞士法郎)。期权价格为每瑞士法郎 0.01 美元;该商人共支付期权费 1 250 美元。这样他获得在未来的两个月内随时以协定汇率购买瑞士法郎的权利。两个月后,如果瑞士法郎的如商人所预期的那样,上升到 1 美元 = 1.6 瑞士法律,他即执行瑞士法郎买权,以 1 美元 = 1.7 瑞士法郎的汇率购买 12.5 万瑞士法郎,支付 7.352 9 万美元(12.5 万/1.7);然后再按上升了的外汇市场瑞士法郎汇率卖出瑞士法郎,收入 7.812 5 万美元(12.5 万/1.6),除去期权费和执行瑞士法郎买权合同的成本,净获利 3 346 美元(7.812 5 万 - 7.352 9 万 - 0.125 0 万)。如果两个月后,瑞士法郎的汇率没有变化或下跌,该商人则可放弃执行期权,损失的仅为期权费 1 250 美元。

(三)期权交易的价格功能

同期货一样,期权也具有价格发现的功能。原因在于期权价格的形成具有以下的特点:期权交易的透明度高;期权交易的市场流动性强;期权交易的信息质量高;期权价格的公开性;期权价格的预期性。

三、权证理论与交易实务

(一)权证的经济内涵

权证又称"认股证",或"认股权证",或"衍生权证",其英文名称为 warrant(香港译"窝轮")。在证券市场上,权证是指一种具有到期日、行权价等其他行权条件的金融衍生工具。而根据美交所的定义,权证是指一种以约定的价格和时间购买或者卖出标的证券的期权。我国深、沪证券交易所公布的《权证管理暂行办法》定义是:权证是指标的证券发行人或其以外的第三人(简称发行人)发行的,约定持有人在规定期间内或特定到期日,有权按约定价格向发行人购买或出售标的证券,或以先进结算方式收取结算差价的有价证券。我国先后发行了宝钢 JTB1、万科 HRP1、邯钢 JTB1、武钢 JTB1、万华 HXB1、五粮 YGP1、钾肥 JTP1、青啤 CWB1、中远 CWB1、日照 CWBI、中兴 ZXC1、国安 GAC1、深发 SFC2、南航 JTP1、云化 CWBI、马钢 CWB1 等四十余只权证。权证的定义揭示了两个特点:

1. **发行人与持有人的合同关系**

权证说明了发行人与持有人之间存在一定的合同关系,权证持有人享有的权利与股东所享有的股东权在权利内容上有着明显的区别:即除非合同有明确约定,权证持有人对标的证券发行人和权证发行人的内部管理和经营决策没有参与权。

2. **发行人与持有人不同的权利与义务**

权证赋予权证持有人的是一种可选择的权利而不是义务,与权证发行人有义务在持有人行权时根据约定交付标的证券或现金不同,权证持有人完全可以根据市场情况自主选择行权还是不行权,而无需承担任何违约责任。

例如,假如某银行股票2008年5月5日的价格是7.00元/股,有投资者看好其在未来一年的走势,于是购买一个以某银行为标的的认购权证,约定价格6.8元,期限一年,权证价格是0.5元/份权证。

上例表明,投资者支付给权证发行人0.5元后,在未来的一年内,不管某银行股价涨到多少钱,投资者都有权从权证发行人处以6.80元的价格买进1股某银行股。如果届时某投资银行股价为8.50元高于约定价格,投资者执行权力是有力的。投资者只要支付给权证发行者6.80元,就可以得到一股价值8.50元的某银行股(也可以直接进行现金结算:投资者要求行权时,权证发行者直接支付投资者$8.50-6.80=1.70$元,净收益等于这部分收益减去权证价格,即$1.70-0.50=1.20$元)。如果届时某银行股票跌至6.00元,显然用约定价格6.80元购买6.00元的股票是不合算的,投资者可以放弃买进某银行股票的权利,但是就损失了购买权证的成本0.50元。

(二)权证价值的构成

权证的价值一般由两部分构成,即内在价值与时间价值。内在价值是标的证券的价格与行权价之间的差额,即立刻行权权利的价值。认购权证的内在价值=标的证券价格-行权价格;认沽权证的内在价值=行权价格-标的证券价格。一般情况,权证价值至少等于它的内在价值。内在价值大于零的权证称为实值权证,如果是认购权证,这表示标的证券的价格高于行权价格;如果是认沽权证,则表示标的股价格低于行权价格,如果标的证券的价格等于行权价,就称为平值权证。当标的权证的股价低于行权价,就称为虚值权证。

例如,宝钢JTB1权证(580000)2008年8月22日的价格(行权比例为1:1):

宝钢股份(600019):4.63元

行权价:4.50元

权证价格:1.263元

该权证的内在价值和时间价值分别是:

内在价值:$0.13=(4.63元-4.50元)/1$

时间价值:$1.133=1.263元-0.13元$

(三)影响权证价值的因素

权证的价值受很多因素影响,其中受标的证券价格、行权价格、标的证券波动率、剩余存续期、红利收益率、无风险收益率等六个因素的影响最为重要。

1. 标的证券价格

从认购权证看,如果标的证券价格上升,认购权证的收益将上升,认购权证的价值将上升;

从认沽权证看,如果标的证券价格上升,认沽权证的收益将会下降,认沽权证的价值越低,标的证券价格越高,认沽权证的价值越低。

2. 行权价格

认购权证的行权价格越高,认购权证价值越低;认沽权证的行权价格越高,认沽权证价值越高。

3. 标的证券的历史波动率

波动率表示标的证券价格变化幅度的大小,若标的股票过去曾出现过大幅度价格变化或未来预期会出现大幅价格变动,就会被称为波动率大的证券。假设上证指数的某年波动率是30%,而指数值是1 000点,波动几率为68%。30%×1 000=300点,亦即未来一年上证指数在1 300至700点之间的几率有68%。同时未来一年指数是在400至1 600之间(1 000±(2×1 000×30%))几率亦有95%。所以波动率上升,认沽权证与认购权证的价值均上升,标的证券的波动率越大,认购和认沽权证的价值越高。

4. 剩余存续期

权证的有效期越长,标的股价向权证持有人预测的方向移动的几率就越高,权证就有更多的行权机会。因此,剩余存续期长的权证有较高的价值。到期时间越短,权证的价值越低。

5. 红利收益率

发放红利意味标的股票即将除权,股价随之下降。因此对于认购权证来讲,标的证券的红利越高,红利增幅越高,权证的价值也就越低;反过来说,对于认沽权证来讲,红利越高,红利增幅越高,权证的价值也就越高。

6. 无风险收益率(无风险利率)

一般说来,利率提升很多人不愿意投资其他产业,因为成本过高。投资者就会转而投资股票市场,推动股票价格上扬。所以对于认购权证来讲,利率上升,权证价值也会随之上升;对于认沽权证而言,利率上升,权证价值就会下降,见表5.9。

表5.9 六项因素与权证价值的变化关系

因　　素	认　购　权　证	认　沽　权　证
标的证券价格	+	-
行权价格	-	+
标的证券的历史波动率	+	+
剩余存续期	+	+
红利收益率	-	+
无风险收益率	+	-

（四）权证投资溢价分析

认购权证溢价认购=［（认购权证价格/行权比例+行权价−正股价格）/正股价格］×100%

例如，宝钢JTB1行权价为4.5元，2008年8月25日宝钢JTB1的收盘价为1.83元，当日其正股宝钢股份（600019）的收盘价为4.54元。宝钢JTB1的溢价为

$$[(1.83+4.5-4.54)/4.54]\times 100\% \approx 39.43\%$$

也就是说，如果投资者以2008年8月25日收盘价格1.83元的价格买入宝钢JTB1认购权证，那么宝钢股份的股价至少需上涨39.43%，宝钢JTB1行权才能获利。考虑到宝钢股份的股价上涨39.43%几率较小，风险意识比较强的投资者会认为宝钢JTB1当前的价格过高，而不会买入。

认沽权证溢价认购=［（认沽权证价格/行权比例+正股价−行权价）/正股价］×100%

例如，在香港上市的长江实业认沽权证（4900.HK）2008年9月8日价格为0.051元，行权比例为0.1（即10份权证对应1份正股），行权价为73.38元，权证的到期日为2008年11月28日，正股长江实业的股价为85.3元。长江实业认沽权证的溢价为

$$[(0.051/0.1+85.3-73.38)/85.3]\times 100\% \approx 14.57\%$$

也就是说，如果投资者以0.051元买入长江实业认沽权证，那么长江实业在到期日前股价至少还需要下跌16.57%，长江实业认沽权证才能获利。对于该权证，投资者在判断时，除了要考虑溢价外，还需要注意一个事实，那就是长江实业认沽权证现在处于价外，即正股高于认沽权证的价格。

第四节　可转换证券

一、可转换证券的定义与分类

可转换证券又称"转股证券"、"可兑换证券"、"可更换证券"等，是指持有者在一定时间内按一定比例或价格将之兑换成一定数量的其他证券的有价证券。它是一种具有转换前后两种证券性质的金融工具，通常它最终转换成普通股票，因此，实际上它是一种长期的普通股票看涨期权。

可转换证券主要分为两类：一类是可转换公司债券，即将公司债券转换成公司的普通股票；另一类是可转换优先股股票，即将优先股票转换成公司的普通股股票。

可转换证券的要素一般包括：可转换证券换成每股普通股票所支付的转换价格，一定面额的可转换证券可转换成的普通股票的转换比例，可转换证券转换成普通股票的转换期等。我国可转换债券在1994年就做过试点，但由于种种原因，在转换时因为转换率过低而失败。随后发行的吴江丝绸转债等一批转债由自身公司还没有上市，因此又不是纯粹意义上的可转换债券。随着我国又一张具有真正意义的可转换债券——虹桥机场转债在2000年2月的顺

利发行,可转换证券的发行步伐加快。

二、可转换证券的特点

(一)可转换性

可在规定的期限内以一定的转换比例及转换价格由一种证券转换成另一种证券。

(二)可转换证券的性质随着证券的性质的转换而变

在可转换证券转换之前,具有原有证券的一切性质。比如,可转换债券在转换之前具有的固定利率与期限等特征。当转换成其他证券后,就具有转换成的新证券性质。

(三)持有者的身份随着证券的转换而相应变化

可转换证券在转换前,以债券或优先股形式存在,其持有者是公司的债权人或优先股股东,可获债券利息或优先股股息收入;而转换后,持有者的身份转换成普通股股东,可参与公司经营并获得红利收入。

(四)可转换证券的市场价格变动频繁,并随发行公司普通股股价波动

可转换证券的市场价格波动幅度一般大于一般债券。即普通股股价上涨时,其价格也上涨;当普通股股价下跌时,其价格也下跌,但一般不会低于同类债券或优先股的价格。

三、可转换证券的功能

可转换证券能满足投资者的多样投资需要,丰富了投资品种。由于可转换证券自身的特点及性质决定投资者既能在对自己不利的情况下确保最低收入,又能在对自己有利的情况下,通过价差获取丰厚的收益,因此它成为防范风险与获取收益相统一的理想投资品种。可转换证券尤其对那些法律规定不能投资于普通股股票的金融机构投资者更具有吸引力,因投资这类证券能满足他们资产组合和享受普通股增值收益的要求。对企业来说,可转换证券有以下功能:

(一)可转换证券能降低筹资成本

以转换债券为例,由于将来可转换成普通股,因此投资者愿意接受较低的利率甚至可以暂不发放利息,这就使公司的筹资成本大大降低。

(二)可转换证券有利于公司资本金扩大

可转换证券一旦转成普通股,不仅能使公司原来的有期限的债务资金转化为长期稳定使用的股本金,还可节省一笔股票发行费用,并在转换过程中获得转换溢价。

四、可转换证券的基本要素

一般说来,公司证券基本要素包括发行额度、证券期限、利率水平、付息方式等基本要素。

但由于该种证券既有债券的特点又有期权的特色,所以还包括期权设计条款。所以可转换证券基本条款比较复杂,一般包括基准股票、转换期、转换价格、转股价修正条款等。

(一)基准股票

基准股票(又称正股),是指可转换证券持有人可将所有的转换证券转换成发行公司的普通股股票。

(二)票面利率

票面利率主要是由当前市场利率水平、公司债券资信等级、可转换证券的组合等要素决定的。

市场利率水平高,可转换证券票面利率就高。国际市场上,通常设计的转换证券票面利率为同等风险情况下的市场利率的2/3左右。例如,某公司的公司债券3年期利率为10%,那么该公司的可转换证券的票面利率大约在6%左右。有的可转换证券(如零息债券)没有票面利率。可转换证券利息的支付一般是每年支付一次,日本和欧美国家经常半年支付一次。零息可转换证券在到期时不必支付利息,因为在发行时已经由发行折扣补偿了。企业信用评级高,可转换证券票面利率则相对较低。

(三)期限

可转换证券的期限(又称存续期)与一般债券的期限内涵相同。所不同的是,可转换证券的期限与投资价值成正相关关系,期限越长股票变动和升值的可能性越大,可转换证券的投资价值就越大。

(四)请求转换的期限

请求转换的期限是指可转换证券可以转换为股票的起始日至结束日的期限,在整个转换期内,投资者可视股价的变动情况逢高价时转换,也可以选择将债券转让出售。

转换期的确定一般依据发行公司的经营方针来确定,一般有两种方法:

1. 发行公司制订一个特定的转换期限

一般有以下几种:①发行日至公司债券偿还日;②发行日或其稍后起至公司债券偿还日;③发行日或其稍后开始的数年间;④发行日起的几年后至公司债券偿还日。

2. 发行公司不制订具体期限

不限制转换具体期限的可转换证券,其转换期为可转换证券上市日至到期停止交易日,如果是未上市公司的可转换证券,则为未上市公司股票上市日至可转换证券到期停止交易日。

(五)转换价格

转换价格是指可转换证券转换为公司每股股份所支付的价格。转换价格的确定,反映了公司现有股东和债权人双方利益预期的某种均衡。制订转换价格要和债券期限、票面利率相互配合起来,具体说来,决定转换价格高低的因素很多,主要有:

1. 市场价格

股票的市场价格和价格走势直接主导着转换价格的确定,股价越高,转换价格也越高。制订转换价格一般是以发行前一段时期的公司正股市价的均衡价为基础,上浮一定幅度作为转换价格,通常上浮 5% ~ 30%。

2. 债券期限

可转换证券的期限越长,相应的转换价格也越高;期限越短,则转换价格越低。

3. 票面利率

一般说来,可转换证券的票面利率高则转换价格也高,利率低则转换价格也低。

(六) 可转换证券的价值

可转换证券赋予投资者将其持有的可转换证券按规定的价格和比例,在规定的时间内转换成普通股或优先股的选择权。可转换证券有两种价值:理论价值和转换价值。

1. 理论价值

可转换证券的理论价值又称内在价值,该价值相当于将未来一系列债息或股息加上转换价值用市场利率折成的现值,是指当它作为不具有转换选择权的一种证券的价值。为了估计可转换证券的理论价值,首先必须估计与它具有同等信用和类似投资特点的不可转换证券的必要收益率,然后利用这个必要收益率算出它未来现金流量的现值。

2. 转换价值

如果一种可转换证券可以立即转让,它可转换的普通股票的市场价格和转换比例的乘积便是转换价值,即

$$转换价值 = 普通股股票市场价格 \times 转换比例$$

可转换证券的市场价格一般保持在它的理论价值和转换价值之上。如果可转换证券市场价格在理论价格之下,该证券价格被低估;如果可转换证券市场价格在转换价值之下,购买该证券并立即转化为股票就有利可图,从而使该证券的价格上涨至转换价值之上。为了更好地理解这一点,引入转换平价这一概念。

转换平价是指可转换证券持有人在转换期限内依据可转换证券的市场价格和转换比例把证券转换成公司普通股票而对应的每股价格。转换平价实质上是转换比例的另一种表达方式。

一般来说,投资者在购买可转换证券时都要支付一笔转换升水。每股的转换升水等于转换平价与普通股票当期市场价格的差额,或者说是可转换证券持有人在将证券转换成股票时,相对于当初认购转换证券时的股票价格而做出的让步,通常被表示为当期市场价格的百分比。

而如果转换平价小于基准股价,基准股价与转换平价的差额就称为转换贴水。转换贴水的出现与可转换证券的溢价程度有关。

$$转换平价 = \frac{可转换债券的市场价格}{转换比例}$$

转换平价是一个非常有用的指标,因为一旦实际股票上升到转换平价水平,任何进一步的股价上升肯定会使可转换证券的价值增加。因此,转换平价可视为一个平衡点。

$$转换升水 = 转换平价 - 基准股价$$

$$转换升水比例 = \frac{转换升水}{基准股价} \times 100\%$$

$$转换贴水 = 基准股价 - 转换平价$$

$$转换贴水比例 = \frac{转换贴水}{基准股价} \times 100\%$$

【案例5.2】

表5.10 石化转债详细资料

项　　目	详细资料
公司名称	中国石油化工股份有限公司
债券代码	110015
代码简称	石化转债
发布时间	2011-03-03
发行日期	2011-03-07
发行中止日	
发行额度/亿	230.000 0
发行价/元	100.00
发行方式	
面额	100.00
存续期间	6
回售条件	持有人有权按面值的103%的价格向发行人回售其持有的部分或全部可转债
首年利率	0.5
每年增加百分点	0.200 000 00
计息日	2011-02-23
到期日	2017-02-23
每年付息日	2.23
转股折扣率	0
回售价格/元	0

续表5.10

项　目	详细资料
主承销商	高盛高华证券有限责任公司
担保人	中国石化集团公司
转换期间	2011-02-23 ~ 2017-02-23
到期赎回日	
上市公布日	2011-03-03
上市起始日	2011-03-07
上市终止日	2017-02-23
上市推荐日	2011-03-07
上市地	沪市
发行企业	中国石油化工股份有限公司
初始转股价	9.730 0
其他	
备注	第一年0.5%、第二年0.7%、第三年1.0%、第四年1.3%、第五年1.8%、第六年2.0%。
上市推荐人	高盛高华证券有限责任公司

第五节　存托凭证与备兑凭证

一、存托凭证

(一)存托凭证的含义与性质

存托凭证又称存券收据或存股证,它是在一国证券市场流通的、代表着外国公司有价证券的凭证。以股票存托凭证为例,为使某国上市公司的股票在外国流通,先将一定数额的股份委托某一中间机构(通常为银行)保管,再由保管机构通知外国的存托银行在当地发行代表该股的替代性凭证。存托凭证可以在外国证券交易所交易或柜台市场交易。存托凭证的当事人包括国内的发行公司、保管机构以及国外的存托银行、投资者及证券承销商。

存托凭证表明持有者对一家非本国公司已发行股票的所有权,这种权利与原有股票持有者相同,只不过是股票的所有关系从直接转为间接。存托凭证最早出现于美国,它是1927年摩根银行为方便投资者购买英国一家百货公司股票而发行的。至今,美国的存托凭证仍占据重要地位。我国企业从1993年12月起也先后在美国发行过存托凭证,如"二纺机"、"轮胎橡胶"、"氯碱化工"、"深深房"等,但仅限于柜台交易。"中国华能国际"、"山东华能"的存托凭证则在纽约证交所上市。

(二)存托凭证的种类

1. 无担保与有担保存托凭证

存托凭证有各种不同的种类。按存券银行与发行公司是否签订存券协议,可分为无担保的存托凭证和有担保的存托凭证。

无担保的存托凭证是由一家或多家银行根据市场的需要发行的。它与基础证券发行公司不签订存券协议,存券银行不是通过发行公司而是自行向投资者发放凭证。这类存托凭证仅仅代表了存券银行与存托凭证持有者的权利义务关系。

有担保的存托凭证是由基础证券的发行公司委托一家银行发行的。发行公司与存券银行、存托银行签订存券协议,明确三方的权利义务,发行公司总体上掌握存托凭证的价格、数量等状况。目前,有担保的存托凭证在发达国家占据主导地位。

2. 国际存托凭证与美国存托凭证

按计价货币不同,可分为国际存托凭证(IDR)和美国存托凭证(ADR)。

国际存托凭证是以一种或多种非美国货币计价的存托凭证,可以各种方式发行。美国存托凭证是面向美国投资者发行的以美元计价的存托凭证。全球存托凭证(GDR)虽然用"全球"代替"美国",但这仅从营销角度考虑,因为ADR、GDR两者在法律、操作、管理等许多方面都一致,都以美元标价,都以美元支付股息,都以同样标准交割交易。此外存托银行的服务及有关协议、保证都一样,因而不再重复介绍。

(三)存托凭证的特征

1. 市场容量大

发行存托凭证的上市公司的股票或债券不仅可在本国发行流通,也可以在国外流通,因此可以充分利用国外发达的证券市场,扩大市场容量。

2. 筹资功能强

由于存托凭证市场容量大,上市公司不仅可在本国筹集资金,而且可利用国外证券市场筹集资金,特别是能迅速满足其筹集大量外汇资金的需要,因此很受国外上市公司欢迎。

3. 上市手续简便

由于各国证券市场对外国公司在本国上市股票不仅有繁琐的手续与程序,而且还要求外国公司必须达到该国证券上市的严格要求。利用存托凭证方式上市,则可大大简化手续,使发行上市进程加快。

4. 发行成本低

由于存托凭证发行上市手续大大简化,因此也可大大降低发行成本,更有利于公司高效率融资。

二、备兑凭证

(一)备兑凭证的定义

备兑凭证是指由上市公司以外的第三者发行的、持有者能按照特定的价格在未来某个时间或一段时间内购买一定数量的一个或几个上市公司股票的选择权凭证。备兑凭证的发行人通常是资信卓著的金融机构,它持有大量的认股对象公司股票,可供投资者到时兑换,亦有雄厚的资金实力作担保,能依据备兑凭证条款向投资者兑现。备兑凭证发行后,可申请在某个交易所挂牌上市。近年来,备兑权证在国际资本市场上日渐流行。

(二)备兑凭证与认股权证(权证)的区别

备兑凭证可以认为是一种广义的认股权证,它也给予持有者以某一特定价格购买某种或几种股票的权利。与权证一样,持有者都有权利而无义务,带有期权性质;备兑凭证与认股权证都有杠杆效应,两者的价格波动幅度均大于股票。在许多方面,备兑凭证与认股权证都是相似的,在此不再重述。下面仅区分两者存在的差异:

1. 发行者不同

认股权证以上市公司为发行者;备兑凭证由上市公司以外的第三者(通常为资信卓著的金融机构)发行。

2. 发行时间不同

认股权证一般在上市公司的公司债券、优先股股票或配售新股发行同时发行;备兑凭证无发行时间限制。

3. 发行目的不同

认股权证的发行是为了提高投资者认购股票或债券的积极性,并使发行公司在投资者认购后扩大资金来源;备兑凭证的发行是发行机构为了以较高价格套现所持有的相关股票,或赚取发行带来的溢价收入。

4. 认购对象不同

认股权证持有者只能认购发行认股权证的上市公司的股票;备兑凭证持有者则可认购一组股票。

5. 到期兑现方式不同

认股权证以持有者认购股票而兑现;备兑凭证可以是发行者按约定条件向持有者出售规定的股票,也可以现金形式向持有者支付股票认购价与当前市价之间的差价而兑现。

6. 发行数量不同

认股权证只能有上市公司一个发行者;备兑凭证可以有多个发行者联合发行,而且它们各自兑换条件也可不相同。

（三）备兑凭证的功能

1. 备兑凭证为投资者提供了一种新的投资工具

由于备兑凭证的存在,投资者可以较少的投入获取认购一定数量股票的选择权,不必马上投入大量资金,并且还可以根据市场状况来决定是否行使权利。

2. 备兑凭证的出现激活了证券市场

近几年,备兑凭证在国际资本市场的日渐流行,给市场注入了新的活力,活跃了二级市场交易。

3. 备兑凭证是一种较佳的避险投资品种

由于发行者为上市公司以外的信誉较高的金融机构,并且投资者在一定程度上具有购买股票的选择权,可以避免资本市场上的非系统性风险。

本章小结

金融衍生工具是给予交易对手的一方,在未来的某个时间点,对某种基础资产拥有一定债权和相应义务的合约。期货交易,是指交易双方在集中性的市场以公开竞价的方式所进行的期货合约的交易。金融期货合约的基础工具是各种金融工具,如外汇、债券、股票、股价指数等。金融期权是指持有者在规定的期限内具有按照交易双方商定的价格购买或出售一定数量某种金融资产的权利。权证是指标的证券发行人或其以外的第三人(简称发行人)发行的,约定持有人在规定期间内或特定到期日,有权按约定价格向发行人购买或出售标的证券,或以先进结算方式收取结算差价的有价证券。可转换证券又称"转股证券"、"可兑换证券"、"可更换证券"等,是指持有者在一定时间内按一定比例或价格将之兑换成一定数量的其他证券的有价证券。

思考题

1. 常见的金融衍生工具有哪些?金融衍生工具有哪些突出的功能?
2. 根据标的物的性质不同,金融期货可以分为哪些种类?分别列举其相应的交易特点、规则。
3. 列举金融期权的功能。
4. 列举影响权证价值的因素。
5. 列举可转换证券的基本要素。
6. 备兑凭证与认股权证有什么区别?

【案例分析】

国债期货"327"事件

"327"是国债期货合约的代号,对应 1992 年发行 1995 年 6 月到期兑付的 3 年期国库券,该券发行总量是 240 亿元人民币。1995 年 2 月 23 日,上海万国证券公司违规交易 327 合约,最后8分钟内砸出1 056万口卖单,面值达2 112亿元国债,亏损16亿元人民币,国债期货因此夭折。英国《金融时报》称这是"中国内地证券史上最黑暗的一天"。

本来,国债期货是非常好的金融期货品种。国债由政府发行保证还本付息,风险度小,被称为"金边债券",具有成本低、流动性更强、可信度更高等特点;在国债二级市场上做多做空,做的只是国债利率与市场利率的差额,上下波动的幅度很小。这正是美国财政部成为国债期货强有力支持者的原因。当时我国国债发行难,靠行政性摊派。1992年发行的国库券,发行一年多后,二级市场的价格最高时只有80多元,连面值都不到。中国的管理者到美国考察,发现国债期货不错,也比较容易控制,于是奉行"拿来主义"。

我国国债期货交易于1992年12月28日首先出现于上海证券交易所。1993年10月25日,上证所国债期货交易向社会公众开放,北京商品交易所在期货交易所中率先推出国债期货交易。1994年10月以后,中国人民银行提高3年期以上储蓄存款利率和恢复存款保值贴补,国库券利率也同样保值贴补,保值贴补率的不确定性为炒作国债期货提供了空间,大量机构投资者由股市转入债市,国债期货市场行情火爆。1994年至1995年春节前,全国开设国债期货的交易场所陡然增到14家,成交总额达2.8万亿元,占上海证券市场全部证券成交额的74.6%。这种态势一直延续到1995年,与全国股票市场的低迷形成鲜明对照。

形势似乎一片大好。但问题出在327国债期货合约上。327国债应该在1995年6月到期,它的9.5%的票面利息加保值补贴率,每百元债券到期应兑付132元。与当时的银行存款利息和通货膨胀率相比,"327"的回报太低了。于是有市场传闻,财政部可能要提高"327"的利率,到时会以148元的面值兑付。但上海三大证券公司之一万国证券的总裁管金生不这样看,他认为高层正狠抓宏观调控,财政部不会再从国库里割肉往外掏出16亿元来补贴327国债。于是管率领万国证券做空。

1995年2月327合约的价格一直在147.80~148.30元徘徊。23日提高327国债利率的传言得到证实,百元面值的327国债将按148.50元兑付。一直在327品种上与万国联手做空的辽国发突然倒戈,改做多头。327国债在1分钟内竟上涨了2元,10分钟后共涨了3.77元。327国债每上涨1元,万国证券就要赔进十几个亿。按照它的持仓量和现行价位,一旦到期交割,它将要拿出60亿元资金。毫无疑问,万国没有这个能力。管金生铤而走险,16时22分13秒突然发难,砸出1 056万口卖单,把价位从151.30打到147.50元,使当日开仓的多头全线爆仓。这个行动令整个市场都目瞪口呆,若以收盘时的价格来计算,这一天做多的机构,包括像辽国发这样空翻多的机构都将血本无归,而万国不仅能够摆脱掉危机,并且还可以赚到42亿元。

最意外的是上交所总经理尉文渊,他做梦都没有想到贴息,美联储调息时都是0.25个百分点,咱们一次调整竟然就是5个百分点。当天下午,他陪证监会期货部主任耿亮在场内。耿说国债期货管理办法修改完了,准备发布。尉正在为此高兴,突然发现市场上气氛不对劲,各地国债市场都是向上的突破性行情,"327"价格大幅下跌,交易量突然放大了许多。

夜里11点，尉文渊正式下令宣布23日16时22分13秒之后的所有327品种的交易异常，是无效的，该部分不计入当日结算价、成交量和持仓量的范围，经过此调整当日国债成交额为5 400亿元，当日327品种的收盘价为违规前最后签订的一笔交易价格151.30元。上交所没有公布管和万国的名字，但是万国在劫难逃，如果按照上交所定的收盘价到期交割，万国赔60亿元人民币；如果按管自己弄出的局面算，万国赚42亿元；如果按照151.30元平仓，万国亏16亿元。

5月17日，中国证监会鉴于中国当时不具备开展国债期货交易的基本条件，发出《关于暂停全国范围内国债期货交易试点的紧急通知》，开市仅两年零六个月的国债期货无奈地画上了句号。中国第一个金融期货品种宣告夭折。

问题：

1. 分析"327"国债期货事件发生的原因。

2. 对于正在运行的沪深300股指期货而言，应吸取"327"国债期货事件哪些教训以保证其长远的发展。

第六章
Chapter 6

证券发行市场

【本章学习要求】

本章主要介绍了证券市场的定义及分类,证券市场的构成,股票市场发行的条件与方式,债券市场的发行条件与方式,债券发行的审核与评级,证券投资基金的发行与认购的条件,证券的承销流程。学习要求如下:

- 了解证券市场的定义及分类;掌握证券市场的构成。
- 掌握股票市场的发行条件;掌握股票市场的发行方式。
- 了解债券市场的发行条件与方式;了解债券发行的审核制度与评级制度。
- 了解证券投资基金的发行条件;掌握证券投资基金的认购流程。
- 掌握证券的承销流程。

【本章主要概念】

证券发行市场　股票发行市场　债券发行市场　证券投资基金发行市场　证券承销　保荐制度

【案例导读】

"如果人类全是天使,就不需要任何政府了。如果是天使管理大众,就不需要对政府有任何外来或内在的控制了。"这句出自美国建国之初《联邦党人文集》的话,正被我国证券发行制度反复验证。

回顾中国证券市场20余年走过的道路,用"崎岖坎坷"来修饰最恰当不过,其中,独特的证券发行制度20年来的变化更是成为一个缩影,从审核制到发审制、从交易所对证券发行的垄断到权力被证监会收编、从"王小石案"到"王益案",证券发行制度的变化和权力的争夺贯穿其中。证券市场的发行与监管体制几经改变。

> 在当今世界一百多家证券市场中,中国的 A 股市场是唯一一个通过自上而下的方式建立起来的。也正是由于 A 股市场典型的"中国特色",20 年来,中国证券市场不断地以自上而下的方式加以矫正,同时又自下而上再确认。那么,我国目前的发行制度到底是怎样的呢?

第一节 证券发行市场概述

一、证券发行市场的定义

证券发行市场又称"初级市场"或"一级市场",是指各发行主体及其中介机构发售各种证券所形成的市场。通过证券发行市场,政府、金融机构、企业以及其他组织,发行股票、债券或其他金融工具给投资者。证券发行市场为资金需求者提供筹措资金的渠道,同时为投资者提供投资机会。

二、证券发行的分类

(一)按发行股份与存量股份的关系分类

按发行股份与存量股份的关系不同,分为首次公开发行和增资发行。股票发行可按是否附有设立公司目的,进一步分为设立发行和增资发行。设立发行,是指发行人以筹集资金和设立股份公司为目的而发行股票。在我国,设立发行之主体应当是经批准拟设立的股份有限公司。设立发行不仅包括向社会投资者募集股份和发行股票,也包括向股份公司发起人分派股票的行为,如将发起人应获得股票分派至其名下或记入股东名册。增资发行,已设立并合法存续的股份公司为增加公司股本,向原股东配售或向社会投资者发行股票的行为,包括配股、分派红利股票、公积金转增股份和发行新股等多种具体形式。

(二)按发行证券的种类分类

按发行证券的种类不同可分为股票发行、债券发行、基金发行以及其他金融工具的发行。

(三)按发行对象的范围分类

证券按照发行对象的范围不同可以分为公开发行和非公开发行。

三、证券发行市场的构成

(一)证券发行人

在市场经济条件下,资金需求者筹集资金主要通过两种途径:向银行贷款和发行证券。随着市场经济的发展,发行证券已成为资金需求者最基本的筹资手段。证券发行人主要是政府、企业和金融机构。

（二）证券投资人

证券投资人是指以取得利息、股息或资本收益为目的而买入证券的机构和个人。证券发行市场上的投资人包括机构投资人和个人投资人，前者主要是政府机构、证券公司、商业银行、保险公司、社保基金、投资基金、信托公司、合格境外机构投资者和企事业法人及其他社会团体。个人投资人是指从事证券投资的社会自然人。

（三）证券中介人

在证券发行市场上，中介人是指为证券的发行提供服务的各类机构。在证券市场起中介作用的包括证券公司、证券登记结算机构、证券服务机构（包括证券投资咨询机构、财务顾问机构、资信评级机构、资产评估机构、会计师事务所、律师事务所等）、自律性组织（包括证券交易所和证券业协会）以及证券监管机构。

第二节 股票发行市场

股票发行是指股份公司以筹集资金为直接目的，依照法定程序向社会投资人要约出售代表一定股东权利的股票的行为。

一、股票发行的条件

（一）主板市场股票发行的条件

1. 首次公开发行的条件

股份公司采取发起方式设立，无法直接申请上市，通过发行股票募集设立的股份公司，则均为上市公司。根据我国股份制改造实践，以募集方式设立的股份公司不仅要符合公司设立的一般条件，还应符合《公司法》关于上市公司的条件。《公司法》第152条规定，股份公司申请其股票上市，必须符合下列条件：

（1）股票经国务院证券管理部门批准已向社会公开发行。根据《证券法》第11条规定，公开发行股票，必须依照公司法规定的条件，报经国务院证券监督管理机构核准。虽然《公司法》和《证券法》分别采取"国务院证券管理部门"和"国务院证券监督管理机构"的提法，根据学者解释，在股票发行制度中，该两种提法均指中国证监会。

（2）公司股本总额不少于人民币5 000万元。这里所称公司股本总额，是指公司公开发行股票后的股本总额，而非股票发行前的股本总额。

（3）开业时间在3年以上，最近3年连续盈利；原国有企业依法改建设立的，或者《公司法》实施后新组建成立，其主要发起人为国有大中型企业的，可连续计算。

（4）持有股票面值达人民币1 000元以上的股东人数不少于1 000人，向社会公开发行的股份达公司股份总数的25%以上；公司股本总额超过人民币4亿元的，其向社会公开发行股份的比例为 10% 以上。

(5)公司在最近 3 年内无重大违法行为,财务会计报告无虚假记载。

(6)国务院规定的其他条件。

根据《股票发行与交易管理暂行条例》的规定,发起设立股份有限公司申请公开发行股票,应该符合下列条件:

(1)其生产经营符合国家产业政策。

(2)其发行的普通股限于一种,同股同权。

(3)发起人认购的股本数额不少于公司拟发行的股本总额的 35%。

(4)在公司拟发行的股本总额中,发起人认购的部分不少于人民币 3 000 万元,但是国家另有规定的除外。

(5)向社会公众发行的部分不少于公司拟发行的股本总额的 25%,其中公司职工认购的股本数额不得超过拟向社会公众发行的部分的 10%;公司拟发行的股本总额超过人民币 4 亿元的,证监会按照规定可以酌情降低向社会公众发行的部分的比例,但是最低不少于公司拟发行的原本总额的 10%。

(6)发起人在近 3 年内没有重大违法行为。

(7)证券部门规定的其他条件。

原有企业改组设立股份有限公司申请发行股票,除应当符合以上条件外,还应当符合下列条件:

①发行前一年末,净资产在总资产中所占比例不低于 30%,无形资产在净资产中所占比例不高于 20%,另有规定的除外;

②最近三年连续盈利。国有企业改组设立股份有限公司发行股票的,国家拥有的股份在公司拟发行的股本总额中所占的比例由国务院或国务院授权的部门规定。

2. 增发新股的条件

增发新股是指已设立的股份公司为了增加资本或者调整股本结构而发行股票。其中,旨在增加公司股本而发行新股,是典型的新股发行,也称"增资发行";旨在调整股本结构而发行新股,主要表现为"股票合并"和"股票拆细"。股票合并及股票拆细没有改变公司的总股本,与增资发行不同。这里所称新股发行,限于增资发行新股。根据《公司法》第 137 条规定,股份公司发行新股,必须具备下列条件:

(1)前一次发行的股份已募足,并间隔 1 年以上。这里所称"前一次发行的股份",泛指各种形式的股份发行,如定向募集公司增资发行股票、上市公司新股发行、股份公司以送配形式发行股份。

(2)公司在最近 3 年内连续盈利,并可向股东支付股利。"最近 3 年内连续盈利"属于新股发行的一般条件,就特定新股发行方式来说,相关规则可能作出更严格的规定。

(3)公司在最近 3 年内财务会计文件无虚假记载。

(4)公司预期利润率可达同期银行存款利率。

上市公司增资发行新股的条件：

(1)公司前一次公开发行股票所得资金的使用与其招股说明书所述用途相符，并且资金使用效益良好。另根据《证券法》第 20 条第 2 款规定，上市公司擅自改变募股资金用途而未作纠正的，或者未经股东大会认可的，不得发行新股。

(2)公司本次发行距前一次公开发行股票的时间不少于 12 个月。

(3)公司从前一次公开发行股票到本次申请期间没有重大违法行为。

(4)国务院证券委员会规定的其他条件。

3. 配股的条件

股份公司送股或配股，是发行新股的特殊方式。对于非上市公司的送配股问题，我国现行法律尚缺具体规定。但对上市公司送配股问题，证监会颁布的《关于上市公司送配股的暂行规定》有较具体的规定。上市公司配股条件如下：

配股作为新股发行的特殊形式，是股份公司为了扩大股本规模，以较优惠价格向公司股东发行新股的行为。根据《关于上市公司送配股的暂行规定》，上市公司办理配股事宜时，应符合以下条件：

(1)距前一次发行股票的时间间隔不少于 12 个月。"前一次发行"，包括新设发行以及包括送配股在内的各种新股发行；时间间隔不少于 12 个月，依前一次招募文件公布日期到本次配股说明书公布日期的间隔为准。

(2)前一次发行股票所募集的资金用途与该公司的《招股说明书》、《配股说明书》或者股东大会有关决议相符。如果前一次发行股份所募资金违反招募文件，且未经股东大会批准，不得进行配股。

(3)公司连续两年盈利。

(4)近 3 年无重大违法行为。

(5)本次配股募集资金的用途符合国家产业政策规定。

(6)配售的股票限于普通股，配售对象为股东大会决议规定的日期前持有该公司股票的全体普通股股东。

(7)本次配售的股份总数不超过公司原有总股本的 30%；发行 B 股和 H 股的上市公司，还应遵守该类别股份的其他法规规定。

(8)配售股票的发行价格不低于本次配售前最新公布的该公司财务报表中的每股净资产。

4. 送股的条件

上市公司送股，是上市公司依法动用公积金，向公司股东分派股份的特殊发行方式。公积金属于公司股东权益的重要组成部分，由公司股东按照所持股份比例享有，公司动用公积金向股东送股，其实质是减少公司公积金并扩大公司股本总额，不影响公司净资产和股东权益。根

据《关于上市公司送配股的暂行规定》,上市公司办理送股时,应符合以下条件:

(1)已经按照法律规定弥补亏损,提取法定盈余公积金和公益金。

(2)动用公积金送股后留存的法定盈余公积金和资本公积金不少于公司总股本的50%。

(3)发行的股票限于普通股,发行对象为股东大会决议规定的日期前持有该公司股票的全体普通股股东。

(4)因送股增加的股本额与同一财务年度内配股增加的股本额两者之和不超过上一财务年度截止日期的股本额。

5. 外资股发行的申请条件

目前在中国外资股发行主要是指B股的发行。B股新设发行应具备下列条件:

(1)所募资金用途符合国家产业政策。

(2)符合国家有关固定资产投资立项的规定。

(3)符合国家有关利用外资的规定。

(4)发起人认购的股本总额不少于公司拟发行股本总额的35%。

(5)发起人出资总额不少于1.5亿元人民币。

(6)拟向社会发行的股份达公司股份总数的25%以上;拟发行的股本总额超过4亿元人民币的,其拟向社会发行股份的比例达10%以上。

(7)改组设立公司的原有企业或者作为公司主要发起人的国有企业,在最近3年内没有重大违法行为。

(8)改组设立公司的原有企业或作为公司主要发起人的国有企业,最近3年连续盈利。

(9)国务院证券委员会规定的其他条件。

(二)创业板市场股票发行的条件

按照2009年3月发布的《首次公开发行股票并在创业板上市管理暂行办法》,首次公开发行股票并在创业板上市主要应符合以下条件:

1. 发行人应具备一定的盈利能力

为适应不同类型企业的融资需要,创业板对发行人设置了两项定量业绩标准,以供发行人选择:第一项指标要求发行人最近两年连续盈利,最近两年净利润累计不少于1 000万元,且持续增长;第二项指标要求最近一年盈利,且净利润不少于500万元,最近一年营业收入不少于5 000万元,最近两年营业收入增长率不低于30%。

2. 发行人应当具有一定的规模和存续时间

根据《证券法》第五十条关于申请股票上市的公司股本总额应不少于3 000万元的规定,《管理办法》要求发行人具备一定的资产规模,具体规定最近一期末净资产不少于2 000万元,发行后股本不少于3 000万元。《管理办法》还规定发行人应具备一定的持续经营记录,具体要求发行人应当是依法设立且持续经营3年以上的股份有限公司,有限责任公司按原账面净资产折股整体变更为股份有限公司的,持续经营时间可以从有限责任公司成立之日起计算。

3. 发行人应当主营业务突出

《管理办法》要求发行人集中有限的资源主要经营一种业务，并强调符合国家产业政策和环境保护政策。同时，要求募集资金只能用于发展主营业务。

4. 对发行人公司治理提出严格要求

发行人应当保持主营业务、管理层和实际控制人最近 2 年内没有发生重大变化。发行人与实际控制人、控股股东及其控制的其他企业不存在同业竞争，以及严重影响公司独立性或显失公允的关联交易。发行人及其控股股东、实际控制人最近 3 年内不存在损害投资者合法权益和社会公共利益的重大违法行为。发行人及其控股股东、实际控制人最近 3 年内不存在未经法定机关核准，擅自公开或者变相公开发行证券，或者有关违法行为虽然发生在 3 年前，但目前仍处于持续状态的情形。

二、股票发行的基本方式

股票发行方式在各国不同的政治、经济、社会条件下，特别是金融体制和金融市场管理的差异使股票的发行方式也是多种多样的。根据不同的分类方法，可以概括如下：

（一）公开发行与非公开发行

这是根据发行的对象不同来划分的。公开发行又称公募，是指事先没有特定的发行对象，向社会广大投资者公开推销股票的方式。采用这种方式，可以扩大股东的范围，分散持股，防止囤积股票或被少数人操纵，有利于提高公司的社会性和知名度，为以后筹集更多的资金打下基础；也可增加股票的适销性和流通性。公开发行可以采用股份公司自己直接发售的方法，也可以支付一定的发行费用通过金融中介机构代理。

非公开发行又叫私募，是指发行者只对特定的发行对象发行股票的方式。通常在两种情况下采用：一是配股，又称股东分摊，即股份公司按股票面值向原有股东分配该公司的新股认购权，动员股东认购。这种新股发行价格往往低于市场价格，事实上成为对股东的一种优待，一般股东都乐于认购。如果有的股东不愿认购，他可以自动放弃新股认购权，也可以把这种认购权转让他人，从而形成了认购权的交易。二是定向增发，又称第三者分摊，即股份公司将新股票分售给公司股东或者公司以外的本公司职工、往来客户等与公司有特殊关系的第三者。采用这种方式往往出于两种考虑：一是为了按优惠价格将新股分摊给特定者，以示照顾；二是当新股票发行遇到困难时，向第三者分摊以求支持，无论是股东还是私人配售，由于发行对象是既定的，因此，不必通过公募方式，这不仅可以节省委托中介机构的手续费，降低发行成本，还可以调动股东和内部的积极性，巩固和发展公司的公共关系。但缺点在于这种不公开发行的股票流动性差，短时期内不能公开在市场上转让出售。

（二）直接发行与间接发行

这是根据发行者推销出售股票的方式不同来划分的。直接发行又叫直接招股，是指股份公司自己承担股票发行的一切事务和发行风险,直接向认购者推销出售股票的方式。采用直接发行方式时,要求发行者熟悉招股手续,精通招股技术并具备一定的条件。如果当认购额达不到计划招股额时,新建股份公司的发起人或现有股份公司的董事会必须自己认购来出售的股票。因此,只适用于有既定发行对象或发行风险少、手续简单的股票。在一般情况下,不公开发行的股票或因公开发行有困难(如信誉低所致的市场竞争力差、承担不了大额的发行费用等)的股票,或是实力雄厚,有把握实现巨额私募以节省发行费用的大股份公司股票,才采用直接发行的方式。

间接发行又称间接招股,是指发行者委托证券发行中介机构出售股票的方式。这些中介机构作为股票的推销者,办理一切发行事务,承担一定的发行风险并从中提取相应的收益。股票的间接发行有两种方法:一是代销,又称为代理招股,推销者只负责按照发行者的条件推销股票,代理招股业务,而不承担任何发行风险,在约定期限内能销多少算多少,期满仍销不出去的股票退还给发行者。由于全部发行风险和责任都由发行者承担,证券发行中介机构只是受委托代为推销,因此,代销手续费较低。二是包销,包销又分为余额包销和全额包销。余额包销是指股票发行者与证券发行中介机构签订推销合同明确规定,在约定期限内,如果中介机构实际推销的结果未能达到合同规定的发行数额,其差额部分由中介机构自己承购下来。这种发行方法的特点是能够保证完成股票发行额度,一般较受发行者的欢迎,而中介机构因需承担一定的发行风险,故承销费高于代销的手续费。全额包销,又称包买招股,当发行新股票时,证券发行中介机构先用自有资金一次性地把将要公开发行的股票全部买下,然后再根据市场行情逐渐卖出,中介机构从中赚取买卖差价。若有滞销股票,中介机构减价出售或自己持有,由于发行者可以快速获得全部所筹资金,而推销者则要全部承担发行风险,因此,包销费更高于代销费和承销费。股票间接发行时究竟采用哪一种方法,发行者和推销者考虑的角度是不同的,需要双方协商确定。一般说来,发行者主要考虑自己在市场上的信誉、用款时间、发行成本和对推销者的信任程度;推销者则主要考虑所承担的风险和所能获得的收益。

(三)有偿增资和无偿增资

这是按照投资者认购股票时是否交纳股金来划分的。

有偿增资就是指认购者必须按股票的某种发行价格支付现款,方能获得股票的一种发行方式。一般公开发行的股票、私募中的配股、定向增发都采用有偿增资的方式,采用这种方式发行股票,可以直接从外界募集股本,增加股份公司的资本金。

无偿增资,是指认购者不必向股份公司缴纳现金就可获得股票的发行方式,发行对象只限于原股东,采用这种方式发行的股票,不能直接从外办募集股本,而是依靠减少股份公司的公积金或盈余结存来增加资本金,一般只在股票派息分红、股票分割和法定公积金或盈余转作资本配股时采用无偿增资的发行方式,按比例将新股票无偿交付给原股东,其目的主要是为了增加股东权益,以增强股东信心和公司信誉或为了调整资本结构。由于无偿发行要受资金来源的限制,因此,不能经常采用这种方式发行股票。

【案例 6.1】

全聚德（002186）新股发行资料

股票代码	002186	股票简称	全聚德
上市地点	深圳证券交易所	申购代码	002186
发行数量/万股	3 600	发行价格/(元·股$^{-1}$)	11.390 0
申购价格上限/元		申购价格下限/元	
发行市盈率/倍	29.97	路演时间	2007年11月2日（周五）9:00～12:00
网上发行日期	2007-11-05	网下配售日期	2007-11-02
发行前每股净资产	2.420 0	发行后每股净资产	4.550 0
承销方式	余额包销	保荐机构	××证券股份有限公司
网上发行中签率/%	0.037 726 569 4	中签号公布日	2007-11-08
首日流通股数占总流通量比例/%	80	首日流通股数（股）	28 800 000
中签号	末"4"位数：0400、5400、6346；末"5"位数：20170、40170、60170、80170、00170、32561、82561；末"6"位数：835061、635061、435061、235061、035061、564547、064547；末"7"位数：5841592、0841592；末"8"位数：11898748、31898748、51898748、71898748、91898748。		
股利分配政策	公开发行股票前的滚存利润由发行后新老股东共享。		

第三节 债券发行市场

一、债券发行的条件

债券发行的条件主要指公司债券的发行条件。根据《公司法》第159条的规定，股份有限公司、国有独资公司和两个以上的国有企业或者其他两个以上的国有投资主体投资设立的有限责任公司，为筹集生产经营资金，可以依法发行公司债券。其他企业或有限公司可以依照《企业债券管理条例》发行企业债券，但不得按照《公司法》发行公司债券。

（一）首次发行公司债券的条件

（1）发行债券必须是为了筹集生产经营资金，发行公司债券所筹集资金必须用于审批机关批准的用途，不得用于弥补亏损和非生产性支出。

(2) 股份公司的净资产额不低于人民币 3 000 万元,有限公司的净资产额不低于人民币 6 000 万元。在公司法上,净资产为资产负债表所载之"股东权益",也即公司股本、公积金、公益金和未分配利润之和。

(3) 累计债券总额不超过公司净资产额的 40%。依照公司净资产额限制债券发行总额,在国外公司法上非常普遍,这有助于维持公司还本付息能力。

(4) 最近 3 年平均可分配利润足以支付公司债券 1 年的利息。

(5) 筹集资金的投向符合国家产业政策。

(6) 债券利率不得超过国务院限定的利率水平。

(7) 国务院规定的其他条件。

(二) 再次发行公司债券的限制条件

《公司法》除对公司债券的一般发行条件作出规定,还对再次发行公司债券作出限制。根据《公司法》第 162 条规定,存有下列情况之一的公司,不得再次发行公司债券:

(1) 前一次发行的公司债券尚未募足。

(2) 对已发行的公司债券或者其他债务有违约或者延迟支付本息的事实,且处于继续状态。

(三) 可转换公司债券的发行条件

可转换公司债券是公司债券的特殊形态。根据《公司法》规定,可转换公司债券的发行人应当为上市公司,《可转换公司债券管理暂行办法》将发行人扩大至上市公司及重点国有企业。《公司法》第 172 条对于可转换公司债券的发行条件有特殊规定,据此,公司债券可转换为股票的,除具备发行公司债券的条件外,还应当符合股票发行的条件。

1. 上市公司发行可转换公司债券的发行条件

《可转换公司债券管理暂行办法》第 9 条规定,上市公司发行可转换公司债券,应当符合下列条件:

(1) 最近 3 年连续盈利,且最近 3 年净资产利润率平均在 10% 以上,属于能源、原材料、基础设施类的公司可以略低,但是不得低于 7%。

(2) 可转换公司债券发行后,资产负债率不高于 70%。

(3) 累计债券金额余额不超过公司净资产额的 40%。

(4) 募集资金的投向符合国家产业政策。

(5) 可转换公司债券的利率不超过银行同期存款的利率水平。

(6) 可转换公司债券的发行额不少于人民币 1 亿元。

(7) 国务院证券委员会规定的其他条件。

2. 重点国有企业发行可转换公司债券的条件

重点国有企业发行可转换公司债券,除要符合上市公司发行条件中的第 3~7 项外,还应当同时符合以下条件：
（1）债券发行人最近3年连续盈利，且最近3年的财务报告已经具有从事证券业资格的会计师事务所审计。
（2）债券发行人有明确、可行的企业改制和上市计划。
（3）债券发行人有可靠的偿债能力。
（4）债券发行人有具有代为清偿债务能力的保证人的担保。

二、债券发行的方式

（一）定向发行

定向发行又称私募发行、私下发行，即面向少数特定投资者发行债券。一般由债券发行人与某些机构投资者，如人寿保险公司、养老基金、退休基金等直接洽谈发行条件和其他具体事务，属于直接发行。

（二）承购包销

承购包销指发行人与由商业银行、证券公司等金融机构组成的承销团通过协商条件签订承购包销合同，由承销团分销拟发行债券的发行方式。

（三）招标发行

招标发行指通过招标方式确定债券承销商和发行条件的发行方式。根据标的物不同，招标发行可分为价格招标、收益率招标和缴款期招标；根据中标规则不同，可分为荷兰式招标和美式招标。以价格作为标的的荷兰式招标（单一价格中标），是以募满发行额为止所有投标者的最低中标价格作为最后中标价格，全体中标者的中标价格是单一的；以收益率为标的的荷兰式招标，是以募满发行额为止的中标者最高收益率作为全体中标者的最终收益率，所有中标者的认购成本是相同的。以价格为标的的美式招标（多种价格中标），是以募满发行额为止中标者各自的投标价格作为各中标者的最终中标价，各中标者的认购价格是不相同的。以收益率为标的的美式招标，是以募满发行额为止的中标者所投标的各个价位上的中标收益率作为中标者各自的最终中标收益率，各中标者的认购成本是不相同的。一般情况下，短期贴现债券多采用单一价格的荷兰式招标，长期复息债券多采用多种收益率的美式招标。

三、债券发行的审核制度

世界各国证券主管机关对债券发行都采取审核制度，审核方式主要有两种：一种是注册制，另一种是核准制。

（一）注册制

证券发行注册制实行公开管理原则，实质上是一种发行公司的财务公开制度。该方式要求发行人提供关于证券发行本身以及和证券发行有关的一切信息。发行人不仅要完全公开有关信息,不得有重大遗漏,并且要对所提供信息的真实性、完整性和可靠性承担法律责任。发行人只要充分披露了有关信息,在注册申报后的规定时间内未被证券监管机构拒绝注册,就可以进行证券发行,无需再经过批准。实行证券发行注册制可以向投资者提供证券发行的有关资料,但并不保证发行的证券资质优良,价格适中。

(二)核准制

核准制是指发行人申请发行证券,不仅要公开披露与发行证券有关的信息,符合《公司法》和《证券法》所规定的条件,而且要求发行人将发行申请报请证券监管部门决定的审核制度。证券发行核准制实行实质管理原则,即证券发行人不仅要以真实状况的充分公开为条件,而且必须符合证券监管机构制订的若干适合于发行的实质条件。只有符合条件的发行人经证券监管机构的批准方可在证券市场上发行证券。实行核准制的目的在于证券监管部门能尽法律赋予的职能,保证发行的证券符合公众利益和证券市场稳定发展的需要。

我国《证券法》规定,公开发行股票、公司债券和国务院依法认定的其他证券,必须依法报经国务院证券监督管理机构或国务院授权部门核准。公开发行是指向不特定对象发行证券、向累计超过200人的特定对象发行证券以及法律、行政法规规定的其他发行行为。上市公司申请公开发行证券,应当由保荐人保荐,并向中国证监会申报。保荐制度明确了保荐人和保荐代表人的责任,并建立了责任追究机制。保荐人及其保荐代表人应当遵循勤勉尽责、诚实守信的原则,认真履行审慎审核和辅导义务,并对其出具的发行保荐书的真实性、准确性、完整性负责。发行核准制度规定国务院证券监督管理机构设发行审核委员会(简称"发审委")。发审委审核发行人可转换公司债等中国证监会认可的其他证券的发行申请。发审委依照《证券法》、《公司法》等法律、行政法规和中国证监会的规定,对发行人的发行申请文件和中国证监会有关职能部门的初审报告进行审核,提出审核意见。

四、债券的信用评级

信用评级又称资信评级,是一种社会中介服务,将为社会提供资信信息,或为单位自身提供决策参考。信用评级最初产生于20世纪初期的美国。1902年,穆迪公司的创始人约翰·穆迪开始对当时发行的铁路债券进行评级。后来延伸到各种金融产品及各种评估对象。由于信用评级的对象和要求有所不同,因而信用评级的内容和方法也有较大区别。研究资信的分类,就是为了对不同的信用评级项目探讨不同的信用评级标准和方法。

债券的信用评级是指按一定的指标体系对准备发行债券的还本利息的可靠程度发出公正客观的评定。进行债券信用评级最主要原因是方便投资者进行债券投资决策。投资者购买债券要承担一定风险。如果发行者到期不能偿还本息,投资者就会蒙受损失,这种风险称为信用风险。债券的信用风险依发行者偿还能力不同而有所差异。对广大投资者尤其是中小投资者来说,由于受到时间、知识和信息的限制,无法对众多债券进行分析和选择,因此需要专业机构对债券进行信用评级,以方便投资者决策。债券信用评级的另一个重要原因,是减少信誉高的发行人的筹资成本。一般来说,资信等级越高的债券,越容易得到投资者的信任,能够以较低的利率出售;而资信等级低的债券,风险较大,只能以较高的利率发行。一般会根据债券的投资价值和偿债能力等指标对债券进行信用评级,信用等级标准从高到低可划分为:Aaa 级、Aa 级、A 级、Baa 级、Ba 级、B 级、Caa 级、Ca 级和 C 级。前四个级别债券信誉高,违约风险小,属于"投资级债券",第五级开始的债券信誉低,属于"投机级债券"。

信用评级按照评估方式来分,可以分为公开评估和内部评估两种。

(一)公开评估

一般指独立的信用评级公司进行的评估,评估结果要向社会公布,向社会提供资信信息。评级机构最著名的两家是美国的标准·普尔公司和穆迪投资服务公司,由于它们占有详尽的资料,采用先进科学的分析技术,又有丰富的实践经验和大量专门人才,因此它们所做出的信用评级具有很高的权威性。评估公司要对评估结果负责,评估结果具有社会公证性质。这就要求信用评级公司必须具有超脱地位,不带行政色彩,不受任何单位干预,评估依据要符合国家有关法规政策,具有客观公正性,在社会上具有相当的权威性。

(二)内部评估

内部评估是指评估结果不向社会公布,内部掌握。例如,银行对借款人的信用等级评估,就属于这一种,由银行信贷部门独立进行,作为审核贷款的内部参考,不向外提供资信信息。

【案例 6.2】

标准普尔和穆迪公司的债券评级标准

标准普尔公司	穆迪公司	性质	级别	说明
AAA	Aaa	投资性	最高级	信誉最高,债券本息支付无问题
AA	Aa	投资性	高级	有很强的支付本息的能力
A	A	投资性	中上级	仍有较强支付能力,但当经济形势发生逆转时,较为敏感
BBB	Baa	投资性	中级	有一定支付能力,但当经济发生逆转时,较上述级别更易受影响
BB	Ba	投机级	中下级	有投机因素,但投机程度相对较低
B	B	投机级		投机的
CCC–CC	Caa	投机级		可能不还
C	Ca	投机级		不还,但可以收回一点
DDD–D	C	投机级		无收回可能

第四节 证券投资基金的发行市场

一、证券投资基金的发行

(一)封闭式基金的募集

1. 封闭式基金的募集程序

封闭式基金的募集又称"封闭式基金份额的发售",是指基金管理公司根据有关规定向中国证监会提交募集文件,发售基金份额,募集基金的行为。封闭式基金的募集一般要经过申请、核准、发售、备案、公告五个步骤。

2. 封闭式基金募集申请文件

我国基金经理人进行封闭式基金的募集,必须依据《证券投资基金法》的有关规定,向中国证监会提交相关文件。申请募集封闭式基金应提交的主要文件包括:基金募集申请报告、基金合同草案、基金托管协议草案、募集说明书草案等。

3. 募集申请的核准

根据《证券投资基金法》的要求,中国证监会应当自受理封闭式基金募集申请之日起6个月内作出核准或者不予核准的决定。

4. 封闭式基金份额的发售

(1)基金管理人应当自收到核准文件之日起6个月内进行封闭式基金份额的发售。

(2)封闭式基金的募集不得超过中国证监会核准的基金募集期限。封闭式基金的募集期限自基金份额发售之日起计算。目前,我国封闭式基金的募集期限一般为3个月。

(3)我国封闭式基金的发售价格一般采用1元基金份额面值加计0.01元发售费用的方式加以确定。在发售方式上,主要有网上发售与网下发售两种方式。

(4)封闭式基金在基金募集期间募集的资金应当存入专门账户,在基金募集行为结束前,任何人不得动用。

5. 封闭式基金的合同生效

(1)封闭式基金募集期限届满,基金份额总额达到核准规模的80%以上,并且基金份额持有人人数达到200人以上,基金管理人应当自募集期限届满之日起10日内聘请法定验资机构验资。

(2)自收到验资报告之日起10日内,向中国证监会提交备案申请和验资报告,办理基金备案手续,刊登基金合同生效公告。

(二)开放式基金的募集

1. 开放式基金募集的程序

开放式基金的募集是指基金管理公司根据有关规定,向中国证监会提交募集文件,首次发售基金份额募集基金的行为。开放式基金的募集程序与封闭式基金的募集程序相似,也要经过申请、核准、发售、备案、公告五个步骤。

2. 申请募集文件

基金管理人募集开放式基金应当按照《证券投资基金法》和中国证监会的规定提交申请材料。开放式基金应提交的申请募集文件项目与封闭式基金基本相同,但开放式基金在一些文件的具体内容上与封闭式基金有所不同。

3. 募集申请的核准

(1)根据《证券投资基金法》及其配套法规的要求,中国证监会应当自受理开放式基金募集申请之日起6个月内做出核准或者不予核准的决定。

(2)开放式基金募集申请经中国证监会核准后方可发售基金份额。

4. 开放式基金的募集期

(1)基金经理人应当自收到核准文件之日起6个月内进行开放式基金的募集。

(2)开放式基金的募集期满自基金份额发售之日起计算,不得超过3个月。

5. 开放式基金份额的发售

开放式基金份额的发售,由基金经理人负责办理。基金管理人可以委托商业银行、证券公司等经过国务院证券监督管理机构认定的其他机构代理基金份额的发售。

6. 开放式基金的基金合同生效

基金募集期限届满,募集的基金份额总额符合《证券投资基金法》第44条规定,并具备下列条件的,基金管理人应当按照规定办理验资和基金备案手续:

(1)基金募集份额总额不少于2亿份,基金募集金额不少于2亿元人民币。

(2)基金份额持有人的人数不少于200。

中国证监会自收到基金管理人验资报告和基金备案材料之日起3个工作日内予以书面确认;自中国证监会书面确认之日起,基金备案手续办理完毕,基金合同生效。基金管理人应当在收到中国证监会确认文件的次日予以公告。

二、证券投资基金的认购

封闭式基金发行时,投资者可以在交易所或者指定机构购买,一旦封闭式基金成立,即不能进行申购和赎回,投资者只能在证券公司通过交易所平台像买卖股票一样买卖封闭式基金。相对来说,开放式基金的认购程序更为复杂,下面主要针对开放式基金的认购进行介绍:

(一)开放式基金的认购渠道

目前,我国可以办理开放式基金认购业务的机构主要包括商业银行、证券公司、证券投资咨询机构、专业基金销售机构,以及中国证监会规定的其他具备基金代销业务资格的机构。

(二)开放式基金的认购步骤

投资者参与认购开放式基金,分为开户、认购、确认三个步骤。

(三) 开放式基金的认购方式与认购费率

1. 认购方式

开放式基金的认购采取金额认购的方式,分为前端收费模式与后端收费模式。前端收费模式是指在认购基金份额时就支付认购费用的付费模式;后端收费模式是指在认购基金份额时不收费,在赎回基金时才支付认购费用的收费模式。后端收费模式设计的目的是为鼓励投资者能够长期持有基金。

2. 认购费率

中国证监会于 2007 年 3 月对认(申)购费用及认(申)购份额计算方法进行了统一规定。根据规定,基金认购费率将统一按净认购金额为基础收取,相应的基金认购费用与认购份额的计算公式为

$$认购费用 = 净认购金额 \times 认购费率$$
$$净认购金额 = 认购金额/(1+认购费率)$$
$$认购份额 = (净认购金额 + 认购利息)/基金份额面值$$

关于不同基金类型的认购费率有如下规定:

①《证券投资基金销售管理办法》规定开放式基金的认购费率不得超过认购金额的 5%。

②目前,我国股票型基金的认购费率大多在 1% ~ 1.5% 左右,债券型基金的认购费率通常在 1% 以下,货币型基金一般认购费为 0。

3. 最低认购金额与追加认购金额

目前,我国开放式基金的最低认购金额一般为 1 000 元人民币。一些基金对追加认购金额有最低金额要求,而另一些基金则没有此类要求。

第五节 证券的承销

一、证券承销前的准备

根据我国《证券法》第二十八条的规定,承销商承销证券应采用包销或者代销的方式。上市公司非公开发行股票未采用自行销售方式或者上市配股的,应当采用代销的方式。承销商在承销过程中,不得以提供透支、回扣或者中国证监会认定的其他不正当手段诱使他人申购股票。

(一) 保荐制度

1. 保荐业务的基本要求

中国证监会于 2008 年 10 月 17 日发布了《证券发行上市保荐业务管理办法》,要求发行人针对首次公开发行股票并上市,上市公司发行新股、可转换公司债券及中国证监会认定的其他

情形聘请具有保荐机构资格的证券公司履行保荐职责。

证券发行规模达到一定数量的,可以采用联合保荐,但参与联合保荐的保荐机构不得超过两家。证券发行的主承销商可以由该保荐机构担任,也可以由其他具有保荐资格的证券公司与该保荐机构共同担任。

2. 保荐业务规程

保荐机构应当尽职推荐发行人证券发行上市。发行人证券上市后,保荐机构应当持续督导发行人履行规范运作、信守承诺、信息披露等义务。具体内容有:

(1)尽职调查。保荐机构推荐发行人证券发行上市,应当遵循诚实守信、勤勉尽责的原则,按照中国证监会对保荐机构尽职调查工作的要求,对发行人进行全面调查,充分了解发行人的经营状况及其面临的风险和问题。

(2)推荐发行和推荐上市。保荐机构决定推荐发行人证券发行上市的,可以根据发行人的委托,组织编制申请文件并出具推荐文件。保荐机构推荐人发行证券,应当向中国证监会提交发行保荐书、保荐代表人专项授权书、发行保荐工作报告以及中国证监会要求的其他与保荐业务有关的文件。

(3)配合中国证监会审核。

(4)持续督导。

3. 保荐业务协调

(1)保荐机构及其保荐代表人与发行人。保荐机构应当与发行人签订保荐协议,明确双方的权利和义务,按照行业规范协商确定履行保荐职责的相关费用。保荐机构及其保荐代表人履行保荐职责可以对发行人行使的权利。发行人发生规定情形的,应当及时通知或者咨询保荐机构,并将相关文件送交保荐机构。

(2)保荐机构与其他证券服务机构。保荐机构应当组织协调证券服务机构及其签字人员参与证券发行上市的相关工作。

4. 保荐业务工作底稿的保存

中国证监会于2009年3月制订了《证券发行上市保荐业务工作底稿指引》,要求保荐机构应当按照指引的要求编制工作底稿。工作底稿是指保荐机构及其保荐代表人在从事保荐业务全部过程中获取和编写的、与保荐业务相关的各种重要资料和工作记录的总称。工作底稿应当内容完整、格式规范、标志统一、记录清晰。工作底稿应当至少保存10年。

(二)首次公开发行股票的辅导

1. 辅导工作的总体目标和原则

中国证监会分别于2006年5月、2008年12月分别实施了《首次公开发行股票并上市管理办法》和《证券发行上市保荐业务管理办法》。根据规定,保荐机构(保荐人)在推荐发行人首次公开发行股票并上市前,应当对发行人进行辅导。首次发行上市辅导工作的总体目标是:

(1)促进辅导对象建立良好的公司治理。
(2)促进辅导对象形成独立运营和持续发展的能力。
(3)督促公司的董事、监事、高级治理人员全面理解发行上市有关法律法规、证券市场规范运作和信息披露的要求。
(4)促进辅导对象树立进入证券市场的诚信意识、法制意识。
(5)促进辅导对象具备进入证券市场的基本条件。
(6)促进辅导机构及参与辅导工作的其他中介机构履行勤勉尽责义务。

辅导期限至少为一年。辅导期自辅导机构向辅导对象所在地的中国证监会派出机构报送备案材料后,派出机构进行备案登记之日开始计算,至派出机构出具监管报告之日结束。辅导工作应当遵循的原则有:勤勉尽责,老实信用,突出重点,鼓励创新,责任明确,风险自担。

2. 辅导机构、辅导人员和辅导对象

辅导对象聘请的辅导机构应是具有主承销商资格的证券机构以及其他经有关部门认定的机构。辅导机构应当针对每一个辅导对象组成专门的辅导工作小组。辅导对象拟或已聘用的会计师事务所、律师事务所的执业人员应在辅导机构的协调下参与辅导工作,辅导机构也可根据需要另行聘请执业会计师、律师等参与辅导。辅导机构至少应有三名固定人员参与辅导工作小组。其中至少有一人具有担任过首次公开发行股票主承销工作项目负责人的经验。同一人员不得同时担任四家以上企业的辅导工作。辅导对象依法自主选择辅导机构,中国证监会及派出机构、其他任何部门不得代替辅导对象选择或干预其选择。辅导机构可以是辅导对象提出发行上市申请的推荐人或保荐人。辅导对象全体董事、监事、经理、副经理、财务负责人、董事会秘书及其他高级管理人员必须参与整个辅导过程,并积极配合辅导工作。

3. 辅导程序和重新辅导

辅导协议签署后5个工作日内,辅导机构应向派出机构进行辅导备案登记。备案登记材料应包括:

(1)辅导备案申请报告。
(2)辅导人员名单及其简历。
(3)辅导机构及辅导人员的资格证实文件。
(4)辅导对象全体董事、监事、经理、副经理、财务负责人、董事会秘书及其他高级治理人员名单及其简历。
(5)辅导协议。
(6)辅导计划及实施方案。
(7)辅导对象基本情况备案表。
(8)辅导人员对同期担任辅导工作的公司家数的说明。

派出机构应于10个工作日内按照前条规定的内容对辅导机构提交的备案材料的齐备性进行审查。如无异议,备案申请报送日即为备案登记日。如有异议,应给予书面反馈意见,明确提出再次申请备案的要求。从辅导开始之日起,辅导机构每三个月向派出机构报送一次辅导工作备案报告。最后一次报送的备案报告,可与辅导工作总结报告合一。辅导对象应在辅导期满六个月之后十天内,就接受辅导、预备发行股票的事宜在当地至少两种主要报纸连续公告两次以上,公告信息中应包括派出机构的举报电话及通信地址。辅导机构应于辅导期内对接受辅导的人员进行至少一次书面考试。辅导机构认为达到辅导计划目标后可向派出机构报送辅导工作总结报告,提出辅导评估申请,派出机构应按规定出具辅导监管报告。辅导机构结束辅导工作、派出机构出具辅导监管报告后,主承销商或推荐人可结合辅导总结报告、尽职调查情况、内部核查结论向中国证监会进行首次公开发行股票的推荐。在辅导工作结束至主承销商推荐之间,辅导机构仍应持续关注辅导对象的重大变化,对发生与辅导总结工作报告不一致的重大事项,应向派出机构报告。辅导对象发行上市后,主承销商应在履行回访或保荐义务过程中持续关注信息披露和与辅导工作总结报告有关的事项。辅导机构和辅导对象认为在协议期内未达到辅导目标的,可申请适当延长辅导时间,并向派出机构书面说明。

辅导工作结束后,辅导对象如发生下列情况之一的,应重新进行辅导:
(1)辅导工作结束至主承销商推荐期间发生控股股东变更。
(2)辅导工作结束至主承销商推荐期间发生主营业务变更。
(3)辅导工作结束至主承销商推荐期间发生1/3以上董事、监事、高级管理人员变更。
(4)辅导工作结束后三年内未有主承销商向中国证监会推荐首次公开发行股票的。
(5)中国证监会认定应重新进行辅导的其他情形。

辅导对象报送首次公开发行股票的申请未予核准的,除非中国证监会在不予核准通知书中另有其他要求,否则应针对存在的问题重新辅导半年以上。

(三)发行文件准备

发行文件主要包括以下八种:

1. 招股(配股)说明书

招股(配股)说明书是股份有限公司发行股票时就发行中的有关事项向公众作出披露,并向特定或非特定投资人提出购买或销售其股票的要约或要约邀请的法律文件。公司发售新股必须制作招股说明书。如果是初次发行,一般称为招股说明书;如果是采用配股的方式发行新股,则称为配股说明书。招股(配股)说明书是发行人向中国证监会申请公开发行申报材料的必备部分。

招股(配股)说明书必须对法律、法规、上市规则要求的各项内容进行披露。招股(配股)说明书由发行人在主承销商及其他中介机构的辅助下完成,由公司董事会或筹委会表决通过。审核通过的招股(配股)说明书应当依法向社会公众披露。招股(配股)说明书的有效期是6个月,自招股说明书签署完毕之日起计算。在招股(配股)说明书上签章的人员(全体发起人或者董事以及主承销商)必须保证招股说明书的内容真实、准确、完整,并保证对其承担连带责任。

招股(配股)说明书应当依照有关法律、法规的规定,遵循特定的格式和必要的记载事项的要求编制。对此,中国证监会制定了《公开发行股票公司信息披露的内容与格式准则第一号——招股说明书的内容与格式》和《公开发行股票公司信息披露的内容与格式准则第四号——配股说明书的内容与格式(试行)》。

根据准则规定,招股说明书应包括:招股说明书的封面、招股说明书目录、招股说明书正文、招股说明书附录和招股说明书备查文件等五个方面的内容。配股说明书的内容包括封面、正文、附录和备查文件四个方面。

2. 招股说明书概要

招股说明书概要是对招股说明书内容的概括,一般约1万字,是由发行人编制,随招股说明书一起报送批准后,在承销期开始前2～5个工作日在至少一种由证监会指定的全国性报刊上及发行人选择的其他报刊上刊登,供公众投资者参考的关于发行事项的信息披露法律文件。招股说明书概要应简要提供招股说明书的主要内容,但不得误导投资者。

在《招股说明书概要》标题下必须载明下列文字:"本招股说明书概要的目的仅为尽可能广泛、迅速地向公众提供有关本次发行的简要情况。招股说明书全文方为本次发售股票的正式法律文件。投资人在作出认购本股的决定之前,应首先仔细阅读招股说明书全文,并以全文作为投资决策的依据。"

3. 资产评估报告

资产评估报告是评估机构完成评估工作后出具的具有公正性的结论报告。该报告经过国有资产管理部门或者有关的主管部门确认后生效。从法律上说,资产评估报告仅为投资人以净资产认股或者以净资产从事交易的实施依据,因此,如果股份有限公司发起人以净资产投资折股的行为距本次股票发行时间过长的话,则该资产评估报告的内容可能已不能适当地反映评估范围内的净资产数值。在此种情况下,招股说明书对于发行人本次募股前资产负债状况的反映通常以经过审计的资产负债表为准。

根据国家国有资产管理局颁发的《关于资产评估报告书的规范意见》,境内募股前的资产评估报告应当满足以下必要内容的要求:

(1)正文。包括的主要内容有:评估机构与委托单位名称、评估目的与评估范围、资产状况与产权归属、评估基准日期(该项日期表述应当是评估中确定汇率、税率、费率、利率和价格标准时所实际采用的基准日期)、评估原则、评估方法和计价标准、资产评估结论(评估报告应当明确评估价值结果。该评估价值结果应当包括资产原值、资产净值、重置价值、评估价值、评估价值对净值的增减值和增减率等内容)、评估人员签章及评估报告的出具日期(评估报告应当由两名以上具有证券业务资格的评估人员及其所在机构签章,并应当由评估机构的代表人和评估项目负责人签章)等。

(2)资产评估附件。此类附件主要包括:评估资产的汇总表与明细表、评估方法说明和计算过程、与评估基准日有关的会计报表、被评估单位占有不动产的产权证明文件复印件、评估机构和评估人员资格证明文件复印件等。

4. 审计报告

审计报告是审计人员向发行人及利害关系人报告其审计结论的书面文件,也是审计人员在股票发行准备中尽责调查的结论性文件。审计报告的内容包括以下几部分:审计概况、审计发现问题的情况说明、审计意见(审计意见是审计人员对审计结论的意见。审计人员在出具审计意见时,根据对企业全面、公正、客观地进行审计的结果,就不同的情况,出具无保留意见审计报告、保留意见审计报告、相反意见审计报告或拒绝表示意见的审计报告)、审计人员的签章及审计报告日期(审计报告应当由具有证券从业资格的注册会计师及其所在的事务所签字盖章)。

5. 盈利预测的审核函

招股说明书及其附件中的盈利预测报告应切合实际,并须由具有证券业从业资格的会计师事务所和注册会计师出具审核报告。盈利预测审核函即是经注册会计师对发行人的盈利预测进行审核后出具的审核确认函。

盈利预测由发行人在主承销商、从事审计工作注册会计师的参与下编制。预测的期间不应当少于12个月。盈利预测应当是对一般的经济条件、营业环境、市场情况、发行人生产经营条件和财务状况进行合理的假设,并对各项假设加以说明。根据我国股票发行实践,盈利预测文件中的预测数据通常包括销售收入、产品生产成本、期间费用、期间毛利、营业外收支、税金、税前利润和税后利润以及每股盈利、市盈率。注册会计师对上述数据审核后出具审核函。

为防止发行公司高估未来盈利能力,造成对投资者的误导,对盈利预测要求:

(1)凡年度报告的利润实现数低于预测数10%~20%的,发行公司及其聘任的注册会计师应在股东大会及指定报刊上作出解释,发行公司应向投资者公开道歉。

(2)凡年度报告的利润实现数低于预测数20%以上的,除要作出解释和公开致歉外,将停止发行公司两年内的配股资格。如有故意弄虚作假行为,将依据有关规定予以处罚。

6. 发行人法律意见书和律师工作报告

(1)法律意见书。法律意见书是律师对股份有限公司发行准备阶段审查工作依法作出的结论性意见。发行人聘请的律师(发行人律师)应根据《股票发行与交易管理暂行条例》和中国证监会《公开发行股票公司信息披露的内容与格式准则第六号——法律意见书和律师工作报告的内容与格式》的要求出具法律意见书。

(2)律师工作报告。律师工作报告是对公司发行阶段律师的工作过程,法律意见书所涉及的事实极其发展过程,每一法律意见所依据的事实和有关法律规定作出的详尽、完整的阐述,并就疑难问题展开讨论和说明。

7. 验证笔录

验证笔录是发行人向中国证监会申请公开发行人民币普通股(A股)所必须具备的法定文件之一,是主承销商律师对招股说明书所述内容进行验证的记录,其目的在于保证招股说明书的真实性、准确性。

8. 辅导报告

辅导报告是证券经营机构对发行公司辅导工作结束以后就辅导情况、效果及意见向有关主管单位出具的书面报告。

募股文件除了上述几种之外,还包括公司章程、发行方案、资金运用可行性报告及项目批文等,有兼并收购行为的还应提供被收购兼并公司或项目情况、收购兼并可行性报告、收购兼并协议、收购兼并配套政策落实情况、被收购兼并企业的资产评估报告、被收购兼并企业前一年和最近一期的资产负债表及损益表、审计报告。

二、证券承销的实施

由于股票的发行与承销的流程最具有代表性,这里我们以股票的承销为例。

(一)公开发行股票的估值和询价

1. 股票的估值方法

对拟发行股票的合理估值是定价的基础。通常估值方法有两类:一类是相对估值法,另一类是绝对估值法。

(1)相对估值法亦称可比公司法,是指对股票进行估值时,对可比较的或者代表性的公司进行分析,尤其注意有着相似业务的公司的最近发行,以及相似规模的其他新近的首次公开发行,以获得估值基础。

(2)绝对估值法。绝对估值法亦称贴现法,主要包括公司贴现现金流量法、现金分红折现法。相对估值法反映的是市场供求决定的股票价格,绝对估值法体现的是内在价值决定价格,即通过对企业估值,而后计算每股价值,从而估算股票的价值。

2. 公开发行股票的询价

首次公开发行股票应当通过向特定机构投资者询价的方式确定股票发行价格。询价分为初步询价和累计投标询价。

初步询价是指发行人及其保荐机构向询价对象进行询价,并根据询价对象的报价结果确定发行价格区间及相应的市盈率区间。通俗点讲,企业和主承销商向询价对象(一般是指在中国证监会备案的基金管理公司、投资机构、证券公司等)推介和发出询价函,以反馈回来的有效报价上下限确定的区间为初步询价区间。

初步询价与累计投标询价的区别:

(1)参与的询价对象数量可能不同。初步询价的对象为发行人和保荐机构选择的符合询价对象条件的机构投资者(至少20家),而不是所有符合条件的机构投资者。而可参与累计投标询价的对象为所有符合条件的机构投资者。

(2)参与询价的方式不同。在初步询价阶段,一个机构投资者只能以一个询价对象的身份参与初步询价;在累计投标询价阶段,参与询价和配售的可以是机构投资者本身(自营账户），也可以是其管理的投资产品账户，但询价对象必须事先将相关账户报监管部门备案。

（3）是否缴纳申购款及参与股票配售。参与初步询价的机构投资者无须缴款，如果其不参与累计投标询价，也不会获得股票配售；参与累计投标询价的机构投资者须全额缴纳申购款，在发行价格以上的申购将会获得比例配售。

询价对象是指符合《证券发行与承销管理办法》规定条件的证券投资基金管理公司、证券公司、信托投资公司、财务公司、保险机构投资者、合格境外机构投资者，以及中国证监会认可的其他机构投资者。

3. 公开发行股票的定价

询价结束后，公开发行股票数量在4亿股以下、提供有效报价的询价对象不足20家的，或者公开发行股票数量在4亿股以上、提供有效报价的询价对象不足50家的，发行人及其主承销商不得确定发行价格，并应当中止发行。

【案例6.3】
中小板和创业板发行的特殊规定
2010年10月12日，证监会发布《关于修改<证券发行与承销管理办法>的决定》，将第十四条修改为："首次发行的股票在中小企业板、创业板上市的，发行人及其主承销商可以根据初步询价结果确定发行价格，不再进行累计投标询价。"

（二）证券发售

1. 证券发售的基本原则

发行人和主承销商为了确保证券的顺利发行，应遵循以下基本原则："公开、公平、公正"原则，高效原则，经济原则。

2. 向战略投资者配售

首次公开发行股票数量在4亿股以上的，可以向战略投资者配售股票。发行人应当与战略投资者事先签署配售协议，并报中国证监会备案。发行人及其主承销商应当在发行公告中披露战略投资者的选择标准、向战略投资者配售的股票总量、占本次发行股票的比例，以及持有期限制等。战略投资者不得参与首次公开发行股票的初步询价和累计投标询价，并应当承诺获得本次配售的股票持有期限不少于12个月，持有期自本次公开发行的股票上市之日起计算。

3. 向参与网下配售的询价对象配售

发行人及其主承销商应当向参与网下配售的询价对象配售股票。公开发行股票数量少于4亿股的，配售数量不超过本次发行总量的20%；公开发行股票数量在4亿股以上的，配售数量不超过向战略投资者配售后剩余发行数量的50%。询价对象应当承诺获得本次网下配售的股票持有期限不少于3个月，持有期自本次公开发行的股票上市之日起计算。本次发行的股票向战略投资者配售的，发行完成后无持有期限制的股票数量不得低于本次发行股票数量的25%。股票配售对象限于下列类别：

(1)经批准募集的证券投资基金。
(2)全国社会保障基金。
(3)证券公司证券自营账户。
(4)经批准设立的证券公司集合资产管理计划。
(5)信托投资公司证券自营账户。
(6)信托投资公司设立并已向相关监管部门履行报告程序的集合信托计划。
(7)财务公司证券自营账户。
(8)经批准的保险公司或者保险资产管理公司证券投资账户。
(9)合格境外机构投资者管理的证券投资账户。
(10)在相关监管部门备案的企业年金基金。
(11)经中国证监会认可的其他证券投资产品。

询价对象应当为其管理的股票配售对象分别指定资金账户和证券账户,专门用于累计投标询价和网下配售。指定账户应当在中国证监会、中国证券业协会和证券登记结算机构登记备案。股票配售对象参与累计投标询价和网下配售应当全额缴付申购资金,单一指定证券账户的累计申购数量不得超过本次向询价对象配售的股票总量。发行人及其主承销商通过累计投标询价确定发行价格的,当发行价格以上的有效申购总量大于网下配售数量时,应当对发行价格以上的全部有效申购进行同比例配售。初步询价后定价发行的,当网下有效申购总量大于网下配售数量时,应当对全部有效申购进行同比例配售。

主承销商应当对询价对象和股票配售对象的登记备案情况进行核查。对有下列情形之一的询价对象不得配售股票:
(1)未参与初步询价。
(2)询价对象或者股票配售对象的名称、账户资料与中国证券业协会登记的不一致。
(3)未在规定时间内报价或者足额划拨申购资金。
(4)有证据表明在询价过程中有违法违规或者违反诚信原则的情形。

4. 向参与网上发行的投资者配售

发行人及其主承销商网下配售股票,应当与网上发行同时进行。网上发行时发行价格尚未确定的,参与网上发行的投资者应当按价格区间上限申购,如最终确定的发行价格低于价格区间上限,差价部分应当退还给投资者。投资者参与网上发行应当遵守证券交易所和证券登记结算机构的相关规定。首次公开发行股票达到一定规模的,发行人及其主承销商应当在网下配售和网上发行之间建立回拨机制,根据申购情况调整网下配售和网上发行的比例。

网上发行资金申购流程如下:
网上申购期内(第T日),投资者按委托买入股票的方式,以价格区间上限填写委托单。一经申报,不得撤单。T+1交易所登记结算机构将所有申购资金集中冻结在申购专户中。T+2交易所登记结算公司应配合主承销商和会计师事务所对申购资金验资,以实际有效到位资金作为有效申购配号 T+3 主承销商负责组织摇号抽签,公布中签结果;交易所根据抽签结果进行清算交割和股东登记 T+4 对未中签部分的申购款予以解冻。根据发行人和主承销商申请,网上发行申购流程可以缩短一个交易日。

沪、深证券交易所网上申购实施办法略有不同。在申购单位上,上交所规定每一申购单位为 1 000 股,申购数量不少于 1 000 股,超过 1 000 股的必须是 1 000 股的整数倍;深交所则规定申购单位为 500 股,每一证券账户申购数量不少于 500 股,超过 500 股的必须是 500 股的整数倍。

5. 超额配售选择权

中国证监会于 2001 年 9 月 3 日发布《超额配售选择权试点意见》以规范证券公司在拟上市公司及上市公司向全体社会公众发售股票中行使超额配售选择权的行为。超额配售选择权是指发行人授予主承销商的一项选择权,获此授权的主承销商按同一发行价格超额发售不超过包销数额 15% 的股份,即主承销商按不超过包销数额 115% 的股份向投资者发售。在本次增发包销部分的股票上市之日起 30 日内,主承销商有权根据市场情况选择从集中竞价交易市场购买发行人股票,或者要求发行人增发股票,分配给对此超额发售部分提出认购申请的投资者。发行人计划在增发中实施超额配售选择权的,应当提请股东大会批准,因行使超额配售选择权所发行的新股为本次增发的一部分。在实施增发前,主承销商应当向证券登记结算机构申请开立专门用于行使超额配售选择权的账户,并向证券交易所和证券登记结算机构提交授权委托书及授权代表的有效签字样本。在超额配售选择权行使期内,假如发行人股票的市场交易价格低于发行价格,主承销商用超额发售股票获得的资金,按不高于发行价的价格从集中竞价交易市场购买发行人的股票,分配给提出认购申请的投资者;假如发行人股票的市场交易价格高于发行价格,主承销商可以根据授权要求发行人增发股票,分配给提出认购申请的投资者,发行人获得发行此部分新股所募集的资金。

超额配售选择权的行使限额,即主承销商从集中竞价交易市场购买的发行人股票与要求发行人增发的股票之和,应当不超过本次增发包销数额的 15%。主承销商行使超额配售选择权,可以根据市场情况一次或分次进行,从集中竞价交易市场购买发行人股票所发生的费用由主承销商承担。主承销商应当将预售股份取得的资金存入其在商业银行开设的独立账户。除包销以外,主承销商在发行承销期间,不得运用该账户资金外的其他资金或通过他人买卖发行人上市流通的股票。主承销商应当在超额配售选择权行使完成后的 5 个工作日内通知相关银行,将应付给发行人的资金支付给发行人。

6. 发行费用

发行费用是指发行人在股票发行申请和实际发行过程中发生的费用,该费用可在股票溢价发行收入中扣除,主要包括以下内容:

(1)承销费用。目前承销费用的收取标准是:包销商收取的包销佣金为包销股票总金额的 1.5% ~ 3%;代销佣金为实际售出股票总金额的 0.5% ~ 1.5%。

（2）发行人支付给中介机构的费用。包括申报会计师费用、律师费用、评估费用、承销费用、保荐费用以及上网发行费用等。为本次发行而进行的财务咨询费用应由主承销商承担，在发行费用中不应包括"财务顾问费"；同时，发行费用中不应包括"其他费用"项目。

除此之外，在股票公开发行时承销商还应该组织上市公司进行公开推介活动。主要包括网上路演（图像直播和文字直播）和公司推介会，向投资者进行公司的推介。

本章小结

证券发行市场又称"初级市场"或"一级市场"，是指各发行主体及其中介机构发售各种证券所形成的市场。证券有多种分类方式。证券发行市场由证券发行人、证券投资人、证券中介人构成。由于发行公司规模的不同，本章分别介绍了主板市场股票发行的条件和创业板市场股票发行的条件。在我国，债券的发行者信用程度较高，相对于股票而言，债券的发行条件要求更高，并且发行流程简便。证券投资基金分为封闭式和开放式两种，其发行方式和程序有明显的区别。证券的承销分为承销前准备和承销实施两个阶段。

思考题

1. 什么是证券发行市场？
2. 股票发行的目的是什么？
3. 影响股票发行价格的因素有哪些？
4. 什么是债券的信用评级？评级的内容主要包括哪些？
5. 开放式基金有哪些认购渠道？
6. 证券承销前的准备工作有哪些？

【案例分析】

"八·一〇"风波

1992年1月，一种叫做"股票认购证"的新鲜玩意儿走俏上海滩。5月21日，上交所放开了仅有的15只上市股票的价格限制，引发股市暴涨。由于尚无涨停板限制，沪市一日涨了105%。随后，股指连飙两日。越来越多的人开始相信：中国股票能令人一夜暴富。

深圳股市的热浪席卷了全国。被发财梦诱惑的中国股民们终于盼来了这两天——公元1992年8月9日和8月10日。120万涌进深圳的股民盼望已久的新股认购抽签表发行了。

各售表门前提前三天就有人排队，据说有人以每天50元的报酬，从新疆雇佣1 500人赶来排队；一个包裹被打开后，发现里面是2 800张身份证。

8月9日早上已有100余万人长龙队伍，购表者为男女老少本地外地工农商学私共120万人。上千万张、成捆的身份证，特快邮递至深圳，深圳银行存、汇款就有30亿。排队者不分男女老少、已婚未婚，前心贴后背地紧紧站在一起长达10小时。尽管下午4时下起了倾盆大雨，但人们"九千个雷霆也难轰"。至8月9日晚9时，500万张新股认购抽签表全部发行完毕。但是，营私舞弊暗中套购认购表的行为被许多群众发现。发售网点前炒卖认购表猖獗，100元一张表已炒到300元至500元。银行此时发布公告，将认购表回收期限延长到8月11日。许多人觉得这里有诈，因为大量认购表走后门后，购者来不及找许多身份证或还没有脱手卖掉，可见认购表的售表工作的漏洞。于是，愤怒的人们奋笔写下了"下午到市政府评理"的字句……

8月10日晚11时，深圳市长助理出面，见了请愿者，宣布了市政府的五项通告，决定再增发50万张认购表以缓解购买压力。8月11日下午2时，新增发的50万张新股认购抽签表兑换券开始发售，次日全部售完，秩序良好。

8月11日晚，深圳市市长郑良玉发表电视讲话："10日晚上有极少数不法分子利用我市发售新股抽签表供不应求和组织工作中的一些缺陷，聚众闹事，严重破坏了社会治安，危害了特区的安定团结。"

"八·一〇"风波中股票舞弊者经历时4个月清查水落石出：全市11个金融单位共设300个发售点，有10个单位共95个发售点受到群众举报；从2 900多件（次）群众投诉中筛选出重点线索62件，涉及金融、监察、工商、公安等5个系统20个单位75人，其中处级以上干部22人。到12月10日止，已清查内部截留私买的抽签表达105 399张，涉及金融系统干部、职工4 180人。其中，金融系统内部职工私买近6.5万张，执勤、监管人员私买2万多张，给关系户购买近2万张。群众投诉的62条重点线索现已核查57件68人，属实和部分属实的38件，涉及43人。其中，处级干部11人，科级干部22人，一般干部职工10人；党员23人；金融系统30人，工商系统8人，公安系统4人，企业单位1人。最后被公开处理的"罪大恶极"的9人，其中7人是单位或部门的负责人。某证券部副经理截留一箱(5 000张)抽签表私分，已开除公职。

"八·一〇"风波后，深圳股市曾一度受重创，股价指数从8月10日的310点猛跌到8月14日的285点，跌幅为8.1%。同时元气大伤，深指从此一直猛跌到11月23日的164点才止跌反弹。上海股市受深圳"八·一〇"风波影响，上证指数从8月10日的964点暴跌到8月12日的781点，跌幅达19%。这在上海股市实属罕见。

1992年10月底，也就是"八·一〇"风波发生两个月后，国务院证券委员会成立，这是中国内地最高证券管理权利机关，负责证券市场管理，保护投资者的合法权益。

问题：
1. 导致"八·一〇"风波的原因是什么？
2. "八·一〇"风波对日后的中国证券市场有怎样的意义？

第七章 Chapter 7

证券交易实务

【本章学习要求】

本章以股票交易过程和交易规则为主要线索,对股票交易的开户、委托、竞价、成交、清算、交割、交易费用等内容进行了系统的介绍。学习要求如下:

- 掌握证券交易的方式。
- 了解证券登记存管业务;掌握证券的委托买卖程序;掌握证券的竞价与成交规则;了解证券的清算与交割;掌握证券交易的费用;掌握证券的网上发行与申购。
- 了解证券交易信息;掌握开盘价与收盘价;掌握挂牌、摘牌、停牌与复牌的规则;掌握除权与除息;了解大宗交易与回转交易;掌握分红派息的流程。

【本章主要概念】

现货交易　期货交易　期权交易　融资融券　登记存管　集合竞价　连续竞价　除权除息　分红派息

【案例导读】

沪深股市在2010年经历了投资者入市的又一轮大潮,全年新增A股开户数达到1 484.8万户。其中10月与11月在市场走强的刺激下,A股开户数暴增,仅11月8日至11月12日一周,沪深两市就新开A股账户56.4万户,创下自2009年8月以来单周开户数新高。

一般来说,最近阶段新入市的股民分为以下两种情况:一种是过去根本从未接触过股票,但随着投资意识的提高对过低的银行利率和过高的炒房风险都不感兴趣,一直在积极寻找新的投资渠道,并受到近几年的房地产大涨的启发,因此最近开始对股市进行试探性投资;而另一种是过去也曾经炒过股,虽然多年前已彻底退出股市,但始终保持关注的目光,而随着股市行情趋好决定重新入市,但由于交易卡和股东账号等物件遗失,因此就拿了亲人的身份证重新开户入市。那么,对于这些对证券市场不熟悉的人来说,如何进行安全、顺利的证券交易呢?

第一节　证券交易方式

世界各地证券交易市场应用的证券交易方式大体有五种,即现货交易方式、期货交易方式、期权交易方式、信用交易方式、回购交易方式。其中现货交易方式属于传统交易方式,其他几种被认为是西方金融市场创新的产物,并得以在新兴的证券市场上迅速推广和发展。

一、现货交易

现货交易就是现买现卖,指的是在证券买卖成交后,即时办理资金和证券交割手续的交易方式,故又称即期交易。如果买卖双方约定采用这种交易方式进行交易,则卖方交出证券并向买方收取现金、买方付款并向卖方收取证券,买卖双方都有证券实物和资金的收付进出。在未清算交割前,双方均不能随意解约或冲销,若有一方到交割日不能履约,将按有关交易规则处以罚金并承担责任。简尔言之,现货交易的成交和交割基本上是同时进行的实物性交易。现货交易是证券交易所采用的最基本最常用的交易方式。

现货交易具有显著的特点:一是交割日期距成交日期时间较短。现货交易一般是在成交的当日、次日或交易所指定的例行交割日期交割清算,如纽约证券交易所采用例行交割方式,伦敦证券交易所内买卖政府债券则采用当日交割的方式。二是钱券两清。现货交易在成交后的一个相距较短的交割期内进行清算,卖方向买方交付有价证券,买方同时向卖方支付钱款,做到钱券两清的交易方式。这种实物交易,不能欠账也不能对冲。三是投机意识较为淡薄。在现货交易中,买卖双方进行交易的目的,一般并不是出于投机动机。对买方来说,多为投资,以获取将来的利息或红利方面的收益;对卖方来说,多为放弃证券持有权,回收货币资金移为他用。

二、期货交易

证券期货交易是证券现货交易的对称,它是指证券交易双方在证券成交后,同意按照成交合同规定的数量和价格,在将来的某一特定日期进行清算交割的交易方式。期货交易的最终目的并不是商品所有权的转移,而是通过买卖期货合约,回避现货价格风险。期货交易是在现货交易基础上发展起来,是商品生产者为规避风险而研发的。在远期合同交易中,交易者集中到商品交易场所交流市场行情,寻找交易伙伴,通过拍卖或双方协商的方式来签订远期合同,等合同到期,交易双方以实物交割来了结义务。交易者在频繁的远期合同交易中发现由于价格、利率或汇率波动,合同本身就具有价差或利益差,因此完全可以通过买卖合同来获利,而不必等到实物交割时再获利。为适应这种业务的发展,期货交易应运而生。

期货交易有显著的特点:一是杠杆效应。期货交易只需交纳 5%～10% 的履约保证金就能完成数倍乃至数十倍的合约交易。由于期货交易保证金制度的杠杆效应,使之具有"以小搏大"的特点,交易者可以用少量的资金进行大宗的买卖,节省大量的流动资金。二是双向交易。期货市场中可以先买后卖,也可以先卖后买,投资方式灵活。三是履约有保障。所有期货交易都通过期货交易所进行结算,且交易所成为任何一个买者或卖者的交易对方,为每笔交易做担保,所以交易者不必担心交易的履约问题。四是市场透明。交易信息完全公开,且交易采取公开竞价方式进行,使交易者可在平等的条件下公开竞争。五是组织严密,效率高。期货交易是一种规范化的交易,有固定的交易程序和规则,一环扣一环,环环高效运作,一笔交易通常在几秒钟内即可完成。

三、期权交易

期权交易是指投资者在支付一定的期权费后,在未来某一约定的时期内,以约定的价格向权利出售者买进或卖出一定数量证券的权利而达成的交易。期权的买方行使权利时,卖方必须按期权合约规定的内容履行义务。相反,买方可以放弃行使权利,此时买方只是损失权利金,同时,卖方赚取期权费。总之,期权的买方拥有执行期权的权利,无执行的义务;而期权的卖方只有履行期权的义务。

期权交易与期货交易之间既有联系又有区别。其联系是:两者均是以买卖远期标准化合约为特征的交易;在价格关系上,期货市场价格对期权交易合约的敲定价格及权利金确定均有影响;期货交易和期权交易都可以做多做空,交易者不一定进行实物交收。但是,同期货交易相比,期权交易又有自身明显的特点:一是损益结构独特。期权交易中,买方有以合约规定的价格是否买入或卖出期货合约的权利,而卖方则有被动履约的义务。一旦买方提出执行,卖方则必须以履约的方式了结其期权部位。所以,买方潜在盈利是不确定的,但亏损却是有限的,最大风险是确定的;相反,卖方的收益是有限的,潜在的亏损却是不确定的。二是期权交易的卖方风险高。期权交易中,买卖双方的权利义务不同,买卖双方所面临的风险状况也不同。期权买方的风险底线已经确定和支付,其风险控制在权利金范围内。期权卖方持仓的风险则存在与期货部位相同的不确定性。由于期权卖方收到的权利金能够为其提供相应的担保,从而在价格发生不利变动时,能够抵销期权卖方的部分损失。

四、信用交易

(一)信用交易的一般原理

信用交易又称"保证金交易"、"垫头交易",是指投资者在买卖证券时,只向证券公司交付一定数量的保证金,或者只向证券公司交付一定数量的证券,而由证券公司提供融资或者融券进行交易的方式。因此,信用交易具体分为融资买进和融券卖出两种。也就是说,客户在买卖证券时仅向证券公司支付一定数额的保证金或交付部分证券,其应当支付的价款和应交付的证券不足时,由证券公司进行垫付,而代理进行证券的买卖交易。简单地说,融资是借钱买证券;融券是借证券来卖,即卖空证券。

保证金交易分为保证金买长交易和保证金卖短交易两种。保证金买长交易,是指价格看涨的某种股票由股票的买卖者买进,但他只支付一部分保证金,其余的由经纪人垫付,并收取垫款利息,同时掌握这些股票的抵押权。由经纪人把这些股票抵押到银行所取的利息,高于他向银行支付的利息的差额,就是经纪人的收益。当买卖者不能偿还这些垫款时,经纪人有权出售这些股票。保证金卖短交易,是指看跌的某种股票,由股票的买卖者缴纳给经纪人一部分保证金,通过经纪人借入这种股票,并同时卖出。如果这种股票日后价格下跌,那么再按当时市价买入同额股票偿还给借出者,买卖者在交易过程中获取价差利益。

投资者在开立证券信用交易账户时,需存入初始保证金。融资的初始保证金比例(保证金除以融资买入证券在交割时的总金额),在不同国家和地区有不同规定。这意味着,如果有一笔初始保证金,融资可产生投资者购买股票的放大效应。

(二)融资融券的业务流程

1. 征信

投资者在交易所进行融资融券交易,应当按照有关规定选定一家证券公司开立一个信用证券账户。证券公司对投资者的开户资格进行审核,对投资者提交的担保资产进行评估。

2. 签订合同

经过资格审查合格的投资者与证券公司签订融资融券合同、融资融券交易风险揭示书。为了让投资者更加清晰地了解融资融券的交易风险,充分意识到参与融资融券业务可能带来的投资损失,在开立账户之前应签订融资融券交易风险揭示书。该文件说明了证券公司在开展融资融券业务过程中,应对投资者充分揭示业务风险,确保投资者对业务风险的知情权与了解权。

3. 开立账户

投资者持开户所需要的资料到证券公司开立信用证券账户,到与该证券公司有三方存管协议的商业银行开立资金账户,用于存放证券公司拟向客户融出的资金及客户归还的资金。

4. 转入担保物

投资者通过银行将担保资金划入信用资金账户,将可冲抵保证金的证券从普通证券账户划转至信用证券账户,用于存放客户交存的、担保证券公司因向客户融资融券所产生债权的资金。

5. 评估授信

证券公司根据投资者信用账户整体担保资产,评估确定可提供给投资者的融资额度及融券额度。在融资融券业务中,客户通过签订融资融券业务合同,以其自有资金或担保证券以及融资买入的证券和融券卖出得到的资金,作为抵押物融入资金或证券进行信用交易。因此,证券公司需要根据客户的情况确定借给客户资金或证券的信用额度。这一授信过程,需要评估客户能否在合同规定的期限偿还因融资融券产生的债务,其实质可看成信用评级:即就未来一段时间内,客户履行承诺的意愿及能力的可信任程度给予的判断。由此,可先对客户进行信用评级,然后根据客户的信用等级授予相应的信用额度,从而授信模型实质上为信用评级模型。

6. 融资融券交易

融资时,证券公司以自有资金为其融资,代投资者完成和证券登记结算机构的资金交收;融券时,证券公司以融券专用证券账户中的自有证券代投资者完成和证券登记结算机构的证券交收。目前,我国试运行融资融券交易的规定有:融资买入、融券卖出的申报数量应当为100股(份)或其整数倍;投资者在交易所从事融资融券交易,融资融券期限不得超过6个月;融券卖出的申报价格不得低于该证券的最近成交价,当天没有成交的,其申报价格不得低于前收盘价,低于上述价格的申报为无效申报;投资者信用证券账户不得用于买入或转入除担保物及细则所述标的证券范围以外的证券,不得用于从事交易所债券回购交易;融券专用证券账户不得用于证券买卖;融资融券交易暂不采用大宗交易方式等等。

7. 偿还资金和证券

在融资交易中,投资者卖券还款;在融券交易中,投资者买券还券。投资者融资买入证券后,可以通过直接还款或卖券还款的方式偿还融入资金。投资者融券卖出后,可以通过直接还券或买券还券的方式偿还融入证券。投资者卖出信用证券账户内证券所得价款,需先偿还其融资欠款。未了结相关融券交易前,投资者融券卖出所得价款除买券还券外不得另作他用。

8. 结束信用交易

当投资者全部偿还证券公司的融资融券债务后,投资者可向证券公司申请将其剩余资产转入其普通账户以结束信用交易。投资者未能按期交足担保物或者到期未偿还融资融券债务的,证券公司应当根据约定采取强制平仓措施,处分客户担保物,不足部分可以向客户追索。

【案例7.1】

融资交易案例

投资者小李信用账户中有现金50万元作为保证金,经分析判断后,选定证券A进行融资买入,假设证券A的折算率为0.7,融资保证金比例为50%。小李先使用自有资金以10元/股的价格买入了5万股,这时小李信用账户中的自有资金余额为0,然后小李用融资买入的方式买入证券A,此时小李可融资买入的最大金额为70万元(50×0.7÷50%=70万元),如果买入价格仍为10元/股,则小李可融资买入的最大数量为7万股。

至此小李与证券公司建立了债权债务关系,其融资负债为融资买入证券A的金额70万元,资产为12万股证券A的市值。如果证券A的价格为9.5元/股,则小李信用账户的资产为114万元,维持担保比例约为163%(资产114万元÷负债70万元=163%)。

如果随后两个交易日证券A价格连续下跌,第三天收盘价7.8元/股,则小李信用账户的维持担保比例降为134%(资产93.6万元÷负债70万元=134%)。已经接近交易所规定的最低维持担保比例130%。

如果第四天小李以8元/股的价格将信用账户内的12万股证券A全部卖出,所得96万元中的70万元用于归还融资负债,信用账户资产为现金26万元。

五、回购交易

回购交易是质押贷款的一种方式,通常用在政府债券上。债券经纪人向投资者临时出售一定的债券,同时签约在一定的时间内以稍高价格买回来。债券经纪人从中取得资金再用来投资,而投资者从价格差中得利。回购交易长的有几个月,但通常情况下只有24小时,是一种超短期的金融工具。一般分为债押式回购和买断式回购。回购交易更多地具有短期融资的属性,从运作方式看,它结合了现货交易和远期交易的特点,通常在债券交易中运用。

第二节 证券交易程序

一、证券登记存管业务

(一)证券账户的种类

证券账户是指中国结算公司为申请人开出的记载其证券持有及变更的权利凭证。开立证券账户是投资者进行证券交易的先决条件。对于股票账户来说,它还是认定股东身份的重要凭证,具有证明股东身份的法律效力。根据《中国证券登记结算有限责任公司证券账户管理规则》的规定,中国结算公司对证券账户实施统一管理,中国结算公司上海、深圳分公司及中国结算公司委托的开户代理机构为投资者开立证券账户。目前,我国的证券账户有两种划分标准:

1. 按照交易场所划分

证券账户按交易场所划分可分为上海证券账户和深圳证券账户。由于我国目前两个证券交易所的证券账户卡是不能通用的,持有上海证券交易所证券账户的投资人只能在上海证券交易所交易,而持有深圳证券交易所证券账户的投资人只能在深圳证券交易所交易。投资者可根据需要决定办理其中的一种或两种。

2. 按照账户用途划分

证券账户按用途划分可分为人民币普通股票账户、人民币特种股票账户、证券投资基金账户和其他账户等。人民币普通股票账户简称"A股账户",其开立仅限于国家法律法规和行政规章允许买卖A股的境内投资者,这是我国用途最广、数量最多的一种通用型证券账户,既可用于买卖人民币普通股票,也可用于买卖债券和证券投资基金。人民币特种股票账户简称"B股账户",是专门用于为投资者买卖人民币特种股票而设置的。证券投资基金账户简称"基金账户",是只能用于买卖上市基金的一种专用型账户,是随着我国证券投资基金的发展为方便投资者买卖证券投资基金而专门设置的。

（二）开立证券账户的要求与原则

1. 开立证券账户的原则

开立证券账户是证券经纪商为投资者办理经纪业务的前提条件。开立股票账户应坚持真实性和合法性的原则。真实性是指投资者开户时应提供准确、真实的资料，不得提供虚假的信息；合法性是指国家法律允许进行交易的自然人和法人才能到指定机构开立账户。按照我国现行的有关规定，证券商有权拒绝下列人员开户：未满18周岁的未成年人及未经法定代理人允许者；证券主管机关及证券交易所的职员与雇员；党政机关干部、现役军人；证券公司职员；被宣布破产且未恢复者；未经证券主管机关或证券交易所允许者；法人委托开户未能提出该法人授权开户证明者；曾因违反证券交易的案件在查未满三年者；其他法规规定的不得拥有证券或参加证券交易的自然人。

2. 开立证券账户的要求

（1）自然人开户要求。自然人开立个人账户时，必须由本人前往开户代办点填写《自然人证券账户注册申请表》，并提交本人有效身份证明文件（通常为居民身份证）及其复印件。委托他人代办的，还需要提供公证的委托代办书、代办人的有效身份证明文件及其复印件。此外，境内居民个人从事B股交易前，要先开立B股账户。

（2）法人开户要求。法人申请开立证券账户时，必须填写《机构证券账户注册申请表》，并提供有效的法人注册登记证明、营业执照复印件、单位介绍信、社团组织批准件、法定代表人的证明书及其本人身份证、法定代表人授权证券交易执行人的姓名、性别及其本人有效身份证件、法定代表人授权证券交易执行人的书面授权书，还应提供法人地址、联系电话、开户银行及账号、邮政编码、机构性质等。此外，证券公司和基金管理公司开户，还需提供中国证监会颁发的证券经营机构营业许可证和《证券账户自律管理承诺书》。

（3）境外投资者开户要求。除了境内的自然人和法人以外，还有其他具有投资资格的主体，包括外国法人、自然人和其他组织，中国香港、澳门和台湾地区的法人、自然人和其他组织，定居在国外的中国公民及符合有关规定的境内上市外资股其他投资者。自然人投资者开立账户时，必须填写和提供其姓名、身份证或护照、国籍、通讯地址、联系电话等内容和资料；法人投资者必须填写和提供其机构名称，商业注册登记证明（法人有效身份证明文件），经办人有效身份证明文件，境外法人董事会或董事、主要股东授权委托书，以及授权人的有效身份证明文件复印件。

（4）创业板专业账户开户要求。创业板的开户手续与主板基本一致，只要在证券公司开立深圳证交所A股账户。投资者通过网上或到证券公司营业场所现场填写《风险认知与承受能力调查表》，评测投资者对创业板交易的风险认知和承受能力，协助投资者判断自身是否适合参与创业板市场交易。通过评测后，投资者现场签订《创业板市场投资风险揭示书》及按规定办理有关手续后，即在两个交易日后开通交易权限。值得注意的是，创业板投资者适当性管理制度针对个人投资者交易经验的不同，对具有两年以上（含两年）交易经验的投资者和未具备两年交易经验者分别设置了不同的"准入"要求。

(三)证券登记与申请

证券登记是指证券登记结算公司受发行人的委托,将其证券持有人的证券进行注册登记。证券登记是确定或变更具体证券持有人的法律行为,是保障投资者合法权益的重要环节,也是规范证券发行和证券交易过户的关键。按照证券登记程序过程可分为:初始登记、变更登记、退出登记。

1. 初始登记

已发行的证券在证券交易所上市前,证券发行人应当在规定的时间内申请办理证券的初始登记。证券初始登记包括股票首次公开发行登记、权证发行登记、基金募集登记、企业债券发行登记、可转换公司债券发行登记、记账式国债发行登记以及股票增发登记、配股登记、权证创设登记、基金扩募登记等。

股票发行人申请办理股票首次公开发行、增发、配股登记时,应当提供股票登记申请;中国证监会关于股票发行的核准文件;承销协议;具有从事证券业务资格的会计师事务所出具的关于证券发行人全部募集资金到位的验资报告;通过证券交易所交易系统以外的途径发行证券的,还需提供网下发行的证券持有人名册等材料。

基金管理人申请办理基金募集登记时,应当提供承销协议;具有从事证券业务资格的会计师事务所出具的关于证券发行人全部募集资金到位的验资报告;基金登记申请;中国证监会关于基金募集的核准文件;基金合同等材料。

债券发行人申请办理企业债券、可转换公司债券等债券发行登记时,应当提供承销协议;具有从事证券业务资格的会计师事务所出具的关于证券发行人全部募集资金到位的验资报告;债券登记申请;国家有关部门关于债券发行的核准文件;债券担保协议或有权部门关于免予担保的批准文件等材料。

2. 变更登记

证券变更登记包括证券交易所集中交易过户登记、非集中交易过户登记以及证券司法冻结、质押、权证行权、已创设权证的注销、可转换公司债券转股、可转换公司债券赎回或回售等引起的其他变更登记。通过证券交易所集中交易的证券,中国证券登记结算公司根据证券交易的交收结果,办理集中交易过户登记。证券由于协议、回购等原因发生转让的,可以办理非交易过户登记。

3. 退出登记

股票终止上市后,股票发行人或其代办机构应当及时到证券登记结算公司办理证券交易所市场的退出登记手续,按规定进入代办股份转让系统挂牌交易的,应当办理进入代办股份转让系统的有关登记事宜。登记结算公司在结清与股票发行人的债权债务或就债权债务问题达成协议后,与股票发行人或其代办机构签订证券登记数据资料移交备忘录,将持有人名册清单等证券登记相关数据和资料移交股票发行人或其代办机构。股票发行人或其代办机构未按规定办理证券交易所市场退出登记手续的,登记结算公司可将其证券登记数据和资料送达该股票发行人或其代办机构,并由公证机关进行公证,视同该股票发行人证券交易所市场退出登记手续办理完毕。

债券提前赎回或到期兑付的,其证券交易所市场登记业务自动终止,视同债券发行人交易所市场退出登记手续办理完毕。其他证券的退出登记手续参照股票和债券的规定办理。

(四)证券的存管

证券存管是指证券登记结算机构受托集中保管证券公司交存的客户证券和自有证券,并提供相关权益维护服务的行为。证券存管的具体业务包括:通过簿记系统维护证券公司交存的客户证券和自有证券的余额,提供查询和代收红利等服务,记录证券公司和客户的托管关系的产生、变更和终止等。目前,我国的上海证券交易所和深圳证券交易所的存管制度略有不同。

1. **上海证券交易所的证券存管制度**

(1)中央登记结算公司统一托管。上海证券交易所实行的统一托管制度是指中国证券登记结算有限责任公司上海分公司统一托管和证券公司法人集中托管的制度。即除了上海证券登记结算公司统一存管投资者的证券资产和相关资料,办理有关证券存管业务外,证券公司以法人为单位设立证券托管库,集中托管所辖营业部所属客户的证券资产及相关资料,办理有关查询挂失等业务。

(2)投资者全面指定交易制度。全面指定交易制度是指凡在上海证券交易所从事证券交易的投资者,均应事先明确指定一家证券营业部作为其委托、交易清算的代理机构,并将本人所属的证券账户指定于该机构所属于席位号后方能进行交易的制度。即投资者必须在某一证券营业部办理证券账户的指定交易后方可进行证券买卖或查询,投资者转移证券营业部时,须在原证券营业部申请办理撤销指定交易后,到转入证券营业部办理指定交易手续。从1998年4月1日起,上海证券交易所开始实行全面指定交易制度。该制度实施后,投资者如不办理指定交易,上海证券交易所电脑系统将自动拒绝其证券账户的交易申报指令(从事B股交易的境外投资者除外),直到该投资者完成办理指定交易手续。

2. **深圳证券交易所的证券存管制度**

(1)中央登记结算公司统一托管。深圳证券交易所实行的统一托管制度是指中国证券登记结算有限责任公司深圳分公司统一托管,即深圳证券登记结算公司统一存管投资者的证券资产和相关资料,办理相关证券存管业务。

(2)证券营业部分别托管。证券营业部分别托管的二级托管制度,又称托管证券公司制度,即以证券营业部为托管证券公司设立证券托管库,负责托管所属客户的证券资产及相关资料,办理有关查询挂失等业务。深圳证券交易所的投资者持有的证券需在自己选定的证券营业部托管,由证券营业部管理其名下明细证券资料,投资者的证券托管是自动实现的;投资者在任意一个证券营业部买入证券,这些证券就自动托管在该证券营业部;投资者可以利用同一个证券账户在国内任意一个证券营业部买入证券;投资者要卖出证券必须到证券托管营业部方能进行;投资者也可以将其托管证券从一个证券营业部转移到另一个证券营业部托管,称为"证券转托管"。

二、证券的委托买卖

证券的委托买卖是指证券经纪商接受投资者委托,代理投资者买卖证券,从中收取佣金的交易行为。由于多数证券投资者不能直接到证券交易所的交易市场上进行交易,必须委托沪、深证券交易所的会员(即经纪商)为其进行交易。

(一)开立资金账户与证券账户

1. 投资者申请

个人开户需提供身份证原件及复印件,深、沪证券账户卡原件及复印件,并填写《开户申请表》(具体内容见后表)。若是代理人,还需与委托人同时临柜签署《授权委托书》并提供代理人的身份证原件及复印件;法定代表人证明书;证券账户卡原件及复印件;法人授权委托书和被授权人身份证原件及复印件;单位预留印鉴。B股开户还需提供外商登记证书及董事证明文件。

表7.1 开户申请表

客户名称		身份证(工商注册号)	
深圳证券账户(A股)		深圳证券账户(B股)	
上海证券账户(A股)		上海证券账户(B股)	
个人投资者填写			
联系地址		邮政编码	
联系电话		电子邮箱	
机构投资者填写			
机构名称		机构地址	
法人代表人		法人代表人身份证号码	
联系人及联系电话		电子邮箱	
授权委托代理			
代理人姓名		代理人身份证号码	
代理人电话		代理人邮编	
代理人地址		电子邮箱	

续表 7.1

客户预留银行账号				
1	银行名称		银行账户名称	
	银行账号			
2	银行名称		银行账户名称	
	银行账号			
3	银行名称		银行账户名称	
	银行账号			

2. 填写《证券交易代理协议书》

投资者申请被批准以后,要填写开户资料,并与证券营业部签订《证券交易代理协议书》(或《证券买卖委托合同》)。需要填写的内容有:甲方(投资者)姓名和身份证号码、上海股票账号和深圳证券账号、乙方(证券公司)名称,甲方和乙方的签字。为保护自己的合法权益,投资者在与证券公司签订协议时要了解协议的内容,并注意以下事项:证券公司营业部的业务范围和权限;指定交易有关事项;买卖股票和资金存取所需证件及其有效性的确认方式和程序;委托、交割的方式、内容和要求;委托人保证金和股票管理的有关事项;证券营业部对委托人委托事项的保密责任;双方违约责任和争议解决办法。

3. 有效证件的检验与备存

由于资金账户开户人需提供身份证以及深、沪证券账户卡的原件,证券公司营业部的工作人员需要对其有效证件进行核实,核实无误后将其复印件留档备存。

4. 指定交易的办理

指定交易是针对上海证券市场的交易方式而言的,即凡在上海证券交易所从事证券交易的投资者,一旦采用指定交易方式,便只能在指定的证券商处办理有关的委托交易,而不能再在其他地方进行证券的买卖。由于营业部搬迁等原因,投资者想重新选择证券营业部时,则须办理指定交易转移手续,即先向原所在的证券营业部申请办理撤销原指定交易,再在新的一家证券营业部重新办理指定交易。

5. 授权委托的办理

投资者开设资金账户后,可以授权代理人代为办理证券交易委托及相关事项。投资者授权他人代为办理交易时,应与代理人一同在证券营业部,填写《授权委托书》,并提交代理人的有效身份证件和复印件。在《授权委托书》中明确投资者对被授权方授权的具体内容,如证券交易委托(含新股申购、配股、交割)、资金存取、查询、转托管、指定或撤销指定交易、销户、其他(请详细明示);写明具体的授权期限(日期);承诺被授权人在授权范围及委托书生效期内所进行的操作,均视为本人操作行为,其后果由本人承担。如果投资者本人不能到证券营业部办理授权委托手续,还应提交经国家公证机关公证或我国驻外使领馆认证的授权委托书。

6. 网上交易与电话委托办理

办理网上交易投资者应携带本人身份证原件、沪深两市股东账户卡原件及复印件(如有指定代理人,须与代理人一同到开户的证券公司,代理人须携带身份证原件和复印件)到证券营业部办理。投资者应充分认识到网上交易安全问题的重要性,增强自我保护的意识,在使用网上交易前认真阅读《网上委托风险揭示书》,并认真填写《网上委托协议书》。如实填写后,营业部工作人员会将网上交易的开户协议书的其中一份退还。持此资料即可进行网上证券交易的准备工作。如果投资者在其他券商处已开户,现需要在另一券商的证券网上交易开户,则只须先到提供网上交易的新的证券公司营业网点办理开户,再到原券商处办理相关手续(沪市股票需撤销指定交易,深市股票需转托管)。以上手续办理完毕后,就可以正式开通网上证券交易服务。

办理电话委托投资者应携本人身份证、深沪两市股东账户卡原件及复印件,到证券营业部柜台办理开户手续。一般证券营业部都会开办电话委托的专柜。在柜台领取电话委托开户申请表,正确填写个人有关资料。然后在电话委托协议书上签字,交齐证件材料的复印件,手续办理完毕后,取回投资者证件和一份《电话委托交易协议书》及操作说明书,就可以进行电话委托交易。

7. 三方存管及存折交易的办理

"三方"指的是投资者、券商和银行。为了从源头切断证券公司挪用客户证券交易结算资金的通道,从制度上杜绝证券公司挪用客户证券交易结算资金现象的发生,我国目前实行第三方存管制度。第三方存管是指证券公司按照《证券法》和相关法律法规要求,将客户证券交易结算资金交由银行等独立第三方存管。实施客户证券交易结算资金第三方存管制度的证券公司将不再接触客户证券交易结算资金,而由存管银行负责投资者交易清算与资金交收。客户证券交易资金、证券交易买卖、证券交易结算托管三分离是国际上通用的"防火墙"规则。该业务遵循"券商托管证券,银行监控资金"的原则,将投资者的证券账户与证券保证金账户严格进行分离管理。

个人投资者开通第三方存管业务分两步:首先,到证券公司指定存管银行。投资者本人携带身份证件、证券账户卡等,到证券公司营业部柜台,开立证券保证金账户,指定资金存管银行,并签署相应的《客户第三方存管协议书》。然后,到指定资金存管银行建立存管关系。投资者本人携带身份证件、账户资金卡(存折或借记卡)及由证券公司营业部签署的存管协议书,到存管行网点柜台办理存管银行确认手续,建立存管关系,开通银证转账功能。

机构投资者办理三方存管,须机构法定代表人或授权代理人本人持有效身份证件、加盖客户公章和预留印鉴的营业执照副本复印件、法人机构代码证复印件、法人授权委托书、法定代表人身份证复印件,到证券公司营业部或服务部填写和签订《客户交易结算资金第三方存管申请(变更)申请表》、《客户交易结算资金第三方存管协议》后,持规定的证照资料和加盖证券营业部业务章的客户交易结算资金第三方存管申请(变更)申请表及协议书,至证券经纪商协议存管银行营业网点办理存管银行确认手续。

(二)委托形式与执行

1. 委托的形式

(1)当面委托。当面委托又称柜台委托,即投资者亲自到证券营业部填写委托单,签章后将委托单、账户卡、身份证交给营业部工作人员办理,确定具体的委托内容与要求,由证券商受理证券的买卖。工作人员将投资者委托输入电脑并签章后完成,委托单一式两份,双方各持一份。

(2)电话委托。电话委托是指委托人通过电话方式表明委托意向,提出委托要求。在实际操作中,电话委托又可分为电话转委托与电话自动委托两种。电话转委托是指投资者将委托要求通过电话报给证券经纪商;证券经纪商根据电话委托内容代为填写委托书,并将委托内容输入交易系统申报进场;委托人应于成交后办理交割时补盖签章。电话自动委托是指证券经纪商把电脑交易系统和普通电话网络连接起来,构成一个电话自动委托交易系统;投资者通过普通的双音频电话,按照该系统发出的指示,借助电话机上的数字和符号键输入委托指令,以完成证券买卖的一种委托形式,属于自助委托方式。

(3)磁卡委托。磁卡委托是指委托人通过证券营业部设置的专用委托电脑终端,凭证券交易磁卡和交易密码进入电脑交易系统委托状态,自行将委托内容输入电脑交易系统,以完成证券交易的一种委托形式。投资者在进行磁卡委托时,通常是在营业部大厅里的磁卡委托机上刷磁卡,输入个人密码后即可进入交易主菜单,投资者可以根据电脑的提示完成委托买卖、撤单、资金、证券以及成交的查询等操作。

(4)传真委托和信函委托。传真委托和信函委托,即委托人以传真或信函的形式,将确定的委托内容与要求传真给证券商,委托他们代理证券买卖交易。证券经纪商接到传真委托书或函电委托书后,代为填写委托书,并经核对无误以后,及时将委托内容输入交易系统申报进场,同时将传真件或函电作为附件附于委托书后。投资者采用电话委托、传真委托等方式,必须在证券经纪商处开设委托专户。

(5)网上委托。网上委托是国际证券市场已经发展起来并日益成熟的新业务,是继电话委托后推出的又一先进的远程委托方式。所谓网上证券委托,就是指券商通过数据专线将证券交易所的股市行情和信息资料实时发送到互联网上,投资者将自己的电脑通过调制解调器等设备连上互联网,通过互联网观看股市实时行情,分析个股,查阅上市公司资料和其它信息,委托下单买卖股票。

2. 委托的执行

投资者办理委托买卖证券时,必须向证券经纪商下达委托指令。委托指令包括很多内容,如证券账户号码、委托日期、证券品种、证券代码、买卖方向、委托数量、委托价格等。正确填写以上内容是保护投资者利益和顺利实施决策的关键。证券经纪商在收到投资者委托后,将对委托人身份、委托内容、委托卖出的实际证券数量及委托买入的实际资金余额进行审查,经审查符合要求后,才能接受委托。具体步骤如下:

(1)验证。由证券经纪商的业务员验对三证,即投资者本人居民身份证、股票账户和资金账户。验证主要是对证券委托买卖的合法性和同一性进行审查。验证的合法性审查包括投资主体的合法和投资程序的合法。投资主体的合法包括委托买卖行为人本身按国家法律和交易规则规定,允许参与证券交易。法律法规规定不得参与证券交易的自然人和法人不得委托。程序合法性审查是指委托程序必须根据交易场所规则进行。同一性审查是指委托人、证件与委托单之间的一致性的审查,包括委托人与所提供的证件一致及证件与委托单一致两方面。

(2)审单。主要是审查委托单的合法性及一致性。第一,应审核该项委托买卖是否属于全权委托,包括对买卖股票种类、数量、价格的审核;第二,要审查记名股票是否办理过过户手续;第三,审核是否采用信用交易方式。

(3)检验资金及证券。投资者在买入证券时,证券经纪商需检验其是否有足够的资金;在投资者卖出证券时,证券经纪商需查验其是否有足够的证券。证券经纪商审查完毕后,就可以在委托单上注明受托时间,由经办人员签字盖章后,委托正式开始执行。

证券经纪商接受投资者两种委托方式:限价委托和市价委托。限价委托是指投资者委托经纪商按其限定的价格买卖证券,经纪商必须按限定的价格或低于限定的价格申报买入证券,按限定的价格或高于限定的价格申报卖出证券。市价委托是指投资者委托经纪商按市场价格买卖证券。

(三)委托撤销

在委托为成交之前,委托人有权变更或撤销委托。证券营业部申报竞价成交后,买卖即成立,成交部分不得撤销。撤销程序如下:

在委托未成交之前,委托人在交易所采用无形席位交易的情况下,证券经营机构的业务员或委托人可直接将撤单信息通过电脑终端告知交易所主机,办理撤单。对委托人撤销的委托,证券经营机构须及时将冻结的资金或证券解冻。

三、证券的竞价与成交

(一)竞价原则

1. 价格优先原则

价格优先原则是指较高价格买入申报者优先于较低价格买入申报者,较低价格卖出申报者优先于较高价格卖出申报者;同价位申报,先申报者优先满足。计算机终端申报竞价和板牌竞价时,除上述的优先原则外,市价买卖优先满足于限价买卖。

2. 时间优先原则

时间优先原则是指在买卖方向、价格相同时,先申报者优先于后申报者。先后顺序按交易主机接受申报的时间确定。在口头唱报竞价中,按中介经纪人听到的顺序排列。

3. 客户优先原则

客户优先原则是指当证券经营机构进行自营的买卖申报与客户委托买卖申报在时间上相冲突时,应让客户委托买卖优先申报。

(二)竞价方式

我国证券交易所规定证券价格的产生方式分为集合竞价和连续竞价两种。

1. 集合竞价

集合竞价是指每个交易日规定的时间内,将数笔委托报价集合在一起,依据不高于申买价和不低于申卖价的原则产生一个成交价,并且在该价格下成交的数量最多,那么就将此价格定为全部的成交价格。上海和深圳两家证交所规定的集合竞价时间为每个交易日上午9:15～9:25。集合竞价一般有以下四个步骤:

(1)确定有效委托。在有涨跌幅限制的情况下,根据该只股票上一交易日收盘价以及确定的涨跌幅度来计算当日的最高限价、最低限价。有效价格范围就是该只股票最高限价、最低限价之间的所有价位。限价超出此范围的委托为无效委托,系统作自动撤单处理。

(2)选取成交价位。首先,在有效价格范围内选取使所有委托产生最大成交量的价位。如有两个以上这样的价位,则按照以下规则选取成交价位:高于选取价格的所有买委托和低于选取价格的所有卖委托能够全部成交;与选取价格相同的委托的一方必须全部成交。如满足以上条件的价位仍有多个,则选取离昨日市价最近的价位。

(3)集中撮合排序。即所有的买委托按照委托限价由高到低的顺序排列,限价相同者按照进入系统的时间先后排列;所有卖委托按照委托限价由低到高的顺序排列,限价相同者按照进入系统的时间先后排列。依序逐笔将排在前面的买委托与卖委托配对成交,即按照"价格优先,同等价格下时间优先"的成交顺序依次成交,直至成交条件不满足为止,即不存在限价高于等于成交价的叫买委托,或不存在限价低于等于成交价的叫卖委托。所有成交都以同一成交价成交。

(4)行情揭示。如该只股票的成交量为零,则将成交价位揭示为开盘价、最近成交价、最高价、最低价,并揭示出成交量、成交金额。剩余有效委托中,实际的最高叫买价揭示为叫买揭示价,若最高叫买价不存在,则叫买揭示价揭示为空;实际的最低叫卖价揭示为叫卖揭示价,若最低叫卖价不存在,则叫卖揭示价揭示为空。集合竞价中未能成交的委托,自动进入连续竞价。

通过集合竞价,可以反映出该股票是否活跃,假如是活跃的股票,集合竞价所产生的价格一般较前一日为高,表明卖盘踊跃,股票有下跌趋势;假如是冷门股,通过集合竞价所产生的价格一般较前一日为低,卖盘较少,股票有上涨趋势。

例如:股票A在开盘前有6笔买入委托和5笔卖出委托,根据价格优先和时间优先的原则,排列如下:

委买价/元	委托数量/股	委卖价/元	委托数量/股
19.81	300	19.56	600
19.78	700	19.61	200
19.68	500	19.64	300
19.60	800	19.68	700
19.55	700	19.74	700
19.50	400		

那么，根据集合竞价原则，19.68元被定为成交价格，所有买卖委托都以这个价格成交，并揭示为开盘价。

2. 连续竞价

连续竞价是指电脑交易系统按照价格优先、时间优先的原则对买卖申报进行逐笔连续撮合的竞价方式。在我国，两家证券交易所的连续竞价时间略有不同。上海证券交易所在每个交易日的上午9:30~11:30，下午13:00~15:00采取连续竞价方式，深圳证券交易所在每个交易日的上午9:30~11:30，下午13:00~14.57采取连续竞价方式。

在连续竞价期间，每一笔买卖委托进入电脑自动撮合系统后，会立即被判断并进行不同的处理。具体规则是：最高买入申报与最低卖出申报价位相同，以该价格为成交价；买入申报价格高于即时揭示的最低卖出申报价格时，以即时揭示的最低卖出申报价格为成交价；卖出申报价格低于即时揭示的最高买入申报价格时，以即时揭示的最高买入申报价格为成交价。能成交者予以成交，不能成交者等待机会成交，部分成交者则让剩余部分继续等待。按照我国目前的有关规定，在无撤单的情况下，委托当日有效。若遇到股票停牌，停牌期间的委托无效。

例如，股票B即时揭示的委托买卖情况如下：

委买价/元	委托数量/股	委卖价/元	委托数量/股
26.25	500	26.80	1 000
26.20	800	26.50	800
26.10	800	26.30	100

假设此时股票B有一笔买入申报进入交易系统，委托价格为26.50元，数量为600股，则应以26.30元成交100股、26.50元成交500股。

四、证券的清算与交割

(一)清算、交割的含义

1. 清算

清算是指证券买卖双方在证券交易所进行的证券买卖成交之后,通过证券交易所将证券商之间证券买卖的数量和金额进行计算的过程。清算的意义,在于同时减少通过证券交易所实际交割的证券与价款,节省大量的人力、物力和财力。证券交易所如果没有清算,那么每个证券交易者都必须向对方逐笔交割证券与价款,手续相当繁琐,占用大量的人力、物力、财力和时间。

证券交易所的清算业务按"净额交收"的原则办理,即每一证券交易者在一个清算期(每一开市日为一清算期)内,证券交易所清算部首先要核对场内成交单有无错误,为每一证券交易者填写清算单。对买卖价款的清算,其应收、应付价款相抵后,只计轧差后的净余额。对买卖证券的清算,其同一股票应收、应付数额相抵后,只计轧差后的净余额。清算工作由证券交易所组织,各证券交易者统一将证券交易所视为中介人来进行清算,而不是各证券商和证券商相互间进行轧抵清算。交易所作为清算的中介人,在价款清算时,向证券卖出者付款,向证券买入者收款;在证券清算交割时,向证券卖出者收进证券,向证券买入者付出证券。

2. 交割

证券清算后,即办理交割手续。所谓交割就是卖方向买方交付证券而买方向卖方支付价款,即交易双方过户交易货币的所有权的实际交付行为。按发生日期不同,交割主要有四种方式:

(1)当日交割。又称 T+0 交割,是指买卖双方在成交当天完成付款交券手续,这种方式可以使买卖双方较快地得到证券或者现金。在 T+0 交割方式下,投资者买进证券成交后,可以马上卖出;卖出证券成交后,可以马上买进。

(2)次日交割。又称 T+1 交割,是指成交后的下一个营业日办理完成证券的交割和价款的收付。如逢法定假日,则顺延一天。

(3)例行交割。即买卖双方在成交之后,按照交易所的规定或惯例履行完成交割手续的证券交割方式。股票交割的绝大部分是例行交割。这种交割方式的时间完全由相应交易所规定,例如,上海证券交易所的 A 股实行的就是例行交割。

(4)选择交割。指买卖双方有权决定交割日期。其期限从成交后 5 天至 60 天不等,买卖双方必须订立书面契约。凡按同一价格买入"卖方选择交割"时,期限最长者应具有优先选择权。凡按同一价格卖出"卖方选择交割"时,期限最短者应具有优先成交权。这种交割方式通常在场外交易中使用,我国目前仍未采用此种交割方式。

(二)清算、交割的程序

1. 沪深交易所法人清算、交割

证券交易所清算部每日闭市时,依据当日场内成交单所记载各证券商买卖各种证券的数量、价格,计算出各证券商应收应付价款的相抵后的净额及各种证券应收、应付相抵后的净额,编制当日"清算交割汇总表"和各证券商的"清算交割表",分送各证券商清算交割人员。各证券商清算人员接到"清算交割表"核对无误后,须编制本公司当日的"交割清单",办理交割手续。

在办理价款交割时,应付价款者,将交割款项如数开具划账凭证至证券交易所在人民银行营业部的账户,由交易所清算部送去营业部划账;应收价款者,由交易所清算部如数开具划账凭证,送营业部办理划拨手续。

在办理证券交割时,应付证券者将应付证券如数送至交易所清算部;应收证券者持交易所开具的"证券交割提领单",自行向应付证券者提领。由于交易所往往设立了集中保管制,所以证券的交割可通过交易所库存账目划转完成。

2. 证券营业部与投资者的清算

证券营业部同投资者之间的资金清算就是证券营业部根据证券登记结算机构发来的资金交收数据,将投资者的应收和应付款项划入或划出其证券交易结算资金账户。这一过程只是证券营业部对客户资金的账务核算,不涉及投资者现金的存取。

证券商的出市代表在交易所成交后,应立即通知其证券商,填写买进(卖出)确认书。买卖一经成交,出市代表应尽快通知其营业处所,以制作买卖报告书,于成立后的第二个营业日通知委托人(或以某种形式公告),并于该日下午办理交割手续。买卖报告书应按交易所规定的统一格式制备。买进者以红色印制,卖出者以蓝色印制。买卖报告书应记载委托人姓名、股东代号、成交日期、证券种类、股数或面额、单价、佣金、手续费、代缴税款、应收或应付金额、场内成交单号码等事项。

(三)清算、交割中的禁止行为

1. 禁止交手中的资金透支

伴随着证券市场的日益活跃,随着交易量增大,个别证券经营机构为了追求交易量,在清算交割时进行资金透支,破坏了股票市场的运行程序。我国的《证券法》规定,证券公司不得将客户的证券用于质押或出借他人,并对资金投资行为作了严格的禁止措施,并对资金透支的处罚作了明确的规定。

2. 禁止交割中的实物券欠库

由于目前上海证券交易所、深圳证券交易所上市国债大多采用无纸化流通方式并实行中央托管,所以,欠库行为一般发生在国债实物券交易中。对国债现货交易和回购业务实行"先入库,后卖出"的制度。若有券商欠库发生,则按差额扣除相应卖出价款,同时该部分资金款

第七章 证券交易实务

项也不能参与当日资金结算的轧差。对因欠库而被暂扣的资金,实行 T+3 日以内的"钱货两清",即在成交日后 3 个营业日内,国债实物券入库即由证券登记结算机构主动退回相应价款。超过上述期限,证券登记结算机构通知上海证交所执行强制补仓,以暂扣的款项在场上买入相应数量的国债券,由此发生的价差损失由卖空方承担。

五、证券的交易费用

投资者进行证券投资计算交易成本时,除了将证券价格作为主要交易成本以外,还应包括各种交易费用和税金。投资者应支付的各种费用和税金包括委托手续费、佣金、过户费以及印花税等。

(一)委托手续费

委托手续费是指投资者在办理委托买卖时,向证券经营机构缴纳的手续费,这笔费用主要用于通讯、设备、单证制作等方面的开支,一般按委托的笔数计算。

我国股票市场开放初期,因为营业网点数量有限,加之投资者热情高涨,证券公司普遍都征收委托手续费。委托手续费一般按照委托的笔数收取,没有统一的标准,各地收取的高低差距很大。随着我国证券业的不断发展,证券公司及其网点增多,各家证券公司出于竞争的考虑不再征收该项费用。

(二)佣金

佣金是指委托者委托买卖成交后,按实际成交金额数的一定比例向承办委托的证券商交纳的费用。佣金也就是证券商代理委托买卖成交后的经营收入,是证券经纪商的主要利润来源。投资者委托证券商买卖证券成交时,按照实际成交额的一定比率向证券经纪商支付佣金,委托未成功不收取佣金。佣金一般包括证券经营机构经纪佣金、证券交易所经手费用和管理机构的监管费用三部分。

(三)过户费

过户费是指委托买卖的证券成交后,买卖双方为变更权益登记所支付的费用。目前,我国发行的股票属于记名股,投资者买进或者卖出股票后需要变更所有者身份,进行重新登记。股权变更登记工作由证券登记结算机构办理,所以,这笔收入属于证券登记清算机构的收入,由证券经营机构在同投资者清算交割时代为扣收。

(四)印花税

证券交易印花税是从普通印花税发展而来的,是专门针对证券交易发生额征收的一种税。我国税法规定,根据一笔股票交易成交金额对出让方单边计征,基金和债券不征收印花税。印花税的缴纳是由证券经营机构在同投资者交割中代为扣收,然后在证券经营机构同证券交易所或登记结算机构的清算交割中集中结算,最后由登记结算机构统一向征税机关缴纳。从 2008 年 04 月 24 日起,证券交易印花税税率调整为 0.1%,即对买卖、继承、赠与所书立的 A

股、B股股权转让书据,由出让方当事人按0.1%的税率缴纳证券交易印花税(具体内容见下表7.2)。

表7.2 上海、深圳证交所股票交易费用表

收费项目	深圳A股	上海A股	深圳B股	上海B股
开户费	50元/户(个人) 500元/户(机构)	40元/户(个人) 400元/户(机构)	120港元/户(个人);580港元/户(机构)	19美元(个人) 85美元(机构)
印花税	卖方0.1%	卖方0.1%	卖方0.1%	卖方0.1%
佣金	不得高于成交金额的0.3%,起点5元	不得高于成交金额的0.3%,起点5元	不得高于成交金额的0.3%,起点5港元	不得高于成交金额的0.3%,起点1美元
过户费	无	成交面额的0.1%,起点1元	无	无

此外,证券投资者投资于股票取得的利息或红利收益也应缴纳税款。根据我国个人所得税税法的规定,投资者投资股票所取得的利息、红利收入需要交纳20%的个人所得税。假如一只股票价格是10元,2007年每股收益是0.5元,市盈率20倍,公司宣布每股派息0.3元,派息率为3%。如果投资者持有该股,则公司派息时,每股要扣除0.06元股息税,实际获得现金0.24元,实际派息率降到2.4%。

六、证券的网上发行与申购

(一)网上发行的概念

网上发行就是利用上海证券交易所或深圳证券交易所的交易网络,新股发行主承销商在证券交易所挂牌销售,投资者通过证券营业部交易系统申购的方式。网上发行的方式主要有网上竞价发行和网上定价发行。此外,还有配售等发行方式。以下以股票为例说明网上发行与申购的程序。

(二)网上发行与申购的程序

相对传统的发行方式来说,采用网上发行的方式既高效又安全,并且大大降低了发行成本,具有明显的优势。其具体的发行方式和程序如下:

1. 网上竞价发行方式

竞价发行在国外指的是一种由多个承销机构通过招标竞争确定股票发行价格,并在取得承销权后向投资者推销股票的发行方式,也称招标购买方式。它是国际证券界发行股票的通行做法。在我国,网上竞价发行是指主承销商利用证券交易所的交易系统,以自己作为唯一的"卖方",按照发行人确定的底价将公开发行证券的数量输入其在交易所的证券发行专户,投

资者作为"买方"在指定时间通过交易所会员交易柜台以不低于发行底价的价格及限购数量，进行竞价认购的一种发行方式。

（1）提出申请、发布公告。由主承销商持中国证监会的批复文件向证券交易所提出申请，经审核后组织实施。发行人至少应在竞价实施前2～5个工作日在中国证监会指定的报刊及当地报刊上按规定要求公布招股说明书及发行公告。

（2）投资者前期准备工作。除法律、法规明确禁止买卖股票者外，凡持有证券交易所股票账户的个人或者机构投资者，均可参与新股竞买。尚未办理股票账户的投资者可通过交易所证券登记结算机构及各地登记代理机构预先办理登记，开立股票账户，并在委托竞价申购前在经批准开办股票交易业务的证券营业部存入足够的申购资金。

（3）投资者委托竞价。投资者在规定的竞价发行日的营业时间办理新股竞价申购的委托买入，其办法类似普通的股票委托买入办法。申购价格不得低于公司确定的发行底价，申购量不得超过发行公告中规定的限额，且每一股票账户只能申报一次。

（4）交易所系统撮合竞价。新股竞价发行的成交原则为集合竞价方式。累计有效申报数量未达到新股实际发行数量时，则所有有效申报均按发行底价成交。申报认购的余数，按主承销商与发行人订立的承销协议中的规定处理。电脑主机撮合成交产生实际发行价格后，即刻通过行情传输系统向社会公布，并即时向各证券营业部发送成交回报数据。

（5）清算交割。新股竞价发行结束后的资金交收，纳入日常清算交割系统，由交易所证券登记结算机构将认购款项从各证券公司的清算账户中划入主承销商的清算账户；同时，各证券营业部根据成交回报打印"成交过户交割凭单"同投资者办理交割手续。

2. 网上定价发行方式

网上定价发行是指事先确定发行价格，采用证券交易所先进的交易系统来发行证券的方式，即主承销商利用证券交易所的交易系统，按已确定的发行价格向投资者发售证券。

（1）投资者前期准备工作。投资者应在申购委托前把申购款全额存入与办理该次发行的证券交易所联网的证券营业部指定的账户中。

（2）投资者申购。在申购当日（T+0日），投资者可以进行申购，并由证券交易所反馈受理。上网申购期内，投资者按委托买入股票的方式，以发行价格填写委托单，一经申报，不得撤单。投资者多次申购的，除第一次申购外均视作无效申购。上海证交所规定每一账户申购委托不少于1 000股，超过1 000股的必须是1 000股的整数倍；深圳证交所规定每一账户申购委托不少于500股，超过500股的必须是500股的整数倍。每一股票账户申购股票数量上限为当次社会公众股发行数量的千分之一。

（3）网上定价发行。申购资金应在（T+1）日入账，由证券交易所的登记计算机构将申购资金冻结在申购专户中。申购日后的第二天（T+2日），证券交易所的登记计算机构应配合主承销商和会计师事务所对申购资金进行验资，并由会计师事务所出具验资报告，以实际到位资金作为有效申购进行连续配号。证券交易所将配号传送至各证券交易所，并通过交易网络公布中签号。申购日后的第三天(T+3 日),由主承销商负责组织摇号抽签,并于当日公布中签结果。证券交易所根据抽签结果进行清算交割和股东登记。申购日后的第四天(T+4 日),对未中签部分的申购款予以解冻。

3. 法人配售方式

法人配售方式指发行人在公开发行新股时,允许一部分新股配售给法人的发行方式。根据中国证监会颁布的《法人配售发行方式指引》,发行人和主承销商事先确定发行量和发行底价,通过向法人投资者询价,并根据法人投资者的预约申购情况确定最终发行价格,以同一价格向法人投资者配售和对一般投资者上网发行,其中法人包括了战略投资者和一般法人两类。根据规定,发行价格须由询价产生;发行量在 8 000 万股以上的,对法人的配售比例原则上不应超过发行量的 50%;发行量在 20 000 万股以上的,可根据市场情况适当提高对法人配售的比例;发行人选择战略投资者,主承销商负责确定一般法人投资者,每一发行人都要给予其战略投资者一个明确细化的定义,战略投资者原则上不超过 2 家,并披露其与发行人间的关系。

4. 向二级市场投资者配售方式

在新股发行时,将一定比例的新股由上网公开发行改为向二级市场投资者配售,投资者根据其持有上市流通证券的市值和折算的申购限量,自愿申购新股。目前,我国规定市值配售只是网上定价发行的一部分,因而市值配售与网上定价发行应同时进行。投资者持有上市流通股票的市值,是按招股说明书概要刊登前一个交易日收盘价计算的上市流通股票市值的总和,其中包含已流通但被冻结的高级管理人员持股。

5. 创业板股票的发行与申购

发行人应当按照中国证监会有关规定制作申请文件,由保荐人保荐并向中国证监会申报。保荐人保荐发行人发行股票并在创业板上市,应当对发行人的成长性进行尽职调查和审慎判断并出具专项意见。中国证监会收到申请文件后,在五个工作日内做出是否受理的决定。发行人应当自中国证监会核准之日起六个月内发行股票;超过六个月未发行的,核准文件失效,须重新经中国证监会核准后方可发行。

创业板新股申购事项与主板市场没有差别。创业板网上申购单位为 500 股,每一证券账户申购委托不少于 500 股;超过 500 股的必须是 500 股的整数倍,但不得超过主承销商在发行公告中确定的申购上限。投资者参与创业板每只股票网上申购时,只能使用一个证券账户申购一次。

【案例7.2】
《××公司首次发行网下配售网上定价发行公告》

(1)发行数量:1 500 万股。

(2)网下配售数量:300 万股,占本次发行总量的 20%。

(3)网上定价发行数量:1,200 万股,占本次发行总量的 80%。

(4)网下配售时间:2016 年 12 月 1 日(T-1 日,周四)9:00~17:00 及 2016 年 12 月 5 日(T日,周一)9:00~15:00。

(5) 网上申购时间:为2016年12月5日(T日,周一)9:30~11:30、13:00~15:00。
(6) 发行价格:16元/股
(7) 发行对象:在初步询价期间(2016年11月24日~2016年11月29日)提交有效报价,且符合"释义"中规定条件的"配售对象"方可参与本次网下配售,与发行人或保荐人(主承销商)具有实际控制关系的询价对象,不得参与本次发行的网下配售,但可以参与网上发行;持有深市证券账户的投资者(法律、法规禁止购买者除外)均可参加网上定价发行的申购
(8) 网下配售缴款时间:必须在2016年12月5日(T日,周一)15:00前划出申购资金,确保申购资金于2016年12月5日(T日,周一)下午17:00之前到达保荐人(主承销商)指定的银行账户
(9) 网下获配:股票锁定期限:自本次网上发行的股票在深圳证券交易所上市交易之日起锁定3个月
(10) 网上申购数量限制:不少于500股,超过500股的必须是500股的整数倍,但不得超过1,200万股
(11) 申购简称:"××股份"
(12) 申购代码:"002×××"

第三节 其他交易事项

一、交易信息

交易信息包括股票交易即时行情、股价指数、涨跌幅排名等,由证券交易所在每个交易日发布,各会员经纪商在营业场所予以公布。

即时行情内容包括证券代码、证券名称、前收盘价、最新成交价、当日最高价、当日最低价、当日累计成交数量、当日累计成交金额、实时最高五个价位买入申报价和数量、实时最低五个价位卖出申报价和数量等。证券经纪商必须将即时行情在营业场所予以公布。根据市场需要,经中国证监会批准,证券交易所可以调整即时行情发布的方法和内容。

证券交易所还要编制反映总体证券价格或某类证券价格的变动和走势的综合指数、成分指数和分类指数等,随即时行情发布;编制反映市场成交情况的各类报表(日报表、周报表、月报表、年报表),及时向社会公布。

此外,证券交易所对A股每日涨跌幅比例超过7%(含7%)的前五只股票,要公布其成交金额最大的五家会员营业部或席位的名称及成交金额。证券经纪商应当将这些规定的交易信息在营业场所公布。

二、开盘价与收盘价

(一)开盘价

开盘价又称开市价,是指某种股票在证券交易所每个交易日开市后的第一笔买卖成交价格。世界上大多数证券交易所都采用成交额最大原则来确定开盘价。如果开市后一段时间内(通常为半小时)某种股票没有买卖或没有成交,则取前一日的收盘价作为当日股票的开盘价。如果某股票连续数日未成交,则由证券交易所的场内中介经纪人根据客户对该股票买卖委托的价格走势提出指导价,促使成交后作为该股票的开盘价。在无形化交易市场中,如果某种股票连续数日未成交,以前一日的收盘价作为它的开盘价。首日上市买卖的股票经上市前一日柜台转让平均价或平均发售价为开盘价。一般情况下,开盘价无特别含义,不作为当日买卖的重要依据。但对于大幅度跳空高开或低开的股票,应引起投资者的注意。

(二)收盘价

收盘价是指某种股票在证券交易所一天交易活动结束前最后一笔交易的成交价格。如当日没有成交,则采用最近一次的成交价格作为收盘价,因为收盘价是当日行情的标准,又是下一个交易日开盘价的依据,可据以预测未来证券市场行情,所以投资者对行情分析时,一般采用收盘价作为计算依据。目前沪深股市的收盘价并不完全是最后一笔交易的成交价格,而是一个加权平均价,也叫已调整收盘价。

上海证券交易所交易规则规定沪市收盘价为当日该股票最后一笔交易前一分钟所有交易的成交量加权平均价(含最后一笔交易)。当日无成交的,以前收盘价为当日收盘价。深圳证券交易所交易规则规定深市证券的收盘价通过集合竞价的方式产生。收盘集合竞价不能产生收盘价的,以当日该股票最后一笔交易前一分钟所有交易的成交量加权平均价(含最后一笔交易)为收盘价。当日无成交的,以前日收盘价为当日收盘价。

三、挂牌、摘牌、停牌与复牌

(一)挂牌

挂牌是指股票上市,即已经发行的股票经过国务院或者国务院授权的证券管理部门批准在证券交易所公开交易的法律行为,是连接股票发行和股票交易的"桥梁"。在我国,股票公开发行后即获得挂牌上市的资格。

上市后,公司将能获得巨额资金投资,有利于公司的发展。新的股票上市规则主要对信息披露和停牌制度等进行了修改,增强了信息披露的透明性,尤其是重大事件要求细化持续披露,有利于普通投资者化解部分信息不对称的影响。

(二)摘牌

摘牌也称"退市",是指股票终止上市。上市公司由于未满足交易所有关财务等其他上市标准而主动或被动终止上市的情形,即由一家上市公司变为非上市公司。

退市可分主动退市和被动退市。主动退市是指公司根据股东会和董事会决议主动向监管部门申请注销《许可证》。一般有如下原因:营业期限届满,股东会决定不再延续;股东会决定解散;因合并或分立需要解散;破产;根据市场需要调整结构、布局。被动退市是指期货机构被监管部门强行吊销《许可证》,一般因为有重大违法违规行为或因经营管理不善造成重大风险等。

(三)停牌

停牌是指暂时停止股票买卖。股票由于某种消息或正在进行某种活动引起股价的大幅度的连续上涨或下跌,由证券交易所暂停其在股票市场上进行交易。待情况澄清或企业恢复正常后,再复牌在交易所挂牌交易。

上市公司如有下列情形,交易所可报请主管机关给上市公司予以停牌:公司累计亏损达实收资本额二分之一;公司资产不足抵偿其所负债务;公司因财务原因而发生银行退票或拒绝往来的事项;全体董事、监事、经理人所持有记名股票的股份总额低于交易所规定;有关资料发现有不实记载,经交易所要求上市公司解释而逾期不作解释者;公司董事或执行业务的股东,有违反法令或公司业务章程的行为,并足以影响公司正常经营;公司的业务经营,有显著困难或受到重大损害;公司发行证券的申请经核准后,发现其申请事项有违反有关法规、交易所规章或虚假情况;公司因财务困难,暂停营业或有停业的可能,法院对其证券做出停止转让裁定;经法院裁定宣告破产;公司组织及营业范围有重大变更,交易所认为不宜继续上市。

若遇到以上情况,股票行情表中会出现"停牌"字样,该股票买卖自然停止,该股票一栏即是空白。在停牌期间,公司应当至少发布三次风险提示公告。

(四)复牌

复牌是指某种被停牌的股票恢复交易。股改或者对价后,复牌第一天没有涨跌幅限制。而对于非股改情况下的复牌,是有涨跌幅限制的。

沪、深交易所对于复牌的规则不同:上证所开市期间停牌的股票,停牌前的申报参加当日该证券复牌后的交易;停牌期间,不接受申报,但停牌前的申报可以撤销。在深交所停牌1小时(一般指上午停牌)的股票,停牌期间,可以申报,申报也可以撤销;复牌时对已接受的申报实行集合竞价。

四、除权与除息

(一)除权与除息的概念

除权(XR),是由于公司股本增加,每股股票所代表的企业实际价值(每股净资产)有所减少,需要在发生该事实之后从股票市场价格中剔除这部分因素而形成的剔除行为。上市公司以股票股利分配给股东,也就是公司的盈余转为增资时,或进行配股时,就要对股价进行除权。

除权报价的产生是由上市公司送配股行为引起,由证券交易所在该种股票的除权交易日开盘公布的参考价格,用以提示交易市场该股票因发行股本增加,其内在价值已被摊薄。

除息(XD),是指在股票发行企业在发放股息或红利时,需要事先进行核对股东名册、召开股东大会等多种准备工作,于是规定以某日在册股东名单为准,并公告在此日以后一段时期为停止股东过户期。停止过户期内,股息红利仍发给登记在册的旧股东,新买进股票的持有者因没有过户就不能享有领取股息红利的权利。

(二)除权与除息的公式计算

(1)除权价的计算。除权报价的计算是按照上市公司增资配股(或送配股)公告中的配股(或送配股)比例为依据的。公式如下:

$$配股除权报价=(除权前日收盘价+配股价格×配股率)/(1+配股率) \qquad (7.1)$$

(2)除息价的计算。公式如下:

$$除息报价=股息登记日的收盘价-每股所分红利(股息) \qquad (7.2)$$

(3)除权除息价的计算。公式如下:

$$除权除息价=(股权登记日的收盘价-每股所分红利现金额+配股价×每股配股数)÷(1+每股送红股数+每股配股数) \qquad (7.3)$$

(三)除权与除息的实际应用

有四个与除权、除息关系密切的日期分别为:股息宣布日、派息日、股权登记日、除息日。在这四个日期中,尤为重要的是股权登记日和除息日。由于每天有无数的投资者在股票市场上买进或卖出,公司的股票不断易手。这就意味着股东也在不断变化之中。因此,公司董事会在决定分红派息时,必须明确公布股权登记日,派发股息就以股权登记日这一天的公司名册为准。凡在这一天的股东名册上记录在案的投资者,公司承认为股东,有权享受本期派发的股息与红利。如果股票持有者在股权登记日之前没有登记过户,那么其股票出售者的姓名仍保留在股东名册上,这样公司仍承认其为股东,其股息仍会按照规定分派给股票的出售者而不是现在的持有者。由此可见,购买股票并不一定就能得到股息红利,只有在股权登记日以前到登记公司办理了登记过户手续,才能获取正常的股息红利收入。

至于除息日的把握,对于投资者来说至关重要,由于投资者在除息日当天以后购买的股票,已无权参加此期的股息红利分配。因此,除息日当天的价格会与除息日前的股价有所变化。一般来讲,除息日当天的股市报价就是除息参考价,也即是除息日前一天的收盘价减去每股股息后的价格。例如,某种股票计划每股派发2元的股息,如除息日前的价格为每股11元,则除息日这天的参考报价应是9元。掌握除息日前后股价的这种变化规律,有利于投资者在购买时填报适当的委托价,以有效降低其购股成本,减少不必要的损失。

对于有中、长线投资打算的投资者来说,还可趁除息前夕的股价偏低时,买入股票过户,以享受股息收入。但是,短期投资者一般倾向不过户、不收息,所以在除息前夕多半设法将股票脱手,甚至价位低一些也在所不惜。因此,有中、长期投资计划的人,如果趁短线投资者回吐的时候入市,即可买到一些相对廉价的股份,又可获取股息收入。至于在除息前夕的哪一具体时点买入,则是一个十分复杂的技巧问题。一般来讲,在截止过户时,当大市尚未明朗时,短线投资者较多,因而在截止过户前,短线投资者就得将所有的股份卖出,越接近过户期,卖出的短线投资者就越多,故原则上在截止客户的1~2天,可买到相对适宜价位的股票,但切不可将这种情形绝对化。因为如果投资者均看好某种股票,或者某种股票的股息十分诱人,也可能会出现"抢息"的现象。即越接近过户期,购买该种股票的投资者越多,因而,股价的涨升幅度也就越大,投资者必须对具体情况进行具体分析,以恰当地在分红派息期掌握买卖时机。

五、大宗交易与回转交易

(一)大宗交易

大宗交易又称为大宗买卖,一般是指交易规模远远超过市场的平均水平的交易,这里的交易规模包括交易的数量和金额。具体来说各个交易所在它的交易制度中或者在它的大宗交易制度中都对大宗交易有明确的界定,而且各不相同。我国现行有关交易制度规定,如果证券单笔买卖申报达到一定数额的,证券交易所可以采用大宗交易方式进行交易。按照规定,证券交易所可以根据市场情况调整大宗交易的最低限额。

1. 交易时间

上海证券交易所接受大宗交易的时间为每个交易日9:30~11:30、13:00~15:30,深圳证券交易所接受大宗交易申报的时间为每个交易日9:15~11:30、13:00~15:30。每个交易日15:00~15:30,证券交易所交易主机对买卖双方的成交申报进行成交确认。

2. 金额与数量

按照规定,证券交易所可以根据市场情况调整大宗交易的最低限额,上海、深圳交易所的规定有所不同。目前,上海证券交易所大宗交易规定A股单笔交易数量在50万股以上,或交易金额在300万元人民币以上;B股单笔交易数量在50万股以上,或交易金额在30万美元以上;基金单笔交易数量在300万份以上,或交易金额在300万元人民币以上;债券单笔交易数量在2万手以上,或交易金额在2 000万元人民币以上。深圳证券交易所大宗交易规定A股单笔交易数量不低于50万股,或者交易金额不低于300万元人民币;B股单笔交易数量不低于5万股,或者交易金额不低于30万元港币;基金单笔交易数量不低于300万份,或者交易金额不低于300万元人民币;债券单笔交易数量不低于1万张,或者交易金额不低于100万元人民币。

大宗交易不纳入证券交易所即时行情和指数的计算,成交量在大宗交易结束后计入当日该证券成交总量。上海证券交易所规定,每个交易日大宗交易结束后,属于股票和基金大宗交易的,上海证券交易所公告证券名称、成交价、成交量及买卖双方所在会员营业部的名称等信息;属于债券和债券回购大宗交易的,上海证券交易所公告证券名称、成交价和成交量等信息。

深圳证券交易所规定,每个交易日大宗交易结束后,深圳证券交易所公布大宗交易的证券名称、成交量、成交价以及买卖双方所在会员营业部或席位的名称。

(二)回转交易

回转交易是指投资者在证券交易所交易日买卖的证券成交后,可以在交收日前进行反向交易的一种交易制度。简单地说,就是买进的证券在交收日前卖出,或者卖出(卖空)的证券在交收日前再行买进的交易行为。

市场上有时将回转交易俗称为"T+0",但两者不能等同,严格意义上,回转交易是一种交易制度,而T+0则是一种交收制度。事实上,无论是T+0还是T+N,都是指在T日或T+N日进行交收的结算制度,其本身并非一种交易制度,与回转交易不是一回事,也无必然联系。只是由于我国证券市场的A股实行T+1交收,如在T日卖出股票,则构成回转交易。因此,市场上有时将回转交易俗称为"T+0回转交易"。确切地讲,T+0与回转交易并无直接联系。如在T+3结算制度下,只要在T+3日交收前卖出股票的,不管T+1还是T+2,都构成回转交易。

回转交易制度有助于活跃市场,增加股票成交量,有助于提高市场定价效率,并为投资者提供了更加灵活、便利的投资手段,因而通行国际证券市场。但回转交易同样会产生相关的结算风险、市场操纵风险以及加剧价格波动与过度投机等风险,还会增加统计和监管的困难,对新兴证券市场的健康、稳定发展而言亦是一种考验。因此,尽管2005年修订的《证券法》已取消了关于回转交易的禁止性规定,但我国证券市场应当有条件地、逐步地恢复或推出回转交易制度。

六、代办股份转让

我们常说的三板市场就是代办股份转让业务。代办股份转让,是指经中国证券业协会批准,并报中国证监会备案,由证券公司以其自有或租用的业务设施,为非上市公司提供的股份转让服务业务。因此,从基本特征看,这种股份转让并没有在证券交易所挂牌,而是通过证券公司进行交易。我国开展证券公司代办股份转让服务业务的初期,主要是为解决原STAQ、NET系统挂牌公司的股份流通的问题。以后从证券交易所退市的股票,也进入这一系统进行转让。

2002年12月27日,中国证券业协会发布了《证券公司从事代办股份转让主办券商管理办法(试行)》。根据股份转让公司的质量,在三板市场上实行股份分类转让制度。净资产为负和为正的公司分别实行每周3次(周一、三、五)和5次(周一至五)的转让方式,转让委托申报时间为上午9:30~11:30、下午1:00~3:00,之后以集合竞价方式进行集中配对成交。申报买入股份,数量应当为一手的整数倍。不足一手的股份,可一次性申报卖出。代办股份转让业务可采取柜台委托、电话委托、互联网委托等委托方式。证券公司在代办转让业务中可以接受投资者的限价委托,但不接受全权委托。投资者于T+1日到原委托营业部进行交割,交割可在柜面进行也可在自助交割机上进行。代办股份转让受中国证券业协会的自律性管理。

七、分红派息

(一)分红派息的概念

分红派息是指上市公司以税后利润,在弥补以前年度亏损、提取法定公积金及任意公积金后,将剩余利润以现金或股票的方式,按股东持股比例或按公司章程规定的办法进行分配的行为。

(二)分红派息的操作流程

上海、深圳证券交易所对分红派息的程序、投资者领取股息红利的方式的规定基本相似。根据现行有关部门制度规定,股息红利派发基本流程如下:

(1)送交申请材料。证券发行人在实施权益分派公告日5个交易日前,要向中国结算上海分公司提交相关申请材料。

(2)结算公司核准答复。中国结算上海分公司在公告日3个交易日前审核申报材料并作出答复。

(3)向证券交易所提交公告申请。证券发行人接到中国结算上海分公司核准答复后,在确定的权益登记日3个交易日前,向证券交易所申请信息披露。

(4)公告刊登及股权登记。证券发行人在指定报刊上刊登实施权益分派的公告。证券发行人应确保权益登记日不得与配股、增发、扩募等发行行为的权益登记日重合,并确保自向中国结算上海分公司提交申请表之日至权益登记日期间,不得因其他业务改变公司的股本数或权益数。

(5)派发股息红利发放日。证券发行人在现金红利发放日前的第二个交易日16:00前,将发放款项汇至中国结算上海分公司指定的银行账户。中国结算上海分公司收到相应款项后,在现金红利发放日前的第一个交易日闭市后,通过资金结算系统将现金红利款项划付给指定的证券公司。投资者领取红股、股息无需办理其他申领手续,红股、股息由交易清算系统自动派到投资者账上。

本章小结

本章主要以介绍证券交易实务基本常识为主线。通过对证券账户的种类、开立证券账户的要求、登记申请和证券的存管的讲述,使学生能够熟悉股票登记存管业务。本章以较多的篇幅介绍证券的委托买卖、竞价、成交、清算与交割等重要知识点,这也是证券交易实务操作的核心内容。此外,交易费用、网上发行申购、交易信息、大宗交易、代办股份转让等与证券交易关系密切。

思考题

1. 常见的证券交易方式有哪些?
2. 简述开立证券账户的要求。

3. 简述开立资金账户与证券账户的流程。
4. 什么是集合竞价,一般有哪些步骤?
5. 在进行证券交易时,投资者应支付哪些费用?
6. 什么是除权?什么是除息?
7. 简述分红派息的操作流程。

【案例分析】

股票被盗卖,责任由谁负?

原告胡某,某公司职工。

被告某证券有限责任公司,被告某证券有限责任公司某路证券营业部。

原告于1996年7月22日在山东证券登记公司(被告某证券有限责任公司前身)开设了深圳证券交易所股票账户,于1997年9月4日在山东证券有限责任公司(山东证券登记公司前身)开设上海证券交易所股票账户,股票账户卡均载明凭账户卡办理证券的认购、交易、分红等事宜,使用时必须出示本人身份证。依证券交易操作程序,客户在证券交易所开户时,交易所对客户的身份证及股票交易账户卡留复印件备案。

1998年2月9日,被告某证券有限责任公司某路证券营业部的前身山东证券有限责任公司某证券交易营业部与原告签订指定交易协议书,该交易营业部成为原告证券指定交易的代理商,原告在指定交易期间的证券买卖均需通过证券交易营业部代理。该证券交易营业部向原告发放交易磁卡一张。

2002年8月28日,原告在某证券有限责任公司某路证券营业部开立资金账户。

原告的证券交易磁卡于2002年9月26日被他人以原告的名义申请补办,补办原因是遗失。被告对此提供的证据是申请表、原告身份证、上海和深圳股票交易卡复印件及证人证言。

2002年10月9日,原告资金账户中的资金被他人以银证转账系统转到以胡某假身份证开户的某银行办事处并提取现金25 000元,同日原告的6支股票以刷卡(自助)系统交易方式被卖掉。同年10月10日,原告资金账户内的资金107 400.86元被他人以同一方法转入到银行,被他人持胡某假身份证提取107 000元。

原告发现股票资金被他人提取后,向某派出所报警。派出所出警后进行调查,从中国银行某分行调取了取钱人所持名为"胡某"假身份证原件,该身份证上"胡某"住址为山东省某供电电力技校。调取了取款人在银行办事处录像资料,取款人不是原告本人。

原告向公安部门报案时称,有个自称证券公司的人打电话问原告专户室是如何办理的,原告对那人说过自己是电力技校的,他怀疑有人从专户室的存根了解到原告的有关信息,从而制作了假身份证作案。

问题:
1. 被告是否应承担责任?
2. 原告是否有责任?
3. 从该案例中可以发现投资者和证券公司在进行交易时,应注意哪些事项?

第八章
Chapter 8

证券投资的基本分析

【本章学习要求】

本章主要介绍了宏观经济分析的意义与方法、宏观经济分析的内容、行业分析的方法及应用、公司综合素质分析、公司财务分析等内容。学习要求如下：

- 了解宏观经济分析的意义；了解宏观经济分析的基本方法；掌握宏观经济分析的内容。
- 了解行业划分的标准；掌握行业类型分析和生命周期分析的主要内容；了解影响行业兴衰的主要因素；理解行业分析方法的应用。
- 掌握公司综合素质分析；掌握公司财务分析；理解公司分析方法的应用。

【本章主要概念】

宏观经济分析　行业分析　公司综合素质分析　公司财务分析

【案例导读】

2016年,中国证券市场经历了两天四度熔断、千股跌停的罕见行情；也迎来了新股申购新规实施、新三板分层实施方案、A股举牌盛行、深港通的开通……这些大事件桩桩件件,令人目不暇接。可以说2016年的中国资本市场,注定会在资本史上留下浓墨重彩的一笔。

第一节　证券投资的宏观经济分析

一、宏观经济分析的意义

（一）把握证券市场的总体变动趋势

在证券投资的过程中,宏观经济的分析十分重要,只有掌握宏观经济发展的大方向,才能掌握证券市场总体的发展趋势,做出正确的投资决策。

(二)判断整个证券市场的投资价值

证券市场的投资价值是指整个市场的平均投资价值,是整个国民经济增长质量与速度的反映。不同部门、不同行业与不同企业之间相互制约,共同影响国民经济发展的速度和质量。因此,企业的投资价值必然在宏观经济中综合体现,宏观经济分析是判断证券市场投资价值的关键。

(三)掌握宏观经济政策对证券市场的影响力度与方向

要正确评估一家公司股票的价值,必须预测投资者能从该公司获得的红利和收益。由于公司的发展前景与宏观经济形势息息相关,评价时必须考虑公司经营所处的经济环境。对某些公司来说,宏观经济和行业背景可能比公司在行业内的相对表现更能影响其利润。

二、宏观经济分析的基本方法

(一)总量分析法

总量是反映整个社会经济活动状态的经济变量。总量分析法是指对宏观经济运行总量指标的影响因素及其变动规律进行分析,如国民生产总值、物价水平等的变化的分析,进而说明整个经济的状态。总量分析主要是一种动态分析,因为它主要研究总量指标的变动规律,同时,它也是一种静态分析,因为总量分析包括考察同一时期内各总量指标的相互关系。

(二)结构分析法

结构分析法是指对经济系统中各组成部分及其对比关系变动规律的分析。结构分析主要是一种静态分析,即对一定时间内经济系统中各组成部分变动规律的分析。如果对不同时期内经济结构变动进行分析,就属于动态分析。

三、宏观经济分析的内容

(一)宏观经济环境分析

1. 国内生产总值

国内生产总值(GDP)是一国全部产品和服务的度量,是指在一定时期(一般按年统计),在一国领土范围内生产的产品和劳务的总值。这些产品和劳务的界定以在一国领土范围内生产为标准。GDP 指标在宏观经济分析中占有重要地位。当国内生产总值持续、稳定地增长,社会总需求与总供给协调增长,经济发展势头良好,企业盈利水平持续上升,人们生活水平改善,股票的内在含金量以及投资者对股票的需求增加,促使股票价格上涨。而经济结构不合理,高通胀下呈现的 GDP 高速增长,是泡沫经济的表现,经济形势有恶化的可能,企业成本上升,重复建设最终导致供大于求,居民实际收入下降,各种因素引发股票价格的大跌。

2. 经济周期

国民经济运行常表现为收缩与扩张的周期性交替。每个周期表现为四个阶段：复苏、繁荣、衰退、萧条。当经济从衰退和萧条中开始复苏，继而进入又一个高涨阶段，这就是所谓的经济周期循环即景气变动。经济周期的变动对证券市场的影响力是十分显著的。

（1）经济周期分析指标。要把握经济的周期性波动，需要借助于反映经济周期性变化的一系列指标。具体包括：

①先行指标。又称超前指标，指在总体经济活动发生波动之前，先行到达顶峰或底谷的时间序列指标。先行指标一般能在总体经济活动发生变化之前 6 个月达到顶峰或底谷。正是由于先行指标具有这一特点，投资者采用该指标可以事先掌握经济波动的转折点，从而采取恰当的投资策略。先行指标包括货币政策指标、财政政策指标、劳动生产率、消费支出、住宅建设、周工时和商品订单等。

②重合指标。指与经济活动同时达到顶峰或底谷的时间序列指标。重合指标达到顶峰或底谷的时间大致与总体经济活动变化的时间相同。投资者采用重合指标预测经济周期性变化，可以确定经济活动达到顶峰或底谷的具体时间。重合指标包括实际国民生产总值、公司利润率、工业生产指数和失业率等。

③后续指标。又称滞后指标，指在总体经济活动发生波动之后才到达顶峰或底谷的时间序列指标。后续指标一般在总体经济活动发生变化后 6 个月到达顶峰或底谷，后续指标主要有优惠贷款利率、存货水平、资本支出和商品零售额等。

（2）经济周期变动分析。经济的周期性波动对于证券市场具有较大的冲击力。投资者对于经济复苏来临的信心，或对于经济危机发生的恐惧，均足以改变其投资意愿。

当经济开始走出低谷时，批发商和零售商逐步扩大商品的购买，增加存货；生产企业因产品的销路扩大，开始恢复和扩大生产，增加固定资产投资，生产者对于各种生产要素的需求量也随之增加，这就会引起利率、工资、就业水平和收入的上升。在这种情况下，投资者从过分悲观的预期中走出，重新参与证券投资。生产和销售情况的好转也支撑了股息、债息和证券价格的上升。显然，此时购买证券获得较高差价、收益的可能性较大。即使证券价格上升缓慢，投资者也可以从公司利润增加中分取较高的红利。

在经济从复苏、繁荣到达顶峰以后，又会走向衰退。此时，由于工资和利率都已上升，生产成本增加，生产者利润开始下降；又由于产销情况的变化和利润减少，生产者逐步压缩生产规模，减少固定资产投资。利率、物价、收入和就业水平都会下降，并且一直降到谷底。在这种情况下，投资者从过分乐观的预期中醒悟，抛售证券、抽回本金，证券价格不断下跌，投资者分取的股息和债息也因发行者利润的减少而下降。显然，此时参与证券投资就有可能遭受损失。

由此可见，经济的周期性波动会引起证券价格和证券投资收益的相应变化。如果投资者能够准确预测经济波动发生的具体时间，就可以在投资时机和投资对象的选择上作出相应的调查，以避免不必要的损失。

3. 货币供应量

货币供应量和股票价格成正比关系，具体有三种表现：

(1) 货币供给量增加，一方面可以支持生产、扶持物价，阻止利润下降；另一方面投资者对股票的需求增加，又成为股价止跌回升的重要因素。

(2) 货币供给量增加引起社会商品的价格上涨，股份公司的销售相应增加，从而使得以货币数量表现的股利（即股票的名义收益）有一定幅度的上升，使股票需求增加，从而股票价格也相应增加。

(3) 货币供给量的递增引起通货膨胀，通货膨胀带来的往往是虚假的市场繁荣，最终出现企业利润上升的假象，保值意识使人们倾向于将货币投向贵重金属、不动产和短期证券，股票需求量也会增加，从而使股票价格相应增加。

由上述可见，货币供给量的增减，是影响股价的重要原因之一，货币供给量增加，扩大的社会购买力就会投资于股票上，从而把股价抬高。反之，如果货币供给量减少，社会购买力降低，投资就会减少，失业率就会增加，因而股价也必定会受影响。

4. 利率

一般情况下，利率的升降与股价的变化反向相关，这主要有三个原因：

(1) 利率的上升，不仅会增加公司的借款成本，而且还会使公司难以获得必需的资金，这样，公司就不得不削减生产规模，而生产规模的缩小又势必会减少公司的未来利润。因此，股票价格就会下跌；反之，股票价格就会上涨。

(2) 利率上升时，投资者评估股票价格所用的折现率也会上升，股票值因此会下降，从而，也会使股票价格相应下降；反之，利率下降，股票价格则会上升。

(3) 利率上升时，一部分资金从投向股市转向银行储蓄和购买债券，从而会减少市场上的股票需求，使股票价格出现下跌；反之，利率下降时，储蓄的获利能力降低，一部分资金又可能从银行和债券市场流向股市，从而，增大了股票需求，使股票价格上升。

既然利率与股价运动呈反方向变化，那么投资者就应密切关注利率的升降，并对利率的走向进行必要的预测，以便提前进行决策。在预测时，应侧重分析以下几个因素的变化：

(1) 贷款利率的变化情况。由于贷款的资金是由存款来供应的，因此，根据贷款利率的下调可以推测出存款利率必将出现下降。

(2) 市场的景气动向。如果市场兴旺，物价上涨，国家就有可能采取措施来提高利率水准，以吸引居民存款的方式来减轻市场压力。相反，如果市场疲软，国家就有可能采用降低利率水准的方法启动市场。

(3) 资金市场的松紧状况和国际金融市场的利率水准。国际金融市场的利率水准，往往也能影响国内利率水准的升降和股市行情的涨跌。在一个开放的市场体系中，金钱是没有国界的，如果海外利率水准低，一方面会对国内的利率水准产生影响，另一方面，也会吸引海外资金进入国内股市，拉升股票价格。反之，如果海外利率水准上升，则会发生与上述相反的情形。

5. 通货膨胀率

通货膨胀率简称通胀率,指的是一般价格水平持续上涨的程度。高通胀率与经济过热联系在一起,即对商品和服务的需求超过了生产能力,从而价格产生了上涨的压力。许多政府在制定经济政策时都小心谨慎,他们希望刺激经济以达到充分就业,但又不得不提防通胀压力。

通货膨胀是影响股票市场价格的一个重要宏观经济因素。这一因素对股票市场趋势的影响比较复杂,它既有刺激股票市场的作用,又有压抑股票市场的作用。通货膨胀主要是由于过多地增加货币供应量造成的。货币供应量与股票价格一般呈正比关系,即货币供给量增大使股票价格上升;反之,货币供给量缩小则使股票价格下降。但在特殊情况下又有相反的趋势。当通货膨胀到一定程度,甚至超过了两位数,将会推动利率上涨,从而使股价下跌,这又是其对股价作用的另一方面。

总之,当刺激作用大时,股票市场的趋势与通货膨胀的趋势一致;当压抑作用大时,股票市场的趋势与通货膨胀的趋势相反。

6. 失业率

失业率是劳动总人数(工作着和积极寻找工作的人)中没有找到工作人数的比率。失业率衡量了经济运行利用人力资源的程度。失业率的变动与国民经济形势基本同步。失业率低,也就是就业率高,居民生活稳定,消费、投资欲望强,对股市繁荣有利。过高的失业率不仅影响个人投资意愿,而且会影响社会整体情绪,引发一系列社会问题,股市因此震荡走低。

7. 汇率

汇率是指两国货币相互兑换的比率,是通过一国货币来衡量另一国货币的价格,因而又称汇价。其表示方法有两种:直接标价法,即以一定单位的外币来计算应收或应付多少本国货币;间接标价法,即一定数额的本币值多少外币。我国采用直接标价法,实行浮动汇率制度。自1994年1月1日起人民币市场汇率与官定汇率并轨,4月设在上海的中国外汇交易中心正式启用;1996年12月1日起实行人民币经常项目可兑换。

一般来讲,汇率变动对短期资本的流动影响较大,短期资本主要是在金融市场上做投机交易,当一国汇率下降时,外国投机者为了避免损失,会竞相抛售拥有的该国金融资产,转兑外汇,而这种行为会进一步加剧该国汇率的下跌,有可能导致金融危机。现阶段,我国人民币在资本项目上尚不能自由兑换,因此不会出现上述严重的金融危机。

8. 国际收支

国际收支是一国居民在一定时期内与非居民在政治、经济、军事、文化及其他往来中所产生的全部交易的系统记录。一般来说,国际收支出现持续顺差,外汇储备增加,本币投放增加,由此会刺激投资和经济增长,同时也有利于形成促使汇价和股价上升的心理预期,推动股价的上涨。

(二)宏观经济政策分析

1. 财政政策分析

(1)财政政策的基本含义。财政是以国家为主体的,为满足社会公共需要而进行的集中性分配和再分配中形成的经济关系。财政收支是以财政方式集中社会资金和使用社会资金的全过程,国家通过组织财政收入和安排财政支出实现国家的职能。财政收支的状况对整个国民经济的影响是十分显著的,当然也是影响证券市场供求关系,进而影响市场价格及其走势的重要因素。

财政政策是政府依据客观经济规律制定的指导财政工作和处理财政关系的一系列方针、准则和措施的总称。财政政策分为长期、中期、短期政策。各种财政政策都是为相应时期的宏观经济控制总目标和总政策服务的。财政政策的短期目标是促进经济稳定增长,主要通过预算收支平衡或财政赤字、财政补贴和国债政策手段影响社会总需求数量,促进社会总需求和社会总供给趋向平衡。中长期政策的首要目标是资源的合理配置,总体上说,是通过对供给方面的调控来制约经济结构的形成,为社会总供求的均衡提供条件。中长期政策的另一个重要目标是收入的公平分配,如运用财政政策中的税收和转移支付手段来调节各地区和各阶层的收入差距,达到兼顾公平与效率,促进经济社会协调发展的目的。

(2)财政政策的实施及其对证券市场的影响。财政政策手段上面已涉及,它主要包括国家预算、税收、国债、财政补贴、财政管理体制、转移支付制度等。这些手段可以单独使用,也可以配合协调使用。从财政政策的运作看,它可以分为松的财政政策、紧的财政政策和中性财政政策。总的来说,紧的财政政策会使得过热的经济受到控制,证券市场也将走弱,而松的财政政策将刺激经济发展,促使证券市场走强。

在实施财政政策的过程中,财政收支状况及其变化趋势,对证券市场将会产生直接影响。从财政收入来看,财政收入主要来源于国家税收,也有一部分来源于国有企业的利润和国家信用。国家财政收入在国民生产总值中所占的比重是由国家所肩负的职能决定的。在这个比例确定下来之后,财政收入的增长说明国民经济运行健康、稳步发展。如果在经济增长速度一定的情况下,财政收入增加则说明相当一部分资金由国家集中起来使用了,会影响到证券市场的资金流入量,影响证券市场的大势。

从财政支出的角度看,按使用的性质划分,可分为经常性项目支出和资本性项目支出。经常性项目支出包括:非生产性基建支出、事业发展和社会保障支出、国家行政支出、价格补贴支出等。资本性项目支出包括:生产性基建支出、企业挖潜改造和新产品试制费支出、支农支出等经济建设支出。分析国家财收支出在国民经济各部门的分配比例,了解经济结构变动的趋势,有助于在证券市场中选择投资行业和研判个股走势。整体上财政支出的增加是证券市场中的利好因素。

2. 货币政策分析

货币政策是中央银行为实现其特定的经济目标而采取的各种控制、调节货币供应量或信用的方针、政策、措施的总称,其内容主要包括执行货币政策的机构、货币政策目标、货币政策工具和货币政策的传导机制等。货币政策是一国重要的宏观经济政策,主要用于调控社会总需求。其政策目标一般有四个,即稳定物价、充分就业、经济增长和国际收支平衡。其中保持一般物价水平的正常状态,不发生剧烈的波动,是货币政策的首要目标。

货币政策按照调节货币供应量的程度可划分为三种类型:①扩张性货币政策,是在社会总需求严重不足的情况下所采取的政策。推行此政策的主要目的是通过扩大货币供应量,改变原有货币量的供需关系,刺激社会需求的增长。②紧缩性货币政策,是在社会总需求严重膨胀的经济状况下所采取的政策。实施此政策的目的是通过控制货币供应量,抑制社会需求的膨胀。③均衡性货币政策,是在社会总需求与总供给基本平衡状态下所采取的政策,其目的是为了维持原有的货币供应量与需求量之间的大体平衡。

由于货币政策的类型不同,对证券市场的影响也不一样。总的来说,货币政策是通过影响证券市场资金面的状况来影响证券市场的价格的。

我国中央银行的货币政策手段主要有:法定存款准备金制度、贷款的规模控制、再贷款手段和再贴现业务、公开市场业务、逐步放开同业拆借市场使利率市场化等。

(1)存款准备金率的调整。存款准备金率是指一国金融当局规定商业银行提缴存款准备金的比率。存款准备金率是国家以法律形式加以确定的,商业银行必须执行,因而又称法定存款准备金率。中央银行调整存款准备金率,增加或减少商业银行应缴存的存款准备金,从而影响商业银行的贷款能力和派生存款能力,以达到调节货币供应量的目的。

存款准备金率的调整对于证券市场而言,影响需要一个传导的过程。这种传导要经过两个层次:一个层次是中央银行调整存款准备金率,影响商业银行行为,商业银行调整其经营方式;第二个层次是居民和企业对商业银行行为作出反应,相应调整投资和消费支出,影响社会需求。因此,存款准备金率的调整虽然可以影响社会货币流通量、影响社会需求,进而影响证券市场的资金供给和价格,但其时滞性较大。调整存款准备金率,最先影响的是证券投资者的投资信心,真正带来资金间的变化则要经过一段时间。所以,证券投资者在关注这一金融宏观调控政策时,切不可只注意它的即时市场反应,还要看到它对以后的实质性影响。

(2)再贴现率调整。再贴现率是指商业银行向中央银行办理再贴现时使用的利率。而再贴现则是指商业银行将贴现买入的未到期商业票据提交中央银行,由中央银行扣除再贴现利息后支付贴现款项。中央银行通过调高或调低再贴现率以影响商业银行的信用量,达到信用扩张或信用收缩的目的。如果中央银行提高再贴现率,商业银行的借入资金成本增大,就会迫使其提高贷款利率,从而起到紧缩企业的借款需求,减少贷款量和货币供应数量的作用;反之,则会刺激贷款的扩大和货币供应规模。

在我国,再贴现业务开展得并不广泛,这主要是因为再贴现业务必须以商业信用票据作为前提条件。随着商业信用票据化的推进,再贴现业务可能取代目前的再贷款,从而对证券市场产生影响。现在其作用还仅局限于有区别地对某些商业票据进行贴现。因此,它对证券市场的影响主要是通过影响某些行业的资金需求间接实现的。

(3)公开市场业务。公开市场业务是指中央银行通过买进或卖出有价证券来控制和影响市场货币供应量的一种业务。中国人民银行公开市场业务的主要方式是：由人民银行总行进行公开市场业务操作，总行设立公开市场操作室，主要工具是国债和外汇。当市场银根紧时，就买进有价证券；当市场银根松时，就卖出有价证券。具体分为两类：一类是买卖双方不承担义务的；另一类是买卖双方承担一定义务的，双方订有回购和回售协议。回购，就是中央银行买进有价证券，按协议规定期限，由卖方再把证券买回去。回售，就是中央银行售出有价证券，按协议规定期限，由中央银行再买回来。公开市场业务是中央银行强有力的货币政策工具，以范围广、灵活、主动和温和的优越性为世界经济发达国家广泛采用。

1996年4月9日，我国中央银行的公开市场业务正式启动，首选14家银行为交易对象。通过公开市场业务，调节各家商业银行的头寸，影响同业拆借市场、回购市场和国债市场的供求关系，进而影响利率水平，并通过传导机制影响证券市场的资金状况。由于现阶段可供公开市场业务调控的工具有限，只以短期国债为交易工具，所以对债券市场的影响还不大，未来其影响会逐渐增加。

(4)利率政策。利率是借贷资金的利息收入与借贷资金量的比率。利率是主要的货币政策工具，也是对证券市场影响最为直接和迅速的金融因素。一般来讲，利率下降时，证券价格就会上涨；利率上升时，证券价格就会下跌。具体影响如下：

①利率的调整，最先影响到的是存款人和贷款人的利益分配。上调利率，存款人可以从多得的利息中直接受益，因而提高了将手持货币转化为存款的积极性，从而使流通中货币量收缩，而贷款人考虑到资金成本，必然压缩对贷款的需求，其结果也是使流通中的货币量收缩；降低利率则完全相反。在这个意义上，利率调整对证券市场的影响就是影响着市场资金流入量的大小。

②调整利率，通过影响上市公司业绩影响证券市场。在利率下调的情况下，企业贷款成本下降，利润相应提高。预期收益的提高是股票价格上升的促进因素。另外，由于利率下降使一些储蓄转化为现实的商品购买力，这样就会提高社会商品销售总额，使商业企业利润上升，使工业产品积压减轻，资金周转加速，效益提高。这也是促使股票价格上升的因素。利率上调，情况则完全相反。

③在利率调整中，存款利率与贷款利率调整的幅度也对证券市场中金融板块股票产生直接的影响。如果贷款利率下调的幅度没有存款利率下调的幅度大，那么商业银行和其他金融机构就都会从中得到因调整而加大的存贷利差，有利于改善银行和其他金融机构的经营环境，其股价自然上升。但如果在利率下调的过程中，存款利率的下调幅度没有贷款利率下调的幅度大，则会对金融股构成直接的利空。

在实际经济生活中，我们可以根据所能得到的有关信息预测利率变动的方向和时机，从而取得在股市中的主动权。对利率变动方向和时机影响较大的因素有：市场商品购销状况；国外金融市场的利率水平;工业企业的平均资金利润率水平等。

四、宏观经济分析的应用

"股市是宏观经济的晴雨表,宏观经济是股市的风向标。"这是股市中流传最广的一句谚语,是被广大股民认可的常识。宏观经济是一种战略性发展趋势,它决定经济发展的大方向,而在它的发展过程中,依然是波浪式前进、螺旋形上升的,不可能直线上升而没有结构性调整。

在股市投资中所谓的宏观经济分析,就是分析整体经济与证券市场之间的关系,其主要目的是分析将来经济情况及前景是否适合进行股票投资。在宏观经济状况良好的情形下,大部分公司就有比较优良的经营业绩,股票价格才有上涨的趋势;而如果宏观经济处于低迷状态,大部分公司的经营业绩就会比较差,其股票价格自然会下跌。因此,在进行股票投资分析时,把宏观经济分析放在第一步。投资者可从以下几个方面分析宏观经济。

(一)经济景气度

当经济由低谷向复苏阶段过渡时,投资者的信心开始大增,股票市场开始活跃,股价开始回升;在复苏阶段后期,股价的升温甚至比经济的实际复苏还要快。当经济进入繁荣时期的初期和中期,投资者的信心更大,预期收益更高,股价进一步上升。但到了繁荣时期的后期,由于银根紧缩,利率上升,企业收益相对减少,在危机到来之前,股价涨势便停止了,并开始下跌;在危机阶段,投资收益明显减少,金融环境趋紧,股价会进一步下跌。在萧条时期,经济不景气造成股价仍会在较低水平上沉浮。

另外,在经济繁荣时期,企业经营状况好,获利丰厚,可分配股息多,股价会上升;在经济衰退时期,企业获利不多,可分配股息低甚至没有,股价会下跌。

(二)通货膨胀

通货膨胀主要是由于货币供应量过多造成的。货币供应量增加一开始能刺激经济,增加企业利润,推动股票价格上升。但是,当通货膨胀发展到一定程度,利率会上升,从而又会使股票市场收缩,股票价格下跌。

(三)利率

利率就像一个杠杆,用它可以来调节经济增长的快慢。当银根紧缩、利率提高时,此时企业的融资成本提高,投资利润下降。利率高,大量的闲置资金会存入银行,用来实业投资和股票投资的资金会大大减少,特别是在储蓄和买股票之间进行选择时,多数人会选择储蓄。当利率下调到一定程度时,部分资金会流入股市。在成熟股市,降息通常是重大利好。首先,降息直接促进上市公司经营状况的改善,利息降低会大大减少企业的利息支出,从而增加企业利润。其次,利率降低,存款利率所对应的市盈率将提高,这意味着即使在公司平均每股收益不变的前提下,股价也会升高。

(四)国际收支

现代经济日益国际化、一体化,因而一国国际收支的状况也是影响股市的一个重要因素。一般情况下,当国际收支处于逆差状态时,政府为平衡收支将控制进口,鼓励出口,致使国内一部分投资从股市中流失,股票价格下跌,反之,股价将上涨。

宏观经济形势的发展直接影响着股市的进度,这是股市变化的重大宏观指数。宏观经济形势因受各种因素的影响,常常呈现周期性变化。经济周期是由经济运行内在矛盾引发的经济波动,是一种不以人们意志为转移的客观规律。经济周期一般经历上升期、高涨期、下降期和停滞期四个阶段。由于股市是经济的"晴雨表",它会随着经济周期性波动而变化,因此,当经济处于经济周期的不同阶段时,股市就会表现出相应的变化。在分析宏观经济形势对股市的影响时,还要注意两者之间变化的前后时间关系。

【案例8.1】

美欧日出台新举措 全球股市出现上涨

2008年10月30日,美国、欧盟和日本出台救市新举措,以缓解金融危机给各自经济带来的不利影响。面对多重利好消息,30日全球股市继续走高。

美国联邦储备委员会10月29日决定,将联邦基金利率即商业银行间隔夜拆借利率从1.5%下调至1%。这是美联储本月第二次降息,也是自去年美国次贷危机全面爆发以来第九次降息。同时,美国财政部29日表示,作为实施7 000亿美元救市计划的一部分,美国政府已完成斥资1 250亿美元购买美国九大银行股份的交易。

29日,欧盟委员会宣布将出台一项内容广泛的经济复苏方案,以避免实体经济受到金融危机重创。欧盟委员会当天举行全会专门讨论了金融危机和欧盟经济前景。欧盟委员会主席巴罗佐会后表示,金融危机尚未结束,其对欧洲实体经济的影响正在加剧。为此,欧盟委员会于11月26日出台一项内容广泛的经济复苏方案,防止经济严重减速。

为应对国际金融危机对日本的不利影响,日本首相麻生太郎30日公布了总额达26.9万亿日元的一揽子经济刺激方案。根据该方案,日本政府将向日本所有家庭发放现金补助,总额为2万亿日元。日本政府还将为陷入困境的中小企业提供信贷担保,并降低失业保险费用缴纳标准和削减高速公路通行费。此外,该方案还包括为日本农民提供补贴、减税和鼓励企业增加雇员等内容。

受美联储降息等因素影响,30日亚太地区主要股市继续上涨。当天,日本东京股市日经225种股票平均价格指数暴涨817.86点,收于9 029.76点。中国香港股市恒生指数上涨1 627.78点,收于14 329.85点。新加坡、韩国首尔、中国台北、菲律宾马尼拉、印度尼西亚雅加达和澳大利亚悉尼等地股市主要股指也出现上涨。当天,欧美地区主要股市多数也出现上涨。其中,德国法兰克福股市DAX指数涨幅一度接近4%。

第二节　证券投资的行业分析

行业，一般是指按生产同类产品或具有相同工艺过程或提供同类劳动服务划分的经济活动类别。在证券投资的行业分析中，主要分析行业的市场类型、生命周期和影响行业发展的有关因素。通过分析，可以了解到处于不同市场类型和生命周期不同阶段上的行业产品生产、价格制定、竞争状况，以及盈利能力等方面的信息资料，从而有利于正确地选择适当的行业进行有效的投资。

一、行业的划分

（一）道·琼斯行业分类法

对上市公司进行行业分析，首先就要对上市公司进行行业分类，道·琼斯分类法就是最著名的分类方法之一。道·琼斯分类法是在19世纪末为选取在纽约证券交易所上市的有代表性的股票而对各公司进行的分类，是证券指数统计中最常用的分类法之一。

道·琼斯分类法将大多数股票分为三类：工业、运输业和公用事业，然后选取有代表性的股票。虽然入选的股票并不包括这类产业中的全部股票，但所选择的这些股票足以表明产业的一种趋势。在道·琼斯指数中，工业类股票选取了工业部门的30家公司，包括了采掘业、制造业和商业。这些产业有些扩张，有些则下降；有些增长率超过国民生产总值的增长率，还有一些行业的增长率低于国民生产总值的增长率。运输业包括了航空、铁路、汽车运输和航运业。作为计算道·琼斯股价指数的股票类别，公用事业的增长率一般是稳定的，公用事业类主要包括电话公司、煤气公司和电力公司。

（二）标准行业分类法

为了便于汇总各国的统计资料，进行对比，联合国经济和社会事务统计局曾制订了一个《全部经济活动国际标准行业分类》，把国民经济划分为10个门类：

农业、畜牧狩猎业、林业和渔业；

采矿业及土石采掘业；

制造业；

电、煤气和水；

建筑业；

批发和零售业、饮食和旅游业；

运输、仓储和邮电通信业；

金融、保险、房地产和工商服务业；

政府、社会和个人服务业；

其他。

（三）我国证券交易所的行业分类

目前沪深股市的上市公司是按 2001 年 4 月 3 日中国证监会出台的《上市公司分类指引》分类的。分类的依据是国家统计局制订的《国民经济行业分类与代码》，并借鉴联合国国际标准产业分类、北美行业分类体系的有关内容。

上证指数分类法。上海证券市场为编制新的沪市成分指数，将全部上市公司分为五类，即工业、商业、地产业、公用事业和综合类，并分别计算和公布各分类股价指数。

深证指数分类法。深圳证券市场也将在深市上市的全部公司分成六类，即工业、商业、金融业、地产业、公用事业和综合类，同时计算和公布各分类股价指数。

需要注意的是，我国的两个证券交易所为编制股价指数而对产业进行的分类显然是不完全的，这与我国证券市场发展状况有关。我国上市公司数量少，不能涵盖所有行业，例如，农业、电信等方面的上市公司就较少。但为了编制股价指数，从目前的情况来看，这些分类是适当的。

行业划分的方法多样。除上述的划分方法外，还有其他划分方法。例如，按资源集约度来划分，可把行业分成资本集约型行业、劳动集约型行业和技术集约型行业等。

二、行业分析的主要内容

（一）行业市场类型

行业的经济结构随该行业中企业的数量、产品的性质、价格的制订和其他一些因素的变化而变化。由于经济结构的不同，行业基本上可分为四种市场类型：完全竞争、垄断竞争、寡头垄断、完全垄断。

1. 完全竞争

完全竞争指许多生产者生产同质产品的市场情形。其特点是：①生产者众多，各种生产资料可以完全流动；②生产的产品（有形与无形）是同质的，无差别的；③生产者不是价格的制定者，生产者的盈利基本上由市场对产品的需求来决定；④生产者和消费者对市场情况都非常了解，并可自由进入或退出这个市场。从上述特点可以看出，完全竞争其实质在于所有的企业都无法控制市场的价格和使产品差异化。初级产品的市场类型多与此相近似。

2. 垄断竞争

垄断竞争指许多生产者生产同种但不同质产品的市场情形。其特点是：①生产者众多、各部生产资料可以流动；②生产的产品同种但不同质，即产品之间存在着差异；③由于产品差异性的存在，生产者可借以树立自己产品的信誉，从而对其产品的价格有一定的控制能力。制成品的市场类型一般都属于这种。

3. 寡头垄断

寡头垄断指相对少量的生产者在某种产品的生产中占据极大市场份额的情形。在这个市场上通常存在着一个起领导作用的企业,其他的企业则随该企业定价与经营方式的变化而相应地进行某些调整。领头的企业不是固定不变的,它随企业实力的变化而异。资本密集型、技术密集型产品,如钢铁、汽车等,以及少数储量集中的矿产品,如石油等的市场类型多属这种。

4. 完全垄断

完全垄断指独家企业生产某种特质产品(指没有或缺少相近的替代品)的情形。完全垄断可分为政府完全垄断和私人完全垄断两种。在这种市场中,由于市场被独家企业所控制,产品又没有(或缺少)合适的替代品,因此垄断者能够根据市场的供需情况制定理想的价格和产量,在高价少销和低价多销之间进行选择,以获取最大的利润。但垄断者在制定产品的价格与生产数量方面的自由性是有限度的,它要受到反垄断法和政府管制的约束。公用事业和某些资本、技术高度密集型或稀有资源的开采等行业就属于这种完全垄断的市场类型。

(二)行业的生命周期

一个典型的行业生命周期可以分为四个阶段(见图 8.1):

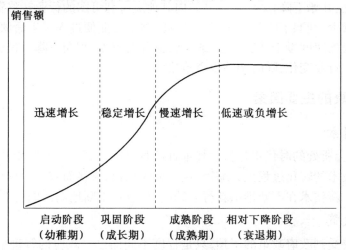

图 8.1　行业的生命周期

1. 幼稚期

在新行业的初创期里,由于新行业刚刚诞生或初建不久,因而只有为数不多的创业公司投资于这个新兴的行业。这些创业公司财务上不但没有盈利,反而普遍亏损,同时,还面临很大的投资风险。

在这一阶段,人们对新产品或服务的认知程度不高,并且新技术本身也不成熟,市场前景不明朗,公司失败的可能性很大。选择这类行业的投资者获利潜力大同时承担的风险也很大。例如生物技术行业,许多企业有较高投资率、高回报率和低派息率,这与低回报率和高派息率的电力设备行业并不一样。生物科技行业还是新事物,新产品受专利保护,利润高,使投资有利可图。企业会把所有的利润进行再投资。于是,这类公司成长速度比一般公司快。

2. 成长期

此时,产品已为市场所接受,公司的利润增加。高利润率会吸引新企业进入这个行业,加剧的竞争会降低价格和利润率,新技术被确认并且容易把握后,风险下降。随着该行业的进入门槛的降低,投资吸引力下降,这类公司就减少了再投资比率,现金分红增加了。此时投资者会得到较丰厚的利润。

3. 成熟期

在这一阶段,行业的成长速度不慢于总体经济,大多表现出稳健发展的特征。各公司有稳定的红利和现金流及低风险。一个行业在生命周期的启动阶段提供高风险和高潜在回报,在成熟阶段提供低风险和低回报。稳健型投资者可投资此类行业的股票。

4. 衰退期

经过较长的稳定期后,由于新产品和大量替代品的出现,原行业的市场需求开始逐渐减少,产品的销售量也开始下降,某些厂商开始向其他更有利可图的行业转移资金。因而原行业出现了厂商数目减少、利润下降的萧条景象,至此,整个行业便进入了生命周期的最后阶段。

此时特征是成长速度慢于其它行业,或者行业开始收缩,利润下降。投资此类行业股票的投资者应随时关注行业变化,随时调整投资策略。

三、影响行业兴衰的主要因素

(一)技术因素

目前,人类社会所处的时代正是科学技术日新月异的时代,不仅新兴学科不断涌现,而且理论科学向应用技术的转化过程大大缩短,速度大大加快,直接而有力地推动了工业的迅速发展和水平的提高。新技术在不断推出新行业的同时,也在不断地淘汰旧行业。

(二)政府政策

各个行业都要受到政府政策的干预,只是程度不同而已。政府的管理措施可以影响到行业的增长速度、利润率、活动范围和价格等多方面。当政府鼓励某一行业发展时,就会增加该行业的优惠措施。这些措施有利于该行业的发展,也会使该行业的股价上升。

政府实施管理的主要行业是:公用事业、运输部门和金融部门。另外,政府除了对这些关系到国计民生的重要行业进行直接管理外,通常还制定有关的反垄断法来间接地影响其他行业。

(三)社会习惯

现代社会的消费者和政府已经越来越强调经济行业所应负的社会责任,越来越注意工业化给社会所带来的种种影响。这种日益增强的社会意识或社会倾向对许多行业已经产生了明显的作用。近年来在公众的强烈要求和压力下,西方许多国家,纷纷对许多行业的生产及产品作出了种种限制性规定。例如,消费者希望造纸行业要减少对环境的污染等。类似的这些社会倾向会影响到相关公司的经营活动、生产成本、利润等。防止环境污染、保持生态平衡目前已成为工业化国家一个重要的社会趋势,在发展中国家也正日益受到重视。

(四)相关行业变动

相关行业变动对股价的影响一般表现在三个方面:

(1)如果相关行业的产品是该行业生产的投入品,那么相关行业产品价格上升,就会造成该行业的生产成本提高,利润下降,从而股价会出现下降趋势;相反的情况在此也成立,如钢材价格上涨,就可能会使生产汽车的公司股票价格下降。

(2)如果相关行业的产品是该行业产品的替代产品,那么相关行业产品价格上升,就会提高对该行业产品的市场需求,从而使市场销售量增加,公司盈利也因此提高,股价上升;反之亦然。如茶叶价格上升,可能对经营咖啡制品的公司股票价格产生利好影响。

(3)如果相关行业的产品与该行业生产的产品是互补关系,那么相关行业产品价格上升,对该行业内部的公司股票价格将产生利空反应。如1973年石油危机爆发后,美国消费者开始偏爱小型汽车,结果对美国汽车制造业形成相当大的打击,其股价大幅下跌。

四、行业分析的应用

(一)投资行业的选择

1. 增长型行业

增长型行业的运动状态与经济活动总水平的周期及其振幅无关。这些行业收入增长的速率与经济周期的变动不同步,因为它们主要依靠技术的进步、新产品推出及更优质的服务,从而使其经常呈现出增长势态。例如,计算机和复印机行业。投资者对高增长的行业非常感兴趣,是因为这些行业能够带来丰厚的利润。然而,这种行业的特点使得投资者难以把握精确的购买时机,因为这些行业的股票价格不会随着经济周期的变化而变化。

2. 周期型行业

周期型行业的运动状态与经济周期密切相关。当经济处于上升时期,这些行业会紧随其扩张;当经济衰退时,这些行业也相应衰落。产生这种现象的原因是,当经济上升时,对这些行业相关产品的购买相应增加。消费品业、耐用品制造业及其他需求的收入弹性较高的行业,就属于周期性行业。

3. 防御型行业

还有一些行业被称为防御型行业。这些行业的相关产品需求相对稳定,并不受经济周期处于衰退阶段的影响。正是因为这个原因,对其投资便属于收入投资,而非资本利得投资。所以,当经济衰退时,防御型行业或许会有实际增长。例如,食品业和公用事业属于防御型行业,因为需求的收入弹性较小,所以这些公司的收入相对稳定。

(二)投资板块的选择

所谓板块是指因市场表现具有联动性或处于相同地域等共同特征,而被人为归类在一起的一组股票。股票市场的板块效应是我国证券市场的特殊现象,其板块特征往往被所谓的股市庄家用来作为炒作的题材。

板块分类标准不一,如根据地域划分,比较著名的有北京板块、深圳板块、上海板块及浦东板块等;根据上市公司的经营业绩划分,包括绩优股板块、ST板块等;根据行业分类划分为高科技板块、金融板块、房地产板块、酿酒板块、建材板块等;按照上市公司的经营行为划分为重组板块等。随着上市公司的不断发展及数量的日益增多,划分板块的标准也越来越多,各个板块之间的联动关系也日趋复杂。

(三)行业兴衰与证券投资策略

任何公司的发展水平和发展的速度与其所处行业密切相关。一般来说,任何行业都有其自身的产生、发展和衰落的生命周期,正如前面所述,我们把行业的生命周期分为初创期、成长期、稳定期、衰退期四个阶段,不同行业经历这四个阶段的时间长短不一。一般在初创期,盈利少、风险大,因而股价较低;成长期利润大增,风险有所降低但仍然较高,行业总体股价水平上升,个股股价波动幅度较大;成熟期盈利相对稳定但增幅降低,风险较小,股价比较平稳;衰退期的行业通常称为夕阳行业,盈利减少、风险较大、财务状况逐渐恶化,股价呈跌势。因此公司的股价与所处行业存在一定的关联。通常人们在选择个股时,要考虑到行业因素的影响,尽量选择高成长行业的个股,而避免选择夕阳行业的个股。例如我国的通信行业,近年来以每年30%以上的速度发展,行业发展速度远远高于我国经济增长速度,是典型的朝阳行业,通信类的上市公司在股市中备受青睐,其市场定位通常较高,往往成为股市中的高价股。另外如生物工程行业、电子信息行业的个股,源于行业的高成长性和未来的光明前景也都受到欢迎。

上市公司的股价,更多地是受到其自身发展水平和盈利能力的影响。任何一家公司,与行业发展周期相仿,也存在自己的生命周期,同样也可以划分为初创期、成长期、稳定期和衰退期。以家电行业的四川长虹为例,从初创到打出自己的知名品牌,之后经历了11年的高速成长期,目前已进入成熟期,它的股价,也在几年中经历了十余倍的狂飙后稳定下来。又如沪市中的大盘股新钢钒,虽然属于被认为是夕阳行业的钢铁行业,但是由于市场钢材的需求旺盛加上自身良好的经营和管理水平,仍然实现了不俗的业绩,说明夕阳行业中照样可以出现朝阳企业。以上事实表明,行业发展周期和公司自身的发展周期有时可能差别很大,投资者在选股时既要考虑行业周期,又要具体问题具体分析。在我国,由于公司的一般规模较小,抗风险能力较弱,企业的短期经营思想比较浓厚,要想获得长期持续稳定的发展难度较大,这从某种程度上增大了选股的难度。

【案例 8.2】

小议"证监会行业板块"

证监会行业板块是按证监会发行股票时认定的,基本上参与证券市场的股票都属于证监会的范围内,他们是由中国证监会直接监督管理的板块。

证监会行业板块有别于行业板块。行业板块是比较粗的大行业,比如电子制造,证监会行业板块又把电子制造分三个细类:电子元器、日用电子、其他电子制造等。

第三节 证券投资的公司分析

股票价格就是发行公司"实质"的反映,而发行公司的实质,就是它的营运情况、财务情况及盈利情况。了解公司这些信息最直接最方便的办法,便是进行公司的财务分析。了解发行公司的财务状况和经营成效及其对股票价格涨落的影响,是投资者进行决策的重要依据。财务分析是基本分析的重要组成部分。投资者通过对股份公司财务报表的分析,可以了解该公司的财务情况、经营效果,进而了解财务报告中各项变动对股票价格的有利影响和不利影响。

一、公司综合素质分析

(一)公司行业地位分析

行业地位分析的目的是判断公司在所处行业中的竞争地位,如是否为领导企业,在价格上是否具有影响力,是否有竞争优势等。在大多数行业中,无论其行业平均盈利能力如何,总有一些企业比其他企业具有更强的获利能力。企业的行业地位决定了其盈利能力是高于还是低于行业平均水平,决定了其在行业内的竞争地位。衡量公司行业竞争地位的主要指标是行业综合排序和产品的市场占有率。

(二)公司经济区位分析

区位,即经济区位,是指地理范畴上的经济增长极或经济增长点及其辐射范围。上市公司的投资价值与区位经济的发展密切相关,处在经济区位内的上市公司,一般具有较高的投资价值。上市公司区位分析的内容主要包括:

(1)分析区位内的自然和基础条件,包括矿产资源、水资源、能源、交通、通信设施等,有利于分析本区位内上市公司的发展前景。

(2)分析区位内政府的产业政策和其他相关的经济支持。如果区位内上市公司的主营业务条例符合当地政府的产业政策,一般会获得诸多政策支持,对上市公司本身的进一步发展有利。

(3)分析区位内的比较优势和特色。

(三)公司经营能力分析

1. 公司管理人员的素质和能力分析

所谓素质,是指一个人的品质、性格、学识、能力、体质等方面特性的总和。在现代企业里,管理人员不仅担负着对企业生产经营活动进行计划、组织、指挥、控制等管理职能,而且从不同角度和方面负责或参与对各类非管理人员的选择、使用与培训工作。因此,管理人员的素质是决定企业能否取得成功的一个重要因素。一般而言,企业的管理人员应该具备如下素质:

(1)从事管理工作的愿望。只有那些具有影响他人的强烈愿望,并能从管理工作中获得乐趣、真正得到满足的人,才可能成为一个有效的管理者;反之,倘若没有在工作中对他人施加影响的愿望,个人就不会花费时间和精力去探索管理活动的规律性和方法,亦缺乏做好管理工作的动力,不可能致力于提高他人的工作效率,难以成为一个优秀的管理者。

(2)专业技术能力。管理人员应当掌握必要的专业知识,能够从事专业问题的分析研究,能够熟练运用专业工具和方法等。如计划管理要求掌握制订计划的基本方法和各项经济指标的内在联系,能够综合分析企业的经营状况和预测未来的发展趋势,善于运用有关计算工具和预测方法。因此,管理人员应当是所从事管理工作的专家。此外,就管理对象的业务活动而言,管理人员虽然不一定直接从事具体的技术操作,但必须精通有关业务技术特点,否则就无法对业务活动出现的问题作出准确判断,也不可能从技术上给下级职工以正确指导,这会使管理人员的影响力和工作效能受到很大限制。

(3)良好的道德品质修养。构成管理人员个人影响力的主要因素是管理者的道德品质修养,包括思想品德、工作作风、生活作风、性格气质等方面。管理者只有具备能对他人起到榜样、楷模作用的道德品质修养,才能赢得被管理者的尊敬和信赖,建立起威信和威望,使之自觉接受管理者的影响,提高管理工作的效果。

(4)人际关系协调能力。这是从事管理工作必须具备的基本能力。在企业组织中,管理人员通常担负着带领和推动某一部门、环节的若干个人或群体共同从事生产经营活动的职责,因此,需要管理人员具有较强的组织能力,能够按照分工协作的要求合理分配人员,布置工作任务,调节工作进程,将计划目标转化为每个员工的实际行动,促进生产经营过程连续有序地稳定进行。

(5)综合能力。管理工作经常面对大量的新情况、新问题,所以,管理过程就是不断发现问题、解决问题的过程。为此,管理人员必须具备较强的解决问题的能力,要能够敏锐地发现问题之所在,迅速提出解决问题的各种措施和途径,善于讲求方式方法和处理技巧,使得问题得到及时、妥善的解决。综合能力对高层管理人员最重要,因为高层管理者承担企业重大战略决策、协调内外环境平衡的职能,专业问题可以委托职能部门的参谋人员去解决,但是最终的决策必须由自己承担。

2. 公司管理风格及经营理念分析

管理风格是企业在管理过程中一贯坚持的原则、目标及方式等方面的总称。经营理念是企业发展一贯坚持的一种核心思想,是公司员工坚守的基本信条,也是企业制订战略目标及实施战术的前提条件和基本依据。经营理念往往是管理风格形成的前提。一般而言,公司的管理风格和经营理念有稳健型和创新型两种。稳健型公司的特点是在管理风格和经营理念上以稳健原则为核心,一般不会轻易改变已形成的管理和经营模式。奉行稳健型原则的公司的发展一般较为平稳,大起大落的情况较少,但是由于不太愿意从事风险较高的经营活动,公司较难获得超额利润,跳跃式增长的可能性较小,而且有时由于过于稳健,会丧失大发展的良机。创新型公司的特点是管理风格和经营理念上以创新为核心,公司在经营活动中的开拓能力较强。创新型的管理风格是此类公司获得持续竞争力的关键。管理创新是指管理人员借助于系统的观点,利用新思维、新技术、新方法,创造一种新的更有效的资源整合方式,以促进企业管理系统综合效益的不断提高,达到以尽可能少的投入获得尽可能多的综合效益,具有动态反馈机制的全过程管理目的。管理创新应贯穿于企业管理系统的各环节,包括经营理念、战略决策、组织结构、业务流程、管理技术和人力资源开发等各方面,这些也是管理创新的主要内容。创新型企业依靠自己的开拓创造,有可能在行业中率先崛起,获得超常规的发展。但创新并不意味着企业的发展一定能够获得成功,有时实行的一些冒进式的发展战略也有可能迅速导致企业的失败。分析公司的管理风格可以跳过现有的财务指标来预测公司是否具有可持续发展的能力,而分析公司的经营理念则可据以判断公司管理层将制定何种公司发展战略。

3. 公司业务人员素质和创新能力分析

公司业务人员的素质也会对公司的发展起到很重要的作用。作为公司的员工,公司业务人员应该具有如下的素质:熟悉自己从事的业务,必要的专业技术能力,对企业的忠诚度,对本职工作的责任感,具有团队合作精神等。具有以上这些基本素质的公司业务人员,才有可能做好自己的本职工作,才有可能贯彻落实公司的各项管理措施以及完成公司的各项经营业务,才有可能把自身的发展和企业的发展紧密地联系在一起。当今国际经济竞争的核心,是知识创新、技术创新和高技术产业化,不少高科技公司依靠提高产品和技术服务的市场竞争力,加快新产品开发,公司业绩实现持续增长。管理创新是企业创新的一个方面,还有产品创新、技术创新、市场创新等。管理创新则是产品、技术和市场创新的基础。在进取型的公司管理风格下,还需要具有创新能力的公司业务人员,如技术创新、新产品的开发必须要由技术开发人员来完成,而市场创新的信息获得和创新方式则不能缺少市场营销人员的努力。因此,公司业务人员的素质,包括进取意识和业务技能也是公司发展不可或缺的要素。对员工的素质进行分析可以判断该公司发展的持久力和创新能力。

(四)公司产品分析

这包括对公司产品竞争能力、产品市场占有情况以及产品品牌战略的分析。产品的竞争能力主要考虑产品的成本优势、技术优势和质量优势。

1. 成本优势分析

成本优势是指公司的产品依靠低成本获得高于同行业其他企业的盈利能力。在很多行业中,成本优势是决定竞争优势的关键因素。企业一般通过规模经济、专有技术、优惠的原材料和低廉的劳动力实现成本优势。由资本的集中程度而决定的规模效益是决定公司生产成本的基本因素。

2. 技术优势分析

企业的技术优势指企业拥有的比同行业其他竞争对手更强的技术实力及其研究与开发新产品的能力。这种能力主要体现在生产的技术水平和产品的技术含量上。占销售额一定比例的研究开发费用,这一比例的高低往往能决定企业的新产品开发能力。产品的创新包括:①研制出新的核心技术,开发出新一代产品;②研究出新的工艺,降低现有的生产成本;③根据细分市场进行产品细分。技术创新,不仅包括产品技术,还包括创新人才,因为技术资源本身就包括人才资源。

3. 质量优势分析

质量优势是指公司的产品以高于其他公司同类产品的质量赢得市场,从而取得竞争优势。一般来说,公司掌握较同行业其他公司更为先进的技术,那么公司的生产效率就会高于其他公司,成本优势自然非常明显,而且其产品的技术含量和质量也会较高。

对产品市场占有情况的分析:一是公司的生产能力同销售市场地域分布情况,并不是分布范围越大越好,如果公司生产能力较强,管理科学,那么就应该对应着较为广泛的地域分布,如果公司生产能力很小,过大的销售范围反而会给公司造成较大的负担,影响公司的效益;二是看公司产品在同类产品市场上的占有率,占有率越高,公司的竞争力越强,未来发展能力也就越强。

一个品牌不仅是一种产品的标志,而且是产品质量、性能、满足消费者效用可靠程度的综合体现。曾经有人说过,即使是全球所有的可口可乐生产基地全部被烧毁,可口可乐公司仍然可以在一夜之间重新建立起来。这可以看出品牌对一个公司来说有多么重要,现在品牌已经成了公司实力的代言人,当一个品牌逐渐被人们喜爱的时候,那这个公司成为世界级的企业只是时间的问题。

【案例8.3】

"茅台现象"解析

2006年4月中旬,最引人注目的个股非贵州茅台(600519)莫属,该股已是复牌后连续3个涨停,已达到82元多的高价,短期突破100元大关完全可能,巨大的赚钱效应令市场为之震撼。该价格已较2005年末的40.5元的阶段低价上涨了104.6%,分析其走强的原因,由于拥有行业垄断的自主定价权,调高产品出厂价格提升公司业绩增长预期,从而受到市场热烈追捧。这与以往庄股狂炒炒过100元大关有着根本的不同,贵州茅台完全是因为受到众多主流资金的看好而股价实现翻番,并不存在庄家唱独角戏,这种现象在国外成熟市场非常多见,质地优良的、拥有行业垄断优势、自主定价能力强的个股,往往是各路资金追捧的对象,股价上百元上万元的比比皆是。

因此,"茅台现象"同样也告诉我们,积极寻找主流资金关注的题材,抛弃以往旧的操作理念。

二、公司财务分析

公司财务分析又称财务报告分析,是指通过对公司财务报表的有关资料和财务情况说明书所提供的信息进行汇总、计算、对比、分析,以综合评价公司的财务状况和经营成效的过程。

(一)财务分析的依据

公司财务分析的主要依据是公司的财务报表。财务报表是公司按统一规定的财务制度或有关的法律要求,根据日常财务核算资料,定期编制的一整套财务资料报表的总称。公司财务报表的种类很多。在证券投资分析中,经常使用的主要是资产负债表、损益表(或利润及利润分配表)、现金流量表。

1. 资产负债表

资产负债表是反映公司在某一特定时点(年末或季末)财务状况的静态报告。资产、负债和股东权益的关系是:资产=负债+股东权益。通过分析资产负债表,可以了解公司的财务状况,如偿债能力强弱、资本结构合理性、流动资金充足性等。

2. 损益表

损益表是公司一定时期内(通常是一年或一季内)经营成果的反映,是关于收益和损耗情况的动态报告。通过分析损益表,可以了解公司的盈利能力、盈利状况、经营效率等,对公司在行业中的竞争地位、持续发展能力做出判断。

3. 现金流量表

现金流量表是反映资产负债表上现金项目从期初到期末具体变化过程的报表,目的是为会计报表使用者提供公司在一定会计期间内现金和现金等价物流入和流出的信息,以便于报表使用者了解和评价公司获取现金和现金等价物的能力,并据以判断公司的支付能力和偿债能力以及公司对外部资金的需求情况,预测公司未来的发展前景。

(二)财务分析的方法

1. 财务比率分析

财务比率分析是对本公司一个财务年度内的财务报表各项目之间进行比较,计算比率,据以判断年度内偿债能力、资本结构、经营效率、盈利能力等情况。

2. 不同时期的比较分析

不同时期的比较分析是将本公司不同财务年度的财务报表进行纵向比较,计算比率,以对公司持续经营能力、财务状况变动趋势和盈利能力等做出动态分析。

3. 同行业之间的比较分析

同行业之间的比较分析是将同一财务年度的本公司财务报表与其他公司的财务报表进行横向比较,计算比率,以了解该公司在行业中的地位、具有的优势与不足。

在选择分析方法时,要合理地把握全面性原则和个性原则,不能简单地直接比较。

(三)财务分析的内容

由于公司的经营活动是错综复杂而又相互联系的。因而比率分析所用的比率种类很多,关键是选择有意义的、互相关系的项目数值来进行比较。同时,进行财务分析的除了股票投资者以外,还有其他债权人、公司管理当局、政府管理当局等,由于他们进行财务分析的目的、用途不尽相同,因而着眼点也不同。作为投资者,主要是掌握和运用以下几种比率来进行财务分析:

1. 公司的获利能力

公司利润的高低、利润额的增长速度是其有无活力、管理效能优劣的标志。作为投资者,购买股票时,当然首先是考虑选择利润丰厚的公司进行投资。所以,分析财务报表,先要着重分析公司当期投入资本的收益性。

$$销售毛利率=[(销售收入-销售成本)/销售收入]\times100\%$$

反映公司销售收入的获利水平。销售毛利指扣除销售成本、销售折让、销售折扣和销售退回之后的毛利额。

$$销售净利率=(净利润/销售收入)\times100\%$$

反映公司销售收入的获净利水平。这里,净利润指税后利润。

$$资产收益率=(净利润/平均资产总额)\times100\%$$

资产收益率表明公司资产利用的综合效果,用于衡量公司运用全部资产获利的能力。

$$股东权益收益率=(净利润/平均股东权益)\times100\%$$

股东权益收益率表明公司运用全部股东权益获得收益的能力。

$$主营业务利润率=(主营业务利润/主营业务收入)\times100\%$$

2. 偿债能力

偿债能力分析的目的在于确保投资的安全。具体从两个方面进行分析:一是分析其短期偿债能力,看其有无能力偿还到期债务,这一点须从分析、检查公司资金流动状况来下判断;二是分析其长期偿债能力的强弱。这一点是通过分析财务报表中不同权益项目之间的关系、权益与收益之间的关系,以及权益与资产之间的关系来进行检测的。

$$流动比率=流动资产/流动负债$$

流动比率衡量公司在某一时点偿付即将到期债务的能力,又称短期偿债能力比率。

$$速动比率=(流动资产-存货)/流动负债$$

速动比率是衡量公司在某一时点运用随时可变现资产偿付到期债务的能力。速动比率是对流动比率的补充,也称为酸性测试比率。该指标应保持在2:1的水平。过高的流动比率反映了公司财务结构不尽合理。

$$利息支付倍数=税息前利润/利息费用$$

利息支付倍数指标是指公司经营业务收益与利息费用的比率,用以衡量偿付借款利息的能力,也叫利息保障倍数。

其中
$$应收账款周转率=赊销净额/平均应收账款余额×100\%$$
$$赊销净额=销售收入-现销收入-销售退回、折让、折扣$$
$$平均应收账款余额=(期初应收账款余额+期末应收账款余额)/2$$
$$应收账款周转天数=360/应收账款周转率$$

应收账款周转率也称收账比率,用于衡量公司应收账款周转快慢。应收账款周转率,是年度内应收账款转为现金的平均次数,它说明应收账款流动的速度。用时间表示的周转速度是应收账款周转天数,也叫应收账款回收期或平均收现期,表示公司从取得应收账款的权利到收回款项,转换为现金所需要的时间。由于公司赊销资料作为商业机密不对外公布,所以,应收账款周转率一般用赊销和现销总额,即销售净收入。及时收回应收账款,不仅能增强公司的短期偿债能力,也反映出公司对应收账款方面的管理效率。

3. 经营能力

经营能力即进行成长性分析,这是投资者选购股票进行长期投资最为关注的重要问题。主要用以参考的指标如下:

$$存货周转率=(产品销售成本/平均存货成本)×100\%$$

其中
$$平均存货成本=(期初存货成本+期末存货成本)/2$$
$$存货周转天数=360/存货周转率$$

存货周转率用于衡量公司在一定时期内存货资产的周转次数,反映公司购、产、销经营效率的综合性指标。存货周转率又叫存货周转次数。存货周转时间长短就是存货周转天数。

$$固定资产周转率=(销售收入/平均固定资产)×100\%$$

该比率是衡量公司固定资产运用效率的指标。

$$总资产周转率=(销售收入/平均资产总额)×100\%$$

该项指标反映资产总额的周转速度。

$$股东权益周转率=(销售收入/平均股东权益)×100\%$$

该指标说明公司所有者资产的运用效率。

$$主营业务收入增长率=(本期主营业务收入-上期主营业务收入)/上期主营业务收入$$

4. 资本结构

$$股东权益比率=(股东权益总额/资产总额)×100\%$$

该指标反映所有者提供的资本在总资产中的比重,反映公司基本财务结构是否稳定。该指标主要用来反映公司的资金实力和偿债安全性,它与负债比率之和等于1。股东权益比率高,公司经营相对安全。但该比率过高,则说明公司财务结构不尽合理,未能充分利用财务杠杆的作用。对于不同的行业,该指标高低标准有所不同。

$$资产负债率=(负债总额/资产总额)×100\%$$

资产负债率反映经营活动总资产中有多大比例是债务融资,可衡量公司负债水平的高低,也可衡量公司在清算时保护债权人利益的程度。

$$长期负债比率=(长期负债/资产总额)\times100\%$$

长期负债比率是从总体上判断公司债务状况的一个指标。

$$股东权益与固定资产比率=(股东权益总额/固定资产总额)\times100\%$$

该比率是衡量公司财务结构的稳定性的一项指标,反映购买固定资产所需要的资金有多大比例是来自于所有者权益的。

5. 投资收益

$$普通股每股净收益=(税后利润-优先股股利)/发行在外的加权平均普通股股数$$

该项指标反映公司每股普通股在一年中的净收益。根据我国目前上市公司没有优先股以及每股面值为1元的情况,可直接用税后利润除以平均股本计算,此时,这一指标称为"股本净利率"。

$$红利派发率=(每股红利/每股净收益)\times100\%$$

该项指标反映公司的股利政策。这一指标的评价,很大程度上取决于投资者注重于现金分红还是注重于公司的发展潜力。一般地,若作为短期投资,注重于现金分红者应选择红利派发率比较高的股票;注重于公司发展潜力者,则应选择红利派发率不是很高的股票,因为这预示着该公司正在把资金再投资于好的发展项目,从而将使其未来的利润增长具有较大的动力,投资者从这类股票往往能有较好的资本利得。

$$市盈率=每股股票价格/每股税后利润$$

该项指标又称价格-盈利比,表示股票的市场价格是每股税后利润的多少倍,即按每股税后利润水平,需要多少年收回投入的资金。这是一个评价股票投资价值的指标,其倒数表示投资于该种股票的投资回报率。如某股票市盈率20倍,其投资回报率就是$1/20\times100\%=5\%$。

$$投资收益率=投资收益/(期初长、短期投资+期末长、短期投资)/2$$

该项指标反映公司利用资金进行长、短期投资的获利能力。

$$每股净资产=净资产/发行在外的普通股股数$$

该项指标反映每股普通股所代表的股东权益额。

$$市净率=每股市价/每股净资产$$

该项指标表明股价是每股净资产值的多少倍。有人把低市净率股票看做是较安全的投资,因为他们把账面价值看做市价的底线。这种观点是值得商榷的。事实上,账面价值并不一定代表股票的流动性价值,这使得"安全升水"概念不可靠。

$$资本保值增值率=期末所有者权益总额/期初所有者权益总额\times100\%$$

该项指标主要反映投资者投入公司的资本完整性和保全性。如果资本保值增值率等于100%,为资本保值;资本保值增值率大于100%,为资本增值。

在财务分析中,比率分析用途最广,但也有局限性,突出表现在:比率分析属于静态分析,对于预测未来并非绝对合理可靠。比率分析所使用的数据为账面价值,难以反映物价水平的影响。可见,在运用比率分析时,一是要注意将各种比率有机联系起来进行全面分析,不可单独地看某种或各种比率,否则便难以准确地判断公司的整体情况;二是要注意审查公司的性质和实际情况,而不光是着眼于财务报表;三是要注意结合差额分析,这样才能对公司的历史、现状和将来有一个详尽的分析、了解,达到财务分析的目的。

三、公司分析的应用

公司状况会影响自身的股票价格,这些因素包括:公司的财务状况、公司的盈利能力、股息水平与股息政策、公司资产价值、公司的管理水平、市场占有率、新产品开发能力、公司的行业性质等。

判断一家上市公司股票价格是否合理,一般会以市盈率指标作为衡量标准。但是,由于市盈率是一个静态指标,投资者更应该从企业的基本素质、财务报表等多方面、多角度去了解企业,以动态的眼光去衡量公司股票定价的合理性,从而作出适当的投资决策。

(一)市盈率

市盈率是一家公司股票的每股市价与每股盈利的比率。股票市场的整体平均市盈率基本上与银行利率水平相当。市盈率指标计算以公司上一年的盈利水平为依据,其最大的缺陷在于忽略了对公司未来盈利状况的预测。从单个公司来看,市盈率指标对业绩较稳定的公用事业、商业类公司参考较大,但对业绩不稳定的公司,则易产生判断偏差。

比如,由于公司市场前景广阔,具有很高的成长性,受到投资者的青睐,股价上升,市盈率居高不下,但以公司每年80%的利润增长速度,以现价购入,一年后的市盈率已经大幅下降;相反,一些身处夕阳产业的上市公司,目前市盈率低到20倍左右,但公司经营状况不佳,利润呈滑坡趋势,以现价购入,一年后的市盈率可能非常高。

市盈率高,在一定程度上反映了投资者对公司增长潜力的认同,但并不是说股票的市盈率越高就越好,投资者应该从公司背景、基本素质等多方面加以分析,对市盈率水平进行合理判断。

(二)公司背景

除了了解公司的主营业务和注册地,以便进行行业和地域分析外,对公司进行全方位了解也是必要的。

1. 大股东构成

大股东对公司有绝对的控制权,其实力及对上市公司的扶持态度直接影响上市公司的前景。例如,天津港(600717)原名津港储运,控股股东天津港务局实力雄厚,以实物配股的形式将优质资产注入股份公司,既达到天津港(600717)借壳上市的目的,也保证了股份公司近3年业绩的高速增长。

2. 公司的历史沿革

了解公司在上市以前的历史,有利于对公司做出正确判断。例如中关村(000931),有重组琼民源的背景,由于牵涉10.8万琼民源社会公众股股东的切身利益,公司的设立受到管理层的扶持,对它上市后的走势起到了很好的推动作用。

3. 公司管理者

公司决策层和高级管理人员的经营管理能力,还有员工的整体素质是决定公司命运的关键,也直接影响该公司股票的价格。

4. 公司产品的知名度

产品知名度问题实际上是公司在行业竞争中的地位问题,在竞争中占有优势,有利于公司的成长和壮大。就像提及彩电,投资者马上想到长虹、康佳;提到银行会想到招商银行、浦发银行。评判企业的竞争地位,除了市场知名度、市场占有率,还要看企业的技术水平和新产品开拓能力。

5. 公司财务报表

公司财务报告是评判公司经营状况的重要信息源。

投资者可选取有代表性的指标作为重点关注,例如每股收益、每股净资产、净资产收益率。纵向比较公司经营业绩变化还要横向比较不同公司经营的优劣。

此外,还要密切关注利润表,对业绩来源进行可靠性分析。对于投资者来说,不仅要知道一家公司业绩出现了增长,还需要细致了解公司业绩的增长从何而来,能否持续。查阅财务报告中的利润及利润分配表,分析利润的构成,当发现净利润的增长与主营业务收入不同步,就有必要进行更深入地分析。

(三)有无已存在或潜在的重大问题

例如,公司生产经营是否存在极大问题,甚至难以持续经营;是否发生重大诉讼案件;投资项目失败,公司是否遭受重大损失;是否从财务指标中发现重大问题。财务指标中的重大问题包括:应收账款绝对值和增幅巨大,应收账款周转率过低,说明公司在账款回收上可能出现了较大问题;存货巨额增加、存货周转率下降,很可能公司产品销售发生问题;产品积压,这时最好再进一步分析是原材料增加还是产成品大幅增加;关联交易数额巨大,或者上市公司的母公司占用上市公司巨额资金,或者上市公司的销售额大部分来源于母公司,利润可能存在虚假,但是对待关联交易需认真分析,也许一切交易都是正常合法的;利润虚假,对此问题一般投资者很难发现,但是可以发现一些蛛丝马迹,例如净利润主要来源于非主营利润,或公司的经营环境未发生重大改变,某年的净利润却突然大幅增长等。

通常情况下,一家公司的背景、财务状况都无异常情况,投资者的投资风险会相应减小。

本章小结

证券投资宏观经济分析是对各经济变量之间的相互作用关系及其运动规律的分析。对于股市而言,就是通过对影响股市运行的各主要宏观变量的分析研究,对股市运行的趋势进行预测。证券市场作为金融市场的重要组成部分,对国民经济运行同样具有"晴雨表"的作用,对宏观经济运行状况也可以通过观察股市的运行来作出相应的判断。

在影响证券市场价格变动的市场因素中,GDP 增长,经济周期的变动,或称景气的变动,是最主要的因素,对企业营运及股价的影响极大。行业分析和区域分析是公司分析的基础,行业分析和区域分析前景光明的行业、企业或公司就具有很好的发展潜力;行业或区域前景暗淡,该行业所属企业或公司的生产经营就将面临较大的困难。公司财务分析的主要指标可以划分为三类:偿债能力指标、资产营运能力指标和盈利能力指标。通过对这些财务指标的对比分析,可以从不同角度对公司的生产经营、信用能力、投资收益、营运风险等做出判断和评价,从而为投资选择提供基本依据。

思考题

1. 简述宏观经济分析的主要指标。
2. 货币政策包括哪几方面的内容?它们对证券市场又产生怎样的影响?
3. 行业市场结构有哪些类型?
4. 影响行业兴衰的主要因素有哪些?
5. 简述公司基本素质分析的内容。
6. 简述公司财务分析的内容。

【案例分析】

青岛海尔(600690)基本面分析

青岛海尔基本情况如下:

1. 全球家电行业龙头:公司主要从事电冰箱、空调、电冰柜等白色家电产品的生产与经营,主营业务比重分别为 40%、35%、7%。根据北京中怡康时代市场研究公司提供的调查数据显示,2008 年 1~6 月海尔冰箱国内市场零售量份额为 27.6%,零售额份额为 28.0%;海尔冰柜国内市场零售量份额为 43.3%,零售额份额为 46.6%;海尔冰箱、冷柜市场零售量份额、零售额份额均位于行业首位;海尔空调国内市场的零售量份额为 15.0%,零售额的份额为 15.2%。

2. 家电下乡:2008 年 12 月 1 日起,第二轮"家电下乡"将扩大到 14 个省市区,并从 2009 年 2 月 1 日起在全国全面推广,各地实施时间统一暂定为四年,农民消费者购买家电下乡产品可获产品售价 13% 的直接补贴。2009 年如果连续四年在全国农村对彩电、冰箱、洗衣机、手机四类农民需求量大的产品实施"家电下乡",可实现家电下乡产品销售近 4.8 亿台,累计可拉动消费 9 200 亿元。据 2009 年 1 月 8 日上海证券报报道,时值 2009 年元旦,第二阶段"家电下乡"进行了一个月,海尔已占到"家电下乡"总份额的 50%。

3. 规模情况:标准行业市值排名 17 位,营业收入排名 5 位。

4. 持续回报能力:分红能力超强,上市以来,向上市公司股东共募集资金 13.94 亿元,派现 21.36 亿元。

◆ 主要财务指标

	2008 三季	2008 中期	2008 一季	2007 末期
每股收益/元	0.561 0	0.410 0	0.129 0	0.481 0
每股收益扣除后/元	0.576 0	0.414 0	0.121 0	0.484 0
每股净资产/元	5.070 0	4.920 0	4.839 0	4.710 0
每股未分配利润/元	0.974 3	0.823 4	0.742 6	0.613 3
每股公积金/元	2.246 0	2.247 1	2.249 5	2.253 5
销售毛利率/%	22.47	24.65	24.00	19.01
营业利润率/%	4.81	4.83	2.75	3.05
净利润率/%	2.89	2.90	2.10	2.18
净资产收益率/%	11.07	8.34	2.67	10.20

◆ 主营构成单位:万元

截止:2008 中期

产品行业地区	主营收入	同比增长	主营成本	同比增长	毛利率	同比增长
电冰柜	133 397.97	7.27%	104 361.08	6.37%	21.77%	0.66%
电冰箱	741 117.92	17.86%	522 876.04	7.45%	29.45%	6.83%
合计	1 851 828.14	10.54%	1 394 044.25	6.08%	24.72%	3.16%
空调器	699 846.26	-3.04%	529 363.95	-5.01%	24.36%	1.57%
其他	219 981.67	41.16%	192 485.37	35.01%	12.50%	3.98%
小家电	57 484.32	29.06%	44 957.81	52.19%	21.79%	-11.89%
合计	1 851 828.14	10.54%				
境内	1 509 982.57	15.69%				
境外	341 845.57	-7.64%				

◆ 控盘情况

	2008-09-30	2008-06-30	2008-03-31	2007-12-31
股东人数/户	163 732	182 154	150 567	151 880
人均持流通股/股	4 615.4	4 148.7	5 019	4 975.6

◆ 大小非减持

时间	类别	内 容
2011-05-17	限售上市	44 077.76万股限售股份于2011-05-17上市流通限售股份 类型:股权分置限售股份
2010-05-24	限售上市	14 204.63万股限售股份于2010-05-24上市流通限售股份 类型:定向增发机构配售股份

◆ 股本结构

指标单位/万股	2008 中期	2007 末期	2007 中期	2006 末期
股份总数	133 851.88	133 851.88	133 851.88	119 647.24
无限售股份合计	75 569.49	75 569.49	75 569.49	74 233.02
A 股	75 569.49	75 569.49	75 569.49	74 233.02
限售股份合计	58 282.39	58 282.39	58 282.39	45 414.23
境内法人持股	58 282.39	58 282.39	58 282.39	45 414.23

◆ 行业地位

代码	简称	流通股/亿股	排名	总资产/亿元	排名	主营收入/亿元	排名	每股收益/元	排名
600690	青岛海尔	7.556 9	3	130.506 3	3	189.024 9	3	0.410 0	4

问题:

1. 对青岛海尔进行公司基本素质分析。
2. 对青岛海尔进行公司财务分析。

第九章 Chapter 9

证券投资技术分析

【本章学习要求】

本章主要介绍了证券投资技术分析的前提假设和基本要素、技术分析理论(包括道氏理论、K线理论、切线理论、形态理论、波浪理论)、技术分析指标(包括平均线指标、相对强弱指标、随机指数、威廉指数、BOLL线指标、乖离率、心理线、动向指标)。学习要求如下:

- 了解技术分析的前提假设;掌握技术分析的基本要素;熟悉技术分析应注意的问题。
- 了解道氏理论;掌握K线理论、切线理论、形态理论;了解波浪理论。
- 掌握平均线指标、相对强弱指标、随机指数、威廉指数、BOLL线指标;了解乖离率、心理线、动向指标。

【本章主要概念】

道氏理论 K线 切线 支撑线 压力线 反转形态 持续形态 缺口 波浪理论 移动平均线 平滑移动平均线 相对强弱指标 随机指数 BOLL线 乖离率 心理线 动向指标

【案例导读】

李某做电脑散装的生意,在5年左右的时间内,资产迅速积累到几百万。1998年,他开始涉足证券市场。

他买的第一只股票是当时股价较低的马钢股份(600808),买的理由就是因为它便宜。可是买了之后,股票却一直没有动静,在经过两周的守候后,耐心已经消耗殆尽,他卖出了马钢股份。"意外"就在此刻降临,刚卖出的马钢股份却开始上涨,这让刚进入股市的李某心里喜忧参半,喜的是能挑选到上涨的股票,忧的是股票上涨了自己却没赚到钱。

虽然没赚到钱,但这次交易让他对自己的选择增添了很多自信。于是他又开始买入当时较为热门的清华同方,由于该股在市场的人气很旺,所以买入后就开始赚钱,这次让他获利了10万元左右。有了一些盈利,这时候胆子也就大了起来。开始追逐更大的"暴利",这就不可避免进行短线的追涨杀跌。

可是,短线的一系列操作均以失败告终。因为对于新手来说,这种操作已经超出了自己的能力范围。由于前两次的成功操作,李某对于自己的决定十分自信。然而,当股票走势与预想背道而驰的时候,总是认为他的判断才是唯一正确的。这样一来,错误的延续越来越深,在青岛啤酒(600600)、明星电力(600101)等股票的买卖中都是割肉出局,一度亏损超过50%。

在经过几次惨重的教训后,他发现看似简单的股市,原来是这么深奥。于是,李某去向一些较为成功的股友讨教原因。有人告诉他,市场的走势是判断你操作是否正确的标准。如果过于自信或者妄图战胜市场的想法,只能会带来更大的亏损。听到这话后,让李某受益匪浅。他才弄明白自己失败的原因。没有正确的技术分析方法,"押宝"式的投资必然失败。那么,我们可以采取哪些技术分析方法呢?

技术分析是以证券市场的历史轨迹为基础,运用图表、形态、指标等手段,通过对证券市场行为的分析,做出对证券价格发展趋势的预测估计。技术分析认为市场行为包容消化一切。技术分析者认为所有的基础事件,如经济事件、社会事件、战争、自然灾害等作用于市场的因素都会反映到价格变化中来,关注价格趋势的变化及成交量的变化就可以找到获利的线索。

技术分析的方法种类繁多,形式多样。一般说来,可以将常用的技术分析方法分为五类——指标类、切线类、形态类、K线类、波浪类。它们的共同特点是试图从证券市场以往的统计资料中归纳出预测价格变化趋势的合理和简便的方法。

第一节 技术分析概述

一、技术分析的三大假设

技术分析认为证券价格的市场表现是有规律可循的,技术分析的目标在于发现并利用这些客观规律为投资决策提供充分的根据。技术分析的理论存在三个市场假设:市场行为涵盖一切信息、价格沿趋势移动、历史会重演。

(一)市场行为涵盖一切信息

这条假设是进行技术分析的基础。其主要思想是任何一个影响市场价格的因素,最终都必然体现在价格的变动上。外在的、内在的、基础的、政策的和心理的因素,以及其他影响价格的所有因素,都已经在市场行为中得到了反映。技术分析只须关心这些因素对市场行为的影响效果,而不必关心具体导致这些变化的原因究竟是什么。

(二)价格沿趋势移动

这条假设是进行技术分析最根本、最核心的条件。其主要思想是价格的变动是有一定规律的,即保持原来水平运动方向的惯性,而价格的运动方向是由供求关系决定的。技术分析法认为价格的运动反映了一定时期内供求关系的变化。供求关系一旦确定,价格的变化趋势就会一直持续下去。只要供求关系不发生根本改变,价格的走势就不会发生反转。

(三)历史会重演

第三条假设是从人的心理因素方面考虑的。市场中进行具体交易的是人,是由人决定最终的操作行为。这一行为必然要受到心理上的某些因素制约。在市场上,一个人在某种情况下按某种方法进行操作取得成功,那么以后遇到相同或相似的情况,他就会按同一方法进行操作;如果前一次失败了,后面这一次就不会按前一次的方法进行操作。市场的某个市场行为给投资者留下的阴影或快乐是会长期存在的。因此,技术分析法认为,根据历史资料概括出来的规律已经包含了未来市场的一切变动趋势,所以可以根据历史预测未来。

这三条假设是技术分析的理论基础,第一条假设肯定了研究市场行为就意味着全面考虑影响股价的所有因素,第二条和第三条假设使得投资者找到的规律能应用于证券市场的实际操作中。对这三大假设本身的合理性一直存在争论,不同的人有不同的看法。例如,第一条假设说市场行为包括了一切信息,但市场行为反映的信息只体现在股票价格的变动之中,同原始的信息毕竟有差异,损失信息是必然的。正因为如此,在进行技术分析的同时,还应该适当进行一些基本分析和其他方面分析,以弥补不足。

二、技术分析的基本要素

技术分析主要分析证券的市场行为,价格、成交量、时间和空间是进行分析的要素。这四大要素之间的具体情况和相互关系是进行正确分析的基础。其中,价格和成交量是市场行为最基本的表现,也是进行投资决策时重要的参考依据。

(一)价格

可以从排序中看出,价格是四大要素之首。价格是指股票过去和现在的成交价。技术分析中主要依据的价格有开盘价、最高价、最低价和收盘价。对于技术分析而言,在这四种价格中收盘价是最具参考价值的。对照证券的历史价格分析其目前的位置,技术分析本身就是依据历史经验,得出一个关于概率而非必然的推论,而最重要的经验当然来源于其本身的历史价格。

(二)成交量

对成交量的分析仅次于价格分析。成交量是指一个时间单位内撮合成交的股数。一般说来,买卖双方对价格的认同程度通过成交量的大小得到确认。认同程度小,分歧大,成交量大;认同程度大,分歧小,成交量小。双方的这种市场行为反映在价、量上就往往呈现出这样一种趋势规律——"价增量增,价跌量减"。根据这一趋势规律,当价格上升时,成交量不再增加,意味着价格得不到买方确认,价格的上升趋势将会改变;反之,当价格下跌时,成交量萎缩到一定程度就不再萎缩,意味着卖方不再认同价格继续往下降了,价格下跌趋势将会改变。但是,市场上有时也会出现一种特殊的现象——"价升量减、价跌量增",即股价上升时成交量减少或下跌时成交量增大。这种情况一般出现在股价涨升初期,投资者逢低补仓;或者是若发生在股价长期下跌后,卖压也逐渐收敛,行情将止跌回稳。

(三)时间

时间也是技术分析必须考虑的重要因素。时间是指股票价格变动的时间因素和分析周期。一个已经形成的趋势在短时间内不会发生根本改变,中途出现的反方向波动,对原来趋势不会产生大的影响。一个形成了的趋势不可能永远不变,经过一定时间又会有新的趋势出现。循环周期理论着重关心的就是时间因素,它强调了时间的重要性。分析人员进行技术分析时,还要考虑分析的时间周期,可以以"日"为单位,也可以以"周"、"月"、"季"或"年"为单位。比如用日K线、周K线、月K线、季K线或年K线来进行短期、中期或长期分析。价格运动过程中会形成一些规律性的周期,我们要善于利用这种周期运动对股价的影响。

(四)空间

空间是指证券价格可能上涨或下跌的空间。从理论上讲,股票价格的波动是"上不封顶、下不保底"的。但是,市场是以趋势运行的,在某个特定的阶段中,股票价格的上涨或下跌由于受到上升趋势通道或下跌趋势通道的约束而在一定的幅度内震荡运行,空间因素考虑的就是趋势运行的幅度有多大。一个涨势或一个跌势会延续多大的幅度,这对投资者的实际操作有着重要的指导意义。

三、技术分析应注意的问题

(一)应适当结合基本分析方法使用

技术分析必须与基本分析结合起来使用,才能提高其准确程度,否则单纯的技术分析是不全面的。对于刚刚兴起的不成熟市场,由于市场突发消息较频繁,人为操纵的因素较大,所以仅靠过去和现在的数据、图表去预测未来是不可靠的,这方面的例子举不胜举。但是,不能因为技术分析在突发事件到来时预测受干扰就否定其功效,正如任何一种工具的使用都有其适用范围一样,不能因某种场合工具无用而责怪工具本身,扔掉工具更是不可取的。事实上,在中国的证券市场上,技术分析依然有非常高的预测成功率。这里,成功的关键在于不能机械地使用技术分析。除了在实践中不断修正技术分析外,还必须结合基本分析来使用技术分析。

(二)应将多种技术分析方法和指标结合使用

在进行证券投资时,需要全面考虑技术分析的各种方法对未来的预测,综合这些方法得到的结果,最终得出一个合理的多空双方力量对比的描述。实践证明,单独使用一种技术分析方法有相当大的局限性和盲目性。如果每种方法得到同一结论,那么这一结论出错的可能性就很小,这是已经被实践证明了的真理。如果仅靠一种方法得到的结论出错的机会就大。为了减少自己的失误,需尽量多掌握一些技术分析方法,掌握得越多好处越多。

(三)应把前人经验与自身实践结合使用

由于股票市场能给人们带来巨大的收益,几百年来研究股票的人层出不穷,分析的方法各异,使用同一分析方法的风格也不同。前人得到的结论是在一定的特殊条件和特定环境中得到的,随着环境的改变,这些结论和方法自己使用却有可能会失败。所以,在进行证券投资时,应把前人经验与自身实践结合使用。

第二节 技术分析理论

一、道氏理论

道氏理论是最古老的技术分析方法,在此之前的技术分析都是不成体系的,其创始人是美国人查尔斯·道。20世纪20年代末,人们应用其理论对当时的股票价格变动走势做出了非常准确而成功的判断,该理论也从此闻名于世。经过后人的整理成为我们现在看到的道氏理论。

道氏理论认为,证券价格的波动的表现形式多种多样,但是,最终总结起来可以将其归纳为三种趋势:主要趋势、次要趋势、日常趋势。这三种波动趋势共同存在、相互影响。共同决定着股价的走势。

(一)主要趋势

主要趋势是持续一年或一年以上的价格运动状况,其股价指数的波动在20%以上。主要趋势最为重要,也最容易被辨认,当主要趋势持续上升就形成了多头市场,持续下降就形成了空头市场。

1. 多头市场

多头市场,也称"牛市",是指证券市场的价格长期呈上涨趋势,或证券价格变动是大涨小跌。其特征是股价平均数最高点必大于前期最高峰。投资者对市场前景看好,预计价格将会上涨而趁股价低时先买进证券,等价格上涨某一价位时再卖出证券,以获取价差收益。采用这种先买进后卖出做法的投资者被称为多头投资者。

2. 空头市场

空头市场,也称"熊市",是指证券市场的价格长期呈下跌趋势,或证券价格变动是大跌小涨。其特征是股价平均数最低点必小于前期最低点。投资者对市场前景看坏,预计价格将会下跌,因而先把证券卖出,待价格下跌至某一价位时再买回证券,以获得价差收益的投资行为。

采用这种先卖出后买入做法的投资者被称为空头投资者。

（二）次要趋势

次要趋势是指多头市场或空头市场中突然出现中期价格回跌或反弹的现象。在主要趋势中常常伴随次要趋势，它是对主要趋势的调整，其运动方向与主要趋势相反。在一个多头或空头市场里常会出现两个到三个次要趋势。

在多头市场里，它是中级的下跌或调整行情；在空头市场里，它是中级的上升或反弹行情。例如，在多头市场里，它会跌落主要趋势涨升部分的 1/3 至 2/3。然而，需要注意的是，1/3 至 2/3 的原则并非是一成不变的，它只是几率的简单说明。大部分的次级趋势的涨落幅度在这个范围里。我们有两项判断一个次级趋势的标准，任何和主要趋势相反方向的行情，持续时间一般为 3 周至 3 个月，股价上升或下跌的幅度一般为股价主要趋势的 1/3 至 2/3。

对于投资者来说，次要趋势也很重要。在长期上涨趋势中，中期回档的次要活动，往往是追加投资的好时机；在长期下跌趋势中，中期反弹上涨的次要活动，又是投资者抛空的好时机。

（三）日常趋势

日常趋势，又称短期趋势，是指市场内每个交易日股价的波动，是对次要趋势的调整。其持续时间一般为数小时至数日不等，很少超过三个星期，通常少于六天。短暂趋势与次要趋势的关系就如同次要趋势与主要趋势的关系一样。一个次要趋势通常由 3 个或 3 个以上的日常趋势组成。道氏理论认为它们本身并没有什么意义，与经济形势变动的关系不大。由这些短期变化所得出的推论很容易导致错误的方向。在一个无论成熟与否的股市中，短期变动都是可以被操纵的，而主要趋势和次要趋势却是很难被操纵的。

上述股票市场波动的三种趋势中，主要趋势最为重要，这是投资者最为关心的趋势，其目的是想尽办法在多头市场上买入证券，而在空头市场形成之前及时抛售证券；次要趋势可以协助主要趋势的产生，它也为投资者所感兴趣，其目的是想从价格的中期波动中获利；日常趋势对市场的分析不重要，因为它受人为因素的影响很大。

道氏理论的存在已经有上百年，对现代证券市场来说相当部分的内容已经过时。一方面道氏理论的延迟判断，对于级别的出现需要事后认证，导致许多交易者往往错失最佳获利良机；另一方面，理论本身存在不足，对于趋势的判断没有严格意义上的统一，因而使得许多交易者在实际分析过程中，并不能完全地把握整段行情。近几十年来，出现了很多新的技术，有相当部分是道氏理论的延伸，这在一定程度上弥补了道氏理论的不足。

二、K 线理论

K 线又称日本线或蜡烛线，K 线图是用来记录交易市场行情价格的，因其形状如同蜡烛，故而称之为蜡烛图。K 线起源于日本德川幕府时代大阪的米市交易，米商用来记录当时一天、一周或一月中米价涨跌行情的图示法。后经过投资者的深入研究和改进，将其引入证券市场。

K线图有直观、立体感强、携带信息量大的特点,蕴涵着丰富的东方哲学思想,能充分显示股价趋势的强弱、买卖双方力量平衡的变化,预测后市走向较准确,是各类传播媒介、电脑实时分析系统应用较多的技术分析手段。

(一)K线基本图形

K线是一条柱状的线条,由实体和影线两部分组成。影线在实体上方的部分称为上影线,下方的部分称为下影线。实体的上下两端表示最高价和最低价。上影线的上端顶点表示一个交易日的最高价,下影线的下端顶点表示一个交易日的最低价。根据开盘价和收盘价的位置,K线又可以分为阳线和阴线(图9.1)。

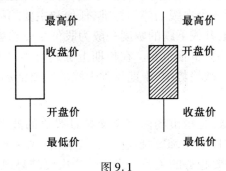

图9.1

1. 光头光脚大阳线

开盘价为最低价,收盘价为最高价,表示多方势头强大,空方毫无抵抗。经常出现在股价脱离底部的初期、回调结束后的再次上升及高位的拉升阶段,有时也在严重超跌后的强劲反弹中出现。(图9.2)

2. 光头光脚大阴线

开盘价为最高价,收盘价为最低价,表示卖方占绝对优势,多方毫无抵抗。经常出现在头部形成后跌势的初期、反弹结束后或最后的打压过程中。(图9.3)

图9.2　　　　　　　　图9.3

3. 光头光脚小阳线

没有上下影线,股价窄幅波动,表示买方力量逐步增加,多头暂占优势。此形态经常在上涨初期、回调结束或横盘的时候出现。(图9.4)

4. 光头光脚小阴线

没有上下影线,价格波动幅度有限,表示卖方力量有所增加,空方力量略占优势。此形态

常在下跌初期、反弹结束或盘整时出现。(图9.5)

图9.4　　　　　　　　　图9.5

5. 带上影线的阳线

这是上升受阻型,表示多方在上攻途中遇到阻力。此形态常出现在上涨途中、上涨末期或股价从底部启动后遇到成交密集区。上影线越长,表示上档压力越大,阳线实体越长,表示多方力量越强。(图9.6)

6. 带上影线的阴线

表示股价先涨后跌。阳线实体越长,表示空方势力越强。常出现在阶段性的头部、庄家拉高出货或震仓洗盘时。(图9.7)

图9.6　　　　　　　　　图9.7

7. 带下影线的阳线

表示股价先跌后涨,股价在低位获得买方支撑,卖方受阻。常出现在市场底部区域或市场调整结束时。(图9.8)

8. 带下影线的阴线

即下跌抵抗型,股价先涨后跌,表示空方力量强大,但在下跌途中又受到买方的抵抗,常出现在下跌中途或市场顶部附近。(图9.9)

图9.8　　　　　　　　　图9.9

9. 带上下影线的阳线

表示上有压力,下有支撑,但买方占优。常出现在市场的底部或股价上升途中。上影线长,说明上方阻力大;下影线长,说明下档支撑强。(图9.10)

10. 带上下影线的阴线

表示上有抛压,下有接盘,但空方占优。常出现在市场顶部或股价下跌途中。阴线实体越长,表示空方做空的力量越大。(图9.11)

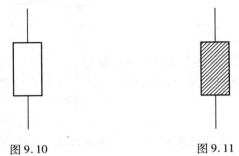

图9.10　　　　　　　　图9.11

11. 十字星

这是一种只有上下影线,但没有实体的图形。开盘价即是收盘价,表示在交易中,股价出现高于或低于开盘价成交,但收盘价与开盘价相等。买方与卖方几乎势均力敌。其中:上影线越长,表示卖压越重。下影线越长,表示买方旺盛。通常在股价高位或低位出现十字线,可称为转机线,意味着出现反转。(图9.12)

12. T字线

T字线又称蜻蜓线。开盘价和收盘价为全日最高价,下影线表示下方有一定的支撑。该图形经常出现在市场的底部,有时也会出现在市场的顶部,是市场的转折信号。(图9.13)

图9.12　　　　　　　　图9.13

13. 倒T字线

倒T字线又称墓碑线。开盘价与收盘价为全日最低价,上影线表示上方有一定的压力。如果上影线很长,则有强烈的下降含义。常出现在市场的顶部,偶尔也会出现在市场的底部。(图9.14)

14. 一字线

开盘价、收盘价、最低价、最高价都相同时,就会出现这种图形,一般出现在开盘后直接达到涨停板或跌停板时,表示多方或空方绝对占优,涨跌停板全天未被打开。(图9.15)

图9.14　　　　　　　　　图9.15

(二)K线图形的组合分析

单根K线只反映股票单日的交易情况,不能说明市场趋势的持续和转折等信息。实践中,投资者还需要研究K线组合形态,即通过观察几根K线组成的复合图形,来分析市场多空力量强弱,判断股价的后期走向。K线组合形态分为反转组合形态和持续组合形态。

1. 阳线三根型

阳线三根型,是指三根连续上升的阳线,收盘价一日比一日高(图9.16)。表示股价是持续上涨的,多头力量聚集。阳线三根型是重要的底部K线组合,从形式上都是在低位时连拉三根阳线,预示着后市可能见底回升,如果是在低位或盘整市道中出现此类图形,反映出继续上升的可能性居大。阳线三根型通常出现三种情况:持续型、减速型、缓升型。

2. 阴线三根型

阴线三根型,是指三根连续下跌的阴K线,收盘价一日比一日低(图9.17)。表示股价是持续下降的,空方力量在逐步加强,后势看淡。阴线三根型一般出现在市场见顶之后,每日的收盘均出现新低点,而每日的开盘价却在前一日的实体之内。阴线三根型通常出现三种情况:持续型、加速型、缓降型。

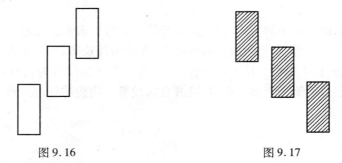

图9.16　　　　　　　　　图9.17

3. 早晨十字星

早晨十字星是典型的反转形态,该线形处于底部的居多,但也有在上升途中出现,如果在短期急跌中出现了早晨十字星则预示着主力即将大幅拉升。早晨十字星由三根K线组成。第一根K线为阴线,第二根K线为十字线,第三根K线为阳线,并且已深入第一根K线即阴线实体之中。阳线深入阴线实体部分越多,信号就越可靠。早晨十字星的技术含义是:股价经过大幅回落后,做空能量已大量释放,股价无力再创新低,呈现底部回升态势,这是较明显的大市

转向信号。投资者见此信号,再结合其它技术指标,可考虑适量买进。与早晨十字星相似的还有早晨之星。(图9.18)

4. 黄昏十字星

黄昏十字星与早晨十字星正好相反,通常出现在股价连续大幅上涨和数浪上涨的中期顶部和大顶部。黄昏十字星也由三根K线组成。第一根K线为长阳线,第二根K线为十字星,第三根K线为长阴线,并且实体已插入到第一天阳线实体的内部。它的出现表明股价已经见顶或者离顶部不远,股价将由强转弱,一轮跌势将不可避免。此时投资者应离场出局为妙。与黄昏十字星相似的还有黄昏之星。(如图9.19)

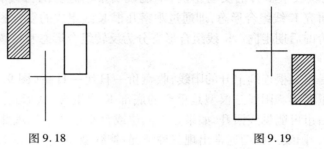

图9.18　　　　　　　　图9.19

5. 锤头

锤头是一个小实体下面带有长长的下影线的K线形态,好像锤子带着锤把的形状。锤头的出现预示着下跌趋势将结束,表示市场在用锤子夯实底部,是较可靠的底部形态。锤头是在下降趋势中,市场跳空向下开盘,疯狂卖出被遏制,市场又回到或接近当日最高点,留下长长的下影线。小实体在交易区域的上面,上影线没有或很短。常伴有底部成交量放大。(图9.20)

6. 吊颈

吊颈是在高位出现的小阴实体,并带有长长的下影线。表示上涨趋势结束,主力正在抛出股票。吊颈是在上涨趋势中,当天股价高开低走,盘中出现长阴,主力尾市将股价拉起,几乎以最高点收盘,留下较长下影线。吊颈欺骗性强,许多投资者会误认为仍有较强支撑,而买入股票被套。该组合出现的第二天多为阴线,且开盘价较低。阴线的长度越长,新一轮跌势开始的概率越大。(图9.21)

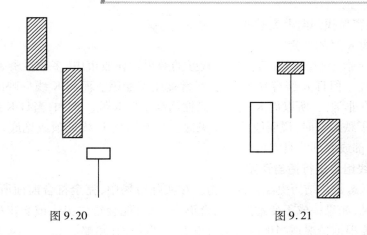

图9.20　　　　　　　　图9.21

7. 乌云盖顶

乌云盖顶形态是由两根K线组成,属于顶部反转形态。该组合一般出现在上升趋势之后,在某些情况下也可能出现在横向盘整区间的顶部。在这一形态中,第一个交易日出现一根阳线,第二个交易日的开盘价超过了第一个交易日的最高价(也就是超过了第一个交易日的上影线顶端),但是收盘价却接近当日的最低价水平并且收盘价明显向下插入第一个交易日的K线实体内部。如果第二个交易日的阴线的实体向下插入第一个交易日的K线实体的程度越深,那么该形态构成顶部反转的可能性就越大。(图9.22)

此外,有一个K线组合与乌云盖顶的基本原理也大致相同,但以相反方向分析和操作,人们通常称之为"曙光初现"。该组合一般出现在市场的底部,在连续下跌行情中先出现一根大阴线,接着出现一根大阳线,阳线的实体深入到前一根阴线实体二分之一以上处。第一根长阳线出现之后,股价仍连连拉出大阳线,并伴随着成交量的突

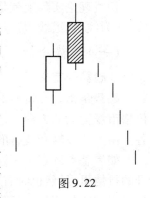

图9.22

然放大,说明市场中长期积累的做多能量终于得以爆发,市场底部得到进一步确认,反转信号极为强烈。第二根阳线的实体部分愈长表示力度越大,底部反弹的可能性越大。

(三)K线图形的实际应用

1. 不要盲目信任单根K线

K线是一种短线分析方法,是试图用昨天的K线特征去预测今天的走势,再以今天的K线特征去预测明天的走势。而市场的实际变动是复杂的,与投资者的主观判断经常会出现偏差。在实践环节,单根K线分析的出错率较高。

2. 要将K线同其他技术分析方法结合使用

K线常常被用来作为其它理论的辅助工具来使用。在实践中,如果将K线和趋势分析或指标分析结合使用,其准确率会大大提高。例如,在分析一轮突破行情时,使用K线理论与缺

口理论分析,很容易找到向上突破的买入时机。

3. 要重视周 K 线的作用

周 K 线对于指导中线投资者操作有较好的效果。在股市中,多数投资者都看日 K 线,用日 K 线指导操作。但日 K 线容易出错,且经常被庄家操纵。而周 K 线反映的是时间周期长,庄家操纵的难度非常大,所以周 K 线的准确性远高于日 K 线。例如,当日 K 线是底部形态,而周 K 线是持续下跌形态时,说明股价并未见底。只有当周 K 线见顶或见底,日 K 线也见顶或见底时,这个顶部或底部才真实可靠。

4. 要对 K 线组合进行适当调整

K 线组合形态是总结历史经验的产物。在实际市场中,完全符合前面所介绍的组合形态的情况并不多见,如果一成不变地照搬组合形态,有可能会错失买入或卖出的良机。所以,投资者在实战中要根据情况适当地改变组合形态和调整操作策略。

三、切线理论

切线理论实际上就是针对股价运行趋势而提出的理论,其主要研究的内容有趋势线、支撑线、压力线、轨道线、黄金分割线等。

(一)趋势分析

1. 趋势的定义

趋势是指证券价格的波动方向,或者说是证券市场运动的方向。简单地说,趋势就是证券价格市场运动的方向。通常情况下,市场的价格变动中间有曲折,每个折点处就形成一个峰或谷。由这些波峰和波谷的相对高度,我们可以看出趋势的方向。

如果基本确定了一段上升或下降的趋势,则证券价格的波动必然朝着这个方向运动。上升的行情里,虽然也时有下降,但不影响上升的大方向,不断出现的新高价会使投资者忽略偶尔出现的股价下降。下降行情里情况相反,不断出现的新低价会使投资者心情悲观。

2. 趋势的方向

(1)上升方向。如果图形中每个后面的峰和谷都高于前面的波峰和波谷,那么该趋势就是上升方向。这就是常说的一底比一底高或底部抬高。

(2)下降方向。如果图形中每个后面的峰和谷都低于前面的波峰和波谷,则趋势就是下降方向。这就是常说的,一顶比一顶低或顶部降低。

(3)水平方向。也被称为无趋势方向或横盘趋势方向。如果图形中后面的峰和谷与前面的波峰和波谷相比,没有明显的高低之分,几乎呈水平延伸,这时的趋势就是水平方向。水平方向趋势是被大多数人忽视的一种方向,这种方向在市场上出现的机会是相当多的。就水平方向本身而言,也是极为重要的。大多数的技术分析方法,在对处于水平方向的市场进行分析时,往往很难做出准确的判断。

（二）支撑线与压力线

1. 支撑线与压力线的含义

市场上的股价在达到某一水平时，往往不再继续上涨或下跌，似乎在此价位上有一条对股价起阻拦或支撑作用的线，我们分别称之为阻力线与支撑线。

所谓支撑是指当股价下跌到某一高度时，买气转旺而卖气渐弱，从而使股价停止继续下跌。支撑线是指将图形上每一谷底最低点间的直切线。所谓阻力线是指股价上升至某一高度时，有大量的卖盘供应或是买盘接手薄弱，从而使股价的继续上涨受阻。压力线是将图形上每一高峰最高点间的直切线。从供求关系的角度看，"支撑"代表了集中的需求，而"阻力"代表了集中的供给，股市上供求关系的变化，导致了对股价变动的限制。（图9.23）

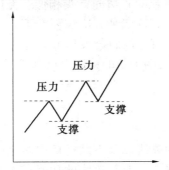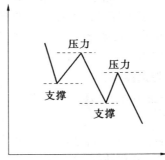

图9.23

2. 支撑线与压力线的作用

支撑线和压力线阻止或暂时阻止股价向一个方向继续运动。我们知道股价的变动是有趋势的，要维持这种趋势，保持原来的变动方向，就必须冲破阻止其继续向前的障碍。由此可见，支撑线和压力线迟早会有被突破的可能，它们不足以长久地阻止股价保持原来的变动入向，只不过是使之暂时停顿而已。

同时，支撑线和压力线又有彻底阻止股价按原方向变动的可能。当一个趋势终结或者说走到尽头，它就不可能创出新的低价和新的高价，这样支撑线和压力线就显得异常重要。在上升趋势中，如果下一次未创出新高，即未突破压力线，这个上升趋势就已经处在关键的位置了，如果再往后的股价又向下突破了这个上升趋势的支撑线，则这就产生了一个趋势有变的很强烈的警告信号，通常这意味着，这一轮上升趋势已经结束，下一步的走向是向下跌的过程。同样，在下降趋势中，如果下次未创新低，既未突破支撑线，这个下降趋势就已经处于关键的位置，如果下一步股价向上突破了这个下降趋势的压力线，这就发出了这个下降趋势将要结束的强烈的信号。股价的下一步将是上升的趋势。

3. 支撑线和压力线的相互转化

如果一条支撑线被向下穿破，那么这条支撑线将极有可能成为压力线。同理，一条压力线被向上突破,这条压力线将极有可能成为支撑线。这说明支撑线和压力线不是一成不变的,是可以相互转化的,条件是它要被有效的足够强大的价格变动突破。一般说穿过支撑或压力线越远,突破的结论越准确。

支撑线和压力线主要是从人的心理因素方面考虑的,两者的相互转化也是从心理角度方面考虑的。支撑线和压力线之所以能起支撑和压力作用,很大程度是由于心理因素方面的原因,这就是支撑线和压力线理论上的依据。证券市场投资者分为三种:多头、空头和旁观者。旁观者又可分为持券旁观者的和持币旁观者。以压力线转为支撑线为例,当价格在一个支撑区域停留了一段后开始向上移动,多头认为自己判断正确。在支撑区卖出股票的空头认识到了自己判断失误,他们希望价格再跌回他们的卖出区域时,将他们原来卖出的股票补回来。而旁观者中的持券旁观者的心情和多头相似,持币旁观者的心情同空头相似。无论是这四种人中的哪一种,都有买入证券成为多头的愿望。正是由于这四种人决定要在下一个买入的时机买入,所以才使证券价格稍有回落就会受到大家的关心,他们会或早或晚地进入股市买入证券,这就使价格根本还未下降到原来的支撑位置,上述四个新的买进力量自然又会把价格推上去,压力线也转为支撑线。

(三)趋势线和轨道线

1. 趋势线

所谓趋势线就是上涨行情中两个以上的低点的连线以及下跌行情中两个以上高点的连线。前者被称为上升趋势线,后者被称为下降趋势线。上升趋势线的功能在于能够显示出证券价格上升的支撑位,一旦价格在波动过程中跌破此线,就意味着行情可能出现反转,由涨转跌;下降趋势线的功能在于能够显示出证券价格下跌过程中回升的阻力,一旦价格在波动中向上突破此线,就意味着行情可能会止跌回涨。

在绘制趋势线之前必须确实有趋势存在,即在上升趋势中,必须确认出两个依次上升的低点;在下降趋势中,必须确认两个依次下降的高点,才能确认趋势的存在,连接两个点的直线才有可能成为趋势线。画出直线后,还应得到第三个点的验证才能确认这条趋势线是有效的。一般说来,所画出的直线被触及的次数越多,其作为趋势线的有效性越被得到确认,用它进行预测越准确有效。此外,要不断地修正原来的趋势线才能更准确地反映出证券价格的走势。

趋势线的作用主要体现在两个方面:一是对价格未来的变动起约束作用,使价格总保持在这条趋势线的上方(上升趋势线)或下方(下降趋势线),其实就是起支撑和压力作用;二是趋势线被突破后,就说明股价下一步的走势将要反转方向。越重要越有效的趋势线被突破,其转势的信号越强烈。被突破的趋势线原来所起的支撑和压力作用,现在将相互交换角色。即原来是支撑线的,现在将起压力作用;原来是压力线的,现在将起支撑作用。(图9.24)

2. 轨道线

轨道线又称管道线,是基于趋势线的一种方法。在已经得到了趋势线后,通过第一个波峰和波谷可以作出这条趋势线的平行线,这条平行线就是轨道线。轨道线是趋势线概念的延伸,

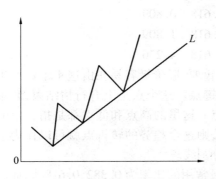 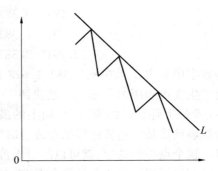

图 9.24

当股价沿着趋势上涨到某一价位水准,会遇到阻力,回档至某一水准价格又获得支撑,轨道线就在接高点的延长线及接低点的延长线之间上下来回,当轨道线确立后,股价就非常容易找出高低价位所在,投资人可依此判断来操作股票。

同趋势线一样,轨道线也有是否被确认的问题。股价在 A(图 9.25)的位置如果的确得到支撑或受到压力而在此掉头,并一直走到趋势线上,那么这条轨道线就可以被认可了。当然,轨道线被触及的次数越多,延续的时间越长,其被认可的程度和其重要性就越高。轨道线的另一个作用是提出趋势转向的警报。如果在一次波动中未触及轨道线,离得很远就开始掉头,这往往是趋势将要改变的信号。

轨道线和趋势线是相互合作的一对。先有趋势线,后有轨道线。趋势线比轨道线更重要。趋势线可以独立存在,而轨道线则不能。

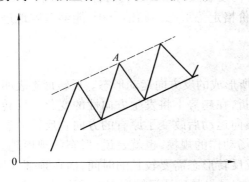 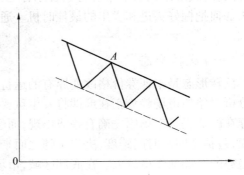

图 9.25

(四)黄金分割线

在对证券行情进行技术分析时,黄金分割线是较为常用的一种分析工具,其主要作用是运用黄金分割比率预测出证券价格的支撑位或压力位。画黄金分割线的第一步是记住若干个特殊的数字:

211

0.191	0.382	0.618	0.809
1.191	1.382	1.618	1.809
2.191	2.382	2.618	4.236

这些数字中 0.382,0.618,1.382,1.618 最为重要,股价极容易在由这 4 个数产生的黄金分割线处产生支撑和压力。第二步是找到一个关键点。这个点是上升行情结束,调头向下的最高点,或者是下降行情结束,调头向上的最低点。这里的高点和低点都是指一定的局部范围。只要能够确认某一趋势已经结束或暂时结束,则这个趋势的转折点就可以作为进行黄金分割的点。这个点一经选定,就可以绘制出黄金分割线。

黄金分割的原理源自于斐波那契数列,其中最常用的比率为 0.382、0.618,将此应用到行情分析中,可以理解为上述比率所对应位置一般容易产生较强的支撑与压力。在一轮中级行情结束后,股指或股价的趋势会向此前相反的方向运动,这时无论是由跌势转为升势或是由升势转为跌势,都可以以最近一次趋势行情中的重要高点和低点之间的涨跌幅作为分析的区间范围,将原涨跌幅按 0.191、0.382、0.50、0.618、0.809 划分为五个黄金分割点,股价在行情反转后将可能在这些黄金分割点上遇到暂时的阻力或支撑。

四、形态理论

形态分析是指通过价格所经过的轨迹来研究价格曲线的各种形态,分析和挖掘出曲线所告诉我们的一些多空双方力量的对比结果,发现价格的运动方向。价格形态可分为反转形态和持续形态,反转形态表示市场经过一段时期的酝酿后,决定改变原有趋势,而采取相反的发展方向,持续形态则表示市场将顺着原有趋势的方向发展。对于投资者而言,最关键的问题莫过于如何把握好买进和卖出的最佳时机。通过对价格走势形态的归纳分析,能够有效地进行研判。

(一)反转形态

反转形态是指证券价格改变原有的运行趋势所形成的反方向运动形态。反转形态表明目前分析对象的市场趋势正在或即将发生重要的转折,在趋势上将发生方向性的变化。反转形态存在的前提是市场原先确有趋势出现,而经过横向运动后改变了原有的方向。反转形态的规模,包括空间和时间跨度,决定了随之而来的市场动作的规模,也就是说,形态的规模越大,新趋势的市场动作也越大。在底部区域,市场形成反转形态需要较长的时间,而在顶部区域,则经历的时间较短,但其波动性远大于底部形态。交易量是确认反转形态的重要指标,而在向上突破时,交易量更具参考价值。反转形态是形态分析里最重要的一种方法。

1. 头肩形

头肩形是反转形态中最可靠、最著名的形态,而其它的反转形态多数是头肩形的变体。头肩形按其所处的市场位置,一般分为头肩顶、头肩底以及复合头肩形三种类型。

(1)头肩顶。头肩顶形态(图 9.26)是最为常见的反转形态之一。顾名思义,图形由左肩、头、右肩及颈线组成。在证券价格上升过程中出现了三个峰顶,这三个峰顶分别称为左肩、头部和右肩。从图形上看左肩、右肩的最高点基本相同,而头部最高点比左肩、右肩最高点要高。另外价格在向上突破失败后向下回落时形成的两个低点又基本上处在同一水平线上。这同一水平线,就是通常说的颈线,当股价第三次向上突破失败回落时,这根颈线就会被击破。于是头肩顶正式形成。在头肩顶形成过程中,左肩的成交量最大,头部的成交量略小些,右肩的成交量最小。成交量呈递减现象,说明股价上升时追涨力量越来越弱,股价有涨到头的意味。

(2)头肩底。头肩底形态(图9.27)在证券价格下跌过程中形成,并发出行情逆转的信号。在价格下跌过程中出现了三个谷底,图形由左肩、头、右肩及颈线组成。三个连续的谷底以中谷底(头)最深,第一个和最后一个谷底(分别为左、右肩)较浅及接近对称,因而形成头肩底形态。当价格一旦向上突破颈线,则出现较大幅上升。成交量可为头肩底形态充当一个重要的指标,大多数例子中,左肩较右肩和头部为大,下降的成交量加上头部创新低可充当一个信号,预示着行情即将逆转。第二个信号是当价格由头部的顶峰上升时,即价格向上突破颈线后,再次回落至颈线支持位,然后价格大幅上涨。最后逆转信号是在价格向上穿破颈线后,把握时机买进证券。

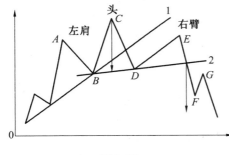

图9.26

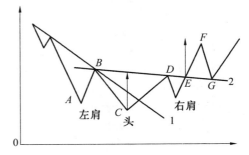

图9.27

(3)复合头肩形。在实践中,有时会出现一些头肩形的变体,称为复合头肩形。这是由于证券价格变动是市场多种因素合力作用的结果,故在价格演变的图形上,会出现激烈的多空争斗,来回拉锯式的波动,往往产生复合头肩的图形。这种形态可能呈现出双头或两个左肩和两个右肩的情况。但其市场原理与头肩形一致,且具有同样的测算意义。复合头肩形的识别比前面所讲的头肩顶和头肩底的研判难度要高很多,运用该形态分析时要结合其他指标以供参考。

2.双重形

双重形也是一种比较重要的反转形态。它与头肩形相比,就是没有肩部,只是由两个等高的波峰或波谷组成。

(1)双重顶。双重顶形态(图9.28)是指当某一种证券急速涨升至某一价位时,由于短线获利回吐的卖压出现,成交量扩大,证券价格自峰顶滑落,成交量随价格的下跌而逐渐萎缩,随后价格止跌回升后又开始往上盘升,涨升至与前一峰顶附近价位时,成交量再增加,但却比前一峰顶所创造出的成交量少,上涨过程中卖压再次出现,价格再度下跌,且跌破颈线,形成一直往下走的弱势。从形态上看,它非常类似英文字母"M",故双重顶又可称"M 头"。双重顶形态的出现预示着股价即将下跌。

(2) 双重底。双重底形态(图 9.29)是指证券的价格在连续两次下跌的低点大致相同时形成价格走势图形。在下跌行情的末期,市场里证券的出售量减少,价格跌到一定程度后,开始不再继续下跌。与此同时,有些投资者见价格较低,开始购入证券。在买方的力量的推动下,价格又慢慢地回升,但此时投资者仍受下跌局面的影响,不敢大量地买进,因而购买力不强。而卖方认为价格不理想处于旁观状态。于是证券价格时涨时停,到达一定阶段后,市场的证券供应量在增加,价格再次回落。当回落到前一次下跌的低点位后,市场中的买盘力量增加,价格开始反弹,反弹到前次的高点后,便完成双重底图形。从形态上看,它非常类似英文字母"W",故双重顶又可称"W 底"。一旦双重底形态形成后,投资者可抓紧时机,大量买进。

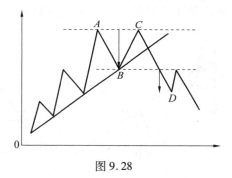

图 9.28

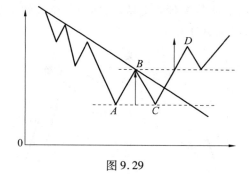

图 9.29

(3) 多重顶(底)形。多重顶底形态是双重形的一种扩展形式,也是头肩形的变形。它是由多个一样高或一样低的顶或底组成。出现多重顶(底)形的原因是由于没有耐性的投资者在形态没有完全确定时,便急于买入或卖出证券,等到大势已定,证券价格反转下跌或上升,此时投资者犹豫不决,缺乏信心,结果使价格走势比较复杂。多重顶(底)形的识别比前面所讲的反转形态的研判难度要高很多,运用该形态分析时要结合其他指标以供参考。

3. 圆形顶(底)

将证券价格在一段时间的顶部高点用折线连起来,每一个局部的高点都考虑到,可能得到一条类似于圆弧的弧线;将每个局部的低点连在一起,也能得到一条弧线。这里的曲线不是数学意义上的圆,也不是抛物线,而仅仅是一条曲线。在识别圆形形态时,成交量是很重要的。无论是圆形顶还是圆形底,在它们的形成过程中,成交量都是两头多,中间少。圆形顶的判断标准是向下突破颈线,圆形底则是向上突破颈线。其作用与其他反转形态类似,这里不再一一

说明。(图 9.30)

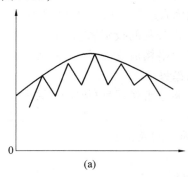
(a)

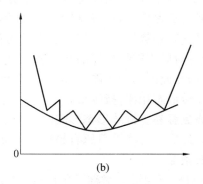
(b)

图 9.30

除了以上几种形态以外，还有比较常见的喇叭形、V 形等反转形态，其原理与其他反转形态基本相似。

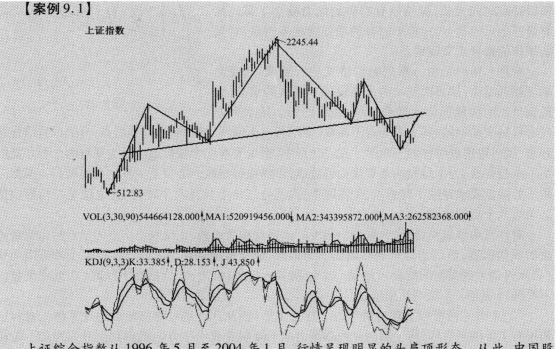

上证综合指数从 1996 年 5 月至 2004 年 1 月，行情呈现明显的头肩顶形态。从此，中国股市进入了长达两年的熊市。

(二)持续形态

持续形态是指由证券价格的横向运动趋势所形成的形态。持续形态仅仅是当前趋势的暂时休止,下一步的市场运动将与事前趋势的原方向一致。可以预期持续形态将被和它形成之前的价格走势保持一致的价格运动所破坏。市场事先确有趋势存在,是持续形态成立的前提。市场经过一段趋势运动后,积累了大量的获利筹码,随着获利的投资者普遍套现,价格出现回落,但同时对后市继续看好的交易者大量入场,对市场价格构成支撑,因而价格始终维持小幅震荡,市场在此期间蓄积能量,然后又恢复市场之前的趋势。

与反转形态相比,持续形态形成的时间较短,这可能是市场惯性的作用,保持原有趋势比扭转趋势更容易。持续形态形成的过程中,价格震荡幅度应当逐步收敛,同时,成交量也应逐步萎缩。最后在价格沿着原有趋势方向突破时,并伴随大的成交量。

1. 三角形

(1)对称三角形。对称三角形(图9.31)又被称为等边三角形,是指在一个大趋势进行过程中,它表示原有的趋势暂时处于整理阶段,还要随着原来趋势的方向继续行动。对称三角形只是原有趋势运动的途中休整阶段,所以持续时间太长,保持原有趋势的能力就会下降。越靠近三角形的顶点,三角形的各种功能就越不明显,对买卖操作的指导意义就越弱。

对称三角形是由一系列的价格变动所组成,其变动幅度逐渐缩小,即每次变动的最高价低于前次的水准,而最低价比前次最低价水准高,呈一压缩图形。从水平方

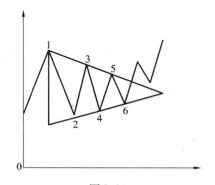

图9.31

向看价格变动领域,其上限为向下斜线,下限为向上倾线,把短期高点和低点,分别以直线连接起来,就可以形成对称的三角形。在三角形中,至少要有四个转折点。最少要有两个点才能做出一条趋势线,为了得到两条聚拢的趋势线,市场在每根线上必须至少发生两次转折。虽然三角形的最低要求是四个转折点,但实际上,大部分三角形具有六个转折点,也就是三角形内部五条边六个点的原则。

对称三角形成交量,因愈来愈小幅度的价格变动而递减,正反映出多空力量对后市犹疑不决的观望态度,然后当价格突然跳出三角形时,成交量随之而变大。若价格往上冲破阻力线(必须得到大成交量的配合),便是一个短期买入信号;反之,若价格往下跌破(在低成交量之下跌破),便是一个短期沽出信号。

(2)上升三角形和下降三角形。上升三角形(图9.32)是对称三角形的变形体。对称三角形有上下两条直线,将上面的直线逐渐由向下倾斜变成水平方向就得到上升三角形。价格在某一水平呈现强大的卖压,价格从低点回升到水平便告回落,但市场的购买力仍十分强,价格未回至上次低点便即时反弹,持续使价格随着阻力线的波动而日渐收窄。把每一个短期波动高点连接起来,便可画出一条阻力线;而每一个短期波动低点则可相连出另一条向上倾斜的线,便形成上升三角形。在上升三角形中,压力是水平的,没有变化,而支撑是越撑越高。在上

升三角形形态内的成交量也是从左至右呈递减状态,但当它向上突破水平颈线时的那一刻,必须要有大成交量的配合。上升三角形比对称三角形有更强烈的上升意识,多方比空方更为积极。通常以三角形的向上突破作为这个持续过程终止的标志。

下降三角形(图9.33)同上升三角形正好反向,是看跌的形态。通常在回档低点的连线趋近于水平而回升高点的连线则往下倾斜,代表市场卖方的力量逐渐增加,使高点随时间而演变,越盘越低,而下档支撑的买盘逐渐转弱,退居观望的卖压逐渐增加,在买盘力量转弱而卖压逐渐增强的情况下,整理至末端,配合量能温和放大,而价格往下跌破的机会较大。下降三角形比对称三角形有更强烈的下跌意识,空方比多方更强大。通常以三角形的向下突破作为这个持续过程终止的标志。

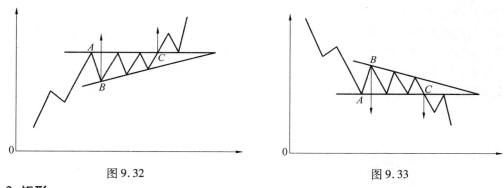

图9.32　　　　　　　　　　　　图9.33

2. 矩形

矩形(图9.34)又称箱形,也是一种典型的整理形态。当证券价格上升到某水平时遇上阻力而回落,但很快便获得支撑而反弹,可是反弹到前次相同高点时却再一次受阻,而挫落到上次低点时则再得到支持。这些短期高点和低点分别以直线连接起来,便可以绘出一条通道,这就是矩形形态。该形态下的证券价格在两条横着的水平直线之间上下波动,一直作横向延伸的运动。面对突破后价格的反扑,矩形的上下界线同样具有阻止反扑的作用。

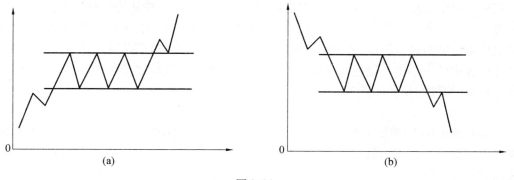

图9.34

矩形表示一种实力相当的拉锯争斗。看好后市者在回落的低点买进,造成证券价格无法下跌的支撑力量,而看淡后市者认为股价下跌纷纷抛出手中证券,形成总体上的牛皮行市。在判断矩形形态时需要注意的是:在矩形形成的过程中,向上突破颈线需有大交易量配合,向下突破颈线不需有大交易量出现,涨降幅度约等于矩形的宽度。证券价格上升时交易量大,下降时交易量小,是持续上升形态;反之,是持续下降的形态。

3. 旗形

旗形(图9.35)是指证券价格经过一连串紧密的短期波动后,形成一个稍微与原来趋势呈相反方向倾斜的长方形。旗形形态就像一面挂在旗杆上的旗帜,通常在急速而又大幅的市场波动中出现。旗形形态又分为上升旗形和下降旗形。

当证券价格经过急速拉升后,接着形成一个紧密、狭窄和稍微向下倾斜的价格密集区,把这密集区的高点和低点分别连接起来,便可画出两条平行而下倾的直线,这就是上升旗形。上升旗形大多数在牛市末期出现,因此暗示升市可能进入尾声阶段。当证券价格出现急速或垂直的下跌后,接着形成一个波动狭窄而紧密、稍微上倾的价格密集区,像是一条上升通道,这就是下降旗形。下降旗形则大多数在熊市初期出现,显示行情可能呈下跌趋势。

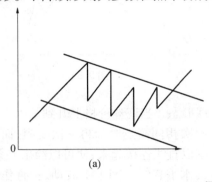 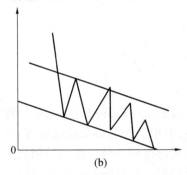

图9.35

旗形与其他的形态不同,具有一定的迷惑性,也就是往往会被认为是趋势的扭转。因为前期市场经历了急速的下跌或者上涨,之后却出现了相反趋势的上涨或者下跌,所以往往会被认为是股价走势的扭转。所以,旗形形态会使得部分投资者做出错误的判断,但实际上其仅仅是大趋势过程中的一个中间调整的阶段,后市股价还有较大的涨幅或者跌幅。此外,在旗形形态形成过程中,旗杆的长度往往等于上涨或下跌的幅度。

4. 楔形

如果将旗形中上倾或下倾的平行四边形变成上倾或下倾的三角形,我们就会得到楔形。楔形形态与旗形形态相类似,都属于短期内的调整形态,其形成原因皆为股价前期有一段急速的变动,股价波动幅度大,并且角度接近垂直,形成旗杆,多方或空方经过一段冲刺后,股价在短期内呈反向小幅回调,而形成楔形(图9.36)。楔形可分为上升楔形和下降楔形两种。

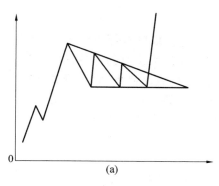 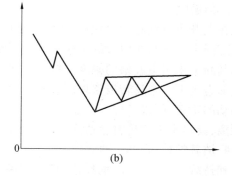

图 9.36

在上升趋势中出现楔形,预示后市看好。在证券价格向上突破颈线时成交量并不一定要放大,而是在未来的涨势中,逐步增量,直至目标位。在下跌趋势中,证券价格在楔形整理后,向下突破时成交量也不需要放大,这是由于楔形整理时间较旗形整理时间长,多方或空方激情性、情绪化操作减少造成的。

(三) 缺口理论

缺口是指股价在快速大幅变动中有一段价格没有任何交易,显示在股价趋势图上是一个真空区域,这个区域称之"缺口",它通常又称为跳空。当股价出现缺口,经过几天,甚至更长时间的变动,然后反转过来,回到原来缺口的价位时,称为缺口的封闭又称补空。缺口分析是技术分析的重要手段之一。缺口可以分普通缺口、突破缺口、持续性缺口与消耗性缺口等四种。从缺口发生的部位大小,可以预测走势的强弱,确定是突破,还是已到趋势之尽头,它是研判各种形态时最有力的辅助材料。

1. 普通缺口

这类缺口通常在密集的交易区域中出现,因此许多需要较长时间形成的整理或转向形态如三角形、矩形等都可能有这类缺口形成。普通缺口并无特别的分析意义,一般在几个交易日内便会完全填补,它只能帮助我们辨认清楚某种形态的形成。普通缺口在整理形态要比在反转形态时出现的机会大得多,所以当发现发展中的三角形和矩形有许多缺口,就应该增强它是整理形态的信念。

2. 突破缺口

突破缺口是当一个密集的反转或整理形态完成后突破盘局时产生的缺口。证券价格以一个很大的缺口跳空远离形态时,这表示真正的突破已经形成了。因为错误的移动很少会产生缺口,同时缺口能显示突破的强劲性,突破缺口越大,表示未来价格的变动越强烈。

突破缺口的分析意义较大,经常在重要的转向形态如头肩式的突破时出现,这种缺口可帮助我们辨认突破信号的真伪。如果证券价格突破支撑线或压力线后,以一个很大的缺口跳离形态,可见突破十分有力,很少有错误发生。

3. 持续性缺口

在上升或下跌途中出现缺口,可能是持续性缺口。这种缺口不会和突破缺口混淆,任何离开形态或密集交易区域后的急速上升或下跌,所出现的缺口大多是持续性缺口。这种缺口可帮助判断未来后市波幅的幅度。持续性缺口的技术性分析意义最大,它通常是在股价突破后远离形态至下一个反转或整理形态的中途出现,因此持续缺口能大约地预测证券价格未来可能移动的距离,所以又称为量度缺口。其量度的方法是从突破点开始,到持续性缺口始点的垂直距离,就是未来股价将会达到的幅度。

4. 消耗性缺口

和持续性缺口一样,消耗性缺口是伴随迅速的、大幅的证券价格波动而出现的。在急速的上升或下跌中,证券价格的波动并非是渐渐出现阻力,而是越来越急。这时价格的跳升(或跳位下跌)可能发生,此缺口就是消耗性缺口。通常消耗性缺口大多在恐慌性抛售或消耗性上升的末段出现。

消耗性缺口的出现,表示证券价格的走势将暂告一段落。如果在上升途中,即表示快将下跌;若在下跌趋势中出现,就表示即将回升。不过,消耗性缺口并非意味着趋势必定出现转向,尽管意味着有转向的可能。在缺口发生的当天或后一天若成交量特别大,而且趋势的未来似乎无法随交量而有大幅的变动时,这就可能是消耗性缺口,假如在缺口出现的后一天其收盘价停在缺口之边缘形成了一天行情的反转时,就更可确定这是消耗性缺口。

(四)形态理论的实际应用

1. 反转形态应用原则

(1)市场必须在此形态之前存在明显的趋势行情。这是判断任何一个反转形态所必需的前提条件。如果分析对象在该形态前的趋势越模糊,则该形态成为反转形态的可能性就越小。投资者应该注意的是,趋势性行情只包含上升趋势或下降趋势这两种情况,对于横盘震荡整理的无方向性走势,一般不属于反转形态的前提条件。

(2)最重要的趋势线被有效突破。在反转形态的判断上,这是意味着此前较长时间形成的趋势即将出现反转的一个十分重要的信号。从多数较为标准的反转形态来看,在整个形态的完成过程中,都会伴随着前期压力线或支撑线被有效突破的现象发生。如果在该形态接近完成时还未出现趋势线被有效突破的情况,则该形态极有可能向时间跨度较长的整理形态演化。

(3)反转形态的跨度和波动幅度越大,反转形成后所出现的行情变动幅度就越大。形态的跨度是由波动幅度和时间这两个因素来区分的。一般而言,未来行情的目标位与反转形态的波动幅度和形态的酝酿时间有直接的正向关系。如果形态的酝酿时间较长,波动范围较大,则其后就可能出现较大规模的趋势行情。

2. 持续形态应用原则

(1)形态形成过程中成交量呈现逐步明显减少,迅速萎缩的倾向。在持续形态中,随着时间的推移,平均成本一旦接近这一价位区域,投资人的卖出欲望就逐步减少,显示在图表上就是迅速萎缩的成交量,表示投资人心态良好稳定,卖出仅仅是获利丰厚所致。

(2)持续形态形成时振幅越大,一旦向上突破之后涨幅往往越大。证券价格振幅越大,持有证券的投资者市值波动就越大,他们每逢高价时就会产生强烈的卖出欲望,这样该证券的平均成本往往较高。

(3)在持续形态形成过程中价格上涨较为缓慢,并伴随较大的成交量;而下跌则正好相反,下跌速度急促,成交量较小。

3. 缺口理论应用原则

(1)一般的缺口都会填补。因为缺口是一段没有成交的真空区域,反映出投资者当时的冲动行为,当投资情绪平静下来时,投资者反省过去行为有些过分,于是缺口便告补回。其实并非所有类型的缺口都会填补,其中突破缺口,持续性缺口未必会马上填补;只有消耗性缺口和普通缺口才可能在短期内补回。

(2)在一次上升或下跌的过程里,缺口出现越多,显示其趋势越快接近终结。举个例说,当升势出现第三个缺口时,暗示涨势即将结束;当第四个缺口出现时,短期下跌的可能性更加浓厚。

五、波浪理论

波浪理论的全称应该是"艾略特波浪理论",是以美国人艾略特的名字命名的一种技术分析理论。艾略特最初发明波浪理论是受到股价上涨下跌现象不断重复的启发,力图找出其上升和下降的规律。

(一)波浪理论的基本原理

艾略特最初的波浪理论是以周期为基础的。他把股价变动分成时间长短不同的各种周期,并指出在一个大周期之中可能存在小的周期,而小的周期又可以再细分成更小的周期。每个周期无论时间长短,都是以一种模式进行。这个模式就是要介绍的八个过程,即每个周期都是由上升(或下降)的五个过程和下降(或上升)的三个过程组成。这八个过程完结以后,我们才能说这个周期已经结束,将进入另一个周期。新的周期仍然遵循上述模式。波浪理论

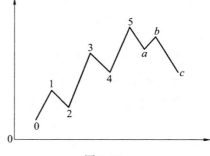

图9.37

考虑的因素主要是三个方面:第一,股价走势所形成的形态;第二,股价走势图中各个高点和低点所处的相对位置;第三,完成某个形态所经历的时间长短。

0~1是第一浪,1~2是第二浪,2~3是第三浪,3~4是第四浪,4~5是第五浪。这5浪

中,第一、第三和第五浪称为上升主浪,而第二和第四浪称为是对第一和第三浪的调整浪。上述五浪完成后,紧接着会出现一个三浪的向下调整,这三浪是:从 5 到 a 的 a 浪、从 a 到 b 的 b 浪和从 b 到 c 的 c 浪。一个完整的上升或下降周期由八浪组成。多个波浪可以合并成一个高层次的浪,一个波浪也可以细分成时间更短、层次更低的若干小浪。波浪的细分和合并应按一定的规则,所有的浪由主浪和调整浪两部分组成。

(二)波浪的形态和分析

第一浪:几乎半数以上的第一浪,是属于营造底部形态的第一部分,第一浪是循环的开始,由于这段行情的上升出现在空头市场跌势后的反弹和反转,买方力量并不强大,加上空头继续存在卖压,因此,在此类第一浪上升之后出现第二浪调整回落时,其回档的幅度往往很深;另外半数的第一浪,出现在长期盘整完成之后,在这类第一浪中,其行情上升幅度较大,第一浪的涨幅通常是五浪中最短的行情。

第二浪:这一浪是下跌浪,由于投资者误以为熊市尚未结束,其调整下跌的幅度相当大,几乎吃掉第一浪的升幅,当行情在此浪中跌至接近底部(第一浪起点)时,市场出现惜售心理,抛售压力逐渐衰竭,成交量也逐渐缩小时,第二浪调整才会宣告结束,在此浪中经常出现反转形态,如头肩底、双重底等。

第三浪:第三浪的涨势往往是最大、最有爆发力的上升浪,这段行情持续的时间与幅度经常是最长的,市场投资者信心恢复,成交量大幅上升,常出现传统图表中的突破讯号,例如裂口跳升等,这段行情走势非常激烈,一些图形上的关卡,非常轻易地被穿破,尤其在突破第一浪的高点时,是最强烈的买进信号,由于第三浪涨势激烈,经常出现"延长波浪"的现象。

第四浪:第四浪是行情大幅劲升后调整浪,通常以较复杂的形态出现,经常出现"倾斜三角形"的走势,但第四浪的底点不会低于第一浪的顶点。

第五浪:在股市中第五浪的涨势通常小于第三浪,且经常出现失败的情况,在第五浪中,二、三类股票通常是市场内的主导力量,其涨幅常常大于一类股(绩优蓝筹股),此期市场情绪表现相当乐观。

(三)波浪理论在股市的实际运用

1. 牢记波浪分析三要素

波浪所构成的形态,是波浪理论的立论基础,对数浪正确与否至关重要,其次是波与波之间的比率,以及同级波浪中每波持续的时间,组成波浪理论的三大部分即波浪分析三要素。同时,成交量在波浪分析中的作用也不容忽视,特别是在主波段中,并被用来检验波浪或预测波浪是否延长。

2. 波浪的划分的多种可能性

当一个波浪循环尚未结束时,波浪的划分无疑会存在不止一种可能。因此,在运用波浪理论研判时,就必须首先根据规则和波浪的个性或特征排除掉不可能的划分,同时寻找出合理的并按照概率大小进行排序,这就是存异的一般程序。而求同则是在两三种可能之中,由波浪分析本身得出对近期乃至后市一致的判断,这才是至关紧要的且具备操作指导意义。

3. 了解波浪的常用百分比

在推动浪中,若第一或第五浪延长时,其长度经常是其余两浪最大涨幅的1.618倍,若第三浪延长时,很可能会远远超过第一浪长度的1.618倍,此时还可利用经验公式来预测第五浪的大致高度,该公式为第五浪=第一浪×3.236+第一浪的浪底或顶,但它不一定适用于以楔形运行时的驱动浪。

第三节 技术分析指标

技术分析指标法是指通过考察市场行为的各个方面,建立一个数学模型,给出数学上的处理方法,得到一个体现股票市场的某个方面内在实质的数据。指标所反映的结果大多是从行情报表中无法直接获得的。

一、平均线指标

(一)移动平均线(MA)

移动平均线是指采用统计学中移动平均的原理,将一段时期内的股票价格平均值连成曲线,用来显示股价的历史波动情况,进而反映股价指数未来发展趋势的技术分析方法。一般人们将其简称为均线。

1. 移动平均线的计算方法

$$MA = (C_1+C_2+C_3+\cdots+C_n)/N$$

式中　C——某日收盘价;

N——移动平均周期。

以时间的长短划分,移动平均线可分为短期、中期、长期三种。一般短期移动平均线5日、10日;中期移动平均线30日;长期移动平均线60日、120日。可单独使用,也可多条同时使用。移动平均线依算法分为算术移动平均线、线型加权移动平均线、阶梯形移动平均线、平滑移动平均线等多种,最为常用的是算术移动平均线。

2. 葛兰威尔的移动平均线八大法则(图9.38)

(1)移动平均线从下降逐渐走平且略向上方抬头,而股价从移动平均线下方向上方突破,为买进信号。

(2)股价位于移动平均线之上运行,回档时未跌破移动平均线后又再度上升时为买进时机。

(3)股价位于移动平均线之上运行,回档时跌破移动平均线,但短期移动平均线继续呈上升趋势,此时为买进时机。

(4)股价位于移动平均线以下运行,突然暴跌,距离移动平均线太远,极有可能向移动平均线靠近,此时为买进时机。

(5) 股价位于移动平均线之上运行,连续数日大涨,离移动平均线越来越远,说明近期内购买股票者获利丰厚,随时都会产生获利回吐的卖压,应暂时卖出持股。

(6) 移动平均线从上升逐渐走平,而股价从移动平均线上方向下跌破移动平均线时说明卖压渐重,应卖出所持股票。

(7) 股价位于移动平均线下方运行,反弹时未突破移动平均线,且移动平均线跌势减缓,趋于水平后又出现下跌趋势,此时为卖出时机。

(8) 股价反弹后在移动平均线上方徘徊,而移动平均线却继续下跌,宜卖出所持股票。

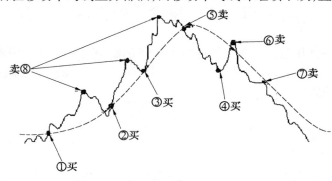

图 9.38

(二)平滑移动平均线(MACD)

平滑移动平均线(MACD)是指在一段上涨或下跌行情中,运用两条移动平均线相互背离,相互印证的交易法则来研判买卖时机的方法。该指标在股市中具有重大实践意义。

1. 平滑异同平均线的计算方法

平滑异同平均线在应用上应先行计算出快速(一般选 12 日)移动平均数值与慢速(一般选 26 日)移动平均数值。以这两个数值作为测量两者(快速与慢速线)间的差离值依据。所谓"差离值"(DIF),即 12 日 EMA 数值减去 26 日 EMA 数值。因此,在持续的涨势中,12 日 EMA 在 26 日 EMA 之上。其间的正差离值(DIF)会越来越大。反之在跌势中,差离值可能变负(-DIF),也越来越大。至于行情开始回转,正或负差离值要缩小到怎样的程度,才真正是行情反转的信号。MACD 的反转信号界定为"差离值"的 9 日移动平均值(9 日 EMA)。

以现在流行的参数 12 和 26 为例,MACD 的指数平滑移动平均线计算公式如下:

12 日 EMA 的计算:EMA12 = 前一日 EMA12×11/13 今日收盘×2/13

26 日 EMA 的计算:EMA26 = 前一日 EMA26×25/27 今日收盘×2/27

差离值(DIF)的计算:DIF = EMA12 - EMA26

然后再根据差离值计算其 9 日的 EMA,即"差离平均值","差离平均值"用 DEA 来表示

DEA =(前一日 DEA×8/10 今日 DIF×2/10)

2. 平滑异同平均线的应用

(1) DIF 向上突破 DEA 为买进信号,但在 0 轴以下交叉时,仅适宜空头补仓。

(2) DIF 向下跌破 DEA 为卖出信号,但在 0 轴以上交叉时,则仅适宜多头平仓。

(3) DIF 与 DEA 在 0 轴线之上,市场趋向为多头市场。两者在 0 轴之下则为空头市场。

(4) 价格处于上升的多头走势,当 DIF 慢慢远离 DEA,造成两线之间乖离加大,多头应分批获利了结,可行短空。

(5) 价格线呈盘局走势时,会出现多次 DIF 与 DEA 交错,可不必理会,但须观察扇形的乖离程度,一旦加大,可视为盘局的突破。

(三) 平均线在股市中的运用

1. 黄金交叉点

当短期均线向上突破长期均线时,这个突破点就是黄金交叉点,简称金叉。此点可以确认行情将进入上涨时期。这就是所谓的多头排列,是典型的上涨行情。出现黄金交叉点表明后市多头力量较强,股票价格还有一段上涨空间,此时正是买入股票的好时机。

2. 死亡交叉点

当短期均线向下突破长期均线时,这个突破点就是死亡交叉点,简称死叉。此点可以确认行情将进入下跌时期。这就是所谓的空头排列,是典型的下跌行情。出现死亡交叉点表明后市空头力量较强,股票价格将在一段时间下跌,这是个卖出股票的讯号。

投资者仅仅依据黄金交叉或死亡交叉来买进或卖出是有片面性的。因为移动平均线只是一种基本趋势线,在反映股价的突变时具有滞后性,因而,黄金交叉或死亡交叉只能作为一种参考。

【案例9.2】

MACD 指标选股案例

ST 雄震(600711)自 1997 年 7 月下旬见顶 18.72 元之后,在两个月内跌至 7 元以下,股价几乎跌去 2/3。而经过这次典型的"深幅下挫"之后,该股随沪市大盘在 9 月 23 日见底,开始了长达三个月的筑底阶段。这期间,股价窄幅波动,成交低迷,12 月 3 日单日成交量仅 4.6 万股,相当于行情高峰时 413 万股的单日最高成交量的 1/10,满足"长期缩量横盘"的必要条件;同时,股价始终在 6.5 元上方,没有再创新低。进入 12 月底龙盘股份股价开始出现异动,先是成交量温和放大,每隔一个月有一个量能急升的过程。MACD 指标在零轴下方 5 个月后第一次上穿零轴,60 日、80 日、120 日等中长期均线基本走平,说明中长期投资者持股成本接近,无杀跌动能,且有新多入场收集底部筹码。随后开始的洗盘行为使 MACD 指标重回零轴之下,但股价在触及回调 1/2 位时受 60 日、80 日、120 日等多条中长期均线交汇带的支撑无法下行,并开始重拾升势,MACD 指标第二次上穿零轴,此时已到最佳买点。即使随后仍有大规模洗盘行为,但三条中长期均线已开始上行,显示后期股价走势已成大涨小回的中期上扬格局。

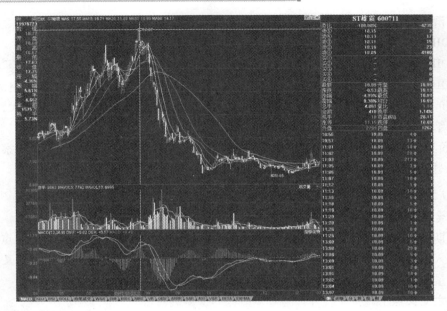

二、相对强弱指标(RSI)

相对强弱指标(RSI)是证券市场中最为著名的摆动指标。它是韦尔斯·王尔德首创的。其原理就是通过计算证券价格涨跌的幅度来推测市场运动趋势的强弱度,并据此预测趋势的持续或者转向。实际上它显示的是证券价格向上波动的幅度占总的波动幅度的百分比,如果其数值大,就表示市场处于强势状态,如果数值小,则表示市场处于弱势状态。相对强弱指标对于研判行情是十分有效的。

(一)相对强弱指标的计算方法

$$RSI(n) = (A/A+B) \times 100$$

式中 A——n 天中股价上涨幅度之和;

B——n 天中股价下跌幅度之和;

$A+B$——n 天中股价波动总幅度大小。

RSI 的计算只涉及收盘价,并且可以选择不同的参数。参数是天数,即考虑的时间长度一般有 5 日、9 日、14 日等。RSI 的取值介于 0~100 之间。

(二)相对强弱指标的应用

1. RSI 取值范围及规律

由于计算公式的限制,不论股价如何变动,强弱指标的值始终处在 0 与 100 之间。强弱指标高于 50 为强势市场,低于 50 为弱势市场。强弱指标多在 70 与 30 之间波动。当 6 日指标上升到 80 时,表示股市已有超买现象,如继续上升,超过 90 以上时,则表示已到严重超买的警戒区,极可能在短期内反转回落。

表 9.1

RSI 值	市场特征	投资操作
80~100	极强	卖出
50~80	强	买入
20~50	弱	卖出
0~20	极弱	买入

2. RSI 曲线的形态特征

当 RSI 在较高或较低的位置形成头肩形和多重顶(底),是采取行动的信号。这些形态一定要出现在较高位置和较低位置,离 50 越远越好,越远结论越可信,出错的可能性就越小。形态理论中有关这类形状的操作原则,这里都适用。

3. RSI 曲线的顶背离和底背离

相对强弱指标与股价或指标比较时,往往产生超前显示未来行情走势的特征,即股价或指数未涨而强弱指标先行上升,股价或指数未跌而强弱指标先行下降,这种特性在股价的顶部与底部反映得最为明显。

4. 不同参数的两条或多条 RSI 曲线的联合使用

同移动平均线一样,参数天数越多的 RSI 考虑的时间范围越大,结论越可靠,但速度慢,这是无法避免的。参数小的 RSI 我们称为短期 RSI,参数大的我们称之为长期 RSI。这样,两条不同参数的 RSI 曲线的联合使用法则可以参照移动平均线中的两条移动平均线的使用法则。

三、随机指数(KDJ)

随机指标综合了动量观念、相对强弱指标与移动平均线的优点。它是通过一段时期内出现过的最高价、最低价从收盘价计算出 K 和 D 的值。KDJ 指标多用于中、短期买卖时机的判断。随机指标以今日收盘价(也即 N 日以来多空双方的最终成交价格)作为买方与卖方的平衡点,收盘价以下至最低价的价格距离表征买力的大小,而最高价以下至最低价的价格距离表征买卖力的总力。

(一)KDJ 的计算公式

今(N)日

$$RSV = \left(\frac{今日收盘价 - N 日内最低价}{N 日内最高价 - N 日内最低价}\right) \times 100$$

今(N)日

$$K 值 = 2/3 \text{ 昨日 } K \text{ 值} + 1/3 \text{ 今}(N)\text{日 RSV}$$

今(N)日 D 值 = 2/3 昨日 D 值 + 1/3 今(N)日 K 值

今(N)日 J 值 = 3 今(N)日 K 值 - 2 今(N)日 D 值

(二) KDJ 在股市中的运用

K 值和 D 值小于 20,属超卖,是买入信号;在低位 K 线从下方向上传过 D 线,形成金叉,是买入信号;K、D 线在低位二次金叉时,是最佳买入信号;股价创新低,而 K、D 值却不创新低,称为底背离,是买入信号。K 值和 D 值大于 80,属超买,是卖出信号;在高位 K 线从上方向下过 D 线,形成死叉,是卖出信号;K、D 线在高位二次死叉时,是最佳卖出信号;股价创新高,而 K、D 值却不创新高,称为顶背离,是卖出信号。

四、威廉指数(W%R)

威廉指标(W%R)是利用摆动点来衡量股市的超买、超卖现象,预测股价周期变化的高点与低点,并提供买卖信号的指标。该指标主要用于短期行情趋势的分析。

(一) W%R 的计算公式

$$N\text{日 W\%R} = \frac{H-C}{H-L} \times 100\%$$

式中　H——N 日内的最高价;
　　　L——N 日内的最低价;
　　　C——最后的收盘价。

(二) W%R 在股市中的运用

通常,为适应观察者的视觉感受,在图表的区间坐标上,将向下的方向处理为数值增大的方向。W%R 在 80 以上为超卖区,20 以下为超买区。由于其随机性强的缘故,若其进入超买区时,并不表示价格会马上回落,只要仍在其间波动,则仍为强势。当高出超买线(W%R = 20)时,才发出卖出信号;当低过超卖线(W%R = 80)时,才发出买入信号。W%R = 50 是多空平衡线,升破或跌破此线,是稳健投资者的买卖信号。

五、BOLL 线指标

(一) BOLL 线指标的计算公式

BOLL 指标又叫布林线指标,由约翰·布林先生创造,其利用统计原理,求出股价的标准差及其信赖区间,从而确定股价的波动范围及未来走势,利用波带显示股价的安全高低价位,因而也被称为布林带。其上下限范围不固定,随股价的滚动而变化。其公式为:

中轨线 = N 日的移动平均线

上轨线＝中轨线＋两倍的标准差
下轨线＝中轨线－两倍的标准差

（二）BOLL线在股市中的运用

在证券分析软件中，BOLL指标一共由四条线组成，即上轨线 UP、中轨线 MB、下轨线 DN 和价格线。和其他技术指标一样，在实际操作中，投资者不需要进行 BOLL 指标的计算，主要是了解 BOLL 的计算方法和过程，以便更加深入地掌握 BOLL 指标的实质，为运用指标打下基础。

BOLL 指标中的上、中、下轨线所形成的股价信道的移动范围是不确定的，信道的上下限随着股价的上下波动而变化。在正常情况下，股价应始终处于股价信道内运行。如果股价脱离股价信道运行，则意味着行情处于极端的状态下。在 BOLL 指标中，股价信道的上下轨是显示股价安全运行的最高价位和最低价位。上轨线、中轨线和下轨线都可以对股价的运行起到支撑作用，而上轨线和中轨线有时则会对股价的运行起到压力作用。一般而言，当股价在布林线的中轨线上方运行时，表明股价处于强势趋势；当股价在布林线的中轨线下方运行时，表明股价处于弱势趋势。

六、乖离率（BIAS）

乖离率是移动平均原理派生的一项技术指标，其功能主要是通过测算股价在波动过程中与移动平均线出现偏离程度，从而得出股价在剧烈波动时因偏离移动平均趋势而造成可能的回挡或反弹，以及股价在正常波动范围内移动而形成继续原有势的可信度。一般与随机指标和布林线结合使用。

（一）乖离率的计算公式

乖离率一般按 6 日、12 日、24 日和 72 日来参照日数，也可按 10 日、30 日、75 日设定。其公式如下：

$$BIAS = (收盘价 - 收盘价的 N 日简单平均数)/收盘价的 N 日简单平均数 \times 100$$

（二）乖离率在股市中的运用

乖离率可分为正乖离率与负乖离率。若股价大于平均线，则为正乖离；股价小于平均线，则为负乖离。当股价与平均线相等时，则乖离率为零。正乖离率越大，表示短期超买越大，则越有可能见顶；负乖离率越大，表示短期超卖越大，则越有可能见底。在多头行情中，会出现许多高价，太早卖出会错失一段行情，可于先前高价的正乖离率点卖出；在空头市场时，亦会使负乖离率加大，可于先前低价的负乖离点买进。

七、心理线（PSY）

心理线（PSY）是一种建立在研究投资者心理趋向基础上，将某段时间内投资者倾向买方

还是卖方的心理与事实转化为数值,形成人气指标,作为买卖证券的参数。其公式如下:

$$PSY = N\text{日内的上涨天数}/N \times 100$$

由心理线公式计算出来的百分比值,PSY 为 25 左右时或低于 25 表明卖方心理浓重,股价已进入谷底,投资者可适时买入;PSY 为 50 左右时,表明多空双方正在观望,买卖人气均衡,投资者应伺机而动;PSY 为 75 左右或高于 75 时,表明股价已到顶,投资者应考虑卖出。

八、动向指标(DMI)

动向指标(DMI)是通过分析股票价格在涨跌过程中买卖双方力量均衡点的变化情况,即多空双方的力量的变化受价格波动的影响而发生由均衡到失衡的循环过程,从而提供对趋势判断依据的一种技术指标。

动向指标(DMI)曲线由上升动向指标(+DI)和下降动向指标(-DI),以及平均动向指数 ADX 和它的缓动线 ADXR 四条曲线组成。+DI、-DI、ADX、ADXR 都在 0~100 区间波动(负号仅表示方向,不表示负值)。(+DI)曲线在(-DI)曲线上方表示上升动向强于下降动向,所以(+DI)曲线上升并穿过(-DI)曲线是买入信号;(-DI)曲线在(+DI)曲线上方表示下降动向强于上升动向,所以(-DI)曲线上升并穿过(+DI)曲线是卖出信号。

本章小结

技术分析是以证券市场的历史轨迹为基础,运用图表、形态、指标等手段,通过对证券市场行为的分析,做出对证券价格发展趋势的预测估计。技术分析认为市场行为包容消化一切。技术分析者认为所有的基础事件,如经济事件、社会事件、战争、自然灾害等作用于市场的因素都会反映到价格变化中来,关注价格趋势的变化及成交量的变化就可以找到获利的线索。

本章以证券技术分析理论和技术分析工具为基础,介绍将证券价格、成交量等数据通过技术分析工具加工成易于理解的图形的方法,以及对技术分析图形分析的技巧。本章的重点内容是技术分析理论和技术分析指标,难点在于运用技术理论和指标对实际的证券价格走势进行准确的分析。

思考题

1. 简述技术分析的三大假设。
2. 试列举道氏理论的主要观点。
3. K 线图形的实际运用应注意哪些问题?
4. 切线理论研究的内容有哪些?
5. 三角形整理形态包括哪几种类型?
6. 缺口分为哪几种?各自的特点是什么?
7. 简述格兰维尔八大买卖法则。
8. 如何运用威廉指数进行行情分析?

【案例分析】

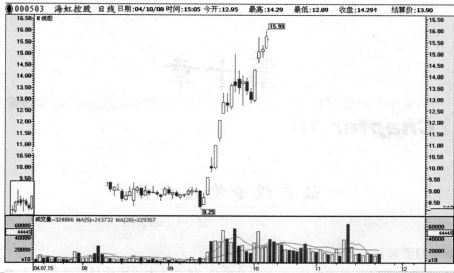

问题：
1. 在图中标注个缺口,并说明缺口类型。
2. 作出未来的投资决策。

第十章
Chapter 10

证券投资价值分析

【本章学习要求】

本章主要介绍了股票投资价值、债券投资价值、证券基金投资价值以及衍生金融工具投资价值的分析方法。学习要求如下：

● 了解股票内在价值的计算方法；掌握股票投资价值的评价方法；掌握影响股票投资价值的因素。

● 了解资金的时间价值；掌握债券内在价值的计算；掌握债券投资收益率分析；了解影响债券投资价值的因素。

● 掌握证券投资基金的资产净值；了解封闭式基金价值的确定；掌握开放式基金价值的确定；掌握ETF、LOF投资基金价值分析。

● 掌握金融期货价值分析；掌握金融期权价值分析。

【本章主要概念】

股票投资价值　债券投资价值　证券基金投资价值　衍生金融工具投资价值

【案例导读】

"股神"巴菲特在一次演讲中说："价值投资者们所拥有的知识共同点是：他们都在寻找公司的价值和其价格之间的差异，并从中获利。当他们做出决定要买入某个股票时，他们是从不关心那一天是星期几，或是哪一个月份。无独有偶，当一个生意人要买入一项生意时，他也是不太可能会去关心那项买卖到底是在星期几，或哪一个月份进行的。（价值投资者们所做的事其实是与这些生意人一样的，只不过，他们是通过股票市场来买入一项生意罢了。）既然买入某个生意是不需要考虑到是星期几或哪个月份的，我真感到怀疑，为什么有那么多学者仍然花费大量时间和精力在这一方面呢？真正的价值投资者不会去关心一些技术参数。事实上，他们中的大多数，可能连这些东西是什么都不知道。他们只关心两个数字：价格和价值！"

> 每当我们决定要购买一只股票时,是因为我们知道,我们所得到的价值,比我们所付出的价格更高。这就是我们唯一所关心的。不管那一天是星期几,也不看任何人的研究报告;我对股票的价格动量、成交量等完全不感兴趣。"不同的证券类型有不同的价值分析方法,下面我们来具体研究一下。

第一节 股票投资价值分析

一、股票内在价值的计算方法

人们在进行股票价值分析时,一般都是以货币的时间价值理论为基础来计算股票的内在价值,根据这一理论,在计算股票内在价值时,就是把未来的各类收入以现值的形式来表示。

(一)零增长模型

零增长模型假定股利是不变的,即股利的增率等于零,股利的支付过程是一个永续年金。在零增长的假设下,如果已知去年某股票支付的股利为 D,那么今年以及未来所有年份将要收到的股利也为 D,即

$$D_0 = D_1 = D_2 = \cdots\cdots = D_n$$

由

$$V = \frac{D_1}{(1+k)^1} + \frac{D_2}{(1+k)^2} + \frac{D_3}{(1+k)^3} + \cdots \quad (10.1)$$

得

$$V = \frac{D_0}{k} \quad (10.2)$$

式中　V——股票的内在价值;
　　　k——必要收益率或折现率;
　　　D_n——第 n 年股票支付的股利。

(二)固定增长模式

固定增长是假定股利每期按一个不变的增长率增长。在不变增长状态下各期股利的一般形式为

$$D_t = D_{t-1}(1+g) = D_0(1+g)^t$$

将 $D_t = (1+g)^t$ 代入 $V = \sum_{t=1}^{\infty} \frac{D_t}{(1+k)^t}$ 中,得

$$V = \sum_{t=1}^{\infty} \frac{D_0(1+g)^t}{(1+k)^t} \quad (10.3)$$

式中 g—— 股利的增长率。

因为 D_0 是常量,假设 $k > g$,则公式(10.3)求极限可得

$$V = D_0 \times \frac{1+g}{k-g} = \frac{D_1}{k-g} \tag{10.4}$$

当 $k = g$ 或 $k < g$ 时,股票价值将出现无穷大或负值,与现实相矛盾。固定增长条件下要求 $k > g$,实际上是认为当股利处于不变增长状态时,增长率是小于贴现率的,也就是要求在未来每个时期股利的现值是个收敛的过程。这个假设在相当长的时间区域内(10年或30年),就行业的整体水平是符合实际情况的。但对单个特定的公司,在某一特定时段上并不一定严格遵守这一假设,所以对此类公司进行估值必须进一步放宽限制条件。

(三) 多重增长模型

固定增长模型应用有它的局限性,那就是其假设公司各期的股利都按固定的比例增长,但是实际上很少有公司能够做到这一点,为弥补这一局限,在固定增长模型的基础上衍生出多重增长模型。所以在多元增长模型中,股利在某一特定时期没有特定模式可以观测或者说其变动比率是需要逐年预测的,并不遵循严格的等比关系。

现以每个时期的模型为例,该模型假设在某个时期股利将以较高比率增长,随后稳定增长。

第一部分,在 T 期以前,预测各期股利的现值为

$$V_T = \frac{D_1}{(1+k)^1} + \frac{D_2}{(1+k)^2} + \cdots + \frac{D_T}{(1+k)^T} = \sum_{t=1}^{T} \frac{D_t}{(1+k)^t} \tag{10.5}$$

第二部分,T 期以后股利流动的现值,设这部分股利年增长率为 g,则得

$$V_T = \frac{D_{T+1}}{k-g} \tag{10.6}$$

由于 V_T 得到的现值是 $t = T$ 时点上的现值,要得到 $t = 0$ 时的现值 V_{Tt},还需要对 V_T 进一步贴现。

$$V_{Tt} = \frac{V_T}{(1+k)^T} = \frac{V_{T+1}}{(k-g)(1+k)^T} \tag{10.7}$$

将两部分现金流量现值相加,则得到多种模型的公式

$$V = \sum_{t=1}^{T} \frac{D}{(1+k)^t} + \frac{V_{T+1}}{(k-g)(1+k)^T} \tag{10.8}$$

公式(10.8)是比较符合公司实际成长情况的,根据现值的衰减规律,当 $k > 15\%$ 且 $T > 10$ 时,V_T 在 V 中所占比重一般不超过 1/4。所以,当我们明确预测了 8~10 年的股利贴现之后再对 T 时期之后的股利流量做出不变增长的假设,不会对 V 造成过大的影响。

(四) 非永久持续的股票定价

一般情况下,投资者对股票投资不可能永久持有,仅仅是在一定期限内持有某种股票。如

果投资者计划在一定期限内出售这种股票,他们接受的现金流量等于从现在起的 1 年内预期的股利再加上预期的出售股票价格。所以,该种股票的内在价值的决定是用必要收益率对两种现金流进行贴现,其表达式如下:

$$V_0 = \frac{D_1 + P_1}{1 + k} \tag{10.9}$$

式中　　D_1——$t = 1$ 时的预期股利;

P_1——$t = 1$ 时股票的出售价格。

在 $t = 1$ 时股票出售价格的决定是基于出售以后预期支付的股利,即

$$P_1 = \frac{D_2}{(1 + k)} + \frac{D_3}{(1 + k)^2} + \cdots = \sum_{t=2}^{\infty} \frac{D_t}{(1 + k)^{(t-1)}} \tag{10.10}$$

把(10.10) 代入(10.9),得到

$$V_0 = \frac{D_1}{(1 + k)} + \left[\frac{D_2}{(1 + k)} + \frac{D_3}{(1 + k)^2} + \cdots \right] \times \frac{1}{(1 + k)} = \sum_{t=1}^{\infty} \frac{D_t}{(1 + k)^t} \tag{10.11}$$

上述计算说明对未来某一时刻的股利和这一时刻原股票出售价格进行贴现所得到股票的价值,等于对所有未来预期股利贴现后所得股票的股票价值,这是因为股票预期出售价格本身也是基于出售之后的股利的贴现。所以,非永久持有股票的条件下,股票内在价值的决定等同于无限期持有股票条件下的股票内在价值决定。也就是说,基于股利贴现股价模型,投资者持股期限的长短不影响股票价值。

二、股票投资价值的评价方法

在股票市场对投资价值进行评价时,常见的方法有以下几种:

(一)每股净值法

为了衡量某只股票现行价格的合理性,一般用每股净值的倍数作为衡量的指标。

股价净资产倍率＝股票市场价格/每股净资产

其中　　每股净资产＝(资产总额−负债总额)/普通股数

采用这个公式计算出来的倍数越高,表示某股票市场价格偏离该股票所拥有的每股净资产越多,市场价格相对偏高,其投资价值越低;反之,倍数越低,相应的每股净资产越少,市场价格相对偏低,其投资价值越高。投资者一般应把净资产倍率高的股票卖出,而买进净资产倍率低的股票。同时,对各个不同时期的平均净资产倍率进行比较,可判断现今股票市价是处于较高还是处于较低水平上,从而决定是卖出还是买入股票。因此,每股净值是分析股票市价水平的重要指标,自然也能反映某种股票的投资价值的高低。

(二)每股盈余法

这是反映每一普通股所能获得的纯收益为多少的方法。每股盈余这一财务指标值,在上

市公司报出的利润表中都会直接给出。其计算是利用如下公式进行的：

$$每股盈余 = (税后利润 - 优先股股利) / 普通股股数$$

利用每股盈余衡量股票投资价值的具体方法是：将某只股票的每股盈余与股票市场平均市盈率相乘，计算出来的数值与该股票现行市价对比，若比现行市价低，则卖出；反之则买进。我国股票市场的平均市盈率在上海证券交易所或深圳证券交易所可直接查到。

（三）市盈率法

市盈率指在一个考察期内，股票每股市场价格和每股收益的比率，即表示投资者为获取每一元的盈余，必须付出多少代价。通常，市盈率是投资者进行中长期投资的选股指标。其计算公式为

$$市盈率 = 股票市价 / 每股盈余$$

一般而言，市盈率越低越好。市盈率高，表示股票现行市价已处于高位，此时对该股票投资，其股价上升空间不大，所以，市盈率越高，其投资价值越低。

通常，人们把20倍市盈率作为标准，看某只股票的市盈率是否合理。但是，我国股市的股票市盈率通常普遍偏高，有的股票市盈率已远超出20倍甚至达50倍以上还多，但由于其预期获利能力高，投资者仍愿对其投资。在实务操作中，可参考一年期银行存款利率作为衡量市盈率是否合理的标准。例如，一年期银行存款利率为10%，则合理的市盈率可为10倍；一年期银行存款利率为8%，则合理的市盈率可为12.5倍；若一年期银行存款利率为4%，则合理的市盈率可为25倍。

三、影响股票投资价值的因素

（一）宏观因素

1. 经济环境因素

（1）国内生产总值（GDP）。国内生产总值是一国经济成就的根本反映，从长期来看，在上市公司的行业结构与该国产业结构基本一致的情况下，股票平均价格的变动与GDP的变动是一致的。但并不是简单的GDP增长，股票价格就会上升，不同的国家情形是不同的，有的可能是正相关，有的可能是负相关。因此，应该将GDP与经济形势结合起来综合分析。

（2）经济周期。经济周期是决定股票价格长期走势的重要因素。西方经济学家一般把经济周期分为四个阶段：繁荣、衰退、萧条和复苏。随着这四个阶段的交替出现，股票市场也会随之产生周期性波动。由于受人们预期的影响，股票价格指数会先于经济周期的变动而变动。通常，当经济由萧条走向复苏时，股价开始上涨，股价指数先于经济而上升。随着经济进入扩张时期，股价指数先于经济发展的减慢而下跌了。在经济的收缩阶段，股票价格急剧下跌，股票市场的收益率会向低于利率的方向转化。在经济的萧条时期，股票市场非常混乱，股票价格动向不一，投资者担心股利减少，因此股票价格提前达到谷底。

(3) 通货变动。通货变动包括通货膨胀和通货紧缩。通货膨胀对股票价格的影响机制在通胀的不同阶段有所不同，在通胀初期，由于经济处于扩张期，货币政策宽松，产量和就业都持续增长，出现推动股票价格上升的力量。但通货膨胀趋于高潮并引发金融紧缩时，通胀会影响收入和财产再分配，从而改变人们对物价上涨的预期，影响到社会再生产的正常运行，产生股票价格下压的力量。但从总体上来看，通胀与股价呈反向变动关系，即通胀率上升，股价下跌；通胀率下降，股价上升。这意味着通货膨胀与收益率是负相关的。通货紧缩只会对宏观经济产生负面影响，进而影响到股票市场。

2. 经济政策因素

(1) 货币政策。货币政策是指政府、中央银行和其他有关部门所有有关货币方面的规定和采取的影响金融变量的一切措施。我国调控宏观经济的货币政策工具主要有：利率、存款准备金率、公开市场业务、贷款规模控制和汇率等。这里我们以利率为例来说明货币政策对股票市场的影响。当利率上升时，一方面人们投资股市的机会成本增加，部分资金从股市流出，资金供不应求，股票市场需求减少，供大于求，股价就会下跌；另一方面，上市公司的融资成本增加，盈利水平降低，给投资者的报酬也会减少，因而该股票的投资价值不大，股价也会下跌。当利率下降时，一方面机会成本减少，社会资金就会流向股市，资金供给增多，股票市场需求增加，引起股价上升；另一方面，利率下降将降低上市公司的融资成本，促进企业投资。扩大生产，从而提高盈利水平，使该股票具有投资价值，股价也会上涨。

(2) 财政政策。财政政策是指政府以特定的财政理论为依据，运用各种财政工具达到以控制经济为目标的经济政策。根据其对宏观经济运行的作用可分为扩张性财政政策和紧缩性财政政策。财政政策的主要手段包括：国家预算、税收、国债等。以国债为例，如果政府增加国债的发行，那么会使投资股票市场的资金减少，使得股票市场的需求减少，进而引起股票价格下跌。

影响股票价格变动的宏观因素，除了上面的经济环境、经济政策外，还有政治、自然灾害、大众心理预期等信息。通常来讲，就政治因素而言，政治的不确定性能够增加交易量而减少产出，也就是说，政治信息的缺乏使股价波动增加。就自然灾害而言，以地震为例，它对股票市场的影响并不是简单的，一方面由于灾后重建会增加对钢铁、水泥等建筑材料的需求，使得这些行业及相关行业的预期股利上升，进而引起股票价格上涨；另一方面，对于那些在地震中受到重创，却无法在灾后迅速恢复的行业而言，预期股利会下降，进而引起股票价格下跌。就大众心理预期而言，投资者对股票走势的心理预期会对股票价格走势产生助涨助跌的作用。

(二) 微观因素

1. 公司每股净资产

公司净资产代表公司本身拥有的财产，也是股东在公司中的权益。因此，又叫作股东权益。每股净资产是指股东权益与总股数的比率。其计算公式为

$$每股净资产 = 股东权益 / 总股数$$

这一指标反映了每股股票代表的公司净资产价值，是支撑股票市场价格的重要基础。从理论上来讲，每股净资产越高，股东拥有的资产现值越多；每股净资产越少，股东拥有的资产现值越少。通常每股净资产越高越好。

2. 公司盈利水平

上市公司的股票价格是由其未来的盈利能力决定的，在分析公司的盈利信息与股票价格之间的内在关系时，一般用公司股票价格（P）与盈利水平（E）的比值（即市盈率）来表示。在一定的市盈率（P/E）水平下，公司盈利水平越高，其股票价格就越高。当盈利信息公布时，股票价格变动所反映的是未来盈利变动的信息，也就是说，股票价格变动源于公司盈利能力的增强。因此，投资者对上市公司盈利消息的了解，也就说明了盈利信息对股票价格的影响作用。值得注意的是，股票价格涨跌和公司盈利变化并不完全同时发生。

3. 公司分配方案

上市公司公布的分配方案的形式有现金股利、股票股利、公积金转增股本、配股和不分配。在股票市场上，相对于现金股利而言，投资者更偏好于资本利得，这使得现金股利对股票价格的影响较小。送股反映了上市公司对未来利润增长抱有信心，而公司未来盈利能力的增长可使反映公司未来价值的股价上扬。配股说明上市公司有好的项目需要投资，是公司新的利润增长点，因此，投资者对其未来利润增长较有信心。总而言之，投资者对分配方案的欢迎程度取决于对公司未来盈利的预期，而在方案公告日及真正实施后股票价格的表现还取决于分配方案本身与市场预期之间的差距。

4. 增发新股

上市公司因业务需要会发行新股以增加资本额。新股发行后，上市公司的股本数增加，从而使每股股票的净值下降，对老股东来说，基于同股同权的道理，每股的收益会产生摊薄的作用（每股盈利降低），因而会导致股价下跌。但是如果每股新股的发行价高，例如高于每股资产净值，则增发后，可以提高每股现金值和资产净值。此外，一些业绩优良的公司，增资以后股价不仅不会下降，反而会上涨，因为上市公司增资后将增强公司的经营能力，从而使得股东获取更多的收益。

除了上述的各种微观因素外，还有减资、资产重组、收购兼并和更换管理层等。这些信息对上市公司股票价格的影响取决于投资者的预期以及实际情况与市场预期之间的差距，差距越大，股价变动也就越大。

第二节 债券投资价值分析

一、资金的时间价值

要正确地进行投资，就必须搞清在不同时点上收到和付出的资金价值之间的数量关系，计算资金、年金的现值、终值等。终值也称将来值,是现在一定量资金在未来某一时点上的价值量,是若干期后本金加上若干期的利息(利息可以用单利计算,也可以用复利计算),终值又称为本利和。现值也就是本金,是指未来某一时点上的一定量资金,折合到现在的价值量,是未来资金的现在价值,现值又称为贴现值。

资金的时间价值计算中经常使用的符号的含义是:P 为现值;F 为终值;i 为利率;I 为利息;n 为时间,通常以年为单位;A 为年金。

(一) 单利的计算

单利是指在计算利息时,规定期限内获得的利息不再计算利息,只就本金计算利息的方法。使用单利方法时,本金能带来利息,利息必须在提出去以后再以本金的形式投入才能产生利息,否则不能产生利息。单利的计算包括单利终值的计算和单利现值的计算。

1. 单利终值的计算

单利的终值为本金与以单利计算的利息之和。其计算公式为

$$F = P + nPi = P \times (1 + ni) \tag{10.12}$$

2. 单利现值的计算

单利现值的计算同单利终值的计算是互逆的,通过终值计算现值称为折现。将单利终值计算公式变形就可得到单利现值的计算公式,即

$$P = \frac{F}{1 + ni} \tag{10.13}$$

(二) 复利的计算

复利是每经过一个计息期,要把所生利息加入本金后再计算利息,俗称"利滚利"。我们把相邻两次计息的时间间隔称为计息期,可以是年、月、日等,但经常以年为单位。一般以复利计算资金的时间价值。一次性收款或一次性付款可以按照复利计算其终值和现值,即复利的计算有复利终值的计算和复利现值的计算。

1. 复利终值的计算

复利终值是一定数量的本金在若干时期以后按照复利方法计算出的本金加利息之和。其计算公式为

$$F = P \times (1 + i)^n = P \times (F/P, i, n) \tag{10.14}$$

2. 复利现值的计算

复利现值是指未来某一时点一定量资金按复利计算的现在价值。复利现值的计算同复利终值的计算是互逆的,将复利终值计算公式变形也同样可以得到复利现值的计算公式,即

$$P = \frac{F}{(1 + i)^n} = F \times (1 + i)^{-n} = F \times (P/F, i, n) \tag{10.15}$$

(三) 年金的计算

1. 普通年金的计算

(1) 普通年金终值的计算。普通年金终值是一定时期内每期期末等额收付款项的复利终值之和。普通年金终值的计算公式为

$$F = A(1+i)^0 + A(1+i)^1 + A(1+i)^2 + \cdots + A(1+i)^{n-2} + A(1+i)^{n-1} = A \times \frac{(1+i)^n - 1}{i} = A \times (F/A, i, n) \tag{10.16}$$

(2) 普通年金现值的计算。普通年金现值是一定时期内每期期末等额收付款项按复利计算的现在价值。普通年金现值的计算公式为

$$P = A(1+i)^{-1} + A(1+i)^{-2} + \cdots + A(1+i)^{-(n-1)} + A(1+i)^{-n} = A \times \sum_{t=1}^{n}(1+i)^{-t} = A \times \frac{1-(1+i)^{-n}}{i} \tag{10.17}$$

2. 预付年金

预付年金是指每期期初收到或支付的年金。它与普通年金的区别就在于付款的时间不同,它是在期初收到或支付款项,而普通年金是在期末收到或支付款项。

(1) 预付年金终值的计算。因为预付年金是每年的年初收到或支付款项,所以,预付年金的每一项年金的款项都比同一年的相同普通年金的款项多存续 1 年,预付年金终值的计算可在普通年金终值计算公式的基础上,再乘以 $(1+i)$ 即可得到预付年金终值的计算公式为

$$F = A = A \times \frac{(1+i)^n - 1}{i} \times (1+i) = A \times \left[\frac{(1+i)^{n+1} - 1}{i} - 1\right] \tag{10.18}$$

(2) 预付年金现值的计算。因为预付年金是每年的年初收到或支付款项,所以,预付年金的每一项年金的款额都比同一年的相同普通年金的款项多存续 1 年,预付年金现值的计算可在普通年金现值计算公式的基础上,再乘以 $(1+i)$ 即可得到预付年金现值的计算公式为

$$P = A \times \frac{1-(1+i)^{-n}}{i}(1+i) = A \times \left[\frac{1-(1+i)^{-(n-1)}}{i} + 1\right] = A \times (P/A, i, n) \tag{10.19}$$

3. 递延年金

递延年金是指第一次收付款项发生的时间不在第一期末,而是在若干期后才开始发生的一系列期末等额收付款项。我们用 m 表示尚未发生收付款项的期数,那么发生一系列的等额收付就是在 $m+1$ 期,m 称为递延期。递延年金是普通年金的特殊形式,即不是从第一期开始的普通年金。递延年金的计算包括其终值和现值的计算。

(1) 递延年金终值的计算。递延年金终值的大小与递延期 m 无关,计算递延年金终值时,可以用普通年金终值计算公式来计算。但是,要注意计息期是按照连续收支的期限进行计算,其余各方面与普通年金终值计算相同。

(2) 递延年金现值的计算。递延年金现值是自若干时期以后开始的每期等额款项现值之和。它有多种计算方法,这里只介绍两种。

第一种方法,先计算出 $m+n$ 期的年金现值,再减掉前 m 期的年金现值,即可得到递延年金的现值,其计算公式为

$$P = A \times (P/A, i, m+n) - A \times (P/A, i, m) = A \times [(P/A, i, m+n) - (P/A, i, m)] \tag{10.20}$$

第二种方法,先将递延年金看成 n 期的普通年金,计算 n 期普通年金在 n 期期初的现值,再将该现值看成 m 期期末的终值,计算其在 m 期期初的现值,即可得到递延年金的现值,其计算公式为

$$P = A \times (P/A, i, n) \times (P/F, i, m) \tag{10.21}$$

二、债券内在价值的计算

债券价值,又称债券的内在价值,是指进行债券投资时投资者预期可获得的收益的现值。债券的预期收益包括票面利息和票面金额。在确定债券价值时,还要考虑投资者要求的适当收益率,即必要收益率。债券的必要收益率一般是比照具有相同风险程度和偿还期的债券的收益率得出。

(一) 债券价值计算的基本模型

一般情况下的债券估价模型是指按复利方式计算、按年付息的债券价格的估价公式。其一般计算公式为

$$V = \sum_{t=1}^{n} \frac{i \times M}{(1+r)^t} + \frac{M}{(1+r)^n} \tag{10.22}$$

式中　　V——债券的内在价值(或理论价格);
　　　　i——债券的票面利率;
　　　　M——债券面值;
　　　　n——付息期数;
　　　　r——必要收益率或折现率。

(二) 到期一次还本付息的债券估价模型

到期一次还本付息的债券是指在债务期间不支付利息,只在债券到期后按规定的利率一次性向持有人支付利息并归还本金的债券。我国目前很多债券都属于到期一次还本付息债券。按照单利和复利标准,其计算公式分别如下。

1. 一次还本付息单利债券估价模型

$$V = \frac{M(1 + i \cdot n)}{1 + n \cdot r} \tag{10.23}$$

2. 一次还本付息复利债券估价模型

$$V = \frac{M(1+i)^n}{(1+r)^n} \tag{10.24}$$

式中　V——债券的内在价值(或理论价格)；
　　　i——债券的票面利率；
　　　M——债券面值；
　　　n——付息期数；
　　　r——必要收益率或折现率。

(三) 附息债券的估价模型

附息债券是指在债券票面上附有息票的债券，或是按照债券票面载明的利率及支付方式支付利息的债券。附息债券的利息支付方式一般会在偿还期内按期付息，如每半年或一年付息一次。

1. 一年付息一次的债券的估价模型

(1) 单利条件下的估值模型。在单利条件下，一年付息一次债券的估价模型公式为

$$V = \sum_{t=1}^{n} \frac{A}{1+t \cdot r} + \frac{M}{1+n \cdot r} \tag{10.25}$$

(2) 复利条件下的估值模型。由于这种债券每期利息收入相同，所以一年付息一次债券的价格决定公式与一次还本付息债券复利公式(10.24)基本相同，只不过用年来表示时期数。

$$V = \sum_{t=1}^{n} \frac{A}{(1+r)^t} + \frac{M}{(1+r)^n} \tag{10.26}$$

式中　V——债券的内在价值(或理论价格)；
　　　A——每年支付的利息；
　　　t——第 t 次发放利息；
　　　M——债券面值；
　　　n——付息期数；
　　　r——必要收益率或折现率。

2. 半年付息一次的债券的估值模型

半年付息一次的附息债券的估值原理同一年付息一次的债券是一样的，只是一年对投资者付息的次数是两次，其票面利率仍然是年利率。比如票面利率是4%，则半年付时一次付2%。

(四) 贴现债券的估价模型

贴现债券又称零息票债券，它是以低于面值的方式发行，不支付利息，到期按债券面值偿还的债券。所以，此种债券发行价格和面值之间的差额就可以看做投资者的利息收入，则按复

利计算,其公式为

$$V = \frac{M}{(1+r)^n} \qquad (10.27)$$

式中　V——债券的内在价值(或理论价格);
　　　M——债券面值;
　　　n——付息期数;
　　　r——必要收益率或折现率。

理论上计算出来的仅仅是债券的内在价值,债券实际的价格要受到供需关系等因素的影响,债券的价格常常与其内在价格发生偏离,有时被高估,有时被低估。投资者可通过债券价值分析,如果发现高估则抛出,反之则买入。

三、债券投资收益率分析

投资人购买债券时,最关心的就是债券收益有多少。对于附有票面利率的债券,如果投资人从发行时就买入并一直持有到期,那么票面利率就是该投资者的收益率。事实上许多的债券投资人希望所持有的债券拥有变现功能,这样持有人不仅可以获取债券的利息,还可以通过买卖赚取价差。在这种情况下,票面利率就不能够精确衡量债券的收益状况。投资人一般使用债券收益率这个指标来衡量债券的投资收益。

（一）债券投资的收益来源

债券的投资收益包含两方面内容:一是债券的年利息收入;二是资本损益,即债券买入价与卖出价或偿还额之间的差额。这两部分收入中,利息收入是固定的,而买卖差价则受到市场较大的影响。衡量债券收益水平的尺度为债券收益率。债券收益率是债券收益与其投入本金的比率,通常用年率表示。决定债券收益率的因素主要有债券票面利率、期限、面值、持有时间、购买价格和出售价格。

（二）债券投资收益率计算

1. 持有期收益率

持有期收益率是指投资者买入债券后持有一段时间,又在债券到期前将其出售而得到的年均收益率。

（1）附息债券持有期收益率的计算公式为

$$持有期收益率 = \frac{债券年利息 + (债券卖出价 - 债券买入价)/持有年限}{债券买入价} \times 100\% \qquad (10.28)$$

（2）一次还本付息债券持有期收益率的计算公式为

$$持有期收益率 = \frac{(债券卖出价 - 债券买入价)/持有年限}{债券买入价} \times 100\% \qquad (10.29)$$

（3）贴现债券持有期收益率的计算公式为

$$\text{贴现债券持有期收益率} = \frac{(\text{债券卖出价} - \text{债券买入价})/\text{持有年限}}{\text{债券买入价}} \times 100\% \quad (10.30)$$

2. 到期收益率

所谓到期收益,是指将债券持有到偿还期所获得的收益,包括到期的全部利息。到期收益率又称最终收益率,是指投资购买债券获得的未来收益的现值等于债券当前市场价格的贴现率。它相当于投资者按照当前市场价格购买并且一直持有到满期时可以获得的年平均收益率。到期收益率受如下因素影响:购买价格、赎回价格、持有期限、票面利率以及利息支付间隔期的长短等。

(1)短期债券到期收益率。对处于最后付息周期的附息债券、贴现债券和剩余流通期限在一年以内(含一年)的到期一次还本付息债券,其到期收益率的计算公式为

$$\text{到期收益率} = \frac{(\text{到期本息和} - \text{债券买入价})/\text{剩余到期年限}}{\text{债券买入价}} \times 100\% \quad (10.31)$$

(2)长期债券到期收益率。长期债券到期收益率又可以分为两种:到期一次还本付息债券收益率和按年付息债券收益率。到期一次还本付息债券是指剩余流通期限在一年以上的到期一次还本付息债券,其到期收益率采取复利计算。其计算公式为

$$y = \sqrt[t]{\frac{M + n \times i}{PV}} \quad (10.32)$$

按年付息债券是指不处于最后付息期的固定利率附息债券,其到期收益率计算公式为

$$PV = \frac{I}{(1+y)^1} + \frac{I}{(1+y)^2} + \cdots + \frac{I}{(1+y)^t} + \frac{M}{(1+y)^t} \quad (10.33)$$

式(10.32)、(10.33)中

y—— 到期收益率;

PV—— 债券买入价;

n—— 债券偿还期限;

M—— 债券面值;

t—— 剩余流通期限(等于债券交割日至到期兑付日的实际天数除以365);

i—— 必要收益率或折现率;

I—— 当期债券票面年利息。

四、影响债券投资价值的因素

(一)影响债券投资价值的内部因素

内部因素是指债券本身相关的因素,债券自身有如下六个方面的基本特性影响其定价。

1. 债券的期限

一般来说,债券的期限越长,其市场变动的可能性就越大,其价格的易变性也就越大,投资

价值越低。这是因为投资者需要有较高的收益作为补偿,而收益率高的债券价格也高。

2. 债券的票面利率

债券票面利率越高,债券利息收入就越高,债券收益也就越高。债券的票面利率取决于债券发行时的市场利率、债券期限、发行者信用水平、债券的流动性水平等因素。发行时市场利率越高,票面利率就越高;债券期限越长,票面利率就越高;发行者信用水平越高,票面利率就越低;债券的流动性越高,票面利率就越低。

3. 债券的提前赎回规定

提前赎回条款是债券发行人所拥有的一种选择权,它允许债券发行人在债券发行一段时间以后,按约定的赎回价格在债券到期前部分或全部偿还债务。这种规定在财务上对发行人是有利的,因为发行人可以发行较低利率的债券取代那些利率较高的被赎回的债券,从而减少融资成本。而对于投资者来说,他的再投资机会受到限制,再投资利率也较低,这种风险是要补偿的。因此,具有较高提前赎回可能性的债券具有较高的票面利率,也具有较高的到期收益率,其内在价值较低。

4. 债券的投资成本

债券投资的成本大致分为购买成本、交易成本和税收成本三部分。购买成本是投资者买入债券所支付的金额;交易成本包括经纪人佣金、成交手续费和过户手续费等。目前国债的利息收入是免税的,但企业债的利息收入还需要缴税,机构投资人还需要缴纳营业税,税收也是影响债券实际投资收益的重要因素。债券的投资成本越高,其投资收益越低。因此债券投资成本是投资者在选择债券时必须考虑的因素。

5. 债券的流动性

流动性是指债券可以迅速出售而不会发生实际价格损失的能力。如果某种债券按市价卖出很困难,持有者会因该债券的市场性差而遭受损失,这种损失包括较高的交易成本以及资本损失,这种风险也必须在债券的定价中得到补偿。因此,流通性好的债券与流通性差的债券相比,具有较高的内在价值。

6. 债券的信用级别

债券的信用级别是指债券发行人按期履行合约规定的义务、足额支付利息和本金的可靠性程度,又称信用风险或违约风险。一般来说,除政府债券以外,一般债券都有信用风险,只不过风险大小有所不同而已。信用越低的债券,投资者要求的到期收益率就越高,债券的内在价值就越低,收益相对固定,投资风险也较小,适合于想获取固定收入的投资者。

(二)影响债券投资价值的外部因素

1. 基础利率

基础利率是债券定价过程中必须考虑的一个重要因素,在证券的投资价值分析中,基础利率一般是指无风险债券利率。政府债券可以看做是现实中的无风险债券,它风险最小,收益率也最低。一般来说,银行利率应用广泛,债券的收益率也可参照银行存款利率来确定。银行利率上升,债券价格则下降;反之,债券价格则上升。

2. 市场利率

由债券收益率的计算公式可知,市场利率的变动与债券价格的变动成反向关系,即当市场利率升高时债券价格下降,市场利率降低时债券价格上升。市场利率的变动引起债券价格的变动,从而给债券的买卖带来差价。市场利率升高,债券买卖差价为正数,债券的投资收益增加;市场利率降低,债券买卖差价为负数,债券的投资收益减少。随着市场利率的升降,投资者如果能适时地买进卖出债券,就可获取更大的债券投资收益。当然,如果投资者债券买卖的时机不当,也会使得债券的投资收益减少。

3. 其他因素

其他因素包括诸多方面,如市场供求、货币政策和财政政策,它们均会对债券价格产生影响,进而增加或降低投资者购买债券的成本,因此市场供求、货币政策和财政政策也是我们考虑投资收益时所不可忽略的因素。

债券的投资收益虽然受到诸多因素的影响,但是债券本质上是一种固定收益工具,其价格变动不会像股票一样出现太大的波动,因此其收益是相对固定的,如果能正确判断这些因素和债券投资价值的相关关系,那么投资者风险会得到有效地降低。

第三节 证券基金投资价值分析

证券投资基金是指通过公开发售基金份额募集资金,由基金托管人托管,由基金管理人管理和运用资金,为基金份额持有人的利益,以资产组合方式进行证券投资的一种利益共享、风险共担的集合投资方式。证券投资基金作为一种集合投资理财方式,近些年在我国发展十分迅速。其价值分析与股票、债券相比,有显著的区别。

一、证券投资基金的资产净值

证券投资基金的资产净值是指在某一基金估值时点上,按照公允价格计算的基金资产的总市值扣除负债后的余额,该余额是基金单位持有人的权益。资产净值是反映基金实际价值的重要指标,它是基金单位买卖价格的计算依据,也是基金经营业绩的指示器。一般情况下,证券投资基金价格与资产净值趋于一致,即资产净值增长,基金价格也随之提高。

在计算和评估证券投资基金价值时,更为经常使用的指标是单位基金资产净值,即每一基金单位代表的基金资产的净值。单位基金资产净值计算的公式为

$$单位基金资产净值=(总资产-总负债)/基金单位总份额 \tag{10.34}$$

其中,总资产是指基金拥有的所有资产(包括股票、债券、银行存款和其他有价证券等)按照公允价格计算的资产总额。总负债是指基金运作及融资时所形成的负债,包括应付给他人的各项费用、应付资金利息等。基金单位总份额是指当时发行在外的基金单位的总量。

基金估值是计算单位基金资产净值的关键。基金往往分散投资于证券市场的各种投资工具，如股票、债券等，由于这些资产的市场价格是不断变动的，因此，只有每日对单位基金资产净值重新计算，才能及时反映基金的投资价值。

二、封闭式基金价值的确定

我国沪深两市挂牌交易的投资基金大部分为封闭式证券投资基金。封闭式基金最突出的特点是发行后基金份额不再发生变化，投资者如果想增加或减少持有的基金份额只能从其他持有人手中买入或卖给其他投资者。对于评估封闭式证券投资基金价值而言，除受到基金资产净值的影响以外，还受到市场上其他一些重要的因素的影响。

（一）基金的收益率

不同基金管理公司之间存在着管理水平上的差异，这种差异集中表现在收益率的差距上。一般情况下，年收益率高于基金业平均年收益水平的明星基金，由于投资者对其未来收益往往保有很高的预期，这种基金通常会以超过其净值20%左右的价格成交，他们认为在之后会获得更高额的收益以弥补多付出的投资。

（二）银行存款利率

基金作为一种有价证券，其回报率并不能完全确定，所以投资者在计算预期收益率时是在无风险利率的基础上加一定的风险收益率。在我国现行的金融体制下，大型国有商业银行信用程度非常高，投资者会将同期的银行存款利率作为一种参照，视同为无风险利率。基于这种情况，投资者会在同期银行存款利率和基金收益率之间做出选择。一旦存款利率水平达到或是接近基金收益率，投资者就更倾向于增加资产中银行存款的比例，减少或者放弃持有基金，基金价格随之降低。

（三）其他金融工具的行情

作为扶持中国基金业发展的一项政策，目前基金交易不用缴纳交易印花税。免征印花税和相对较低的交易佣金使得基金的交易成本低，所以在其他金融工具交投不活跃的情况下，基金往往因较低的单位价格和低交易成本受到投资者的青睐。

封闭式基金的交易价格如同股票的价格一样，存在着很大的波动性。封闭式基金的价值决定可以利用普通股票的价格计算公式。

三、开放式基金价值的确定

开放式基金与封闭式基金最大的区别在于已发行的基金份额和基金规模是不固定的。基金投资者如需增持或减持基金单位必须向基金管理公司买入或由管理公司赎回才能实现。由于不存在供求关系的束缚，基金净值对开放式基金价值的影响最为明显。开放式基金的价格是进行价值分析的基础，可以分为申购价格和赎回价格两种。

（一）申购价格

开放式基金主要是以场外交易为主，所以，除了支付资产净值外，投资者还须支付一定的附加费用。计费的开放式基金的申购价格计算公式为

$$申购价格 = \frac{资产净值}{1-附加费用} \qquad (10.35)$$

如果是不计费的开放式基金，则其申购价格等于资产净值。

（二）赎回价格

开放式基金承诺在任何时候可以根据投资者的个人意愿赎回基金份额。对不收费的开放式基金而言，其赎回价格就是资产净值。计费的开放式基金的赎回价格计算公式为

$$赎回价格 = \frac{资产净值}{1+赎回费率} \qquad (10.36)$$

四、ETF、LOF 投资基金价值分析

结合封闭式基金与开放式基金的优势，交易所交易的开放式基金应运而生。我国目前交易所交易的开放式基金主要有 ETF 和 LOF 投资基金两种。ETF 的英文全称是 Exchange TradedFunds，被译为"交易型开放式指数基金"；LOF 的英文全称是 Listed Open-ended Funds，被称为"上市开放式基金"。两者都是可以在交易所上市交易的开放式基金，既具有开放式基金的特点，又具有封闭式基金的特点，既可以在一级市场申购、赎回，又可以在二级市场上交易。但是，ETF 最小交易单位是 100 万份，适合机构投资者；LOF 最小交易单位是 1 000 份，适合中小投资者。

（一）ETF、LOF 投资基金价值分析

1. ETF 基金内在价值分析

衡量 ETF 基金内在价值的基本指标是基金的单位资产净值，ETF 的资产净值以每一单位为基础。计算方法是由 ETF 持有所有资产的价值，包括现金及未派发之股息减去所有累计的费用及开支再除以所有基金单位的数目。ETF 的每日资产净值是以资产的每日收市价计算。

由于 ETF 的交易价格还会受市场供求的影响，而可能与参考资产净值有所出入。过量需求会导致 ETF 的交易价格高于参考资产净值，反之亦然。当交易价格高于其参考资产净值时，出现溢价；相反，当交易价格低于其参考资产净值时，出现折让。

2. LOF 基金内在价值分析

衡量 LOF 基金内在价值的基本指标同样也是基金的单位资产净值。LOF 基金采用场内外申购赎回和场内上市交易同时进行的机制。在基金份额净值的信息服务上，除了法定的"基金份额净值披露"外，有的 LOF 基金还在上市交易时间的固定时段提供"实时基金份额净值揭示"作为参考。在交易所交易过程中，由于股价随时变动，且基金持有股票数也可能变

动,所以基金的实时份额净值是不可能准确计算的,与真实基金份额净值可能有较大偏差。

(二)ETF、LOF 投资基金套利分析

ETF 与 LOF 两者均属于上市挂牌的开放式基金,同时存在一、二级两个市场。在一级市场上,两者都可以进行申购和赎回。在二级市场上都可以像买卖股票或封闭式基金一样在交易所市场进行交易,其交易价格同时受到市场供求关系、基金的影响。由于二级市场交易价格与一级市场净值的差异,一、二级市场间存在套利的机会,而套利机制的存在会使得基金二级市场价格与基金的净值趋于一致。

ETF 和 LOF 在一级市场和二级市场之间存在跨市套利的机制,基本原理是:当 ETF 和 LOF 二级市场价格高于其单位资产净值时,投资者就会从一级市场申购基金,然后在二级市场卖出;如二级市场的价格低于单位资产净值,投资者就会在二级市场买入基金,在一级市场赎回。

严格意义上的套利是不需要承担任何风险的。下面以折价的过程来分析 ETF 和 LOF 的套利过程:如果 ETF 二级市场出现折价,投资者可以折价买入 ETF 份额,然后赎回份额,获得一篮子股票。由于投资者需要在二级市场抛售股票,此时投资者仍然承担一定的变现风险,而且由于赎回份额的门槛较高,实际上能够参与的投资者限于机构投资者。从国外的情况看,ETF 的套利更多的是指数期货、指数期权与对应的 ETF 之间的套利,一、二级市场之间的套利机会极少。LOF 套利直接实现了现金到现金的交易,不需要投资者自己卖出股票,而且门槛较低,小额投资者也可以参与。但是,由于两次交易之间的时间较长,投资者需要承担比 ETF 套利更大的风险,而且一般的主动投资的 LOF,由于运作并不透明,是否存在折溢价以及幅度大小均不透明,因此风险更大。

从产品的角度看,套利的意义在于消除一、二级市场之间的折溢价。实际上,如果存在一个较为完善的套利机制,二级市场的流动性能够支持套利,套利机制能很好地发挥作用,那么市场上就不会出现太多的套利机会。

综上所述,ETF 与 LOF 的套利都不是严格意义上的套利,双方都有自身的特点,参与门槛也各不相同。对于中小投资者而言,如果能较好地控制风险,那么透明度高、流动性好的指数 LOF 产品是更适合的套利工具。

第四节 衍生金融工具投资价值分析

一、金融期货价值分析

金融期货是指交易双方在金融市场上,约定在未来时间以事先协定的价格,买卖某种金融工具的标准化合约。在现实中金融期货的种类很多,而且不同品种金融期货的价格形式也有所不同。但是,各种金融期货产生的根本原因都在于,现货价格波动太大,人们希望找到一种

避险方式。于是，人们创造出了一种以现货为基础的金融期货工具，通过在金融期货市场和现货市场的反方向交易，将价格波动幅度相对锁定，从而达到规避金融现货价格风险的目的。这一事实决定了不论哪一种金融期货，其价格的基本构成、期货价格与现货价格关系，以及影响期货价格的基本因素都是一致的。

（一）金融期货价值的确定

通常，金融期货的价格总是以金融现货价格作为基础，金融现货价格决定金融期货价格的理论值，二者的总体变化趋势应该是一致的。特别地，如果忽略期货的持有成本，那么期货价格会随着合约期限的临近，逐渐向现货价格靠拢。金融现货价格和金融期货价格之间的价差，叫做基差。其计算公式为

$$\text{基差} = \text{现货价格} - \text{期货价格} \quad (10.37)$$

如果期货的持有成本可以忽略不计，那么随着合约期限的临近，期货价格逐渐向现货价格逼近，基差会逐渐收敛为零。在现实的期货交易中，必须考虑期货的持有成本，因而基差并不会为零。所谓持有成本，是指期货投资者为持有现货商品至期货合约到期日所必须支付的净成本。一般商品期货的持有成本包括保险费、储存费、运输费、融资成本等。

就金融期货投资者而言，持有现货金融工具至期货合约到期日不仅没有保险费、运输费等费用，反而可能获得一定的收益，因此，金融期货的持有成本是指人们因持有现货金融工具而取得的收益与因购买现货金融工具而付出的融资成本（利息成本）之差。其公式为

$$B = S - F \quad (10.38)$$

式中　　B——基差；

　　　　S——金融现货价格；

　　　　F——金融期货价格。

当市场供求达到均衡时，基差等于金融期货的持有成本。于是，可以得到如下公式：

$$F = S - B = S - C = S \times \left[1 + \frac{(r-y) \times t}{360}\right] \quad (10.39)$$

式中　　F——金融期货价格；

　　　　B——基差；

　　　　S——金融现货价格；

　　　　C——持有成本；

　　　　r——买进现货金融工具的融资成本（以年利率表示）；

　　　　t——持有现货金融工具天数。

该式就是金融期货理论价格的计算公式。它概括地反映了金融期货理论价格的基本构成。可见，金融期货的理论价格就等于金融现货价格加上合约到期前持有现货金融工具的净融资成本（即购买现货金融工具的融资成本减去持有现货金融工具的收益）。在现货金融工具的价格确定时，金融期货的理论价格取决于所持现货金融工具的融资成本、收益率及持有现

货金融工具的时间。

(二)金融期货价值的影响因素

1. 外部因素

(1)供求关系。金融期货交易是市场经济的产物,因此,它的价格变化受市场供求关系的影响。当供大于求时,金融期货价格下跌;反之,金融期货价格就上升。

(2)经济周期。在金融期货市场上,价格变动还受经济周期的影响,在经济周期的各个阶段,都会出现随之波动的价格上涨和下降现象。

(3)政府政策。各国政府制定的某些政策和措施会对金融期货的市场价格带来不同程度的影响。政府主要通过对货币政策和财政政策进行调控。

(4)其他因素。在经济发展过程,国家的通货膨胀、货币汇价以及利率的上下波动,都对金融期货市场带来了日益明显的影响。

2. 内部因素

(1)金融现货价格。金融现货价格走势与期货价格走势基本一致,一般而言,现货价格上涨会导致期货价格上涨。

(2)必要收益率或贴现率。购买金融现货资产需要占用资金,要求的收益率越高,这部分资金的机会成本就越高。

(3)期限长短。时间长短不仅影响投资现货所需资金的终值,还会影响持有金融现货所获取的利息收入。

(4)金融现货的付息情况。金融期货合约的基础产品可能会付息,也可能不付息。在付息情况下,票面利率、付息时间间隔、付息方式都会影响所获利息的数量。

(5)交割选择权。某些期货合约的可交割资产不止一种(如国债期货),通常会给予卖方交割选择权,这也会影响到期货价格。

二、金融期权价值分析

金融期权是指其持有者能在规定的期限内按交易双方商定的价格购买或出售一定数量的某种金融工具的权利。金融期权是一种权利的交易。在交易中,金融期权的买方为获得期权合约所赋予的权利而向期权的卖方支付的费用就是期权的价值。

(一)金融期权价值的确定

金融期权价值受多种因素影响,但从理论上说,由两部分组成,一是内在价值,二是时间价值。

1. 内在价值

内在价值也称履约价值,是期权合约本身所具有的价值,也就是期权的买方如果立即执行该期权所能获得的收益。一种期权有无内在价值以及内在价值的大小,取决于该期权的协定价格与其基础资产市场价格之间的关系。协定价格是指期权的买卖双方在期权成交时约定的、在期权合约被执行时交易双方实际买卖基础资产的价格。用收益折现法可以对期权买卖价格(即期权费)进行定价,其计算公式为

期权的理论价格=一定时期的预期收入/同期的折现率(即平均利润率)　　(10.40)

根据协定价格与金融现货市场价格的关系,可将期权分为实值期权、虚值期权和平价期权三种。对看涨期权而言,若市场价格高于协定价格,期权的买方执行期权将有利可图,此时为实值期权;若市场价格低于协定价格,期权的买方将放弃执行期权,为虚值期权。对看跌期权而言,市场价格低于协定价格为实值期权;市场价格高于协定价格为虚值期权;若市场价格等于协定价格,则看涨期权和看跌期权均为平价期权。

这里以较简单的欧式期权为例,则以上公式中的"一定时期的预期收入"就是期权合约到期日由协议价格(以 X 表示)与标的现货的市场价格(以 S 表示)两者之间差额所表示的内在价值(以 E 表示)。如果以 m 表示期权合约的标的物交易单位,则对于每份买权合约来说,有

$$E = \begin{cases} 0 & ,S \geq X \\ (X-S)m & ,S < X \end{cases} \quad (10.41)$$

X 与 S 之间对比,应有小于、大于和等于三种情况,所以从理论上说,E 也有负值、正值和0三种情况,也就是虚值期权、实值期权和平值期权。但从期权实际执行看,则只有实值期权执行时才能获利,因此这里把 E 规定为最低应为0,而不小于0。

从理论上说,实值期权的内在价值为正,虚值期权的内在价值为负,平价期权的内在价值为零。但实际上,无论是看涨期权还是看跌期权,也无论期权基础资产的市场价格处于什么水平,期权的内在价值都必然大于零或等于零,而不可能为一负值。这是因为期权合约赋予买方执行期权与否的选择权,而没有规定相应的义务,当期权的内在价值为负时,买方可以选择放弃期权,因此这里把 E 规定为最低应为0,而不小于0。

2. 时间价值

时间价值也称外在价值,是指期权合约的购买者为购买期权而支付的权利金超过期权内在价值的那部分价值。期权购买者之所以愿意支付时间价值,是因为他预期随着时间的推移和市价的变动,期权的内在价值会增加。在现实的期权交易中,各种期权通常是以高于内在价值的价格买卖的,即使是平价期权或虚值期权,也会以大于零的价格成交。期权的买方之所以愿意支付额外的费用,是因为希望随着时间的推移和基础资产市场价格的变动,该期权的内在价值得以增加,使虚值期权或平价期权变为实值期权,或使实值期权的内在价值进一步提高。期权的时间价值不易直接计算,一般以期权的实际价格减去内在价值求得。

(二)金融期权价值的影响因素

1. 协定价格

协议价格影响金融期权价值的重要因素。如果是看涨期权,协议价格越高对买方越不利,所以协议价格高的看涨期权会相对便宜,相反履约价越低看涨期权会越贵。与看涨期权相反,

看跌期权的履约价越低对买方越不利,所以履约价低的看跌期权会相对便宜,履约价高则会比较贵。

2. 市场价格

标的物的市场价格也是影响期权价值的重要因素。我们知道看涨期权是以某一特定价格买入一定数量标的物的权利,因为履约价格是一定的,如果标的物市场价格上涨,市场价格和履约价格的差额(内在价值)就会增加,看涨期权的价值也就随着增加;同理,因为看跌期权是以某一特定价格卖出一定数量标的物的权利,履约价格不会变,所以市场物价格越低,看跌期权的价值也会增加。

3. 权利期限

与前面提到的时间价值概念是相同的,在其它条件相同的情况下剩余时间多的期权会比剩余时间少的期权价格高。这是因为距离到期日的剩余时间越多,标的物就越有充分的时间向买家有利的方向变动,随着到期日的临近,发生变动的几率也会减小,时间价值也就会逐渐减少。但时间价值的减少速度与剩余时间的减少并不成比例,在距离到期日还有很多天时,时间价值的减少是相当缓慢的,而当距到期日没有几天的时候时间价值的减少速度会变得非常快。

4. 标的物价格的波动率

不管是看涨期权还是看跌期权,当标的物的价格波动率增大时期权的价值会随之增加。我们知道期权的损益是不对称的,波动率越大意味着买方可能获利的概率越大。当然买方面临损失的概率也相应增大,但是因为买方面临的最大损失就是期权费,风险已经被锁定,而如果标的物价格向买方有利的方向波动,获利却是不断增加的,所以波动率对期权的价值产生正的影响。

5. 无风险利率

无风险利率其实就是期权交易中的机会成本。从买入看涨期权和买入标的资产的区别来看如果买入了看涨期权,只要先付定金(期权费)以后付款就可以,而买入金融现货需要立即付款。也就是说相对于买入金融现货来说,买入看涨期权具有延迟付款的效果,那么利率越高对看涨期权的买方来说也就越有利,即随着利率的增加,看涨期权的价格随之增加。而买入看跌期权要比买入现货晚收到货款,所以看跌期权的价格随利率增加而减少。

本章小结

证券本身并没有任何使用价值,也没有真正的价值,它只是表示因资本的供求关系而产生一种权利。这种权利可以给投资者带来收益,这种权利使它可以在证券市场上进行买卖并形成了一定的价格,从而也使它具有投资价值。证券的价格围绕证券投资价值上下波动。本章主要分析股票、债券等多种证券的投资价值及其影响因素,进而为投资作出正确决策。

思考题

1. 解释市盈率法进行股票估值的基本原理。

2. 影响债券投资价值的因素有哪些?
3. 如何对 ETF、LOF 基金进行套利分析?
4. 怎样确定金融期权的价值?

【案例分析】

  中信证券(600030),国内券商类上市公司的龙头。主营收入从2004年的8.13亿,逐年增长到2006年的58.3亿;净利润从2004年的1.65亿,逐年增长到2006年的23.7亿。股价从2005年末5.16元,一路高歌猛进到2007年最高价117.89元,2007年12月31日中信证券收盘价为85.01元。由于2007年证券市场持续向好,各项业务顺利开展;股票市场总体上呈震荡向上趋势,交易量大幅增加,加之资本规模增大,合并报表单位增多,使得公司经营业绩大幅上升。经财务部门初步测算,公司2007年的净利润实现数与2006年同期相比,将有较大幅度的上升,上升幅度预计将超过4倍,达到上年同期净利润的5倍以上。具体财务数据详见公司2007年年度报告。预测2007年中信证券净利润将超过118.55亿元,每股收益可达3.59元。近几年经营状况如下表:

年份	每股收益	年末收盘价	市盈率
2004	0.07 元	5.91 元	84
2005	0.16 元	5.16 元	32
2006	0.79 元	27.38 元	35
2007	3.59 元	85.01 元	24

问题:

1. 根据市盈率法预测下一年中信证券的股票价值?
2. 这几年中信证券的价格走势对你有何启示?

第十一章
Chapter 11

证券投资的风险控制

【本章学习要求】

本章主要介绍了证券投资收益和证券投资风险的衡量指标,以及控制证券投资风险的方法。学习要求如下:
- 了解证券投资收益的定义;掌握证券投资收益的构成;掌握证券投资收益的衡量方法。
- 了解证券投资风险的评估;掌握证券投资风险的衡量方法。
- 掌握证券投资风险的控制方法,即分散投资、组合投资、风险对冲。

【本章主要概念】

证券投资收益 证券投资风险 系统风险 非系统风险 分散投资 组合投资 风险对冲 资本资产定价模型

【案例导读】

我们或者我们身边的亲人朋友肯定都或多或少地有过这样的经历:经常把身份证、钱、银行卡、工作证、就餐卡、出入证等都一并放在钱包里,结果,当钱包丢失的时候,当下的我们不仅身无分文,而且连带里边所有的证件也都丢了。我们太器重我们的钱包了,我们把什么任务都交给它,什么东西都由它保管,这样一来,它不在我们就什么都干不了了。还有一个特别典型,而且经常会在生活中遇到的生动例子,我们把所有的鸡蛋都放在了一个篮子里,当篮子失手掉在地上的时候,所有的鸡蛋都遭了殃——所以,西方理财界得出结论:不要把鸡蛋都放在同一个篮子里!这是我们在投资时常常听到的一句告诫,这是著名的欧美学者在很早时候所阐述的一种投资理念。当时,美国很流行股票,很多人卖房子来买股票,但一次一夜之间股市狂跌,市值仅有原来3%左右,很多人顿时倾家荡产,他们就是把所有的鸡蛋放在一个篮子里。所以专家后来把"不要把所有的鸡蛋放在一个篮子里"作为股市格言,告诫股民如何规避和降低风险。

在投资理论中,"风险"可解释为实质回报与预期回报差异的可能性,这当然包括本金遭受损失的可能性。既然要投资,就一定会伴随着风险。而投资的目的是为了获得最大的投资收益。因此,可以说风险与收益并存于证券投资中。

在证券投资中,收益和风险的基本关系是:收益与风险是相对应的,就是说风险大的证券要求的收益率也高,而收益率低的投资往往风险也比较小,正所谓"高风险,高收益;低风险,低收益"。在股票市场上,如果预期一只股票的价格会涨得很高,通常股票的价格已经不低了,此时作出买入的投资决定,那么在股票价格下跌的情况下就会损失惨重。同样,在股票市场允许做空的时候,如果预期一只股票的价格会跌得很厉害,而股票的价格已经不高了,此时作出卖空的投资决定,那么在股票价格上涨的时候也会损失惨重。这时,股票就具有高风险高收益的特征。

第一节　证券投资收益的衡量

一、证券投资收益的定义及构成

人们投资于证券是为了获得投资收益。投资收益是未来的,而且一般情况下事先难以确定。未来收益的不确定性就是证券投资的风险。投资者总是既希望回避风险,又希望获得较高的收益。但是,收益和风险是并存的,通常收益越高,风险越大。投资者只能在收益和风险之间加以权衡,即在风险相同的证券中选择收益较高的,或在收益相同的证券中选择风险较小的进行投资。

(一)股票收益

股票投资的收益是指投资者从购入股票开始到出售股票为止整个持有期间的收入,它由股息收入、资本利得和公积金转增股本组成。

1. 股息

股息是指股票持有者依据所持股票从发行公司分取的盈利。通常,股份有限公司在会计年度结算后,将一部分净利润作为股息分配给股东。其中,优先股票股东按照规定的固定股息率优先取得固定股息,普通股票股东则根据余下的利润分取股息。股东在取得固定的股息以后又从股份有限公司领取的收益,称为红利。由此可见,红利是股东在公司按规定股息率分派后所取得的剩余利润。但在概念的使用上,人们对股息和红利并未予以严格的区分。

股息的来源是公司的税后利润。公司从营业收入中扣减各项成本和费用支出、应偿还的债务及应缴纳的税金后,余下的即为税后利润。通常,税后利润按以下程序分配:如果有未弥补亏损,首先用于弥补亏损;按《公司法》规定提取法定公积金;如果有优先股票,按固定股息率对优先股票股东分配;经股东大会同意,提取任意公积金;剩余部分按股东持有的股份比例对普通股票股东分配。可见,税后净利润是公司分配股息的基础和最高限额,但因要作必要的公积金的扣除，公司实际分配的股息总是少于税后净利润。股息作为股东的投资收益，用以股份为单位的货币金额表示，但股息的具体形式可以有多种，如：

(1) 现金股息。现金股息是以货币形式支付的股息和红利，是最普通、最基本的股息形式。分派现金股息，既可以满足股东预期的现金收益目的，又有助于提高股票的市场价格，以吸引更多的投资者。在公司留存收益和现金足够的情况下，现金股息分发的多少取决于董事会对影响公司发展的诸多因素的权衡，并要兼顾公司和股东两者的利益。一般来说，股东更偏重于目前利益，希望得到比其他投资形式更高的投资收益；董事会更偏重于公司的财务状况和长远发展，希望保留足够的现金扩大投资或用于其他用途。但是由于股息的高低会直接影响公司股票的市价，而股价的涨跌又关系到公司本身信誉的高低及筹资能力的大小，因此董事会在权衡公司的长远利益和股东的近期利益后，会制定出较为合理的现金股息发放政策。

(2) 股票股息。股票股息是以股票的方式派发的股息，通常由公司用新增发的股票或一部分库存股票作为股息代替现金分派给股东。股票股息原则上是按公司现有股东持有股份的比例进行分配的，采用增发普通股票并发放给普通股票股东的形式，实际上是将当年的留存收益资本化。也就是说，股票股息是股东权益账户中不同项目之间的转移，对公司的资产、负债、股东权益总额没有影响，对得到股票股息的股东在公司中所占权益的份额也不会产生影响，仅仅是股东持有的股票数比原来多了。发放股票股息既可以使公司保留现金，解决公司发展对现金的需要，又使公司股票数量增加，股价下降，有利于股票的流通。股东持有股票股息在大多数西方国家可免征所得税，出售增加的股票又可转化为现实的货币，有利于股东实现投资收益，因而是兼顾公司利益和股东利益的两全之策。

(3) 财产股息。财产股息是公司用现金以外的其他财产向股东分派股息。最常见的是公司持有的其他公司或子公司的股票、债券，也可以是实物。分派财产股息，可减少现金支出，满足公司对现金的需要，有利于公司的发展。在现金不足时，用公司产品以优惠价格充作股息，可扩大其产品销路。当公司需要对其他公司控股时，可有意将持有的其他公司的股票作为股息，采用内部转移方式分派给股东，以继续维持控股公司的地位。

(4) 负债股息。负债股息是公司通过建立一种负债，用债券或应付票据作为股息分派给股东。这些债券或应付票据既是公司支付的股息，也可满足股东的获利需要。负债股息一般是在已宣布发放股息，但又面临现金不足、难以支付的情况下，不得已采取的权宜之计，董事会往往更愿意推迟股息发放日期。

(5) 建业股息。建业股息又称建设股息，是指经营铁路、港口、水电、机场等业务的股份公司，由于其建设周期长，不可能在短期内开展业务并获得盈利，为了筹集所需资金，在公司章程中明确规定并获得批准后，公司可以将一部分股本作为股息派发给股东。建业股息不同于其他股息，它不是来自公司的盈利，而是对公司未来盈利的预分，实质上是一种负债分配，也是无盈利无股息原则的一个例外。股息的发放有严格的法律限制，在公司开业后，应在分配盈余前抵扣或逐年抵扣冲销，以补足资本金。

2. 资本利得

上市股票具有流动性，投资者可以在股票交易市场上出售持有的股票收回投资，赚取盈利，也可以利用股票价格的波动低买高卖来赚取差价收入。股票买入价与卖出价之间的差额就是资本利得，或称资本损益。资本利得可正可负，当股票卖出价大于买入价时，资本利得为正，此时可称为资本收益；当卖出价小于买入价时，资本利得为负，此时可称为资本损失。由于上市公司的经营业绩是决定股票价格的重要因素，因此资本损益的取得主要取决于股份公司的经营业绩和股票市场的价格变化，同时与投资者的投资心态、投资经验及投资技巧也有很大关系。

3. 公积金转增股本

公积金转增股本也采取送股的形式，但送股的资金不是来自当年未分配利润，而是公司提取的公积金。公司的公积金来源有以下几项：一是股票溢价发行时，超过股票面值的溢价部分列入公司的资本公积金；二是依据我国《公司法》的规定，每年从税后利润中按比例提存部分法定公积金；三是股东大会决议后提取的任意公积金；四是公司经过若干年经营以后资产重估增值部分；五是公司从外部取得的赠予资产，如从政府部门、国外部门及其他公司等处得到的赠予资产。我国《公司法》规定，公司分配当年税后利润时，应当提取利润的10%列入公司法定公积金。公司法定公积金累计额为公司注册资本50%以上的，可以不再提取。公司的法定公积金不足以弥补以前年度亏损的，在提取法定公积金之前，应当先用当年利润弥补亏损。公司从税后利润中提取法定公积金后，经股东大会决议，可以从税后利润中提取任意公积金。股份有限公司以超过股票票面金额的发行价格发行股份所得的溢价款以及国务院财政部门规定列入资本公积金的其他收入，应当列为资本公积金。公司的公积金用于弥补公司亏损、扩大公司生产经营或者转为公司资本，但是资本公积金不得用于弥补公司亏损。股东大会决议将公积金转为资本时，按股东原有股份比例派送红股或增加每股面值，但法定公积金转为资本时，所留成的该项公积金不得少于转增前公司注册资本的25%。

（二）债券收益

债券的投资收益来自三个方面：一是债券的利息收益。这是债券发行时就决定的，除了保值贴补债券和浮动利率债券，债券的利息收入不会改变，投资者在购买债券前就可得知。二是资本利得。资本利得受债券市场价格变动的影响。三是再投资收益。再投资收益受以周期性利息收入作再投资时市场收益率变化的影响。由于资本利得和再投资收益具有不确定性，投资者在作投资决策时计算的到期收益和到期收益率只是预期的收益和收益率，只有当投资期结束时才能计算实际收益和实际到期收益率。

1. 债券利息

债券的利息收益取决于债券的票面利率和付息方式。债券的票面利率是指一年的利息占票面金额的比率。票面利率的高低直接影响着债券发行人的筹资成本和投资者的投资收益，一般由债券发行人根据债券本身的性质和对市场条件的分析决定。首先，要考虑投资者的接受程度。发行人往往是参照了其他相似条件债券的利率水平后,在多数投资者能够接受的限度内,以最低利率来发行债券。其次,债券的信用级别是影响债券票面利率的重要因素。再次,利息的支付方式和计息方式也是决定票面利率要考虑的因素。最后,还要考虑证券主管部门的管理和指导。一旦债券的票面利率确定后,在债券的有效期限内,无论市场上发生什么变化,发行人都必须按确定的票面利率向债券持有人支付利息。

债券的付息方式是指发行人在债券的有效期间内,何时或分几次向债券持有者支付利息。付息方式既影响债券发行人的筹资成本,也影响投资者的投资收益。一般把债券利息的支付分为一次性付息和分期付息两大类。分期付息债券又称附息债券或息票债券,是在债券到期以前按约定的日期分次按票面利率支付利息,到期再偿还债券本金。分期付息一般分为按年付息、按半年付息和按季付息三种方式。对投资者来说,在票面利率相同的条件下,分期付息可获取利息再投资收益,或享有每年获得现金利息便于支配的好处。

2. 资本利得

债券投资的资本利得是指债券买入价与卖出价或买入价与到期偿还额之间的差额。同股票的资本利得一样,债券的资本利得可正可负:当卖出价或偿还额大于买入价时,资本利得为正,此时可称为资本收益;当卖出价或偿还额小于买入价时,资本利得为负,此时可称为资本损失。投资者可以在债券到期时将持有的债券兑现,或是利用债券市场价格的变动低买高卖,从中取得资本收益,当然,也有可能遭受资本损失。

3. 再投资收益

再投资收益是投资债券所获现金流量再投资的利息收入。对于附息债券而言,投资期间的现金流是定期支付的利息,再投资收益是将定期所获得的利息进行再投资而得到的利息收入。

对于投资于附息债券的投资者来说,只有将债券持有至到期日,并且各期利息都能按照到期收益率进行再投资,才能实现投资债券时预期的收益率;反之,如果未来的再投资收益率低于购买债券时预期的到期收益率,则投资者将面临再投资风险。决定再投资收益的主要因素是债券的偿还期限、息票收入和市场利率的变化。在给定债券息票利率和到期收益率的情况下,债券的期限越长,再投资收益对债券总收益的影响越大,再投资风险也越大。在给定偿还期限和到期收益率的情况下,债券的息票利率越高,再投资收益对债券总收益的影响越大。当市场利率变化时,再投资收益率可能大于或小于到期收益率,使投资总收益发生相应变化。但是,对于无息票债券而言,由于投资期间并无利息收入,因而也不存在再投资风险,持有无息票债券直至到期所得到的收益就等于预期的到期收益。

二、证券投资收益的衡量

(一)股票收益的衡量

股票收益率系反映股票收益水平的指标。股票收益的衡量经常采用股票收益率这个指

标,指股票收益与股票的购买价格的比率,其基本公式为

$$股票收益率=股票收益/股票购买价格×100\%$$

投资者购买股票最关心的是能获得多少收益,反映股票收益率的高低,一般有三个指标。即:

(1)本期收益率。是以现行价格购买股票的预期收益,其公式为

$$本期收益率=年现金股利/本期股票价格×100\%$$

(2)持有期收益率。股票没有到期,投资者持有股票的时间有长有短,股票在持有期间收益率为持有期收益率。其公式为

$$持有期收益率=(出售价格-购买价格+现金股利)/购买价格×100\%$$

(3)股价盈利率(市盈率)。股价盈利率是指每股股票价格与每股盈利的比率,是衡量股价和公司盈利能力之间关系的指标。其公式为

$$股价盈利率=每股市价/每股税后利润×100\%$$

其中

$$每股税后利润=公司税后利润总额/总股份份额$$

需要指出的是,用该指标作为投资对象的考察指标时,应注意进行纵横比较,既要和该公司前几年的股价盈利率比较,以观察其变化方向和幅度,又要与同行业其他公司的股价盈利率作比较,进而确定是否投资。

(二)债券收益的衡量

债券收益的衡量经常采用债券收益率这个指标。债券收益率指债券投资者在一定时期内所得收益占投资总额的比率。该收益率通常按年计算,以相对数表示。债券收益率与股票收益率不同,由于股票的收益即股息是在年终分红时根据其经营状况确定的,所以,在投资前股票的收益率只能是预测的收益率。而债券则不然,由于在债券发行时,债券的期限和票面利率都是事先确定的,故在投资时可准确地计算出收益率来。决定债券收益率主要有三个因素,即利率、期限(剩余期限)和购买价格(投资本金)。不同的债券以上三个因素各不相同,因而其收益率也是不同的。

1. 债券持有期收益率

债券持有期收益率指债券投资者从每投资期所获得的收益与该时期投资金额的比率。一般情况下,债券投资者出于流动性的需要,往往是在债券到期之前卖出,因此,持有期收益率是在到期前出售债券时,分析债券持有期间投资收益水平的最重要指标。持有期收益率根据投资债券的不同,可分为新发行债券持有期收益率和既发债券持有期收益率。新发行债券的持有期收益率是买进新发债券,在债券偿还期前又将卖出,在这一期间投资者的收益率。其公式为

$$债券持有期收益率=[年利息+(出售价格-发行价格)/持有期间]/发行价格×100\%$$

既发债券的持有期收益率是在流通市场上买进既发债券,又在期满前将其卖出,这一期间的投资收益率计算公式为

债券持有期收益率=[年利息+(出售价格−购买价格)/持有期间]/购买价格×100%

2. 债券到期收益率

债券到期收益率亦称债券最终收益率,是指债券投资者从债券购买到最终偿还日期间每年所获得的收益与债券购买价格的比率。投资者购买债券通常有两条渠道:一是从发行市场上购买新发行的债券。该种债券到期收益率是指从债券发行时购入并持有到期满的收益率,通常又称其为认购者收益率。计算公式为

到期收益率(认购者收益率)=[年利息+(票面金额−发行价格)/偿还期限]/发行价格×100%

二是从流通市场上购买的既发债券,此时债券到期收益率是指在流通市场上按债券市场价格按购入并持有到期满时的收益率,通常又称为最终收益率。其计算公式为

到期收益率(最终收益率)=[年利息+(票面金额−购买价格)/剩余年数]/购买价格×100%

第二节 证券投资风险的衡量

一、证券投资风险的评估

证券投资是一种风险性投资。一般而言,风险是指对投资者预期收益的背离,或者说是证券收益的不确定性。证券投资的风险是指证券预期收益变动的可能性及变动幅度。在证券投资活动中,投资者投入一定数量的本金,目的是希望能得到预期的若干收益。从时间上看,投入本金是当前的行为,其数额是确定的,而取得收益是在未来的时间。在持有证券这段时间内,有很多因素可能使预期收益减少甚至使本金遭受损失,因此,证券投资的风险是普遍存在的。与证券投资相关的所有风险称为总风险,总风险可分为系统风险和非系统风险两大类。

(一)系统风险

系统风险是指由于某种全局性的共同因素引起的投资收益的可能变动,这种因素以同样的方式对所有证券的收益产生影响。在现实生活中,所有企业都受全局性因素的影响,这些因素包括社会、政治、经济等各个方面。由于这些因素来自企业外部,是单一证券无法抗拒和回避的,因此称为不可回避风险。这些共同的因素会对所有企业产生不同程度的影响,不能通过多样化投资而分散,因此又称为不可分散风险。系统风险包括政策风险、经济周期波动风险、利率风险和购买力风险等。

1. 政策风险

政策风险是指政府有关证券市场的政策发生重大变化或是有重要的法规、举措出台,引起证券市场的波动,从而给投资者带来的风险。政府对本国证券市场的发展通常有一定的规划和政策,借以指导市场的发展和加强对市场的管理。证券市场政策应当是在尊重证券市场发展规律的基础上,充分考虑证券市场在本国经济中的地位、与社会经济其他部门的联系、整体经济发展水平、证券市场发展现状及对投资者保护等多方面因素后制定的。政府关于证券市

场发展的规划和政策应该是长期稳定的,在规划和政策既定的前提条件下,政府应运用法律手段、经济手段和必要的行政管理手段引导证券市场健康、有序地发展。但是,在某些特殊情况下,政府也可能会改变发展证券市场的战略部署,出台一些挟持或抑制市场发展的政策,制定出新的法令或规章,从而改变市场原先的运行轨迹。特别是在证券市场发展初期,对证券市场发展的规律认识不足、法规体系不健全、管理手段不充分,更容易较多地使用政策手段来干预市场。由于证券市场政策是政府指导、管理整个证券市场的手段,一旦出现政策风险,几乎所有的证券都会受到影响,因此属于系统风险。

2. 经济周期波动风险

经济周期波动风险是指证券市场行情周期性变动而引起的风险。这种行情变动不是指证券价格的日常波动和中级波动,而是指证券行情长期趋势的改变。证券行情变动受多种因素影响,但决定性的因素是经济周期的变动。经济周期是指社会经济阶段性的循环和波动,是经济发展的客观规律。经济周期的变化决定了企业的景气和效益,从而从根本上决定了证券行情,特别是股票行情的变动趋势。证券行情随经济周期的循环而起伏变化,总的趋势可分为看涨市场或称多头市场、牛市,以及看跌市场或称空头市场、熊市两大类型。在看涨市场,随着经济回升,股票价格从低谷逐渐回升,随着交易量的扩大,交易日渐活跃,股票价格持续上升并可维持较长一段时间;待股票价格升至很高水平,资金大量涌入并进一步推动股价上升,但成交量不能进一步放大时,股票价格开始盘旋并逐渐下降,标志着看涨市场的结束。看跌市场从经济繁荣的后期开始,伴随着经济衰退,股票价格也从高点开始一直呈下跌趋势,并在达到某个低点时结束。看涨市场和看跌市场是指股票行情变动的大趋势。实际上,在看涨市场中,股价并非直线上升,而是大涨小跌,不断出现盘整和回档行情;在看跌市场中,股价也并非直线下降,而是小涨大跌,不断出现盘整和反弹行情。但在这两个变动趋势中,一个重要的特征是:在整个看涨行市中,几乎所有的股票价格都会上涨;在整个看跌行市中,几乎所有的股票价格都不可避免地有所下跌,只是涨跌程度不同而已。

3. 利率风险

利率风险是指市场利率变动引起证券投资收益变动的可能性。市场利率的变化会引起证券价格变动,并进一步影响证券收益的确定性。利率与证券价格呈反方向变化,即利率提高,证券价格水平下跌;利率下降,证券价格水平上涨。利率从两方面影响证券价格。一是改变资金流向。当市场利率提高时,会吸引一部分资金流向银行储蓄、商业票据等其他金融资产,减少对证券的需求,使证券价格下降;当市场利率下降时,一部分资金流向证券市场,增加对证券的需求,刺激证券价格上涨。二是影响公司的盈利。利率提高,公司融资成本提高,在其他条件不变的情况下净利下降,派发股息减少,引起股票价格下降;利率下降,融资成本下降,净盈利和股息相应增加,股票价格上涨。利率政策是中央银行的货币政策工具,中央银行根据金融宏观调控的需要调节利率水平。当中央银行调整利率时,各种金融资产的利率和价格都会灵敏地作出反应。除了中央银行的货币政策以外,利率还受金融市场供求关系的影响:当资金供求宽松时,利率水平稳中有降;当资金供求紧张时,利率水平逐渐上升。利率风险对不同证券的影响是不相同的。

4. 购买力风险

购买力风险又称通货膨胀风险,是由于通货膨胀、货币贬值给投资者带来实际收益水平下降的风险。在通货膨胀情况下,物价普遍上涨,社会经济运行秩序混乱,企业生产经营的外部条件恶化,证券市场也难免深受其害,所以购买力风险是难以回避的。在通货膨胀条件下,随着商品价格的上涨,证券价格也会上涨,投资者的货币收入有所增加,会使他们忽视购买力风险的存在并产生一种货币幻觉。其实,由于货币贬值,货币购买力水平下降,投资者的实际收益不仅没有增加,反而有所减少。一般来讲,可通过计算实际收益率来分析购买力风险:

$$实际收益率=名义收益率-通货膨胀率$$

购买力风险对不同证券的影响是不相同的,最容易受其损害的是固定收益证券,如优先股票、债券。因为它们的名义收益率是固定的,当通货膨胀率升高时,其实际收益率就会明显下降,所以固定利息率和股息率的证券购买力风险较大;同样是债券,长期债券的购买力风险又比短期债券大。相比之下,浮动利率债券或保值贴补债券的购买力风险较小。普通股票的购买力风险也相对较小。当发生通货膨胀时,由于公司产品价格上涨,股份公司的名义收益会增加,特别是当公司产品价格上涨幅度大于生产费用的涨幅时,公司净盈利增加,此时股息会增加,股票价格也会随之提高,普通股票股东可得到较高收益,可部分减轻通货膨胀带来的损失。

需要指出的是,购买力风险对不同股票的影响是不同的。在通货膨胀不同阶段,对股票的影响也是不同的。这是因为公司的盈利水平受多种因素影响,产品价格仅仅是其中的一个因素。在通货膨胀情况下,由于不同公司产品价格上涨幅度不同,上涨时间先后不同,对生产成本上升的消化能力不同,受国家有关政策的控制程度不同等原因,会出现在相同通货膨胀水平条件下不同股票的购买力风险不尽相同的情况。一般说来,率先涨价的商品(上游商品、热销或供不应求商品)的股票购买力风险较小,国家进行价格控制的公用事业、基础产业和下游商品等股票的购买力风险较大。在通货膨胀之初,企业消化生产费用上涨的能力较强,又能利用人们的货币幻觉提高产品价格,股票的购买力风险相对小些。当出现严重通货膨胀时,各种商品价格轮番上涨,社会经济秩序紊乱,企业承受能力下降,盈利和股息难以增加,股价即使上涨也很难赶上物价上涨,此时普通股票很难抵偿购买力下降的风险。

(二)非系统风险

非系统风险是指只对某个行业或个别公司的证券产生影响的风险,它通常由某一特殊因素引起,与整个证券市场的价格不存在系统、全面的联系,而只对个别或少数证券的收益产生影响。这种因行业或企业自身因素改变而带来的证券价格变化与其他证券的价格、收益没有必然的内在联系,不会因此而影响其他证券的收益。这种风险可以通过分散投资来抵消。若投资者持有多样化的不同证券,当某些证券价格下跌、收益减少时,另一些证券可能价格正好上升、收益增加,这样就使风险相互抵消。非系统风险是可以抵消、回避的,因此又称为可分散风险或可回避风险。非系统风险包括信用风险、经营风险、财务风险等。

1. 信用风险

信用风险又称违约风险,指证券发行人在证券到期时无法还本付息而使投资者遭受损失的风险。证券发行人如果不能支付债券利息、优先股票股息或偿还本金,哪怕仅仅是延期支付,都会影响投资者的利益,使投资者失去再投资和获利的机会,遭受损失。信用风险实际上揭示了发行人在财务状况不佳时出现违约和破产的可能,它主要受证券发行人的经营能力、盈利水平、事业稳定程度及规模大小等因素影响。债券、优先股票、普通股票都可能有信用风险,但程度有所不同。债券的信用风险就是债券不能到期还本付息的风险。信用风险是债券的主要风险,因为债券是需要按时还本付息的要约证券。政府债券的信用风险最小,一般认为中央政府债券几乎没有信用风险,其他债券的信用风险依次从低到高排列为地方政府债券、金融债券、公司债券,但大金融机构或跨国公司债券的信用风险有时会低于某些政局不稳的国家的政府债券。投资公司债券首先要考虑的就是信用风险,产品市场需求的改变、成本变动、融资条件变化等都可能削弱公司的偿债能力,特别是公司资不抵债、面临破产时,债券的利息和本金都可能会化为泡影。股票没有还本要求,普通股票的股息也不固定,但仍有信用风险,不仅优先股票股息有缓付、少付甚至不付的可能,而且如公司不能按期偿还债务,立即会影响股票的市场价格,更不用说当公司破产时,该公司股票价格会接近于零,无信用可言。在债券和优先股票发行时,要进行信用评级,投资者回避信用风险的最好办法是参考证券信用评级的结果。信用级别高的证券信用风险小;信用级别越低,违约的可能性越大。

2. 经营风险

经营风险是指公司的决策人员与管理人员在经营管理过程中出现失误而导致公司盈利水平变化,从而使投资者预期收益下降的可能。经营风险来自内部因素和外部因素两个方面。企业内部的因素主要有:一是项目投资决策失误,未对投资项目作可行性分析,草率上马;二是不注意技术更新,使企业在行业中的竞争地位下降;三是不注意市场调查,不注意开发新产品,仅满足于目前公司产品的市场占有率和竞争力,满足于目前的利润水平和经济效益;四是销售决策失误,过分地依赖大客户、老客户,没有注重打开新市场,寻找新的销售渠道。其他还有公司的主要管理者因循守旧、不思进取、机构臃肿、人浮于事,对可能出现的天灾人祸没有采取必要的防范措施等。外部因素是公司以外的客观因素,如政府产业政策的调整、竞争对手的实力变化使公司处于相对劣势地位等,引起公司盈利水平的相对下降。但经营风险主要还是来自公司内部的决策失误或管理不善。

公司的经营状况最终表现于盈利水平的变化和资产价值的变化,经营风险主要通过盈利变化产生影响,对不同证券的影响程度也有所不同。经营风险是普通股票的主要风险,公司盈利的变化既会影响股息收入,又会影响股票价格。当公司盈利增加时,股息增加,股价上涨;当公司盈利减少时,股息减少,股价下降。经营风险对优先股票的影响要小些,因为优先股票的股息率是固定的,盈利水平的变化对价格的影响有限。公司债的还本付息受法律保障,除非公司破产清理,一般情况下不受企业经营状况的影响,但公司盈利的变化同样可能使公司债的价格呈同方向变动,因为盈利增加使公司的债务偿还更有保障,信用提高,债券价格也会相应上升。

3. 财务风险

财务风险是指公司财务结构不合理、融资不当而导致投资者预期收益下降的风险。负债经营是现代企业应有的经营策略,通过负债经营可以弥补自有资本的不足,还可以用借贷资金来实现盈利。股份公司在营运中所需要的资金一般都来自发行股票和债务两个方面,其中债务(包括银行贷款、发行企业债券、商业信用)的利息负担是一定的,如果公司资金总量中债务比重过大,或是公司的资金利润率低于利息率,就会使股东的可分配盈利减少,股息下降,使股票投资的财务风险增加。例如,当公司的资金利润率为10%,公司向银行贷款的利率或发行债券的票面利率为8%时,普通股票股东所得权益将高于10%;如果公司的资金利润率低于8%时,公司须按8%的利率支付贷款或债券利息,普通股票股东的收益就将低于资金利润率。实际上公司融资产生的财务杠杆作用犹如一把"双刃剑",当融资产生的利润大于债息率时,给股东带来的是收益增长的效应;反之,就是收益减少的财务风险。对股票投资来说,财务风险中最大的风险当属公司亏损风险。公司亏损风险虽然发生的概率不是很高,但却是投资者常常面临的最大风险。投资股票就是投资公司,投资者的股息收益和通过股票价格变动获得的资本利得与公司的经营效益密切相关。所以,股票的风险将直接取决于公司的经营效益。但是,公司未来的经营是很难预测的,这使投资者买了股票之后,很难准确地预期自己未来的收益。一般而言,只要公司经营不发生亏损,投资股票就始终有收益,存在的问题只是收益的高低。但投资者却有可能遭遇公司亏损。而一旦公司发生亏损,投资者将在两个方面产生风险:一是投资者将失去股息收入;二是投资者将损失资本利得。因为在公司亏损时,股票的价格必然下跌;更有甚者,如果公司亏损严重以至资不抵债,投资者就有可能血本无归,股票将成为一张废纸。

二、证券投资风险的衡量

从风险的定义来看,证券投资的风险是指在证券投资过程中,投资者的收益和本金遭受损失的可能性。风险衡量就是要准确地计算投资者的收益和本金遭受损失的可能性大小。一般来讲,有三种方法可以衡量证券投资的风险。

(1)计算证券投资收益低于其期望收益的概率。假设某种证券的期望收益为10%,但是,投资该证券取得10%和10%以上收益的概率为30%,那么,该证券的投资风险为70%,或者表示为0.70。

这一衡量方法严格从风险的定义出发,计算了投资于某种证券时,投资者的实际收益低于期望收益的概率,即投资者遭受损失的可能性大小。但是,该衡量方法有一个明显的缺陷,那就是:许多种不同的证券都会有相同的投资风险。显然,如果采用这种衡量方法,所有收益率分布为对称的证券,其投资风险都等于 0.50。然而,实际上,当投资者投资于这些证券时,他们遭受损失的可能性大小会存在着很大的差异。

(2) 证券投资出现负收益的概率。这一衡量方法把投资者的损失仅仅看做本金的损失,投资风险就成为出现负收益的可能性。这一衡量方法也是极端模糊的。例如,一种证券投资出现小额亏损的概率为 50%,而另一种证券投资出现高额亏损的概率为 40%,究竟哪一种投资的风险更大呢?采用该种衡量方法时,前一种投资的风险更高。但是,在实际证券投资过程中,大多数投资者可能会认为后一种投资的风险更高。之所以会出现理论与实际的偏差,基本的原因就在于:该衡量方法只注意了出现亏损的概率,而忽略了出现亏损的数量。

(3) 计算证券投资的各种可能收益与其期望收益之间的差离,即证券收益的方法或标准差。这种衡量方法有两个鲜明的特点:其一,该衡量方法不仅把证券收益低于期望收益的概率计算在内,而且把证券收益高于期望收益的概率也计算在内;其二,该衡量方法不仅计算了证券的各种可能收益出现的概率,而且也计算了各种可能收益与期望收益的差额。与第一种和第二种衡量方法相比较,显然,方差或标准差更适合衡量风险。

第三节 证券投资风险的控制方法

一、分散投资

(一) 分散投资的定义

分散投资对大多数投资者来说,是再熟悉不过的。我们可以用一个通俗的比喻来定义:"不要把所有的鸡蛋放在一个篮子里。"这句话简要而精确地捕捉住了分散投资的特性。实行分散投资的意义就在于降低投资风险,保证投资者收益的稳定性。因为一旦一种证券不景气时另一种证券的收益可能会上升,这样各种证券的收益和风险在相互抵消后,仍然能获得较好的投资收益。

(二) 分散投资的方法

证券分散投资包括四个方面:对象分散法、时机分散法、地域分散法、期限分散法。

1. 对象分散法

对象分散法就是在证券投资时,应将其投资的资金广泛分布于各种不同种类的投资对象上。具体来说,在证券对象上,可用一部分资金购买政府债券,一部分资金购买公司债券,还用一部分资金购买股票。在行业对象上,应避免将资金集中投放在一个行业上,而应分散投资在各种行业上。即使是在同一个行业也应分资金去购买不同的企业或公司的证券,而不应投资购买一个公司的证券。

股票与债券本身又为投资者提供了什么样的选择呢？股票市场中的股票以各种不同的方式被分类与归纳，投资者可以根据自己对经济周期的估算，或公司的喜爱，从而决定如何投资。进一步有不同资本的公司以资本大小分类；不同股票以涨幅和价格归类；整个股票市场以股票的成熟与新兴分为不同的子市场，或者以不同产业分类，比如生物科技股、网络股、房地产股，等等。最后，是投资国内股票市场还是国外股票市场，也是个值得考虑的问题。

与此同时，债券市场也为投资者提供了多样化的投资机会。投资者可以选择长期或短期债券，高回报公债或回报相对较低的市政公债。我们在这里再一次强调，风险承受能力与个人投资要求很大程度上影响了投资者的投资选择。

除了股票与债券来创建投资组合的传统方式，金融市场上还有许多其他可供选择的投资，例如不动产投资信托、套利基金，甚至于非金融资产类别的钱币、古物等。这些投资的走势并不一定与传统金融市场直接相关，但他们亦为投资者提供了投资机会的多样化。

2. 时机分散法

时机分散法是指由于证券市场瞬息万变，人们很难准确把握证券行市的变化，有时甚至会出现失误，为此在投资时机上可以分散进行。即在购买证券时可以慢慢投入，经过几个月或更长时间完成投资。这样可避免由于投资时机过于集中或者把握不准时机而带来的风险。

3. 地域分散法

地域分散法是指不仅仅持有某一地区的证券，而应购买国内各个地区乃至于国际金融市场上发行的各国证券。这样做的好处是可以避免由于某一地区政治、经济的动荡而可能出现的投资损失。

4. 期限分散法

期限分散法是由于不同时期市场利率的变化方向和变动幅度不同，从而导致不同期限的证券市场的变动方向和变动幅度也大不一样。实行期限分散化，购买不同期限的证券，就可以减少利率变动对商业银行所持有证券行市的影响，降低利率风险。

（三）分散投资的操作

首先，我们可以进行不同资产类型的投资，主要是在股票型、债券型和货币市场型投资里面进行一个组合。不同类型的资产在投资组合中所占的比例要根据不同投资者的具体情况来确定。

其次，我们可以在相同类型资产里面的不同行业中进行分散投资。不同的行业对经济周期的不同阶段有着不同的表现，它们的股价也会发生相应的变化。比如说，金融服务业在经济周期的复苏阶段的初期通常发展迅速，银行类的股票在这个时候通常会表现比较好，而矿业类股票通常在经济周期的复苏阶段的末期股价增长较快。

第三，我们可以在相同行业的不同公司之间进行投资。因为即使是一个行业也不是大家都做得一样。也会有公司这个时候表现得好一些，有的公司在另一个时期发展得快一些。

第四，我们可以在不同的投资管理风格之间进行分散。有两种相对的投资管理风格，一种叫主动型,另一种叫被动型。主动管理型的目标是通过证券的选择和投资时间的选择来获得超过一个特定的指数或者是业绩比较标准的回报。而被动型投资不期望通过积极的投资组合管理来获得超过市场的回报。两个最广泛认可的被动投资策略就是指数型投资和购买以后长期持有。

第五,可以通过全球化的投资来分散风险。全球化投资的一个重要好处就是我们可以通过在全球范围的分散投资来进一步提高我们投资收益的稳定性。因为如果只在中国范围内进行投资,即使我们把上海、深圳的股票全买了我们还是要面对一个中国股票市场的系统性风险,这个系统性风险是没法通过国内的分散投资来抵消的。而这个系统性风险却可以通过在全球范围的分散投资来降低。现在我们中国也逐渐开始了QDII,以后我们的投资者会有越来越多的机会在全球范围内来分散自己的投资。

我们可以举一个比较理想化的例子。假设投资航空运输行业的长期平均收益是8%。投资原油行业的长期投资也是8%。假设航空运输业和原油业的相关性为-1,简单地说,航空运输业挣钱的年份原油行业亏损,原油行业挣钱的年份航空运输业亏损并且挣钱和亏损的量一致,我们就可以得到一个没有波动的长期回报8%的稳定收益。这是一个比较理想化的例子,现实生活中我们很难找到两个完全负相关的行业。但是我们依然可以找到相关性比较低的投资来通过分散投资降低风险。分散投资的概念是以减小投资风险为目的,建造一个包含多种投资的投资组合,让我们举个简单例子:如果张先生把所有资金全部投资在A公司的股票上,一旦A公司的股票价格突然下跌,张先生的投资将承受严峻的冲击;但如果张先生将资金分别投资在A、B两个公司的股票上,就算A公司的股价大跌,只要B公司的股价能够安然无恙,其整体投资组合的回报都会较完全投资于A公司的组合为佳,其投资风险已大大减小。

二、组合投资

(一)证券组合理论概述

1. 组合投资的概念

证券组合是指投资者对各种证券资产的选择而形成的投资组合。证券投资组合管理,又称证券组合管理,是指对投资进行计划、分析、调整和控制,从而将投资资金分配给若干不同的证券资产,如股票、债券及证券衍生产品,形成合理的资产组合,以期实现资产收益最大化和风险最小化的经济行为。

马柯维茨在20世纪50年代首先发展了证券组合理论,建立了均值-方差的理论框架,奠定了现代证券组合理论的基础。之后,又经过许多学者和投资专家的共同努力,现代证券组合理论在近几十年内得到迅速发展。现代组合投资理论所研究的问题,就是研究投资者在不确定条件下所作的风险决策,因为决策者希望能在尽量减少风险的条件下寻求最大的期望收益。

2. 证券投资组合管理的特征

(1)证券投资组合管理的直接对象是证券,但实质上是对投资者所有资金的管理。

(2)证券投资组合管理的目的是要在风险一定的条件下实现资产收益最大化,或者是要在资产收益一定的条件下实现风险的最小化。

(3)证券投资组合管理总是在一定的环境中进行的,因此必须依据证券市场、衍生金融市场和整个经济、社会发展变动的趋势,对投资组合进行有效配置,并使其对环境具有良好的适应性。

(4)证券投资组合管理是指各种具体管理活动的概括,具体的管理活动包括计划、分析、决策、调整和评估等内容。

(5)证券投资组合管理因投资者拥有的资源、面临的经济环境和市场环境不同,加上管理者的心理状态、行为风格等存在差异,投资组合管理存在多种不同的风格,可以采取多种不同的方法。

3. 证券投资组合管理的意义

(1)最大限度地降低投资风险,将风险控制在投资者可以承受的范围内。我们说证券组合可以最大限度地降低风险,是指那些合理有效的证券投资组合。

(2)有效的证券组合管理可以提高投资的收益。一个有效的证券资产组合可以在一定的风险条件下实现收益的最大化或在一定的收益水平上使投资风险最小化。

(3)随着资本市场的发展,证券组合管理具有越来越重要的意义。随着证券投资组合管理专职人员的增加及机构的增多,证券投资组合管理也成为一种专门的行业。

4. 证券投资组合的种类

按照投资目标的不同,通常可以把证券投资组合分为七种:

(1)收入型证券组合。收入证券组合强调本金安全和经常收入的稳定。经常收入包括债券利息和优先股、普通股股利。构建收入证券组合,在选择证券时,一般是在按风险大小排列的债券,股票风险序列中,从风险小的一端选取。这样的证券有:中央政府债券、地方市政债券、高质量的公司债券、优先股票、具有高股息且股利发放政策稳定的公司普通股票等。

(2)增长型证券组合。增长型证券组合的目标不在于当前收入的多寡,而在于组合将来价值的增加。因此在证券的总收益中较多地着重于资本增值,较少考虑经常收入。这类证券组合多是高风险的股票组合。高收益往往伴随着高风险,所以增长证券组合包含了在风险序列中高风险一端的进攻型证券。这类证券有低息高增长的普通股、无息极速增长的普通股以及一些周期型股票。

(3)收入与增长混合型证券组合。该证券组合管理的目标同时兼顾经常收入稳定和资本增值。投资于这类证券组合的投资者采取调和折中的方式,建立一个中等风险的证券组合以区别于保守的低风险的债券组合和高风险的进攻型股票组合,投资者可以选择一些债券结合若干公用事业股票和成熟工业的股票以及可转换债券构建收入与增长混合证券组合。

(4)避税型证券组合。该证券投资组合的首要目标在于避税,通常投资于市政债券。

(5)货币市场型证券组合。由于货币市场投资规模大,中小投资者很难参与其中的投资,而该证券组合正好满足这种需求。该投资组合通常由货币市场工具所构成,如国债、高信用等级的商业票据等。

(6)国际型证券组合。该证券投资组合是新兴品种,主要投资于海外不同的国家。实证研究证明,这种证券组合的业绩总体强于只在本土投资的证券组合。

(7)指数型证券组合。该证券投资组合模拟某种市场指数,在证券品种的构成上只包含所模拟指数的成分股。信奉有效益市场理论的机构投资者通常会选择这种组合,以求获得市场平均的收益水平。

5. 证券投资组合管理的基本步骤

(1)证券组合目标的决定。建立并管理一个"证券组合",首先必须确定组合应达到的目标。证券组合的目标,不仅是构建和调整证券资产组合的依据,同时也是考核组合管理业绩好坏的基准。总体上而言,证券组合的目标包括两个方面:一是收益目标,包括保证本金的安全,获得一定比例的资本回报以及实现一定速度的资本增长等;二是风险控制目标,包括对资产流动性的要求以及最大损失范围的确定等。

确定证券资产组合目标,必须因人因时因地而异。因人而异,是指必须综合考虑投资者的各种制约条件和偏好;因时制宜,主要应考虑两个方面:一是市场发展的阶段,二是各个时期的政治、经济和社会环境;因地制宜,主要应考虑所在地区的证券交易费用、政府对证券组合管理的政策规范以及税收政策等。

(2)证券组合的构建。这是实施证券组合管理的核心步骤,直接决定组合效益和风险的高低。证券组合的构建过程一般包括如下环节:

①界定证券组合的范围。大多数投资者的证券组合主要是债券、股票。但是,近年来,国际上投资组合已出现综合化和国际化的趋势。

②分析判断各个证券和资产的类型的预期回报率及风险。在分析比较各证券及资产投资收益和风险的基础上,选择何种证券进行组合则要与投资者的目标相适应。

③确定各种证券资产在证券资产组合中的权重。这是构建证券组合的关键性步骤。

(3)证券组合调整。证券市场是复杂多变的,每种证券的预期收益和风险,都要受到多种内外因素变动的影响。为了适合既定的投资组合目标要求,必须选择恰当时机,对证券组合中的具体证券品种做出必要的调整变换,包括增加有利于提高证券组合效益或降低证券组合风险的证券品种;剔除对提高证券组合效益或降低证券组合风险不利的证券品种。

(4)证券组合资产业绩的评估。这是证券组合管理的最后一环。证券组合资产业绩评价是对整个证券资产组合收益与风险的评价。评价的对象是证券组合整体,而不是组合中的某个或某几个证券资产;评价的内容不仅包括收益的高低,还包括风险的大小。

上述四个阶段是相互联系的,在时间上相互衔接,前一阶段为下一个阶段的工作创造条件,后一个阶段则是上一个阶段的继续。从长期看,证券组合的四个阶段又是循环往复的,一个时期证券组合的绩效评估反过来又是确定新的时期证券组合目标的依据。

(二)马柯维茨的证券投资模型

哈里·M·马柯维茨于1952年发表了具有历史意义的论文《证券组合选择》,是证券组合理论的创始人。他阐述了证券收益和风险的主要原理和分析方法,建立了均值-方差证券组合模型的基本框架。为证券组合理论在这几十年间迅速的充实、发展和提高奠定了牢固的理论基础。

马柯维茨用统计学上的预期值或称均值-方差(或标准差)来分别度量证券组合的收益和风险。

1. 证券组合的预期收益率

(1)证券组合中单个证券的预期收益率。任何一项投资都可以用收益率来衡量,通常收益率的计算公式为

$$收益率 = \frac{收入 - 支出}{支出} \times 100\%$$

投资期限一般用年来表示,如果期限不是整数,一般会转化为年。在证券投资分析中,投资收益由两方面所构成,一是利息收入,如债券利息、股票红利等;二是资本利得,即由于证券价格的波动而带来的收益。所以证券投资收益率的计算公式为

$$收益率(r) = \frac{利息收入 + (期末证券总值 - 期初证券总值)}{期初证券总值} \times 100\%$$

通常情况下,收益率受到许多不确定因素的影响,因而收益率是一个随机变量,这意味着不同的收益率出现的概率大小不一样。现在假定,收益率服从于某种概率分布,即已知收益率出现的概率情况如表11.1所示。

表11.1 不同收益率对应的概率

收益率	r_1	r_2	r_3	r_4	…	r_n
概率 P_t	P_1	P_2	P_3	P_4	…	P_n

由此可以得到预期收益率,即收益率的平均数,它的计算公式为

$$E(r) = \sum_{i=1}^{n} P_i r_i$$

例如,假如某证券A的收益率分布情况如表11.2所示。

表11.2 某证券组合的预期收益率分布情况

收益率 $r/\%$	-40	-10	0	15	30	40	50
概率 P_i	0.03	0.07	0.30	0.10	0.05	0.20	0.25

那么该证券的预期收益率为:$E(r) = (-40\%) \times 0.03 + (-10\%) \times 0.07 + 0 \times 0.30 + 15\% \times 0.10 + 30\% \times 0.05 + 40\% \times 0.02 + 50\% \times 0.25 = 21.6\%$。

（2）证券组合的预期收益率。一个证券组合是由一定数量的单一证券构成,每一个证券在组合中占有一定的比例,我们也可将证券组合视为一个证券,那么这个证券的收益率亦可用预期收益率来进行计算。不过,证券组合预期收益率的计算是通过组合内的单一证券的预期收益率来表达。

① 两种证券组合的预期收益率。设有两种证券 A 和 B,某投资者将一笔资金以 X_A 的比例投资于 A 证券,以 X_B 的比例投资于 B 证券,且有 $X_A + X_B = 1$,令该投资者拥有的投资组合为 P,则该证券组合 P 的收益率为: $r_P = x_A r_A + X_B r_B$。

这里要注意的是,证券组合中的权数可以是负数,比如 $x_A < 0$,即表示该组合卖空了证券 A,并将所得到的资金投资于证券 B,因为 $x_A + x_B = 1$,故有 $x_B = 1 - x_A > 1$。

投资者在进行投资时并不知道证券 A、B 的收益率 r_A、r_B 分别是多少,因而 r_A、r_B 应为随机变量,所以证券组合 P 的预期收益率应该是: $E(r_P) = x_A E(r_A) + x_B E(r_B)$。

例如,已知证券组合 P 是由证券 A 和证券 B 组成,它们的投资比例、预期收益率的情况如表 11.3 所示。

表 11.3　某证券组合的投资比例、预期收益率情况

证券名称	预期收益率	投资比例
A	20%	20%
B	10%	80%

那么证券组合 P 的预期收益率为
$$E(r_P) = 20\% \times 20\% + 10\% \times 80\% = 12\%$$

② 多种证券组合的收益。现在将前面讨论的两种证券的组合的讨论扩展到任意多个证券的情形。假设有 N 种证券,分别为 $A_1, A_2, A_3, \cdots, A_N$,在某证券组合 P 中,按照权数分别为 $x_1, x_2, x_3, \cdots, x_N$,将资金分别投资于上述证券,以 $P = (x_1, x_2, x_3, \cdots, x_N)$ 表示,则有,且允许 x_i 为负数,代表证券 A_i 为卖空。此时的证券组合 P 的预期收益率应该等于各单个证券预期收益率的加权平均。所以,假设证券 A_i 的收益率为 $r_i (i = 1, 2, 3, \cdots, N)$,则证券组合 P 的收益率为

$$r_P = x_1 r_1 + x_2 r_2 + \cdots + x_N r_N = \sum_{i=1}^{N} x_i r_i$$

由此推导可得,证券投资组合 P 的预期收益率为

$$E(r_P) = \sum_{i=1}^{N} x_i E(r_i)$$

一个证券组合是由多个证券构成的,任一个证券在组合中的投资比例发生了变化,整个组合的收益率必然会发生变化。比如说,高风险的证券与低风险的证券在组合中的投资权重变了,高风险的证券占的比例大了,根据公式可以发现,整个组合的预期收益率必然向高风险证券的预期收益率靠近。

2. 证券组合的风险

了解了预期收益率的分析后,现在来讨论一个问题。在一个证券投资组合中,计算得到的预期收益率能否真正地实现呢? 由于各种收益率的出现是按照某种概率分布出现的,当一个投资者进行投资决策时,他就要冒证券投资组合 P 的实际收益率不一定等于预期收益率的风险。实际收益率与预期收益率的偏差越大也就意味着出现的投资风险越大,对这种风险进行分析我们会发现,这种风险也是一种随机变量。通过讨论可以发现,风险程度就是实际收益率与预期收益率的偏差程度,在数学上这种偏差通过方差来度量。

(1) 单个证券收益率的风险。 现在假设某个证券 A 的收益率 r_i 按照概率 P_i($i = 1, 2, \cdots, N$) 分布,预期收益率为 $E(r_i)$,则该证券的投资风险程度,即方差 σ^2 为

$$\sigma_A^2 = \sum_{i=1}^{N} [r_i - E(r_i)]^2 P_i$$

例如:假如证券 A 的收益率的概率如表 11.4 所示。

表 11.4 证券 A 的收益率情况

收益率	-20	-10	10	30
概率	0.2	0.3	0.1	0.4

那么证券 A 的预期收益率为

$$E(R_i) = (-20) \times 0.2 + (-10) \times 0.3 + 10 \times 0.1 + 30 \times 0.4 = 6(\%)$$

即该证券收益率为 6%,该证券的方差为

$$\sigma^2 = (-20 - 6)^2 \times 0.2 + (-10 - 6)^2 \times 0.3 + (10 - 6)^2 \times 0.1 + (30 - 6)^2 \times 0.4 = 44.4(\%)$$

该证券的方差为 44.4%。

(2) 证券组合的风险。

① 两种证券组合的风险。设有两种证券 A 和 B,某投资者投资于 A、B 证券的比例分别为 $x_A, x_B, x_A + x_B = 1$,则证券 A,B 的方差为 σ_A, σ_B,设该投资组合为 P,则 P 的预期收益率为 $E(r_P)$,则有

$$\sigma_P = x_A^2 \sigma_A^2 + x_B^2 \sigma_B^2 + 2 x_A x_B \sigma_A \sigma_B \rho_{AB}$$

式中　ρ_{AB}——相关系数;
　　　$\sigma_A \sigma_B \rho_{AB}$——协方差,记为 COV(A,B)。

表 11.5 证券组合 P 的组成情况

证券名称	期望收益率	标准差	相关系数	投资比例
A	15%	8%	0.12	20%
B	5%	3%		80%

则证券组合 P 的预期收益率 $E(r_P)$ 为 7%。所以,组合 P 的方差为
$$\sigma_P^2 = 8\%^2 \times 20\%^2 + 3\%^2 \times 80\%^2 + 2 \times 8\% \times 3\% \times 20\% \times 80\% \times 0.12 = 0.083\ 2\%$$

② 多种证券组合的风险。假设在某证券组合 P 中,按照权数分别为 $x_1, x_2, x_3, \cdots, x_N$,将资金分别投资于证券 $A_1, A_2, A_3, \cdots, A_N$,以 $P = (x_1, x_2, x_3, \cdots, x_N)$ 表示,则有 $x_1 + x_2 + x_3 + \cdots + x_N = 1$,且允许 x_i 为负数,代表此时证券 A_i 卖空。设证券 A_i 的收益率为 $r_i (i = 1, 2, 3, \cdots, N)$,此时证券组合 P 的预期收益率为 $E(r_P)$,则证券组合 P 的方差为

$$\sigma_P^2 = \sum_{i=1}^{N} \sum_{j=1}^{N} x_i x_j \text{COV}(A, B) = \sum_{i=1}^{N} \sum_{j=1}^{N} x_i x_j \sigma_i \sigma_j \rho_{ij}$$

式中　　σ_i——证券 A_i 收益率 r_i 的方差;

P_{ij}——r_i 与 r_j 的相关系数 $(i, j = 1, 2, 3, \cdots, N)$。

前面我们介绍了在证券投资组合中预期收益率与风险程度的计算问题,根据马柯维茨的均值 – 方差模型,我们可以将各种不同证券投资组合的收益率与风险情况都计算出来,从而在投资时可以根据风险程度或者预期收益率的偏好来选择自己的投资组合,这在证券投资组合的方法上是划时代的突破,马柯维茨本人也因此获得了 1990 年的诺贝尔经济学奖。

但是该模型也还是存在不小的问题。想像一下,马柯维茨模型需要计算大量不同组合的预期收益率和方差,从中选择合适的证券组合。在证券市场中证券的数量是如此之多,而其组合方式从单个证券组合到全部证券组合,假如对每一个组合都进行计算,那将是非常大的工作量。在当时由于计算手段的限制,该模型的应用是难以想像的。到了现在,随着计算机技术的发达,并且已经开发出了大量的计算软件,该模型开始进入实践运用,但要能达到可以随意调整投资组合的能力,投资者投入的资金量必须达到一定的规模,所以现在应用该理论进行证券组合投资的主要以投资基金机构为主。

3. 有效证券组合与有效边界

经过前面的分析我们可以知道,可以用预期收益率和标准差来描绘每一个证券投资组合。现在我们建立一个坐标轴,横轴为标准差,纵轴为预期收益率,那么每一个证券投资组合就可以表达为坐标图上的一个点。随着投资组合的权数的变化,我们所描绘的这个点在坐标轴上会不断变化,这些点的轨迹就构成了一个区域,这个区域就是所谓的证券组合的可行域。也就是说,不管哪一种证券投资组合,我们都可以在可行域中找到一个符合预期收益率与标准差条件的一个点。该可行域的求解公式为

$$\begin{cases} E(r_P) = \sum_{i=1}^{N} x_i E(r_i) \\ \sigma_P = \sum_{i=1}^{N} x_i^2 \sigma_i^2 + \sum_{i=1}^{N} \sum_{j=1}^{N} x_i x_j \sigma_i \sigma_j \rho_{ij} \\ \sum_{i=1}^{N} x_i = 1 \end{cases}$$

因此,该可行域的形状依赖于可供选择的单个证券的特征 $E(r_i)$ 和 σ_i 以及它们收益率之间的相关系数 ρ_{ij},还依赖于投资组合中权数的约束。

经过论证,该投资组合的可行域就形成了一个外凸的形状,具体如图 11.1、11.2 所示。

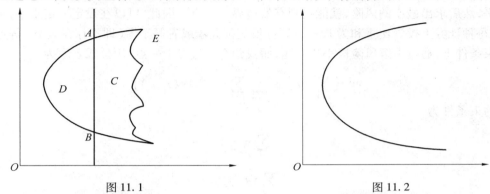

图 11.1　　　　　　　　　　　图 11.2

经过论证,该投资组合的可行域就形成了一个外凸的形状,在投资组合中,根据是否允许卖空证券可以得到上述两种组合域。证券组合的可行域表示了所有可能的证券组合,它为投资者提供了一切可行的组合投资机会,投资者可在其中选择自己最满意的证券组合进行投资。根据对满意的理解,我们就引出了有效证券组合的概念。

有效证券组合是指在同样的风险水平情况下,可取得的最高收益率;或在同样的收益率水平下,承担最小风险的证券组合。换句话说,如果没有其他的证券组合在与之相同的投资收益标准差下,能够提供更高的预期收益率;或在与之相同的预期收益率水平下,能够提供更小的投资收益标准差,那么,就称这个证券组合为有效证券组合。

人们在进行投资组合选择时,不可能每一个投资者都选择完全相同的投资组合,因为不同的投资者有着不同的偏好。保守的投资者希望投资组合的风险小一些,则其预期的收益率就会低一些;而进取型的投资者期望的收益率高一些,则其承担的风险就会大一些。也就是说,按照上面的分析,投资者必然会在可行域中选择有效的证券组合。对图 11.1 进行分析可以发现,有效证券组合就是图中从点 D 到点 E 的曲线,该曲线是落在可行域中具有最小方差的证券组合(点 D)和具有最大预期收益率的证券组合(点 E)之间的所有证券组合的包络线。该曲线是所有有效证券组合的集合,我们称为有效边界。

证券投资者只有沿着有效边界投资才是有效的,在有效边界以内各点投资都是非有效的。例如图 11.1 中,A,B,C 三点都在同一条垂线上,投资者会选择哪一点上的证券组合来进行投资呢？很明显,三者的风险相同,即 $\sigma_A = \sigma_B = \sigma_C$,但三者的收益关系为 $E(r_A) > E(r_B) > E(r_C)$,根据前面的分析,投资者必然会选择 A 证券组合,因为在相同风险的情况下它的预期收益率最高。

根据情况,由于投资者对风险报酬的偏好不同,他们会选择不同的有效组合。保守型投资者,即厌恶风险者,将会选择一个靠近点 D 的有效组合,因为此时的投资风险最小;而积极进取型投资者,即偏好风险者,则会选择靠近点 E 的有效组合,因为此时的投资收益最高。

有效边界由每一个预期收益率水平上,风险 σ_P 最小的证券组合构成。如果设定预期收益率水平,然后求出最小的风险,就能找到有效边界上一点。因此,可以在设定一定水平,预期收益率、每种证券上投资比重和为1,所有证券投资都大于或者等于零(即不存在卖空)等这样一些约束条件下,通过求解风险极小化问题,而找到有效边界上一点,用公式表示为

$$\min\{\sum_{i=1}^{N} x_i^2 \sigma_i^2 + \sum_{i=1}^{N}\sum_{j=1}^{N} x_i x_j \text{COV}(r_i, r_j)\}$$

满足约束条件为

$$\sum_{i=1}^{N} x_i = 1$$

$$\sum_{i=1}^{N} x_i r_i = r_P$$

$$x_i \geq 0, i = 1, 2, 3, \cdots, N$$

对上面的公式求解。在求解的过程中,将预期收益率 r_P 在最小风险的情况下和在最大收益要求的情况下进行变动就可以得到有效边界。

4. 最佳证券组合的选择

求出了有效边界后投资者还面临最后一个问题,就是选择有效边界上的哪个证券组合来进行投资呢? 也就是说,要选择一个符合投资者要求的证券组合,而这就要根据投资者个人的偏好来决定了。一个特定的投资者,任意给定一个证券组合,根据他对风险的态度,可以得到一系列满意程度相同的证券组合,这些组合正好在预期收益率 - 标准差坐标图上形成一条曲线,我们称之为投资者的无差异曲线。在这条曲线上,投资者可以得到满意程度相同的证券组合,虽然这些组合的预期收益率和风险程度不尽相同。如图 11.3 所示,无差异曲线上各点的满意程度是相同的。

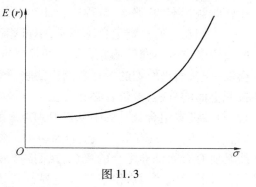

图 11.3

投资者的无差异曲线形状各异,但它们有着共同的特点,那就是:无差异曲线是由左至右向上弯曲的曲线;每个投资者的无差异曲线形成密布整个平面而又互不相交的曲线簇;同一条无差异曲线给投资者带来相同的满意程度;不同无差异曲线上的组合给投资者带来的满意程度不同;无差异曲线的位置越高,其上的投资组合带来的满意程度也越大;无差异曲线向上弯曲的程度反映了投资者承受风险的能力强弱。

投资者共同偏好确定了可行域中的有效边界。特定的投资者在有效组合中选出最满意的

组合,而这还有赖于他的个人偏好以及他要达到怎么样的满意程度。投资者偏好通过他自己的无差异曲线来反映。根据分析,越靠上的无差异曲线,给投资者带来的满足程度越大,所以投资者只要在有效边界上找到一个组合相对于其他组合处于最高位置的无差异曲线上,该组合便是他最满意的组合。实际上这个组合就是无差异曲线与有效边界切点所代表的组合。

如图11.4,投资者按照他的无差异曲线簇,将选择有效边界上的点 A 为他的最佳组合点。因为其余有效边界上的点都在点 A 所在的无差异曲线的下方。曲线 L_1,L_2,L_3 分别代表的是不同满意程度的无差异曲线,而 L' 代表的是有效边界。而除了点 A 以外的投资组合,要么是不能满足投资者的满意程度的要求,要么不是有效证券组合,所以切点 A 就是我们所要求的最佳证券组合。

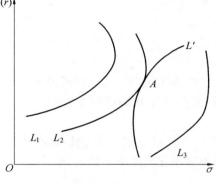

图11.4

(三) 资本资产定价模型

马柯维茨模型研究问题的出发点是投资者应该怎样选择适合自己偏好的最优证券组合。但是,假如每一个投资者都按照该模型去选择证券组合投资了,那么这种集体行为会对证券价格产生什么样的影响呢?资本资产定价模型(CAMP)就是建立在对上述问题的研究上,从而建立了揭示均衡状态下证券收益风险关系经济本质的模型。

1. 假设条件

资本资产定价模型的假设条件如下:① 投资者是风险规避者和最大财富追求者。他们根据对证券行为的预期——预期收益率、收益的方差(标准差)及收益率的相关系数行事。② 所有投资者均可按无风险利率任意借入或贷出无风险资产,且借入、贷出利率相同。③ 市场上不存在交易成本和税金,卖空不受限制。④ 证券的交易单位可以无限分割。所有投资者都是价格的接受者,投资者的证券买卖活动不影响市场价格。⑤ 投资者对每种证券行为的预期是一致的。⑥ 投资者的投资期限相同。

这些假设条件主要表明投资者都是按照马柯维茨模型来选择最优证券组合,且大家对风险、收益及证券间的关联性具有完全相同的预期,市场没有摩擦,即市场对资本和信息的自由流动没有阻碍。与任何其他经济模型一样,作出这些假定,可以减少不必要的论证上的复杂性。

2. 资本市场线

(1) 存在无风险证券和允许卖空情形下的投资选择。无风险证券,是指收益率确定的证券,例如短期国债。引入无风险证券后,投资者就有了借入和贷出资金的可能。对无风险证券的投资常常被称作无风险贷出,无风险借入和贷出使得投资灵活性大大提高;投资者能够把无风险证券和只包含有风险证券的证券组合结合起来,形成一个新的证券组合,从而获得其所需要的风险／收益的最优配合。

我们用 r_f 表示无风险利率；$E(r_s)$ 表示风险证券组合的预期收益率；x_s 表示投资于风险证券组合的比例，则投资于无风险证券的比例为 $1-x_s$；σ_f 表示无风险收益率的标准差；σ_s 表示风险证券组合的标准差。假设包含了风险证券和无风险证券的证券组合为 M，则其预期收益率为

$$E(r_M) = (1-x_s)r_f + x_s E(r_s)$$

方差为

$$\sigma_M^2 = (1-x_s)^2 \sigma_f^2 + x_s^2 \sigma_s^2 + 2(1-x_s)x_s \text{COV}(r_f, r_s)$$

作为无风险证券的标准差 $\sigma_f = 0$，则无风险与风险证券收益率的协方差 $\text{COV}(r_f, r_s) = 0$，这样，证券组合 M 的标准差为

$$\sigma_M = x_s \sigma_s$$

可见，证券组合 M 的标准差，完全取决于投资于风险资产的比例，当然也可以说完全取决于投资于无风险资产的比例。

$$x_s = \frac{\sigma_M}{\sigma_s}$$

将该式带入得

$$E(r_M) = \left(1 - \frac{\sigma_M}{\sigma_s}\right) r_f + \frac{\sigma_M}{\sigma_s} E(r_s) = r_f + \frac{E(r_s) - r_f}{\sigma_s} \sigma_M$$

这显然是一个线性方程，截距为 r_f，即无风险证券的利率；斜率为 $\frac{r_s - r_f}{\sigma_s}$。

它是由无风险证券 f 和风险证券组合 s 构成的所有新组合在均值－标准差坐标系里点的轨迹，如图 11.5 所示。

图 11.5 中，从点 F 作射线，就是我们已经讨论出来的证券组合 M 的预期收益率直线。当风险为 0 时，证券组合有无风险证券组成，此时的收益率为无风险收益率，r_f 也就是在纵轴上的截距。曲线 L_1 是我们前面讨论过的马柯维茨模型的有效边界线，该边界上都是风险证券组合。

在图 11.5 中，可以看到，假设投资者在进行投资时，其投资组合是由无风险证券与有风险证券构成。作为一个理性的投资者，有风险的部分必然会选择马氏模型的有效边界进行投资，即选择 L_1 上面的点；而无风险部分的投资必然会选择射线 FT 上面的点，所以满足两者条件的就是切点 T。在该模型中，切点 T 有着特殊的意义。

（2）市场证券组合。在投资者选择证券组合进

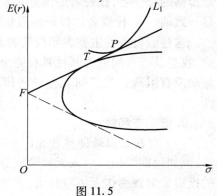

图 11.5

行投资时,他必然会选择图 11.5 中与马氏模型相切的射线来进行投资。假如他选择了射线 FA 来进行投资组合的话,很明显,在同样风险的情况下收益率要低。所以,按照假设,沿着无风险证券 F 出发进行投资证券组合的话,投资者必然选择的曲线 L_1 与射线 FP 构成的区域就是能满足投资者要求的可行域。而射线 FP 就是在现有证券组合可行域之有效边界。其中位于点 F 的组合为全部投资于无风险证券的组合,切点 T 的证券组合是全部投资于风险证券组合的,而位于点 F 与点 T 之间组合是投资于风险证券与无风险证券的情况,而位于点 T 以外的组合就是对无风险证券进行卖空后将资金都投资于风险证券的情况。

从投资者的无差异曲线分析来看,投资者按照自己的偏好来选择最优证券组合点 P 投资,但无论如何,其对风险证券的投资在结构上和切点 T 的结构是一样的。因为切点 P 的组合可以看做风险证券 T 的组合再加上无风险证券的组合。因为切点 P 表明,该投资者将无风险证券卖空后将获得的资金与原有资金都投资于风险证券组合 T 上。那也就意味着投资者的证券组合如果包括无风险证券与风险证券,风险证券的投资组合的结构与切点 T 的证券组合是完全相同的,所以 T 称为最优风险证券组合或最优风险组合。

这也意味着,当市场处于均衡状态时,最优风险证券组合点 T 就等于市场证券组合。所谓市场证券组合指由风险证券组成,其构成成员证券的投资比例与整个市场上风险证券的相对市值比例是一样的。因为,在市场均衡状况下,借入的数量等于贷出的数量,即整个市场投资于无风险证券的净额必须为 0;另外由于每个投资者均投资于相同的风险组合 R,因而作为一个整体,这个组合必须与整个市场风险证券比例一致。

这表示,假设用 M 代表市场组合,市场上共有 N 种风险证券流通,那么风险证券 i 在市场组合 M 中的投资比例为

$$x_i = \frac{P_i Q_i}{\sum_{j=1}^{N} P_j Q_j}$$

式中　　P——证券的价格;
　　　　Q——证券的流通股数。

结合前面的分析可以看出,在均衡的状态下,最优风险组合就等于市场证券组合 M。

(3) 资本市场线。在资本资产定价模型中,很容易确定有效证券组合的风险收益关系,有效证券组合位于图 11.5 的射线上,包括了由市场证券组合与无风险借贷结合而得到的各种风险与收益组合,这一线性有效边界,就是资本市场线。资本市场线可由下式表示:

$$E(r_p) = r_f + \frac{E(r_M) - r_f}{\sigma_M} \sigma_M$$

式中　　$E(r_M)$——市场证券组合 M 的预期收益率;
　　　　σ_M——市场证券组合 M 的收益率标准差。

在资本市场线中有两个关键因素:① 资本市场线的纵截距 r_f 即无风险利率,它表明了资

金的时间价值。② 资本市场线的斜率,它被看做有效证券组合风险的市场价格,因此,有效证券组合预期收益率 = 时间价格 + 风险价格 × 风险量。

3. 证券市场线

资本市场线对有效证券组合的风险/收益关系进行了衡量,但是并没有说明非有效证券组合和单个证券的风险/收益关系。

(1) β 系数。对市场证券组合来分析不难发现,反映市场证券组合 M 风险程度的指标——方差 σ_M 是由各组成证券的风险综合影响而成,用式子可以表达为

$$\sigma_M^2 = \sum x_i \sigma_{iM}$$

式中　x_i——第 i 个成员股票在组合 M 中的投资比例;

σ_{iM}——第 i 种证券与证券市场组合 M 的协方差。

也就是说,每一种证券在整个组合中风险影响力的大小不一样,但可以通过 $\frac{x_i \sigma_{iM}}{\sigma_M^2}$ 反映出来。在投资比例 x_i 确定的情况下,某证券 i 与市场证券组合 M 的风险贡献率就可以用该指标来反映,该指标用 β_i 来表示,称为证券 i 的 β 系数(贝塔系数)。

(2) 证券市场线。风险跟收益是相对应的,收益是对承担风险的补偿。因此,不难证明,单个证券 i 的风险程度对市场证券组合的影响为贝塔系数,所以该证券的预期收益率对整个证券组合的预期收益率的贡献率也同样为贝塔系数。所以,假设对于一个任意的证券组合 P,经分析得

$$\begin{aligned} E(r_P) &= x_1 E(r_1) + x_2 E(r_2) + \cdots + x_N E(r_N) = \\ &\quad x_1 \{r_f + [E(r_M) - r_f]\beta_1\} + x_2 \{r_f + [E(r_M) - r_f]\beta_2\} + \cdots + \\ &\quad x_N \{r_f + [E(r_M) - r_f]\beta_N\} \end{aligned}$$

称其为市场证券组合 P 的 β 系数,于是上面的等式可以写为

$$E(r_P) = r_f + [E(r_M) - r_f]\beta_P$$

可见,任意证券组合 P 的预期收益率与贝塔系数的关系为一种线性关系,该关系在预期收益率 - 贝塔系数坐标图上代表的就是一条直线,这条直线称为证券市场线。

在证券投资时,投资者可以利用资本资产定价模型对证券的收益与风险关系做出判定,以指导其对证券的选择。而应用资本资产定价模型的关键,就是估算出相应证券的 β 值。对 β 的估计一般采用线性回归方法,利用一段时间的历史数据,建立线性回归模型来进行估计。

在国外,有些证券咨询服务公司把许多股票的 β 值计算出来供投资者投资时参考。一般认为,β 值小于1的证券如大多数公用事业、食品工业的股票被叫做防守型证券,因为这种证券价格在市场价格上涨时,其上涨率往往比市场要低,而在市场下跌时,其下降率也较小。β 值大于1的证券如航空公司、新兴企业股票被称为进攻型的证券,因为在市场上涨时,其价格上涨率往往比平均值高,在市场下跌时,其降低率也大。

【案例11.1】
2010年上证指数下跌14.31% 基金整体盈利50.82亿

2010年度A股整体呈现先抑后扬走势,上半年受房地产调控和欧洲债务危机影响大幅下跌,下半年经济快速回升又刺激市场持续反弹。从全年来看,上证指数下挫14.31%,沪深300指数下跌12.51%,深证成指下跌9.06%。

在复杂多变的市场背景下,基金充分发挥了优化配置、精选个股的专业优势,各类型基金中除被动投资的指数型基金随市下跌11.58%外,主动操作的各类型基金全部获得正收益率:债券型基金上涨7.63%、封闭式股票型基金上涨3.58%、开放式股票和混合型基金(不包括指数型基金)上涨2.42%、货币市场基金收益率为1.98%。

三、风险对冲

风险对冲是指通过投资或购买与标的资产(Underlying Asset)收益波动负相关的某种资产或衍生产品,来冲销标的资产潜在的风险损失的一种风险管理策略。

风险对冲是管理利率风险、汇率风险、股票风险和商品风险非常有效的办法。与风险分散策略不同,风险对冲可以管理系统性风险和非系统性风险,还可以根据投资者的风险承受能力和偏好,通过对冲比率的调节将风险降低到预期水平。利用风险对冲策略管理风险的关键问题在于对冲比率的确定,这一比率直接关系到风险管理的效果和成本。

假如你在10元价位买了一支股票,这个股票未来有可能涨到15元,也有可能跌到7元。你对于收益的期望倒不是太高,更主要的是希望如果股票下跌也不要亏掉30%那么多。你要怎么做才可以降低股票下跌时的风险?

一种可能的方案是:你在买入股票的同时买入这支股票的认沽期权——期权是一种在未来可以实施的权利(而非义务),例如这里的认沽期权可能是"在一个月后以9元价格出售该股票"的权利;如果到一个月以后股价低于9元,你仍然可以用9元的价格出售,期权的发行者必须照单全收;当然如果股价高于9元,你就不会行使这个权利(到市场上卖个更高的价格岂不更好)。由于给了你这种可选择的权利,期权的发行者会向你收取一定的费用,这就是期权费。

原本你的股票可能给你带来50%的收益或者30%的损失。当你同时买入执行价为9元的认沽期权以后,损益情况就发生了变化,可能的收益率变成了

$$(15元 - 期权费)/10元$$

而可能的损失则变成了

$$(10元 - 9元 + 期权费)/10元$$

潜在的收益和损失都变小了。通过买入认沽期权,你付出了一部分潜在收益,换来了对风险的规避,这就叫风险对冲。

不难看出,如果加以精心安排,可以用股票和期权构造这样一个投资组合:不论股价朝哪

个方向变化,投资组合在期末的价值必定相等。

本章小结

人们投资于证券是为了获得投资收益。投资收益是未来的,而且一般情况下事先难以确定。未来收益的不确定性就是证券投资的风险。收益和风险是并存的,通常收益越高,风险越大。证券投资的风险是普遍存在的。与证券投资相关的所有风险称为总风险,总风险可分为系统风险和非系统风险两大类。系统风险又称为不可分散风险。系统风险包括政策风险、经济周期波动风险、利率风险和购买力风险等。非系统风险是可以抵消、回避的,因此又称为可分散风险或可回避风险。非系统风险包括信用风险、经营风险、财务风险等。风险衡量就是要准确地计算投资者的收益和本金遭受损失的可能性大小。一般来讲,有三种方法可以衡量证券投资的风险。证券投资风险的控制方法包括分散投资、组合投资和风险对冲等方法。

思考题

1. 证券投资收益包括哪些?
2. 证券投资风险如何评估?
3. 证券投资收益和风险的衡量方法有哪些?
4. 分散投资的方法有哪些?
5. 如何确定最优投资组合?
6. 标准的资本资产定价模型有哪些假设条件?

【案例分析】

股票型基金投资组合案例

对于供职于某大型企业财务部的小汪来说,对于基金并不陌生。由于工作的关系,他经常跟银行打交道。2004 年时,基金发行不像现在这么容易,很多都是各基金托管银行按比例分派任务至下级各级支行,各级支行为完成销售任务,小部分由他们员工自己购买,大部分向信贷客户分摊,每一次新基金的发行,小汪所在的公司都会根据合作银行的要求,要购买 500 000 ~ 1 000 000 元不等,一般是一过封闭期,马上赎回,因此纯粹是为了帮银行完成销售任务。

从 2004 年初到 2006 年上半年,很少有赢利。这期间发行的基金,机构购买是主力。到 2006 年下半年,基金行情发生变化,收益开始体现,小汪作为个人投资者就是在这时候开始涉足基金市场的。从此他开始密切关注基金市场的行情,并赶紧恶补基金方面的知识,很快就在基金理财方面小有名气。在一家基金公司的投资者论坛上,不少初来乍到的新手们,都要去他的"山头"拜上几帖,听他谈经论道。许多认识小汪的人都会向身边投资基金的朋友推荐他,他们都是这么形容他:"虽然大家没见过他,不过在我们的 BBS 上是一大教主,经常发表关于怎么买基金的帖子,很得投资人的喜爱和信赖。"

考虑到自己的收入还比较稳定,小汪投资基金采用了定期定额的方式,但这种定期定额不是机械地每个月的某一天定期投入一笔资金,小汪根据市场实际情况,不定期投入资金。小汪的基金投资与一般人不同之处还在于,他投资基金讲究组合投资。现在除了对募集资金这块采用组合外,自己的家庭理财,给儿子的专项教育资金,小汪都设计了不同的投资阵形,攻防兼备,各有侧重。像儿子的理财账户,保守投资就要多一些,60%以上都是类似债券基金、货币基金等稳健品种。不同的投资者可以根据实际调整不同基金品种在资产中所占的比重。

另外为了补充退休后养老金的不足,他每年拿出十分之三的余钱,购买长线稳定的基金。

他把 30 000 元资金按 3 个比例投资于养老基金,其中 20 000 元投资激进型基金。根据基金的风格,以投资大盘股为主的基金 10 000,投资小盘的基金 10 000,投资混合型稳定性基金 10 000。分别是上投中优 10 000,广发小盘 10 000,上投双息 10 000。这个基金组合的投资回报率已超过 20%。分配方式全部为红利再投。下一步,根据收入情况进行补充养老金,计划投入的基金是激进型上投阿尔法或景顺系,稳健型为广发稳健或嘉实稳健。这部分钱由于是养老的,在 10 年以内不会动它。只要投进,就不会赎回。如市场发生变化,只是对补充的基金品种进行调整。

问题:

1. 分析小汪所做的基金投资组合的成功经验。
2. 给你初始资金 100 000 元,你将怎样进行组合投资以规避风险?

第十二章

Chapter 12

软件使用与网上证券交易

【本章学习要求】

本章主要介绍网上证券交易的有关知识和基本操作。主要包括:证券网站与网上证券委托系统、网上证券分析系统、证券网上交易基本流程、软件安装与使用、网上证券交易的相关要求。学习要求如下:

- 了解证券网站与网上证券委托系统;掌握网上证券分析系统的使用方法;了解证券网上交易基本流程;掌握软件安装与使用。
- 掌握网上交易的委托设置、委托买卖、账户查询。

【本章主要概念】

网上证券交易　网上证券分析系统　证券网上交易流程

【案例导读】

美国未来学家托夫勒30年前在他的《第三次浪潮》及其一系列书中,阐述了他的浪潮原理。文中这样描述:人类社会划分为三个阶段。第一次浪潮为农业阶段,从约1万年前开始;第二阶段为工业阶段,从17世纪末开始;第三阶段为信息化阶段,从20世纪50年代后期开始。自2000年起至今方兴未艾的网上交易,随着网络的不断进步和网民数量的不断增加而进入寻常百姓家。证券的网上交易是否也会因其便捷、高效的方式,也迎来它们的"第三次浪潮"呢?

第一节 软件下载与使用

一、证券网站与网上证券委托系统

随着互联网的迅猛发展,很多证券公司意识到绝大多数的营业部集中在大中城市的中心区域,这些地方的市场已经饱和,竞争非常激烈。与此相对应的是广大中小城镇地区却很少有券商的营业部,因为设立营业部成本很高,数量不足的话就达不到规模效应,因而国内证券公司都不约而同地开设了自己的网站,通过网络资源拓展客户。利用公司网站,宣传公司业务,提供财经新闻、上市公司信息、当日交易提示、专家在线解答等服务。此外客户既可以通过网站查询行情,进行证券买卖委托,也可以把免费的软件下载到本地计算机中,安装程序并通过网络查看行情以及委托交易,实现了证券公司与客户的资源共享。

网上证券委托系统是证券公司或专业网络公司专门为网上交易客户提供的一套网上证券实时分析系统,其功能包括:实时动态股市行情及技术分析、实时银证转账、快速委托下单。目前证券营业部(或网上交易商)提供给投资者可选择的委托交易方式主要有以下两种。

(一)专业版网上委托方式

投资者在证券部开户网上交易时,证券部给开户客户免费提供一套安装在电脑里的、用于进行证券委托交易的软件安装盘。客户只要将委托系统软件安装在自己的电脑中,即可接通开户的证券营业部进行网上的委托交易、行情分析。根据目前证券公司提供的专业版委托方式,专业版委托方式又可分为以下两种:

1."独立版"委托系统

这是一个独立的、仅用于进行委托的交易软件系统。投资者只要通过该委托系统即可以进行下单委托。在办理了相关开通手续并正确安装了委托软件系统后,投资者依然可以沿用原有的股市分析软件进行行情分析,同时可随时调用委托软件系统进行委托下单、查询操作。该系统比较适合原来在电脑中已经安装了行情接收分析系统的投资者。

2."集成版"网上交易分析系统

"集成版"将行情分析和委托交易结合为一体,既可以在接收行情、进行行情分析的同时,下单委托。该系统与在证券部投资者利用电脑下单相似,操作简便。大部分证券公司提供这样的网上委托方式。

(二)浏览器委托方式

选择这种委托方式无需另外安装任何软件,投资者在证券部办理了网上交易相关开通手续后,如同平时上网的方式,通过访问证券公司的网址,在证券公司网站提供网上交易服务的地方直接下单委托即可。例如,访问国泰君安证券网站,只要在国泰君安证券下属的证券营业部开户并且开通网上交易,就可以在该网站中的"网上交易"一栏登录进行网上交易。无论你身在世界任何地方,只要有一台与互联网相联的电脑终端,通过访问证券公司网站的网上委托系统,你就可以随意进行股票的买卖委托、查询操作,同时还能够查询大盘、个股行情,获得丰富的专业财经资讯信息及专家的在线咨询等理财服务。以上两种网上委托方式各有优势,前者界面直观,比较符合投资者传统买卖股票、分析行情的习惯,其行情分析系统功能强大,并可将数据下载到本地来进行离线浏览;后者操作方便,除了查询行情、分析行情和随时下单委托外,还可以获得专业财经信息、即时股评、大盘分析、专家在线等理财服务。选择何种方式视投资者自身情况而定。一般情况下,专职于炒股或大部分时间需要进行行情分析、委托下单比较频繁的投资者建议用专业版的网上委托方式;而非专职炒股,经常上班、出差的工薪族可采用浏览器委托方式。当然,二者并非不能兼容,在显示屏上多开几个窗口,使二者都能够同时为你所用,是最佳的选择。

二、网上证券分析系统

每一个客户在开通网上交易时都会在证券部取得一套网上证券委托系统。目前股市上流行的分析软件种类繁多、版本各异。仅投资者比较熟悉的就不下十余种,如钱龙、大智慧、双子星等。面对种类繁多的证券分析系统,投资者应该结合自己的实际情况,选择一款适合的分析系统,一般从以下几个方面着手。

(一)必须具备综合功能

一个好的分析系统应该集股市行情分析、银证转账与委托下单功能于一身,应该能够及时提供股市动态行情、技术分析、各种灵活动态排名、叠加报表、数据导出等功能,还应该具备提供保证金账户和股票账户管理、资金和成交流水查询、银证资金双向即时划转等功能。

(二)能够提供简单明了的操作界面

能够兼顾大多数投资者,采用简单的操作和热键功能,真正实现键盘、鼠标全部兼容。另外,考虑到证券投资者更熟悉证券简称,所以证券分析系统应该支持拼音简缩输入法。这样,投资者即便忘记证券代码,也能够方便地输入所查找的证券。如查询"中国联通",即可以输入证券代码"600050",也可以输入证券名称开头字母的缩写"ZGLT"。

(三)保证投资者的个人信息安全以及交易安全

券商在保护投资者利益上应有比较完善的风险控制管理措施,尤其在网上委托系统应有完善的系统安全、数据备份和故障恢复手段。在软件系统的技术管理上要确保客户交易数据的安全、完整与准确。与此同时,提供快速的证券委托、资金以及证券查询、历史流水数据查询等。

(四)减少投资者的操作程序

证券分析系统在设计上应该充分考虑系统灵活性、扩充性、易于维护性,尽量减少投资者的人为干预,减少投资者升级的频率。保证投资者能够连接最近、最快的主站,享受便捷顺畅的服务。

(五)突出个性化功能

大多数证券分析系统都具备了股票实时分析、委托的功能,那么如何在众多分析系统中,突出自身系统特点,是吸引投资者,扩展客户的一个重要环节。比如大智慧软件的"筹码分布"、钱龙软件的动态报警设置、双子星软件的"跑马灯"界面都起到了方便投资者实时监控股市行情的作用。

三、网上证券交易的基本流程

网上证券交易是新兴的证券交易模式,因此各证券公司并无统一规定。开户流程与传统交易业务无太大区别,只是在开通交易上略有不同。根据目前已开通网上证券交易的公司规定,证券网上交易基本流程如图 12.1 所示。

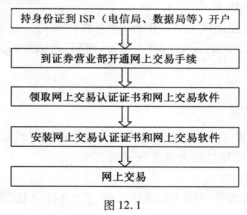

图 12.1

(一)开设资金账户

投资者携带身份证到当地电信局办理上网开户手续,然后到所在证券有限责任公司各营业部开设资金账户或进行网上预约开户。办理开户手续需本人持股东账户卡、身份证(或护照、军人证)、通存通兑的银行活期存折。只有办理网上委托交易开户手续,才能使用网上股票交易系统。

(二)开通网上交易业务

投资者本人持资金账户卡、股东账户卡、身份证亲自到营业部柜台提出申请或通过网上预约开户同我们联系。申请办理网上交易业务需签署《风险揭示书》、《网上交易业务协议书》,同时办理个人数字(CA)证书。目前国内证券公司一般可进行网上交易业务的股票种类有:深沪 A 股、深沪 B 股、基金、国债。

(三) 个人数字(CA)证书的申请及使用

个人数字(CA)证书就是投资者在互联网络上的个人身份证,它是网络通讯中标志通讯各方身份信息的一系列数据,在网上交易中能够保证网络安全的四大要素,即信息传输的保密性、数据交换的完整性、发送信息的不可否认性、交易者身份的确定性。使用证券交易分析系统的投资者需要有相关证券公司认可的个人数字(CA)证书,个人数字证书的签发可在申请网上交易时同时办理。

(四) 软件的下载安装

一般有两个渠道获取所需的交易软件。一是安装并运行证券公司营业部在开户时提供的专业版网上交易软件,利用该软件可进行股票查询业务,当需要交易时,选择网上交易标签栏。二是登陆相关的证券网站,找到软件下载专区。按照提示下载证券分析软件,下载完毕后,退出所有界面,在计算机上找到下载的图表双击,依次点下一步直至完成。

(五) 浏览行情或委托交易

软件安装完毕后,每次使用就可双击图标,登录账户即可。如要进行交易委托,则需选择相关的站点、营业部(初次登录时设定),输入账号、密码、通讯密码,点击确定即可进行操作。

四、软件安装与使用

(一) 交易软件的安装

国内各证券公司都设置了相关的证券分析软件,交易软件的安装程序也大致相同。下面以某证券公司的分析软件安装过程为例进行说明。

1. 下载

使用浏览器下载,从证券公司指定的地址下载,在"文件下载"弹出框中选择"保存",并保存程序的位置,如图12.2所示。

2. 安装

运行下载的.exe文件,开始安装,在安装过程中要同意相关的协议条款,如图12.3所示。安装完成后,在桌面上会生成图标。

(二) 交易系统的使用

1. 登录行情

进入系统后,首先显示一个"登录到行情主站"的对话框,选择开户的券商主站。如果第一次使用该软件,并且还没有在公司开通账户,那么可以点"试用"来使用这套系统。如果客户在证券公司开通了账户,那么需要点"确定",会看到下面对话框,如图12.4所示。

2. 身份认证

点击"确定"后,系统会弹出以下界面,如图12.5所示。

第十二章 软件使用与网上证券交易

XX软件下载				
软件名称	版本	版本说明	更新日期	立即下载
中国XX证券股份有限公司网上交易软件2.1	2.1	该版本作了如下改进： 1、新增了"股指期货"大菜单 2、在自选股页面（快捷键F6）中增加市盈(动)、市净率、贡献度等字段 3、解决了委托模块中营业部列表显示为空的情况，增加了修改资金密码的功能。 4、在分析页面的成交量窗口与副图指标窗口上方中增加了显示"切换指标"的按钮和"指标说明"的按钮 5、在系统设置的"性能选项"中支持自选股页面（快捷键F6）中按股票、期货、外汇、港股品种分标签显示 6、在个股单元表中把成交字样改成合理的"最新"，并把"市盈"字段改成了反映其本意的"市盈(动)"字样，报价表中的"市盈"也作同样处理	2008-1-17	完整下载 (4.7M)
		成合理的"最新"，并把"市盈"字段改成了反映其本意的"市盈(动)"字样，报价表中的"市盈"也作同样处理		

图 12.2

点击"是"，进入身份验证过程，如图 12.6 所示。

和投资者登录委托的界面是一样的，选择投资者的开户营业部，输入账号、密码，确定后，通过身份验证后一年的时间内系统不会要求投资者在同台机器上再次验证身份。下次使用同

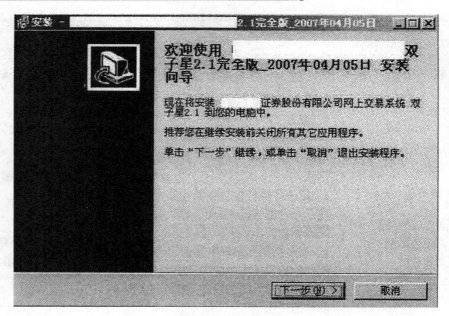

图 12.3

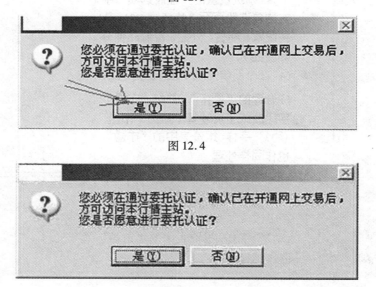

图 12.4

图 12.5

台机器登录时只显示登录行情的界面,选择站点直接登录即可。

3. 交易系统使用应注意事项

(1)选择"通讯设置"可进行以下设置:

第十二章　软件使用与网上证券交易

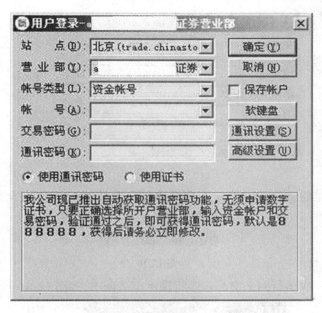

图 12.6

①如果客户是通过拨号上网,可通过本程序来实现自动拨号,退出时自动断线,以节省话费,如图 12.7 所示。

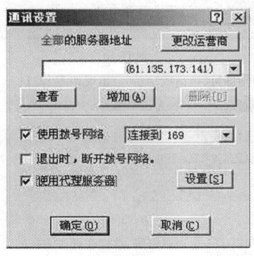

图 12.7

②如果是通过代理服务器上网,只须在图中"使用代理服务器"前打勾,并点击"设置"按钮进行如图 12.8 所示的设置。

图 12.8

③安装完双子星后，windows 系统右下角系统托盘将出现 SSL 安全代理运行图标，如图 12.9 所示。

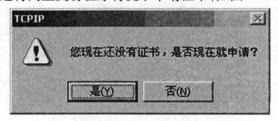

图 12.9

如果客户是第一次运行网上交易程序将提示申请证书，如图 12.10 所示。

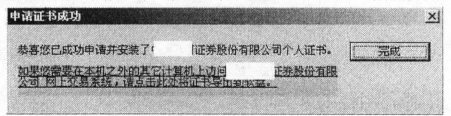

图 12.10

按照系统提示进行申请即可，申请成功后，会出现如图 12.11 所示的界面提示。

图 12.11

成功申请后，同时也获得了一个通讯密码，这样在登录委托的时候可以选择使用证书方式还是通讯密码方式，一般通讯密码方式比较方便快捷。

第二节　网上证券交易

一、委托设置

投资者可以根据自己的实际情况，选择适合自己的委托方式。目前证券营业部普遍存在的交易委托方式主要有：柜台当面委托、电话委托、传真委托、小键盘委托、触摸屏自助系统、远程可视委托和网上委托、手机委托。委托买卖证券操作流程图如图 12.12 所示。

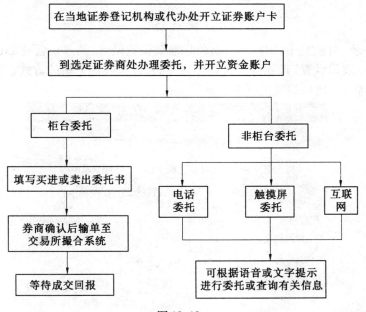

图 12.12

（一）登录配置

投资者到开户的证券营业部办理开通网上交易的手续，即可以开始网上证券交易。选择开通网上交易的证券商，应该选择一个能提供优良服务的证券商。最重要的是要考虑网上交易的安全性，投资者应选择取得中国证监会颁发的"网上委托交易资格"的证券商。此外，网上委托系统应有完善的系统安全、数据备份和故障恢复手段。在技术和管理上要确保客户交易数据的安全、完整与准确。

选择了合适的券商，安装了相应的网上证券交易软件，就可以进行网上委托交易。投资者点击网上交易软件工具栏主功能图标按钮或者点击系统界面右上角交易系统，即可进入"用户登录"对话框,如图 12.13 所示。

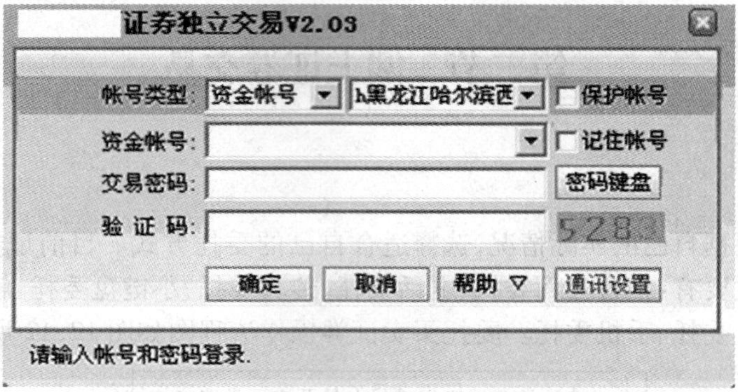

图 12.13

在"用户登录"对话框中,用户第一次使用需要设置站点,及开户营业部(以后系统会默认此站点)。其中"通讯设置"选项可以设置交易中心,设置连接主站的方式,当用户上网端口受到限制时,可以启动"通达信绿色通道服务",如图 12.14 所示。

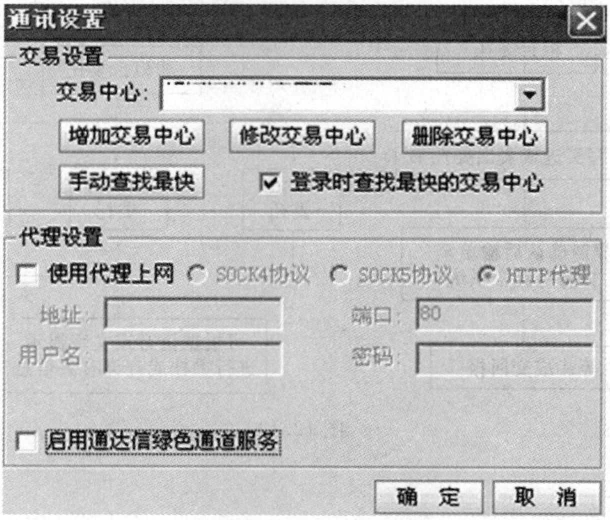

图 12.14

(二)登录账户

投资者通过网络进行网上交易,需要先登录到开户的证券营业部。登录即对投资者身份进行验证。登录方式有以资金账号登录和股东账号登录两种方式。登录时需要验证投资者资金账号,然后输入交易密码,验证码,如图 12.15 所示。

为了加大对用户的密码保护,系统还设置了"密码键盘",可以用密码软键盘输入密码,如

第十二章　软件使用与网上证券交易

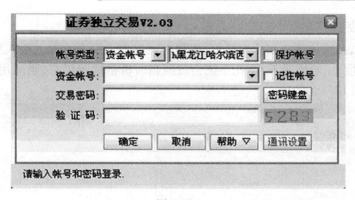

图 12.15

图 12.16 所示。

图 12.16

二、委托买卖

用户登录进入系统后,可以看到系统界面,其中包括菜单设置及买入股票、卖出股票、查询等功能选项。用户也可以根据自己的习惯设置界面,如图 12.17 所示。

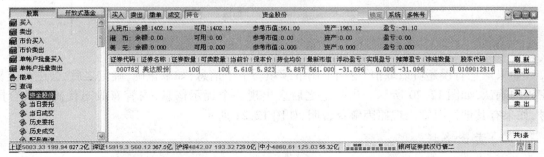

图 12.17

（一）买入委托

点击"买入"，系统将弹出买入对话框，根据对话框提出的要求输入委托股票代码、委托股票价格和委托数量，一般情况下，委托系统会按照当前价格提示用户，当然用户也可以自己确定其他价格，如图 12.18 所示。

图 12.18

当确认输入无误之后，点击"下单"会出现确认信息。系统会将此委托通过券商发往沪、深证券交易所。此外，点击"下单"，系统会自动查询客户的账户中是否有足够的余额，如果资金余额不足，程序将提示"账户余额不足"，此笔委托将无法申报，如图 12.19 所示。

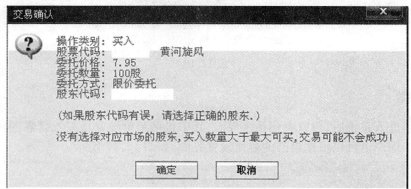

图 12.19

如果信息有误还可以取消，返回上图继续填写下单信息，如果正确，确定之后，会进行交易密码的确认，如图 12.20 所示。当确定之后会出现一个提示信息，内容有股东代码以及合同号，如果有其他情况则出现原因解释说明，如图 12.21 所示。

（二）卖出委托

点击"卖出"，系统会弹出卖出对话框，根据对话框提出的要求输入委托股票代码、委托价格、委托数量，如图 12.22 所示。

当确认输入无误之后，点击下单会出现确认信息。如果信息有误还可以取消，返回上图继

第十二章　软件使用与网上证券交易

图 12.20

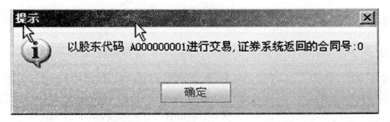

图 12.21

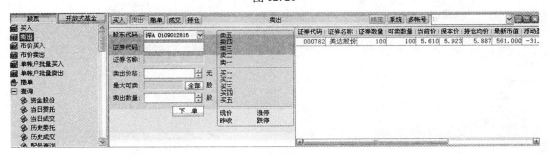

图 12.22

续填写下单信息,如果正确,确定之后,会进行交易密码的确认。当确定之后会返回一个提示信息,内容有股东代码以及合同号,如果有其他情况则出现原因说明。

(三)撤销委托

撤销委托的范围仅限于用户已经申报到交易所但尚未成交的委托。对于未进行输入确认的委托,客户可以任意修改,再行确认。对于已经申报并且成交的委托,因交易过程已被确认,所以客户无法撤销。如果是已经但尚未成交的委托,用户想改变委托价格或者委托数量,可以将此单在成交前撤回。

需要选中要撤单的信息(复选状态,用鼠标单击选择信息条,点击"全选中"可以选中全部的信息条,"全不选"可以取消全部的信息条)点击"撤单"之后会有确认信息。确认之后撤单完成,如图 12.23 所示。

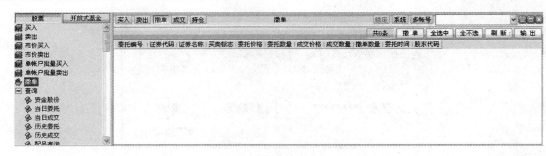

图 12.23

三、账户查询

(一) 查询资产

点击"资金股份",如图 12.24 所示,系统将弹出对话框,用户可以通过这一界面查询个人账户中的证券余额、资金余额、可用金额、盈亏以及资产总值等。其中,资产总值包含当前账户中资金余额和持仓股票按照当前市价计算出的价值,因此是不断变化的。

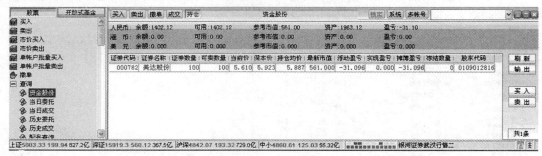

图 12.24

如果点击右侧的"输出"键,可以将查询结果以合适的路径输出,如图 12.25 所示。

图 12.25

而点击"买入"和"卖出"将切换到股票买卖界面。

(二)更改密码

进行网上证券交易,安全性是很重要的问题。为此,用户一方面要注意保管好自己的交易密码,另一方面也应该经常对交易密码进行修改、更换。任何一个网上证券交易系统都设有修改密码选项,以方便用户自行操作。点击"修改密码"后,出现修改密码的对话框,用户输入原始交易密码,然后输入新改动的密码,再进行确认,如图 12.26 所示。

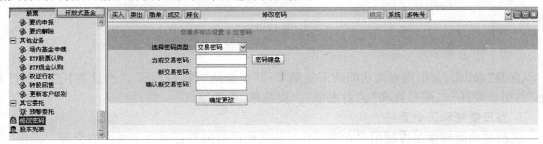

图 12.26

(三)批量功能

批量功能主要包括批量买入、批量卖出。批量功能主要用于机构客户的多账号账户使用,即在同一资金账户中含有多个股东账户的情况。用户可以输入开始账号和委托笔数,其他输入方法与单账户委托相同。如图 12.27,点击"单账户批量买入"。

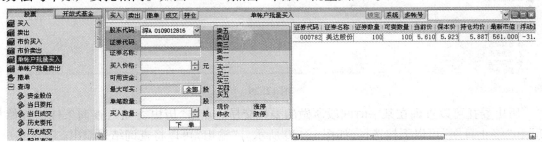

图 12.27

批量方式可以下拉选择,在填写完证券代码之后,证券名称会显现,起始序号和账号数按实际情况来填。当确认输入无误之后,点击下单会出现确认信息。如果信息有误还可以取消返回图 12.27 继续填写下单信息,如果正确,确定之后,会进行交易密码的确认。当确定之后会返回一个提示信息,内容有股东代码以及合同号,如果有其他情况则有解释说明。点击"单账户批量卖出"过程同"单账户批量买入",如图 12.28 所示。

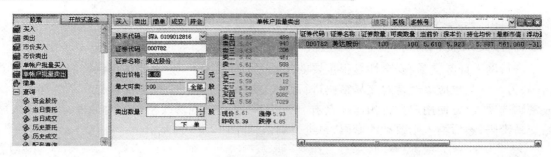

图 12.28

(四)资金查询

点击"查询",会出现查询功能的下拉菜单,其中包括"资金股份"、"当日委托"、"当日成交"、"历史委托"、"配号查询"、"对账单"、"交割单"等功能。

1. 当日委托和历史委托

这两项功能选项是方便用户查询当日以及之前进行的委托但尚未成交的交易。点击"当日委托"会出现委托编号、证券代码、委托价格、委托数量等信息,点击"输出"即可输出结果,如图 12.29 所示。

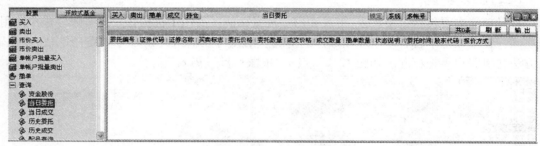

图 12.29

历史委托可以查询在某一时间段所做的委托交易。点击"历史委托",查询条件:"起始日期"和"终止日期"可以下拉选择,如图 12.30 所示。"输出"可以将查询结果输出。

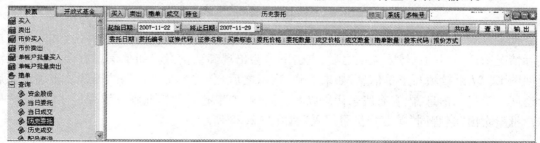

图 12.30

2. 当日成交和历史成交

这两项功能选项是方便客户查询成交记录的。当日成交是指客户当日委托买入或卖出股票的已经在交易所主机中撮合成功的记录,其中不含已经申报但未成功的记录。点击"当日成交",如图 12.31 所示,"输出"可以将查询结果输出。

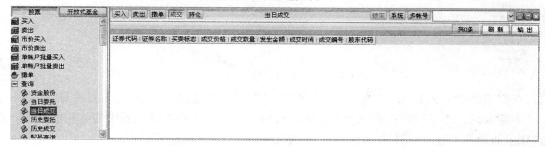

图 12.31

历史成交用于用户查询当日成交之前的成交记录。点击"历史成交",如图 12.32 所示,"输出"可以将查询结果输出。

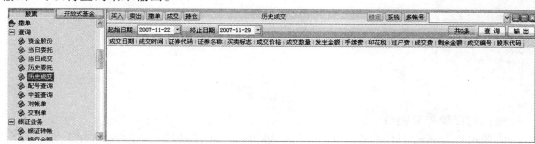

图 12.32

3. 查询配号和中签

新股申购的实际操作与买入股票的程序是一样的。用户只须在新股申购当日,在交易时间内进行买入委托,正确输入证券申购代码、价格及数量,提交即可。

在申购新股时应注意以下事项:交易所对申购新股的每个账户申购数量是有限制的。下限为沪市 1 000 股、深市 500 股,认购数量必须是其整数倍;上限则在发行公告中有具体规定。委托时不能低于下限,也不能超过上限,否则被认为是无效委托而无法申购;每个账户只能申购一次。申购两次或两次以上的即为重号,只对第一次申购确认,其余的均为无效。申购新股不收取手续费、印花税、过户费,而且新股申购不允许撤单。申购新股的资金如果未中签,将在申购日后的第四天给予解冻。交易所对未中签的申购款予以解冻,并向各券商返还未中签申购款。

配号查询是查询用户获得的申购配号,点击"配号查询",如图 12.33 所示。

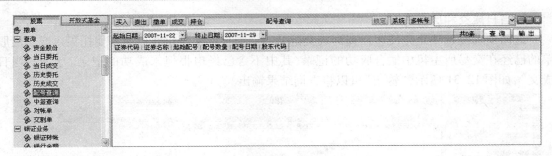

图 12.33

查询条件:"起始日期","终止日期"可以下拉选择。"输出"可以将查询结果输出。

中签查询是用于用户查询已参与的向二级市场投资者配售新股是否中签的功能选项。点击"中签查询",如图 12.34 所示。

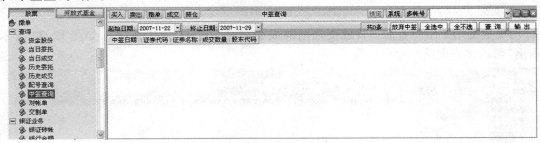

图 12.34

4. 查询对账单和交割单

对账单可以显示证券的成交日期、成交价格、数量、手续费等,点击"对账单",如图 12.35 所示。

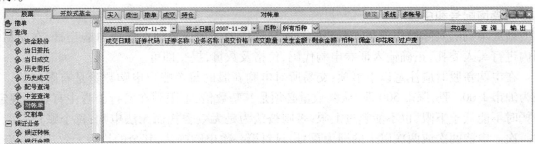

图 12.35

查询条件:"起始日期","终止日期","币种"可以下拉选择。"导出对账单","导出汇总对账单"路径可以选择。交割单除对账单所列项目外还包括"买卖标志""成交编号"等项目。点击"交割单",如图 12.36 所示。"输出"可以将查询结果输出。

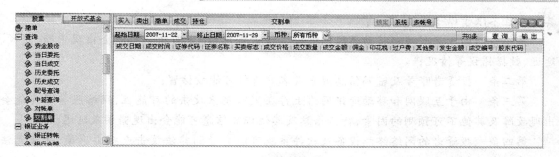

图 12.36

本章小结

网上证券交易是指投资者利用互联网网络资源,获取证券的即时报价、分析市场行情,并通过因特网委托下单,实现实时交易。网上证券业务的开展,离不开一套完整的证券分析系统。我们通过了解系统参数的设置,掌握基本的分析方法。

网上证券委托即通过网上证券交易软件,输入个人资金账户、个人密码进入交易主菜单,投资者可以根据电脑的提示完成委托买卖、撤单、资金、证券以及成交的查询等操作。网上证券委托首先要进行委托设置,投资者到开户的证券营业部办理开通网上交易的手续,安装相关软件。使用已开通的资金账号、个人密码连接主站进行交易。投资者登录个人账户后,即可进行股票买卖操作。交易主要包括股票买入、卖出委托,以及撤销操作失误或者需要改动的委托。投资者想了解自己的资金使用状况,可利用账户查询功能。

思考题

1. 简述网上交易的基本流程。
2. 如何安装和使用证券分析软件?
3. 如何在网上委托买卖股票?

【案例分析】

中国××证券股份有限公司网上证券委托风险揭示书

中国××证券股份有限公司(以下称我公司)敬请投资者仔细阅读以下内容,以便正确、全面地了解网上交易的风险。如果投资者申请或使用我公司提供的网上交易系统,我们将认为投资者已完全了解网上委托交易的风险,并愿承受网上委托交易风险,即投资者能承担由此带来的一切可能的损失。

我公司在互联网上提供"中国××证券网"(域名 www.＊＊＊.com.cn)作为网上委托交易的入口站点。我公司根据国家相关法律法规的规定,已对网上委托系统尽力采取了有效措施保护投资者资料和委托过程的安全,尽管如此,本着对投资者负责的态度,我公司在此郑重提醒投资者:网上委托方式除具有其他委托方式所共有的风险外,投资者还应充分了解和认识到

其存在且不限于以下风险:

第一条 由于互联网和移动通讯网络数据传输等原因,交易指令可能会出现中断、停顿、延迟、数据错误等情况;

第二条 投资者账号及密码信息泄露或客户身份可能被仿冒;

第三条 由于互联网和移动通讯网络上存在黑客恶意攻击的可能性,网络服务器可能会出现故障及其他不可预测的因素,行情信息及其他证券信息可能会出现错误或延迟;

第四条 投资者的网络终端设备及软件系统可能会受到非法攻击或病毒感染,导致无法下达委托或委托失败;

第五条 投资者的网络终端设备及软件系统与我公司所提供的网上交易系统不兼容,无法下达委托或委托失败;

第六条 如投资者缺乏网上委托经验,可能因操作不当造成委托失败或委托失误;

第七条 由于网络故障,投资者通过网上证券交易系统进行证券交易时,投资者网络终端设备已显示委托成功,而我公司服务器未接到其委托指令,从而存在投资者不能买入和卖出的风险;投资者网络终端设备对其委托未显示成功,于是投资者再次发出委托指令,而我公司服务器已收到投资者两次委托指令,并按其指令进行了交易,使投资者由此产生重复买卖的风险。

上述风险可能会导致投资者发生损失。

问题:

针对该证券公司的网上证券委托风险揭示书,你将采取哪些措施防范此类风险?

第十三章
Chapter 13

证券市场监管

【本章学习要求】

本章介绍了证券监管的重要性、监管的原则和目标,比较国内外主要证券监管的类型及特点;详细阐述我国证券监管的发展历史和法律、法规、行政监管的内容;学习要求如下:
- 了解证券市场监管的重要性和基本原则;掌握证券市场监管的模式。
- 掌握证券市场的法律;了解证券市场的行政法规;了解证券市场的部门规章。
- 了解证券市场行政监管的机构;掌握证券市场行政监管的内容。
- 掌握证券交易所的自律管理;掌握中国证券业协会的自律管理。

【本章主要概念】

证券市场监管　证券市场法律　证券市场行政法规　中国证券监督管理委员会　证券交易所　中国证券业协会

【案例导读】

2007年5月,上投摩根成长先锋原基金经理唐建个人涉嫌利用内幕信息从事违规投资被证监会立案调查。之后,其建立老鼠仓行为已被中国证监会查实。唐建自担任基金经理助理起便以其父亲和第三人账户,先于基金建仓前买入新疆众和的股票(其父的账户买入近6万股,获利近29万元,另一账户买入20多万股,获利120多万),总共获利逾150万元。唐建的行为违法了哪些法律、法规?应该受到何种处罚?证券监管部门应该如何应对此类事件?

第一节 证券市场监管概述

一、证券市场监管的重要性和基本原则

（一）证券市场监管的重要性

证券市场监管是国家宏观经济监管体系中不可缺少的组成部分，对证券市场的健康发展意义重大。证券市场监管的重要性体现在以下几个方面：

1. 加强证券市场监管是保障广大投资者权益的需要

投资者是证券市场的重要参与者，他们参与证券交易、承担投资风险是以获取收益为目的的。为保护投资者的合法权益，必须本着"公开、公平、公正"的原则，加强对证券市场的监管。只有这样，才能使投资者充分了解风险后，做出正确的投资选择。

2. 加强证券市场监管是维护市场良好秩序的需要

为了保证证券市场的顺利运行，国家需要通过立法的形式，允许一些有资质的金融机构、中介机构和个人，在国家法律允许的范围内买卖证券并取得合法收益。为了维护正当交易，维护证券市场的正常秩序，必须对证券市场存在的欺诈、操纵、垄断和哄抬股价等行为进行严厉的查处。

3. 加强证券市场监管是发展和完善证券市场体系的需要

完善的市场体系能促进证券市场筹资和融资功能的发挥，有利于稳定证券市场，增强投资者信心，促进资本合理流动，从而推动金融业、商业和其他行业以及社会福利事业的顺利发展。

4. 加强证券市场监管是证券市场参与者发行和交易的重要保证

一个发达、高效、完善的证券市场需要信息传递的及时、准确。这些既要有现代化的信息通讯技术，又需要有组织严密的科学信息网络。加强证券市场监管可以使证券市场的参与者能够公平地获得信息，防止少数人利用信息的不对称性获得非法利益。

（二）证券市场监管的原则

1. 依法监管原则

中国证券市场形成发展的历史说明了依法监管的重要性。依法监管要做到"有法可依、有法必依、执法必严、违法必究"。从目前情况看，我国的证券法律法规体系正日趋完善，但还需要进一步对相关问题进行补充和细化。尤其是随着新的金融产品的推出，新的问题会不断出现，这就需要法律法规能够及时地完善和修订。此外，还要进一步加强对证券市场违法违规行为的打击力度。

2. 保护投资者利益的原则

投资者不仅关系到资本市场的规范和发展，也关系到整个经济的稳定增长。投资者（尤

其是中小投资者)由于资金少、信息不对称,在证券市场中处于弱势地位,需要重点保护。在我国的证券市场上经常出现公司大股东侵害中小股东利益的问题。这就需要有关部门必须下大力气保护中小投资者的利益。

3. **公开、公平、公正原则**

(1)公开原则。公开原则要求证券市场具有充分的透明度,实现市场信息的公开化。信息的披露主体不仅包括证券的发行人、交易者,还包括证券监管者;要保障市场的透明度,除了证券发行人要对影响证券价格的公司情况作出公开详细说明外,还应该公开有关监管程序、监管身份,以及证券市场违规处罚的标准和规定等。

(2)公平原则。公平原则要求证券市场不存在歧视,参与市场的主体具有完全平等的权利。具体来说,无论是投资人还是筹资人,无论是机构投资者还是个人投资者,也无论投资规模和筹资规模的大小,只要是市场主体,则在进入与退出市场、投资机会、享受服务、获取信息等方面都享有完全平等的权利。

(3)公正原则。公正原则要求证券监管部门在公开、公平原则的基础上,对一切被监管的对象给予公正对待。证券立法机构应当制定体现公平精神的法律、法规和政策;证券监管机构应当根据法律赋予的权限履行监管职责,以法律为依据,对一切证券市场参与者给予公正的对待;对证券违法行为的处罚和对证券纠纷、争议的处理,都应当公平。

4. **监督与自律相结合的原则**

这一原则是指在加强政府、证券监管机构对证券市场监管的同时,也要加强从业者的自我约束、自我教育和自我管理。国家对证券市场的监管是证券市场健康发展的保证,而证券从业者的自我管理是证券市场正常运行的基础。

(三)证券市场监管的目标

证券市场监管的目标在于以下几个方面:①运用和发挥证券市场机制的积极作用,限制其消极作用;②保护投资者的合法权益,保障合法的证券交易活动,监督证券中介机构依法经营;③防止人为操纵、欺诈等不法行为,维持证券市场的正常秩序;④根据国家宏观经济管理的需要,运用灵活多样的方式,调控证券发行与证券交易规模,引导投资方向,使之与经济发展相适应。国际证监会公布了证券监管的三个目标:一是保护投资者;二是保证证券市场的公平、效率和透明;三是降低系统风险。

二、证券市场监管的模式

(一)国外证券市场监管的主要模式

从全球范围看,一个国家采取何种证券监管模式主要取决于以下两个基本因素:一是证券市场的发展阶段、发育程度与证券市场的自由度;二是政府对经济运行的调控模式。由于各国具体情况不同,监管的模式也不一样,综合各国证券市场管理体制,大体可分为以下三种模式:

集中型管理、自律型管理、分级型管理。

1. 集中型管理模式

集中型管理模式是指政府通过制定专门的证券市场管理法规,并设立全国性的证券监管机构来实现对全国证券市场的管理。集中型管理模式的代表是美国、日本,此外中国也实行集中型管理模式。集中型管理模式的特点如下:

(1)有一套全国性的证券市场管理法规。以美国为例,除了《公司法》对组建公司的行为进行规范外,还有证券管理的专门立法,如《1933年证券法》、《1934年证券交易法》、《1940年投资公司法》、《1940年投资咨询法》、《1970年证券投资保护法》等。此外,各州都有一些与证券管理有关的法律,这些法律大体可分为三类:州的《公司法》,用于规范公司的组建和经营;州的《证券法》,大多是重复联邦法律中的禁止条款;关于证券转让的法律,主要是联邦法律《统一商法典》。

(2)设有全国性的管理机构负责管理、监督证券市场。这种管理机构有的是专职管理机构,有的是政府的一个职能部门,因此,按管理者划分,集中型管理模式又可分为三类:

①以独立监管机构为主体。这一类型的典型代表是美国。美国根据《1934年证券交易法》,设立了专门管理机构——证券交易委员会(SEC),它由美国总统任命、参议院批准的5名委员组成,对全国的证券发行、证券交易所、证券商、投资公司等实施全面管理监督的权利。SEC有权制定为贯彻执行《1933年证券法》和《1934年证券交易法》所需要的各种行政法规,并监督实施。大多数拉美国家都实行这种管理体制。这种管理体制的优点是证券市场的监督者可以站在超然的地位监督证券市场,避免其它部门的干预和本位主义,可协调各部门的立场和目标。这种管理体制要求监管者拥有足够的权利。

②以中央银行为主体。这种类型国家的证券监管机构就是该国的中央银行体系的一部分,其代表国家是巴西。巴西的证券监管机构是证券委员会,它根据巴西国家货币委员会(巴西中央银行的最高决策机构)的决定,行使对证券市场的监管权利。这种体制使一国宏观金融的监督管理权高度集中于中央银行。这种模式的优点是便于决策和行动的协调一致,有利于提高管理的效率。不足之处是过分集权将导致过多的行政干预和"一刀切"现象,缺乏针对性管理。

③以财政部为主体。这类管理模式是指由财政部作为监管的主体或完全由财政部直接建立监管机构,代表国家有日本、韩国。日本的证券管理机构是大藏省的证券局。日本的《证券交易法》规定,证券发行人在发行有价证券前必须向大藏省登记,证券交易的争端由大藏大臣调解。

韩国虽然有专门的证券交易委员会和证券监督局,但两者均受制于财政部。韩国的《证券交易法》规定,证券交易委员会由韩国银行行长、韩国证券交易所董事长、财政部副部长和经财政部部长推荐由总统任命的6名委员,共9名委员组成,主席由总统认命。在主席缺席期间,由财政部部长指定一名专职委员行使主席权利。证券交易委员会的任何决议都必须立即向财政部部长报告,不得延迟。证券监督局的局长由证券交易委员会主席兼任,副局长和助理副局长经局长推荐由财政部部长认命。

实行这种体制的国家大多是财政部部长在该国地位较高的。这种模式有利于国家宏观经济政策的协调,但这种体制不适合于财政部和中央银行之间独立性较强的国家。

集中型管理模式的优点是:具有超脱于证券市场参与者之外的统一管理机构,能够公平、公正、客观、有效、严格地发挥其监管作用,并能起到协调全国各证券市场的作用,防止出现过度竞争的局面;具有专门的证券法规,使证券行为有法可依,有利于提高证券市场监管的权威性;由于管理者的超脱地位,较注重保护投资者的利益;自律性得以发挥。

集中型管理模式的缺点是:由于证券市场的管理是一项艰巨而复杂的任务,涉及面广,仅靠全国性的证券管理机构而没有证券交易所和证券商协会的配合很难胜任,难以实现既有效管理有不过多行政干预的目标。为了克服单纯集中管理型的缺陷,实行集中管理型的国家也应注意充分发挥证券交易所和证券商协会自律管理的作用。

2. 自律型管理模式

自律型管理模式是指政府除了某些必要的国家立法外,较少干预证券市场,对证券市场的管理主要由证券交易所以及证券商协会等组织进行自律管理。自律组织通过其章程、规则来引导和制约其成员的行为,自律组织有权拒绝接受某个证券商为会员,并对会员的违规行为进行制裁,严重者开除会籍。自律型管理的代表是英国,此外,荷兰、爱尔兰、芬兰、挪威、瑞典等北欧国家也实行自律管理模式。

自律型管理模式具有以下优点:既可以提供较充分的投资保护,又能充分发挥市场的创新和竞争意识,从而有利于市场的活跃;允许证券商参与制订证券市场管理条例,而且鼓励他们遵守这些条例,使市场管理更切合实际;由市场参与者制订和修订证券管理条例比议会制订证券法具有更大的灵活性,效率更高。自律型组织对发生的违法违规行为能够作出迅速而有效的反应。

自律型管理模式具有以下缺点:自律型管理通常把重点放在市场的有效运转和保护证券交易所会员的利益上,对投资者提供的保障往往不充分。有鉴于此,实行自律型的国家通常都用投资保护法规弥补不足;管理者的非超脱性难以保证管理的公正;由于没有立法权,管理手段较弱。没有专门的管理机构,难以协调全国证券市场的发展,容易造成混乱。

由于自律管理模式的诸多缺陷,因此实行自律型管理的国家也纷纷效仿集中型管理模式的做法,朝着政府管制与市场自律相结合的方向发展。例如,1986年英国颁布了《金融服务法》,这是英国第一次以国家立法形式对证券业进行直接管理。同时成立了证券和投资委员会,负责执行该法规,并掌管所有证券的投资业务。该法案的一个突出特点是既顾及自律组织的利益,又顾及投资者的利益,从而使英国投资业管理得到相当程度的加强和完善。

3. 分级型管理模式

分级型管理模式包括二级管理模式和三级管理模式。二级管理指政府和自律机构相结合的管理,三级型管理指中央和地方二级政府加上自律机构的管理。

分级型管理一般有两种方式:一是政府与自律机构分别对证券进行管理,形成官方与民间的权力分配和制衡;二是中央与地方分别对证券进行管理,形成政府间、政府与民间的权力分配与制衡。

目前,世界上多数国家和地区都开始采取分级管理模式,如美国、法国、意大利等国也逐步向二级、三级管理模式靠拢。其主要原因是以行业公会为主的自律性管理,容易形成行业垄断和利益集团,引起社会投资者的反对。

(二)我国证券市场监管体制的发展演变

我国的证券监管体制发展大体可以分为三个阶段:

第一个阶段是从20世纪80年代到1992年,这一阶段是以中国人民银行为主的分散监管阶段。1986年《银行管理暂行条例》将审批专业银行和其他金融机构的设置或撤并,以及管理企业股票、债券等有价证券,管理金融市场的职能明确地赋予中国人民银行。1990年《上海证券交易管理办法》规定,上海市的证券监督管理机构是中国人民银行上海市分行。1991年《深圳市股票发行与交易管理暂行办法》规定,中国人民银行是深圳市证券监督管理机构,授权中国人民银行深圳经济特区分行,对深圳市证券发行和交易行使日常的管理职能。1991年4月,中国人民银行请示国务院批准,建立了由中国人民银行、国家计委、财政部、国家外汇管理局、税务总局等单位共同组成股票市场办公会议制度,代表国务院对证券市场行使日常管理职权。1992年6月,在股票市场办公会议制度基础上,建立了国务院证券管理办公会议制度,其办事机构是中国人民银行的证券管理办公室。同时,地方政府在证券市场监管中扮演着极为重要的角色。由于中央银行监管职责不明确,上海、深圳的股票市场仍然是地方性市场,客观上使地方政府监管的成本较低。因此,政府在证券监管中发挥了极为重要的作用;同时证券交易所的自律监管也发挥了重要作用。

第二阶段是1993年到1997年,这是中央和地方、中央各部门共同参与监管向统一集中监管的过渡阶段。1992年10月同时成立了国务院证券管理委员会(以下称证券委)和中国证监会。根据国务院1992年12月17日发布的《关于进一步加强证券市场宏观管理的通知》,证券市场管理机构大致分为证券委、证监会、其他政府机构及证券业自律机构。证券委是国家对全国证券市场进行统一宏观管理的主管机构。证监会是证券委的监管执行机构,由具有专业证券知识和实践经验的专家组成,按事业单位管理。国务院其他有关部门和地方人民政府关于证券工作的职责分工是:国家计委根据证券委计划建议进行综合平衡,编制证券计划;中国人民银行负责审批和归口管理证券机构,同时报证券委备案;财政部归口管理注册会计师和会计师事务所,对其从事与证券业有关的会计师事务的资格由证监会审定;国家体改委负责拟定股份制试点的法规并组织协调有关试点工作;上海、深圳证券交易所由当地政府归口管理,由证监会实施监督,设立证券交易所必须由证券委审批,报国务院批准;现有企业股份制试点,地方企业由省级或计划单列市人民政府授权的部门会同企业主管部门负责审批,中央企业由国家体改委会同企业主管部门负责审批。

第三阶段是1997年到现在,这一阶段建立了集中统一的证券监管体制。1997年底,中共中央、国务院决定完善监管体系,实现垂直领导,加强对全国的证券、期货行业的统一监管。证券交易所由地方政府转为中国证监会管理,证券委被撤销,其职能也划归证监会。1998年,国务院批准了《证券监管机构体制改革方案》,在方案中证监会成为全国证券期货市场的主管部门,同时可以在中心城市设立证监会派出机构。1999年通过的《证券法》第七条明确规定了国务院证券监督管理机构依法对全国证券市场实行统一集中管理,从而明确了证监会的法律地位。2005年通过修订的《证券法》依然规定了国务院证券监督管理机构依法对全国证券市场实行集中统一监督管理。同时增加规定:在国家对证券发行、交易活动实行集中统一监督管理的前提下,依法设立证券业协会,实行自律性管理。

第二节 证券市场的法律、法规

证券市场的法律、法规分为三个层次:第一个层次是指由全国人民代表大会或全国人民代表大会常务委员会制定并颁布的法律,主要包括《中华人民共和国证券法》、《中华人民共和国证券投资基金法》、《中华人民共和国公司法》以及《中华人民共和国刑法》等相关法律;第二个层次是指由国务院制定并颁布的行政法规;第三个层次是指由证券监管部门和相关部门制定的部门规章。

一、证券市场的法律

(一)国家法律

1.《中华人民共和国证券法》

《中华人民共和国证券法》(简称《证券法》)于1998年12月29日第九届全国人民代表大会常务委员会第六次会议通过,于1999年7月1日实施。2004年第十届全国人民代表大会常务委员会第十一次会议对部分条款进行了修订。2005年第十届全国人民代表大会常务委员会第十八次会议对《证券法》进行了全面修订,并于2006年1月1日起生效。《证券法》是中国证券市场的根本大法,共十二章二百一十四条,包括总则、证券发行、证券交易、上市公司的收购、证券交易所、证券公司、证券登记结算机构、证券服务机构、证券业协会、证券监督管理机构、法律责任和附则。

2.《中华人民共和国公司法》

《中华人民共和国公司法》(简称《公司法》)于1993年12月29日由第八届全国人民代表大会常务委员会第五次会议通过,于1994年7月1日起实施。1999年、2004年分别对其进行了两次修订。2005年10月27日第十届全国人民代表大会常务委员会第十八次会议再次进行较全面的修订,并于2006年1月1日起实施。《公司法》总分十三章二百一十九条,对在中国境内有限责任公司的设立和组织机构、股份有限公司的设立和组织机构、股份有限公司的股份发行和转让、公司债券、公司财务和会计、公司合并和分立、公司破产、解散和清算、外国公司的分支机构、法律责任等内容制定了相应的法律条款。

2005年对《公司法》修订的主要内容包括：

第一，关于公司注册资本。取消了按照公司经营内容区分最低注册资本额的规定，允许公司按照规定的比例在2年内分期缴清出资，其中投资公司可以在5年内缴足，有限责任公司的最低注册资本额降低至人民币3万元。公司不仅可以用货币、实物、工业产权、非专利技术、土地使用权出资，还可以用股权等法律、行政法规允许的其他形式出资。同时，规定货币出资额不得低于公司注册资本的30%。公司向其他公司累计投资额不得超过本公司净资产的70%；投资后，接受被投资公司以利润转增的资本，其增加额不包括在内。

第二，在健全内部监督制约机制方面。股份有限公司的监事会至少每6个月召开一次。监事会对所议事项决定需做成会议记录，由出席会议的监事在会议记录上签字。上市公司的董事会成员中应当有1/3以上的独立董事。上市公司在1年内购买、出售重大资产或者担保金额超过公司资产总额30%的，应当由股东大会出席会议的股东所持表决权的2/3以上通过。上市公司董事与董事会会议决议事项所涉及的企业有关联关系的，不得对该项决议行使表决权，也不得代理其他董事行使表决权。董事会议须由1/2以上无关联关系股东出席，所做决议须经无关联关系董事过半数通过。

第三，关于公司上市条件。公司股本总额降低至3 000万元，向社会公开发行的股份达到公司总股份数的25%以上；公司股本总额超过人民币4亿元的，其向社会公众发行的股份比例为10%以上。

3.《中华人民共和国基金法》

《中华人民共和国基金法》(简称《基金法》)经2003年10月28日第十届全国人民代表大会常务委员会第五次会议通过，并于2004年6月1日起正式实施。《基金法》分为十二章一百零三条，包括总则，基金管理人，基金托管人，基金的募集，基金份额的交易，基金份额的申购与赎回，基金的运作与信息披露，基金合同的变更、终止与基金财产清算，基金份额持有人权利及其行使，监督管理，法律责任及附则。《基金法》的调整范围是证券投资基金的发行、交易、管理、托管等活动，目的是保护投资人及相关当事人的合法权益，促进证券投资基金和证券市场的健康发展。

4.《中华人民共和国刑法》对证券犯罪的相关内容

《中华人民共和国刑法》(简称《刑法》)于1979年7月1日第五届全国人民代表大会第二次会议通过并实施，之后分别于1997年、1999年、2002年和2009年进行四次修正。《刑法》关于证券犯罪或与证券有关的主要规定有：

(1)欺诈发行股票、债券罪。在招股说明书、认股书、公司和企业债券募集办法中隐瞒重要事实或者编造重大虚假内容，发行股票或者公司、企业债券，数额巨大、后果严重或者有其他严重情节的,处 5 年以下有期徒刑或拘役,并处或者单处非法募集资金额 1% 以上 5% 以下罚金。单位犯本款罪的,对单位判处罚金,并对其直接负责的主管人员和其他直接责任人员,处 5 年以下有期徒刑或者拘役。

（2）提供虚假财务会计报告罪。向股东和社会公众提供虚假的或者隐瞒重要事实的财务会计报告,或者对依法应当披露的其他重要信息不按照规定披露,严重损害股东或者其他人利益,或者有其他严重情节的,对其直接负责的主管人员和其他直接责任人员,处 3 年以下有期徒刑或者拘役,并处或者单处 2 万元以上 20 万元以下罚金。

（3）上市公司的董事、监事、高级管理人员违背对公司的忠实义务,利用职务便利,操纵上市公司,致使上市公司利益遭受重大损失的,处 3 年以下有期徒刑或者拘役,并处或者单处罚金;致使上市公司利益遭受特别重大损失的,处 3 年以上 7 年以下有期徒刑,并处罚金。

（4）以欺骗手段取得银行或者其他金融机构贷款、票据承兑、信用证、保函等,给银行或者其他金融机构造成重大损失或者有其他严重情节的,处 3 年以下有期徒刑或者拘役,并处或者单处罚金;造成特别重大损失或者有其他特别严重情节的,处 3 年以上 7 年以下有期徒刑,并处罚金。

（5）非法发行股票和公司、企业债券罪。未经国家有关主管部门批准,非法发行股票或者公司、企业债券,数额巨大、后果严重或者有其他严重情节的,处 5 年以下有期徒刑或拘役,并处或单处非法募集资金额 1% 以上 5% 以下罚金。单位犯前款罪的,对单位判处罚金,并对其直接负责的主管人员和其他直接责任人员处 5 年以下有期徒刑或拘役。

（6）内幕交易、泄露内幕信息罪。证券、期货交易内幕信息的知情人员或者非法获取证券、期货交易内幕信息的人员,在对证券、期货交易价格有重大影响的信息尚未公开前,买入或卖出该证券,或者从事与该内幕信息有关的期货活动,或者泄露该信息,或者明示、暗示他人从事上述交易活动,情节严重的,处 5 年以下有期徒刑或拘役,并处或者单处违法所得 1 倍以上 5 倍以下罚金;情节特别严重的,处 5 年以上 10 年以下有期徒刑,并处违法所得 1 倍以上 5 倍以下罚金。单位犯前款罪的,对单位判处罚金,并对其直接负责的主管人员和其他直接责任人员,处 5 年以下有期徒刑或者拘役。

（7）编造并传播影响证券交易虚假信息罪、诱骗他人买卖证券罪。编造并且传播影响证券、期货交易的虚假信息,扰乱证券期货交易市场,造成严重后果的,处 5 年以下有期徒刑或者拘役,并处或者单处 1 万元以上 10 万元以下罚金。故意提供虚假信息或者伪造、编造、销毁交易记录,诱骗投资者买卖证券、期货合约,造成严重后果的,处 5 年以下有期徒刑或拘役,并处或者单处 1 万元以上 10 万元以下罚金;情节特别恶劣的,处 5 年以上 10 年以下有期徒刑,并处 2 万元以上 20 万元以下罚金。单位犯前两款罪的,对单位判处罚金,并对其直接负责的主管人员和其他直接责任人员,处 5 年以下有期徒刑或者拘役。

（8）操纵证券市场罪。操纵证券、期货市场,情节严重的,处 5 年以下有期徒刑或拘役,并处或单处罚金;情节特别严重的,处 5 年以上 10 年以下有期徒刑,并处罚金。

(9)相关金融机构违背受托义务,擅自运用客户资金或者其他委托信托的财产,情节严重的,对单位判处罚金,并对其直接负责的主管人员和其他直接责任人,处 3 年以下有期徒刑或拘役,并处 3 万元以上 30 万元以下罚金;情节特别严重的,处 3 年以上 10 年以下有期徒刑,并处 5 万元以上 50 万元以下罚金。

(10)明知是毒品犯罪、黑社会性质的组织犯罪、恐怖活动犯罪、走私犯罪、贪污贿赂犯罪、破坏金融管理秩序犯罪、金融诈骗犯罪的所得及其产生的收益,为掩饰、隐瞒其来源和性质,有下列行为之一的,没收实施以上犯罪的所得及其产生的收益,处 5 年以下有期徒刑或者拘役,并处或单处洗钱数额 5% 以上 20% 以下罚金;情节严重的,处 5 年以上 10 年以下有期徒刑,并处洗钱数额 5% 以上 20% 以下罚金;提供资金账户的;协助将财产转换为现金、金融票据、有价证券的;通过转移或者其他结算方式协助资金转移的;协助将资金汇往境外的;以其他方式掩盖、隐瞒犯罪所得及其收益的来源和性质的。

二、证券市场的行政法规

2008 年 4 月 23 日,国务院公布了《证券公司监督管理条例》和《证券公司风险处置条例》。这两个条例的公布实施,进一步完善了我国证券公司监管的法律法规体系,使证券公司的运行与监管更加规范。

三、证券市场的部门规章

1.《证券发行与承销管理办法》

《证券发行与承销管理办法》重点规范了首次公开发行股票的询价、定价以及股票配售等环节,完善了现行的询价制度。

(1)首次公开发行股票的询价的调整和补充。首次公开发行股票,应当通过向询价对象询价的方式确定股票发行价格。对在深圳证券交易所上市的中小板公司,可以通过初步询价直接定价,在主板市场上市的公司必须经过初步询价和累计投标询价两个阶段定价。规定网上申购和网下累计投标同时进行,参与网下申购的机构资金不能重复进行网上申购。所有询价对象均可自主选择是否参与初步询价,主承销商不得拒绝询价对象参与初步询价;只有参与初步询价的询价对象才能参与网下申购。如果在初步询价阶段参与报价的询价对象不足 20 家,发行 4 亿股以上的、参与报价的询价对象不足 50 家,发行人不得定价并应中止发行。首次公开发行股票的公司发行规模在 4 亿股以上的,可以向战略投资者配售股票。

(2)对证券发售的规定。发行人及其主承销商应当在发行公告中披露战略投资者的选择标准、向战略投资者配售的股票总量、占本次发行股票的比例,以及持有期限制等。战略投资者不得参与首次公开发行股票的初步询价和累计投标询价,并应当承诺获得本次配售的股票持有期限不少于 12 个月。

发行人及其主承销商应当向参与网下配售的询价对象配售股票。公开发行股票少于 4 亿股的,配售数量不超过本次发行总量的20%;公开发行股票数量在4亿股以上的,配售数量不超过向战略投资者配售后剩余发行数量的50%。

询价对象应当为其管理的股票配售对象分别指定资金账户和证券账户,专门用于累计投标询价和网下配售。发行人及其主承销商通过累计投标询价确定发行价格的,当发行价格以上的有效申购总量大于网下配售数量时,应当对发行价格以上的全部有效申购进行同比例配售。初步询价后定价发行的,当网下有效申购总量大于网下配售数量时,应当对全部有效申购进行同比例配售。首次公开发行股票达到一定规模的,发行人及其主承销商应当在网下配售和网上发行之间建立回拨机制,根据申购情况调整网下配售和网上发行的比例。

2.《证券公司融资融券业务试点管理办法》和《关于开展融资融券业务试点工作指导意见》

为了规范证券公司向客户出借资金供其买入上市证券或者出借上市证券供其卖出,中国证监会根据审慎监管的原则,制订了《证券公司融资融券业务试点管理办法》和相应的业务指引,内容包括总则、业务许可、业务规则、债权担保、权益处理、监督管理和附则共七章四十八条。

随着融资融券业务的推行,证监会对《证券公司融资融券业务试点管理办法》的内容进行了相应的修改和细化,于2010年推出了《关于开展融资融券业务试点工作指导意见》。对于首批参与融资融券的证券公司新增要求,最近6个月净资本均在50亿以上以及最近一次证券公司分类评价为A类。

证券公司对客户设置最低门槛,根据证监会的指导意见,客户需要开户时间在18个月以上,证券账户资产总值在50万元以上,金融总资产在100万元以上,这首先保证了客户的资质。其次,融资融券业务采取担保和强制平仓制度。目前,交易所定的最低维持担保比例为130%,即客户信用资金账户的维持担保比例低于130%且未按期补足差额时,证券公司有权启动强制平仓程序。第三,融资融券中的融券业务不允许"裸卖空",即客户卖空一只股票必须要先通过保证金的形式进行融券。第四,开展融资融券业务的证券公司在按规定扣减净资本的同时,还应按照不低于融资融券业务规模50%的比例计算业务风险资本准备。这些举措都是从制度设计上从严保证融资融券业务的安全性,力求业务试点风险可测、可控和可承受。

3.《证券市场禁入规定》

为了维护证券市场秩序,保护投资者合法权益和社会公众利益,促进证券市场健康稳定发展,中国证监会根据《证券法》等法律、行政法规制定《证券市场禁入规定》,并于2006年7月10日起施行。

市场禁入措施的主要内容是:对违反法律、行政法规或者中国证监会有关规定,情节严重的,可以对有关责任人员采取3~5年的证券市场进入措施;行为恶劣、严重扰乱证券市场秩序、严重损害投资者利益或者在重大违法活动中负主要责任等情节较为严重的,可以对有关责任人员采取5~10年的证券市场禁入;某些情形下,可以对有关责任人员采取终身的证券市场禁入。证券市场禁入可以单处或者一并依法进行行政处罚。对涉嫌犯罪的,依法移送公安机关、人民检察院,并可以同时采取市场禁入措施。

第三节　证券市场的行政监管

为了有效防范和化解证券市场风险,促进证券市场健康发展,各国都致力于建立证券市场和与之相适应的监管体制,把营造公开、公平、公正的市场环境和保护投资者利益作为市场监管的主要任务。我国证券市场监管体系主要围绕"法制、监管、自律、规范"的八字方针。

一、证券市场行政监管的机构

（一）中国证券监督管理委员会

中国证券监督管理委员会(简称"证监会")是国务院直属机构,是全国证券、期货市场的主管部门,按照国务院授权履行行政管理职能,依照相关法律、法规对全国证券、期货市场实行集中统一监督管理,维护证券市场秩序,保证其合法运行。中国证监会成立于1992年10月。目前设有发行监管部、市场监督部、上市公司监管部、机构监管部、证券公司风险处置办公室、基金监管部、期货监管部、非上市公司监管部、法律部、稽查局、会计部、国际合作部等职能部门。

（二）中国证监会派出机构

中国证监会在上海、深圳等地设立9个稽查局,在全国各省、自治区、直辖市、计划单列市共设立36个证监局。其主要职责是:认真贯彻、执行国家有关法律、法规和方针、政策,依据中国证监会的授权对辖区内的上市公司,证券、期货经营机构,证券、期货投资咨询机构和从事证券业务的律师事务所、会计师事务所、资产评估机构等中介机构的证券业务活动进行监督管理;依法查处辖区内前述监管范围的违法、违规案件,调节证券、期货业务纠纷和争议,以及证监会授予的其他职责。

二、证券市场行政监管的内容

（一）对证券上市的监管

1. 证券发行审核制

证券发行上市监管的核心是发行决定权的归属,我国目前对证券发行实行的是核准制。核准制是指发行人申请发行证券,不仅要公开披露与发行证券有关的信息,符合《公司法》和《证券法》所规定的条件,而且要求发行人将发行申请报请证券监管部门决定的审核制度。

推行核准制的重要基础是中介机构尽职尽责。实行强制性信息披露和合规性审核,需要证券专营机构、律师事务所和会计师事务所等中介机构加强自律性约束,强化市场主体的诚信责任。证券发行监管以强制性信息披露为中心,完善"事前问责、依法披露和事后追究"的监管制度,增强信息披露的准确性和完整性;同时加大对证券发行和持续信息披露中违法违规行为的打击力度。

2. 信息披露制度

(1)信息披露的意义。制定证券发行信息披露的目的是通过充分公开、公正的制度来保护公众投资者,使其免受欺诈和不法操纵行为的损害。信息披露的意义在于:①有利于价值判断。②防止信息滥用。③有利于监督经营管理。④防止不正当竞争。⑤提高证券市场效率。

(2)信息披露的基本要求。①全面性。信息披露义务人应当充分披露可能影响投资者投资判断的有关资料,不得有任何隐瞒或重大遗漏。②真实性。信息披露义务人公开的信息资料应当准确、真实,不得有虚假记载、误导或欺骗。③时效性。向公众投资者公开的信息应当具有最新性和及时性。公开资料反映的公司状态应为公司的现实状况,公开资料交付的时间不得超过法定期限。

(3)证券发行与上市的信息公开制度。①证券发行信息的公开。证券发行申请经核准,发行人应当依照法律、行业法规的规定,在证券公开发行前,公告公开发行募集文件,并将该文件置备于指定场所供公众查阅。发行证券的信息依法公开前,任何知情人不得公开或者泄露该信息。②证券上市信息的公开。股票上市交易申请经证券交易所审核同意后,签订上市协议的公司应当在规定期限内公告股票上市的有关文件,并将该文件置备于指定场所供公众查阅。此外,还应当公告下列事项:股票获准在证券交易所交易的日期;持有公司股份最多的前十名股东的名单和持股数额;公司的实际控制人;董事、监事、高级管理人员的姓名及其持有本公司股票和债券的情况。

(4)持续信息公开制度。上市公司和公司债券上市交易的公司,应当在每一会计年度结束之日起四个月内,向国务院证券监督管理机构和证券交易所报送包含以下内容的年度报告,并予公告:公司概况;公司财务会计报告和经营情况;董事、监事、高级管理人员简介及其持股情况;已发行的股票、公司债券情况,包括持有公司股份最多的前十名股东和持股数额;公司实际控制人;国务院证券监督管理机构规定的其他事项。

上市公司和公司债券上市交易的公司,应当在每一会计年度的上半年结束之日起两个月内,向国务院证券监督管理机构和证券交易所报送记载以下内容的中期报告,并予以公告:公司财务会计报告和经营情况;设计公司的重大诉讼事项;已发行的股票、公司债券变动情况;提交股东大会审议的重要事项;国务院证券监督管理机构规定的其他事项。

(5)信息披露的虚假或重大遗漏的法律责任。①发行人、证券公司、保荐人在招募说明书、上市公告书、公司报告及其他文件中作出虚假陈述的。《证券法》规定:"证券公司承销证券,有下列行为之一的,责令改正,给予警告,没收违法所得,可以并处 30 万元以上 60 万元以下的罚款;情节严重的,暂停或者撤销相关业务许可。给其他证券承销机构或者投资者造成损失的,依法承担赔偿责任。对直接负责的主管人员和其他直接责任人员给予警告,可以并处 3 万元以上 30 万元以下的罚款;情节严重的,撤销任职资格或者证券从业资格:进行虚假的或者误导投资者的广告或者其他宣传推介活动;以不正当竞争手段招揽承销业务;其他违反证券承销业务规定的行为。保荐人出具含有虚假记载、误导性陈述或者重大遗漏的保荐书,或者不履行其他法定职责的,责令改正,给予警告,没收业务收入,并处以业务收入一倍以上五倍以下的罚款;情节严重的,暂停或者撤销相关业务许可。对直接负责的主管人员和其他直接责任人员给予警告,并处以3万元以上30万元以下的罚款;情节严重的,撤销任职资格或者证券从业资格。②律师事务所、会计师事务所、资产评估机构等专业性证券服务机构在其出具的法律意见书、审计报告、资产评估报告及参与制作的其他文件中作出虚假陈述的。责令改正,没收业务收入,暂停或者撤销证券服务业务许可,并处以收入一倍以上五倍以下的罚款。对直接负责的主管人员和其他直接责任人员给予警告,撤销证券从业资格,并处以3万元以上10万元以下的罚款。

3. 证券发行上市保荐制度

企业发行上市不但要有保荐人进行保荐,还需要具有保荐代表人资格的从业人员具体负责保荐工作。监管部门对符合条件的证券公司及其从业人员注册登记为保荐人和推荐代表人。企业首次公开发行和上市公司再次公开发行证券都需要保荐人和保荐代表人保荐。保荐期间分尽职推荐和持续督导两个阶段,每个阶段都有明确的保荐期限。保荐人和保荐代表人在向监管部门推荐企业上市前,要对企业进行辅导和尽职调查,要在推荐文件中对发行人的信息披露质量、发行人的独立性和持续经营能力等做出必要的承诺。

对保荐人和保荐代表人的违法违规行为,除进行行政处罚和依法追究法律责任外,证券监管机构还将引进持续信用监管和"冷淡对待"的监管措施。

(二) 对证券交易市场的监管

1. 证券交易所的信息公开制度

证券交易所应当为组织公平的集中交易提供保障,公布证券交易即时行情,并按交易日制作证券市场行情表,予以公布。未经证券交易所许可,任何单位和个人不得发布证券交易即时行情。证券交易所对证券交易实行实时监控,并按照国务院证券监督管理机构的要求,对异常的交易情况提出报告。证券交易所应当对上市公司及相关信息披露义务人披露信息进行监督,督促其依法及时、准确地披露信息。证券交易所根据需要,可以对出现重大异常交易情况的证券账户限制交易,并报国务院证券监督管理机构备案。

证券交易所、证券公司、证券登记结算机构、证券服务机构的从业人员或者证券业协会的工作人员,故意提供虚假资料,隐匿、伪造、篡改或者毁损交易记录,诱骗投资者买卖证券的,撤销证券从业资格,并处以3万元以上10万元以下的罚款;属于国家工作人员的,还应当依法给予行政处分。在证券交易活动中做出虚假陈述或者信息误导的,责令改正,处以3万元以上20万元以下的罚款;属于国家工作人员的,还应当依法给予行政处分。

2. 对操纵市场行为的监管

证券市场中的操纵市场是指某一个组织或个人以获取利益或者减少损失为目的,利用其资金、信息等优势,或者滥用职权,影响证券市场价格,制造证券市场假象,诱导或者致使投资者在不了解事实真相的情况下作出证券投资决定,扰乱证券市场秩序的行为。

操纵市场的行为包括:

(1)单独或者通过合谋,集中资金优势、持股优势或者利用信息优势联合或者连续买卖,操纵证券交易价格或数量。

(2)与他人串通,以事先约定的时间、价格和方式相互进行证券交易,影响证券交易价格或者证券交易量。

(3)在自己实际控制的账户之间进行证券交易,影响证券交易价格或者证券交易量。

(4)以其他手段操纵证券市场。

对操纵市场行为的监管包括事前监管与事后处理。事前监管是指在发生操纵行为前,证券管理机构采取必要手段以防止损害发生。事后处理是指证券管理机构对市场操纵行为者的处理及操纵者对受损当事人的损害赔偿。主要包括两个方面:第一,对操纵行为的处罚。对操纵证券市场的,责令依法处理非法持有的证券,没收违法所得,并处以违法所得一倍以上五倍以下的罚款;没有违法所得或者违法所得不足30万元的,处以30万元以上300万元以下的罚款。单位操纵证券市场的,还应当对直接负责的主管人员和其他直接责任人员给予警告,并处以10万元以上60万元以下的罚款。第二,操纵行为受害者可以通过民事诉讼获得损害赔偿。

3. 对欺诈客户行为的监管

欺诈客户是指以获取非法利益为目的,违反证券管理法规,在证券发行、交易及相关活动中从事欺诈客户、虚假陈述等行为。欺诈客户行为包括:

(1)违背客户的委托为其买卖证券。

(2)不在规定时间内向客户提供交易的书面确认文件。

(3)挪用客户所委托买卖的证券或者客户账户上的资金。

(4)未经客户的委托,擅自为客户买卖证券或者假借客户的名义买卖证券。

(5)为牟取佣金收入,诱使客户进行不必要的证券买卖。

(6)利用传播媒介或者通过其他方式提供、传播虚假或者误导投资者的信息。

(7)其他违背客户真实意思表示,损害客户利益的行为。

4. 对内幕交易行为的监管

所谓内幕交易,又称知内情者交易,是指公司董事、监事、经理、职员、主要股东、证券市场内部人员或者市场管理人员,以获取利益或减少损失为目的,利用地位、职务等便利,获取发行人未公开的、可以影响证券价格的重要信息,进行有价证券交易,或泄露该信息的行为。

(1)内幕交易的行为主体。证券交易内幕信息的知情人包括:发行人的董事、监事、高级管理人员;持有公司5%以上股份的股东及其董事、监事、高级管理人员,公司的实际控制人及其董事、监事、高级管理人员;由于所任公司职务可以获取公司有关内幕信息的人员;证券监督管理机构工作人员以及由于法定职责对证券的发行、交易进行管理的其他人员;保荐人、承销的证券公司、证券交易所、证券登记结算机构、证券服务机构的有关人员;国务院证券监督管理机构规定的其他人。

(2)内幕信息的界定。证券交易活动中,涉及公司的经营、财务或者对该公司证券的市场价格有重大影响的尚未公开的信息,为内幕信息。下列信息皆属内幕信息:公司经营方针和经营范围的重大变化;公司的重大投资行为和重大的购置财产的决定;公司订立重要合同,可能对公司的资产、负债、权益和经营成果产生重要影响;公司发生重大债务和未能清偿到期重大债务的违约情况;公司发生重大亏损或者重大损失;公司生产经营的外部条件发生的重大变化;公司的董事、三分之一以上监事或者经理发生变动;持有公司5%以上股份的股东或者实际控制人,其持有股份或者控制公司的情况发生较大变化;公司减资、合并、分立、解散及申请破产的决定;涉及公司的重大诉讼,股东大会、董事会决议被依法撤销或者宣告无效;公司涉嫌犯罪被司法机关立案调查,公司董事、监事、高级管理人员涉嫌犯罪被司法机关采取强制措施;公司分配股利或者增资的计划;公司股权结构的重大变化;公司债务担保的重大变更;公司营业用主要资产的抵押、出售或者报废一次超过该资产的30%;公司的董事、监事、高级管理人员的行为可能依法承担重大损害赔偿责任;上市公司收购的有关方案;国务院证券监督管理机构认定的对证券交易价格有显著影响的其他重要信息。

(3)对内幕消息的监管。证券交易内幕信息的知情人和非法获取内幕信息的人,在内幕消息公开前,不得买卖该公司的证券,或者泄露该信息,或者建议他人买卖该证券。持有或者通过协议、其他安排与他人共同持有公司5%以上股份的自然人、法人、其他组织收购上市公司股份。内幕交易行为给投资者造成损失的,行为人应当依法承担赔偿责任。

(4)内幕交易的法律责任。证券交易内幕信息的知情人或者非法获取内幕信息的人,在涉及证券的发行、交易或者其他对证券的价格有重大影响的信息公开前,买卖该证券,或者泄露该信息,或者建议他人买卖该证券的,责令依法处理非法持有的证券,没收违法所得,并处以违法所得一倍以上五倍以下的罚款;没收违法所得或者违法所得不足3万元的,处以3万元以上60万元以下的罚款。单位从事内幕交易的,还应当对直接负责的主管人员和其他直接责任人员给予警告,并处以3万元以上30万元以下的罚款。证券监督管理机构工作人员进行内幕交易时,从重处罚。

(三)对证券经营机构的监管

1. 证券经营机构准入监管

我国《证券法》规定,设立证券公司必须经国务院证券监督管理机构批准,任何单位和个人未经国务院证券监督管理机构的审查批准,均不得经营证券业务。设立证券公司还需要符合一系列条件:一是对公司章程的要求;二是对证券公司主要股东持续经营能力和净资产的要求;三是与公司经营业务范围相应的注册资本;四是公司的董事、监事、和高级管理人具有证券从业资格和胜任能力;五是公司具有完善的风险管理与内部控制制度以及其他要求。

《证券法》规定了证券公司重要事项变更审批要求。证券公司设立、收购或者撤销分支机构,变更业务范围或者注册资本,变更公司章程中的重要条款,变更持有5%以上股权的股东、实际控制人等,需要经证券监管部门批准。证券公司在境外设立、收购或者参股证券经营机构,也必须经证券监管部门批准。

2. 对证券从业人员的监管

证券从业人员需要具备证券从业资格,监管部门对证券公司董事、监事和高级管理人具有证券从业资格实行核准制,对从事保荐业务的保荐代表人实行注册制,对一般从业人员,授权中国证券业协会管理。

3. 对证券公司业务的核准

《证券法》对设立证券公司所应具备的条件作出了较为全面的规定,包括对公司章程的要求,对主要股东资格的限制条件。主要股东具有持续盈利能力,信誉良好,最近3年无重大违法违规记录,净资产不低于人民币2亿元。提出了风险管理和内部控制制度,要求证券公司的注册资本应当是实缴资本。证券公司的注册资本最低限额与证券公司从事的业务种类直接挂钩。证券公司经营证券经纪、证券投资咨询和与证券交易、证券投资活动有关的财务顾问业务中的一项和数项的,注册资本最低限额为人民币5 000万元。证券公司经营证券承销与保荐、证券自营、证券资产管理和其他证券业务中的任何一项的,注册资本最低限额为人民币1亿元;两项以上的,注册资本最低限额为人民币5亿元。《证券法》还规定,我国证券公司的组织形式为有限责任公司或股份有限公司,不得采取合伙及其他非法人组织形式。

4. 证券公司的日常监管

证券监管机构对证券公司的日常监管,分为现场监管和非现场监管两种方式。现场监管是证券监管机构的工作人员直接到证券公司的经营场所,通过现场检查方式检查证券公司经营的合规性、正常性和安全性情况,并采取相应监管措施的监管方式。非现场监管主要是证券监管机构对证券公司及其股东、实际控制人报送的信息和资料进行统计分析。监管部门对证券公司的监管以净资本为核心,加强对证券公司流动性的监管;通过加强年报审计及披露的管理,增强外部的约束。

(四)统计证券行业诚信档案

资本市场运行机制的正常运转、市场交易秩序的有效维持都离不开诚信的支撑和维系,诚信是资本市场的本质要求。加强诚信建设是推进资本市场改革发展的重要基础工作,有利于加大对违法失信行为的惩罚力度,保护投资者的合法权益;强化市场主体的权利义务观念;规范市场行为,奠定市场信用基础;也有利于降低交易成本,提高市场效率。

第四节　证券市场的自律管理

一、证券交易所的自律管理

《证券法》规定:"证券交易所是为证券集中交易提供场所和设施,组织和监督证券交易,实行自律管理的法人。"我国将原由政府行政部门行使的一部分权利授予了证券交易所,从而确认了证券交易所的组织特性和监管特性。根据《证券交易所管理办法》,证券交易所的监管职能包括对证券交易活动进行管理,对会员进行管理,以及对上市公司进行管理。

(一)证券交易所的主要职能

(1)为组织公平的集中交易提供保障。

(2)提供场所和设施。

(3)公布证券交易即时行情,并按交易日制作证券市场行情表,予以公布。

(4)依照证券法律、行政法规制定上市规则、交易规则、会员管理规则和其他有关规则,并报国务院证券监督管理机构批准。

(5)对证券交易实行实时监控,并按照中国证监会的要求,对异常的交易情况提出报告。

(6)对上市公司及相关信息披露义务人披露信息进行监督,督促其依法及时、准确地披露信息。

(7)因突发事件而影响证券交易的正常进行时,证券交易所可以采取技术性停牌的措施;因不可抗力的突发性事件或者为维护证券交易的正常秩序,证券交易所可以决定临时停市等。

(二)证券交易所的监管内容

1. 证券交易所的一线监管权力

证券交易所作为一线监管者,《证券法》授予证券交易所以下监管权力:

(1)根据需要对出现重大异常交易情况的证券账户限制交易,并报国务院证券监督管理机构备案。

(2)对证券(包括股票和公司债券)的上市交易申请行使审核权。

(3)上市公司出现法定情形时,就暂停或终止其公司债券上市交易行使决定权。

(4)公司债券上市交易后,公司出现法定情形时,就暂停或终止其公司债券上市交易行使决定权。

2. 对证券交易活动的管理

根据《证券交易所管理办法》,证券交易所应当就证券交易的种类和期限,证券交易方式和操作程序,证券交易中的禁止行为,清算交割事项,交易纠纷的解决,上市证券的暂停、恢复与取消交易,开市、收市、休市及异常情况的处理,交易手续费及其他有关费用的收取方式和标准,对违反交易规则行为的处理规定,证券交易所证券信息的提供和管理,股价指数的编制方法和公布方式,其他需要在交易规则中规定的事项等制定具体的交易规则。

3. 证券交易所对会员的管理

《证券交易所管理办法》规定,证券交易所接纳的会员应当是有权部门批准设立并具有法人地位的境内证券经营机构。证券交易所决定接纳或者开除会员及正式会员以外的其他会员,应当在规定时间内报中国证监会备案。证券交易所必须限定交易席位数量,如设立普通席位以外的席位,或者调整席位数量,应当报中国证监会批准。会员转让席位必须按照证券交易所的有关管理规定由证券交易所审批,严禁会员将席位全部或者部分以出租或者承包等形式交由其他机构和个人使用。

证券交易所应当根据国家关于证券经营机构自营业务管理的规定和证券交易业务规则,对会员的证券自营业务实施监管。对会员代理客户买卖证券业务,应在业务规则中作出详细规定并实施监管。证券交易所每年应当对会员的财务状况、内部风险控制制度以及遵守国家有关法规和证券交易所业务规则等情况进行抽查或者全面检查,并将检查结果上报中国证监会。证券交易所有权要求会员提供有关业务的报表、账册、交易记录及其他文件、资料,同时可根据证券交易所章程和业务规则对会员的违规行为进行制裁。

4. 证券交易所对上市公司的管理

《证券交易所管理办法》规定,证券交易所应当根据有关法律、行政法规,就证券上市的条件、申请和批准程序以及上市协议的内容及格式,上市公告书的内容及格式,上市推荐人的资格、责任、义务,上市费用及其他有关费用的收取方式和标准,对违反上市规则行为的处理规定等事项,制定具体的上市规则。

二、中国证券业协会的自律管理

证券业协会是证券业的自律性组织,是社会团体法人。中国证券业协会成立于1991年8月28号,是依法注册的具有独立法人地位的、由经营证券业务的金融机构自愿组成的行业性自律组织。它的设立是为了加强证券业之间的联系、协调、合作和自我控制,以利于证券市场的健康发展。中国证券业协会采取会员制的组织形式,证券公司应当加入中国证券业协会。中国证券业协会的权力机构为全体会员组成的会员大会。中国证券业协会章程由会员大会制定,并报中国证监会备案。

(一)中国证券业协会的职责

根据《证券法》,中国证券业协会履行下列职责:

(1)教育和组织会员遵守证券法律、行政法规。
(2)依法维护会员的合法权益,向证券监督管理机构反映会员的建议和要求。
(3)收集整理证券信息,为会员提供服务。
(4)制定会员应遵守的规则,组织会员单位从业人员的业务培训,开展会员间的业务交流。
(5)对会员之间、会员与客户之间发生的证券业务纠纷进行调节。
(6)组织会员就证券业的发展、运作及有关内容进行研究。
(7)监督、检查会员行为,对违反法律、行政法规或者中国证券业协会章程的,按照规定给予纪律处分。

（二）中国证券业协会的自律管理职能

1. 对会员单位的自律管理
（1）规范业务，制定业务指引。
（2）规范发展，促进行业创新，增强行业竞争力。
（3）制定行业公约，促进公平竞争。

2. 对从业人员的自律管理
（1）从业人员的资格管理与后续职业培训。
（2）为特殊岗位的从业人员提供专业的资质测试和相关的后续职业培训。
（3）制定从业人员的行为准则和道德规范。
（4）从业人员诚信信息管理。

3. 代办股份转让系统
代办股份转让系统由中国证券业协会负责自律性管理，以契约明确参与各方的权利、义务和责任。证券公司以其自有或租用的业务设施，为非上市股份公司提供股份转让服务。证券公司依据契约，对股份转让公司信息披露行为进行监管、指导和督促，中国证券业协会委托证券交易所对股份转让行为进行实时监控，并对异常转让情况提出报告。

（三）证券从业人员的资格管理

2002年12月16日，中国证监会公布《证券业从业人员资格管理办法》（以下简称《管理办法》），自2003年2月1日起实施。

1. 证券从业人员的范围
根据《管理办法》，证券从业人员包括：
（1）证券公司中从事证券自营、经纪、承销与保荐、投资咨询、投资管理等业务的专业人员，以及相关业务部门的管理人员。
（2）基金管理公司、基金托管机构中从事基金销售、研究分析、投资管理、交易、监察稽核等业务的专业人员，包括相关业务部门的管理人员；基金销售机构中从事基金宣传、推销、咨询等业务的专业人员，包括相关业务部门的管理人员。
（3）证券投资咨询机构中从事证券投资咨询业务的专业人员及其管理人员。
（4）证券资信评估机构中从事证券投资咨询业务的专业人员及其管理人员。
（5）中国证监会规定需要取得从业资格和执业证书的其他人员。

2. 从业资格的取得和执业证书
中国证券业协会负责从业人员从业资格考试、执业证书发放以及执业注册登记等工作。中国证监会对中国证券业协会有关证券业从业人员资格管理的工作进行指导和监督。凡年满18周岁，具有高中以上文化程度和完全民事行为能力的人员均可参加证券业从业人员资格考试。从业资格不实行专业分类考试。资格考试内容包括一门基础性科目和一门专业性科目。

通过有关资格考试即取得相关从业资格。

取得从业资格的人员,符合下列条件的,可以通过证券经营机构申请统一的执业证书:

(1)已被机构聘用。

(2)最近3年未受过刑事处罚。

(3)未被中国证监会认定为证券市场禁入者,或者已过禁入期的。

(4)品行端正,具有良好的职业道德。

(5)法律、行业法规和中国证监会规定的其他条件。

申请人符合《管理办法》规定条件的,中国证券业协会应当自收到申请之日起30日内,向中国证监会备案,颁发执业证书;不符合规定的条件的,不颁发执业证书,自收到申请之日起30日内书面通知申请人或者机构,并书面说明理由。

3. 执业管理

中国证券业协会应当建立从业人员资格管理数据库,进行资格公示和执业注册登记管理。取得执业证书的人员,经证券经营机构委派,可以代表被聘用的证券经营机构对外开展本机构经营的证券业务,证券经营机构不得聘用未取得执业证书的人员对外开展证券业务。

取得执业证书的人员,连续3年不在证券经营机构从业的,由中国证券业协会注销其执业证书;重新执业的,应当参加中国证券业协会组织的执业培训,并重新申请执业证书。

从业人员取得执业证书后,辞职或者不为原聘用机构所聘用的,或者因其他原因与原聘用机构解除劳动合同的,原聘用机构应当在上述情形发生后10日内向中国证券业协会报告,由中国证券业协会变更该人员执业注册登记。

取得执业证书的从业人员变更聘用机构的,新聘用机构应当在上述情形发生后10日内向中国证券业协会报告,由中国证券业协会便更该人员执业注册登记。

从业人员在执业过程中违反有关证券法律、行政法规以及中国证监会有关规定,受到聘用机构处分的,该机构应当在处分后10日内向中国证券业协会报告。

4. 相关处罚

(1)参加资格考试的人员,违反考场规则,扰乱考场秩序的,在两年内不得参加资格考试。

(2)取得从业资格的人员提供虚假材料申请执业证书的,不予颁发执业证书;已颁发执业证书的,由中国证券业协会注销其执业证书。

(3)证券经营机构在办理执业证书申请过程中,弄虚作假、徇私舞弊、故意刁难有关当事人的,或者不按规定履行报告义务的,由中国证券业协会责令改正;拒不改正的,由中国证券业协会对证券经营机构及其直接责任人员给予纪律处分;情节严重的,由中国证监会单处或者并处警告、3万元以下罚款。

(4)证券经营机构聘用未取得执业证书的人员对外开展证券业务的,由中国证券业协会责令改正;拒不改正的,给予纪律处分;情节严重的,由中国证监会单处或者并处警告、3万元以下罚款。

(5)从业人员拒绝中国证券业协会调查或者检查的,或者所聘用机构拒绝配合调查的,由中国证券业协会责令改正;拒不改正的,给予纪律处分;情节严重的,由中国证监会给予从业人员暂停执业3~12个月,或者吊销其执业证书的处罚;对机构单处或者并处警告、3万元以下罚款。

(6)被中国证监会依法吊销执业证书或者因违反《管理办法》被注销执业证书的人员,中国证券业协会可在3年内不受理其执业证书申请。

(7)中国证券业协会工作人员不按规定履行职责、徇私舞弊、玩忽职守或者故意刁难有关当事人的,应当给予纪律处分。

本章小结

证券市场监管是指证券管理机关运用法律的、经济的以及必要的行政手段,对证券的募集、发行、交易等行为以及证券投资中介机构的行为进行监督与管理。证券市场是一个风险高度集中的市场,具有风险来源广、传导性强和社会危害巨大等特点。目前我国证券市场监管的现状与飞速发展的现实要求还存在很大的差距。本章对证券市场监管的重要性、原则、目标、证券监管模式、法律、法规,以及监管机构和监管内容做出详细的阐述。

思考题

1. 证券市场监管的含义是什么?其主要特点表现在哪些方面?
2. 证券市场的一般理论依据有哪些?
3. 证券市场的监管方式主要有哪些?
4. 世界各主要国家对证券市场监管模式有几种?各有什么特点?

【案例分析】

琼民源案

琼民源,一家以农业为主业的海南上市公司,1993年4月30日,也就是刚刚解决了异地公司赴沪深两地上市的难题之后,琼民源成为首批在深交所上市的5家异地企业之一,然而,从1994年也就是琼民源上市后第二年起,琼民源的业绩开始走下坡路,根据其1995年年报显示,每股收益不足一厘钱,其股价则为3.65元/股。

1996年7月1日,琼民源开始异动,短短几个月就飙升至20元/股,原本无人问津的垃圾股缘何半年暴涨11倍?谜底在1997年1月22日琼民源公布的1996年年报中被揭开,根据其年报显示,1996年,琼民源实现净利润5.7亿元,资本公积增加6.57亿元,净利润同比暴增1 290.68倍的琼民源推出了每10股送9.8股的高比例分红议案。

在1997年3月召开的琼民源年度股东大会上,董事会成员集体辞职,随后,有人举报琼民源业绩造假。而琼民源通过业绩造假使得股票暴涨的同时,至少10万股民被套其中,琼民源造假案也成为A股市场有史以来最严重的欺诈案件。

在琼民源被举报后,证监会通知公司要求核查,而琼民源则在 1997 年 3 月 7 日雇了几卡车工人围攻证监会,理由则是琼民源停牌,导致他们领不到工资。事态严重,证券监管部门决定彻查琼民源事件。

国务院证券委员会会同审计署、中国人民银行、中国证监会组成联合调查组调查,调查发现:琼民源公告的 1996 年"实现利润 5.7 亿余元"、"资本公积增加 6.57 亿元"的内容严重失实,虚构利润 5.4 亿元,虚增资本公积 6.57 亿元。其中 5.4 亿元虚构利润是琼民源在未取得土地使用权的情况下,通过与关联公司及他人签订未经国家有关部门批准的合作建房、权益转让等无效合同编造的;而 6.57 亿元资本公积是琼民源在未取得土地使用权,未经国家有关部门批准立项和确认的情况下,对四个投资项目的资产评估编造而成的。

琼民源事件被认定为 A 股市场有史以来最严重的欺诈案件。

问题:
1. 琼民源案反映了我国证券市场监管还存在哪些方面的问题?
2. 针对该案件,你能提出哪些证券监管的改进建议?

参考文献

[1] 任淮秀.证券投资学[M].2版.北京:高等教育出版社,2007.
[2] 夏普 F 威廉.投资学[M].6版.北京:人民大学出版社,2002.
[3] 卢恩伯格 G 戴维.投资学[M].北京:人民大学出版社,2005.
[4] 朴明根.证券投资学[M].北京:清华大学出版社,2009.
[5] 张中华.投资学[M].北京:高等教育出版社,2006.
[6] 林奇,罗瑟查尔德.彼得·林奇的成功投资[M].修订版.刘建位,等.译.北京:机械工业出版社,2009.
[7] 中国证券业协会.证券市场基础知识[M].北京:中国财政经济出版社,2010.
[8] 格雷厄姆,多德.证券分析[M].徐彬,译.北京:中国人民大学出版社,2009.
[9] 中国证券业协会.证券的发行与承销[M].北京:中国财政经济出版社,2010.
[10] 邢天才,王玉霞.证券投资学[M].2版.大连:东北财经大学出版社,2007.
[11] 中国证券业协会.证券投资分析[M].北京:中国财政经济出版社,2010.
[12] 胡金焱,霍兵,李维林.证券投资学[M].2版.北京:高等教育出版社,2008.
[13] 吴晓求.证券投资学[M].3版.北京:中国人民大学出版社,2009.
[14] 贺强,韩复龄.证券投资学[M].北京:首都经贸大学出版社,2007.
[15] 费雪 A 菲利普.怎样选择成长股[M].海南:海南出版社,1999.
[16] 林奇 彼得.彼得·林奇的成功投资[M].北京:机械工业出版社,2002.
[17] 刘建位.巴菲特股票投资策略[M].北京:机械工业出版社,2005.
[18] 中国证券业协会.证券交易[M].北京:中国财政经济出版社,2010.
[19] 中国证券业协会.证券投资分析[M].北京:中国财政经济出版社,2010.
[20] 赵娴.证券投资组合与风险管理研究[M].北京:中国物资出版社,2010.
[21] 邢天才.证券投资分析[M].北京:中国财政经济出版社,2001.
[22] 路透.金融衍生工具导论[M].北京:北京大学出版社,2001.
[23] 陈守红.可转换债券投融资——理论与实践[M].上海:上海财经大学出版社,2006.
[24] 张光平.巴林银行倒闭与金融衍生工具[M].上海:上海人民出版社,1996.
[25] 任郑杰.投资学概论[M].3版.北京:经济科学出版社,2010.
[26] 曹凤岐,刘力,姚长辉.证券投资学[M].2版.北京:北京大学出版社,2000.
[27] 霍文文.证券投资学[M].3版.北京:高等教育出版社,2008.
[28] 于长福,施元忠.证券投资学[M].北京:冶金工业出版社,2008.
[29] 罗孝玲.期货投资学[M].2版.北京:经济科学出版社,2010.
[30] 孙可娜.证券投资理论与实务[M].北京:高等教育出版社,2006.